FOM-Edition
FOM Hochschule für Oekonomie & Management

Herausgegeben von
M. Seidel, FOM Hochschule für Oekonomie & Management, Stuttgart, Deutschland

Marcel Seidel
(Hrsg.)

Banking & Innovation 2018/2019

Ideen und Erfolgskonzepte von Experten für die Praxis. Mit Sonderteil China

Hrsg.
Marcel Seidel
FOM Hochschule für Oekonomie &
Management
Stuttgart, Deutschland

FOM-Edition
ISBN 978-3-658-23040-1 ISBN 978-3-658-23041-8 (eBook)
https://doi.org/10.1007/978-3-658-23041-8

Die Deutsche Nationalbibliothek verzeichnet diese Publikation in der Deutschen Nationalbibliografie; detaillierte bibliografische Daten sind im Internet über http://dnb.d-nb.de abrufbar.

Springer Gabler
© Springer Fachmedien Wiesbaden GmbH, ein Teil von Springer Nature 2019
Das Werk einschließlich aller seiner Teile ist urheberrechtlich geschützt. Jede Verwertung, die nicht ausdrücklich vom Urheberrechtsgesetz zugelassen ist, bedarf der vorherigen Zustimmung des Verlags. Das gilt insbesondere für Vervielfältigungen, Bearbeitungen, Übersetzungen, Mikroverfilmungen und die Einspeicherung und Verarbeitung in elektronischen Systemen.
Die Wiedergabe von Gebrauchsnamen, Handelsnamen, Warenbezeichnungen usw. in diesem Werk berechtigt auch ohne besondere Kennzeichnung nicht zu der Annahme, dass solche Namen im Sinne der Warenzeichen- und Markenschutz-Gesetzgebung als frei zu betrachten wären und daher von jedermann benutzt werden dürften.
Der Verlag, die Autoren und die Herausgeber gehen davon aus, dass die Angaben und Informationen in diesem Werk zum Zeitpunkt der Veröffentlichung vollständig und korrekt sind. Weder der Verlag noch die Autoren oder die Herausgeber übernehmen, ausdrücklich oder implizit, Gewähr für den Inhalt des Werkes, etwaige Fehler oder Äußerungen. Der Verlag bleibt im Hinblick auf geografische Zuordnungen und Gebietsbezeichnungen in veröffentlichten Karten und Institutionsadressen neutral.

Springer Gabler ist ein Imprint der eingetragenen Gesellschaft Springer Fachmedien Wiesbaden GmbH und ist ein Teil von Springer Nature.
Die Anschrift der Gesellschaft ist: Abraham-Lincoln-Str. 46, 65189 Wiesbaden, Germany

Geleitwort

Mit der vorliegenden Ausgabe von „Banking & Innovation" halten Sie die bereits vierte Ausgabe einer erfolgreichen Fachbuchreihe in Händen. Wenn eine vermeintlich thematisch eng gefasste Fachbuchreihe gut 250.000 Downloads in nur drei Jahren ausweist, zeigt dies, dass die Themen gut gewählt sind und bei der geneigten Leserschaft auf großes Interesse stoßen. Wir sind zuversichtlich, dass auch die vorliegende Ausgabe an diesen Erfolg anknüpfen kann.

Expertinnen und Experten verschiedener Disziplinen aus Praxis und Wissenschaft sind angetreten, um ihre Erfahrungen weiterzugeben. Es ist eine Mischung unterschiedlicher Aspekte gelungen.

Dem China-Engagement von Herrn Professor Dr. Marcel Seidel ist ein ganz besonderes Highlight der aktuellen Ausgabe von Banking & Innovation zu verdanken: der Sonderteil China. Seit vielen Jahren hält er Vorlesungen und Vorträge an unseren chinesischen Partneruniversitäten in Taiyuan, Tai'an und Wuhan.

Es freut uns, dass diese FOM-Aktivitäten in China zu einem Austausch in der Lehre geführt haben. So hat eine von der FOM Hochschule organisierte und durchgeführte internationale Tagung an der Shandong Agriculture University in Tai'an zum Kontakt zwischen Herrn Professor Seidel und Herrn Professor Lin Feng von der Shandong Universität in Jinan geführt. Wie sich zeigt, bietet dieser Kontakt zahlreiche Anknüpfungspunkte und Möglichkeiten für Forschung und Lehre und stellt eine sowohl praktische wie auch wissenschaftliche Bereicherung dar.

Wir werten es auch als Erfolg unseres nun schon über 15 Jahre erfolgreich geführten Austauschprogramms mit chinesischen Hochschulen, dass zwei der besten chinesischen Studierenden ihres Jahrgangs einen Beitrag für die aktuelle Ausgabe beigesteuert haben. Hier zeigt sich ein unschätzbarer Vorteil des FOM-Studienmodells mit China: die Zweisprachigkeit. So gelingt es, Einblicke bankbezogener Verhaltensweisen junger chinesischer Erwachsener der Generation Z und Digitalisierungstendenzen chinesischer Banken zu bekommen. Einsichten, die der deutschen Bankenwelt ansonsten verwehrt sind, praxisorientierte Wissenschaft im besten Sinn.

Wir wünschen dem vorliegenden Buch den Erfolg seiner vorangegangenen Ausgaben und bedanken uns ausdrücklich bei allen Mitwirkenden, ohne die ein Buch von diesem Umfang nicht möglich wäre.

Prof. Dr. Burghard Hermeier
Rektor der FOM Hochschule

Prof. Dr. Thomas Heupel
Prorektor Forschung der FOM Hochschule

Vorwort des Herausgebers

Die aktuelle Ausgabe zeichnet sich gegenüber den früheren Ausgaben durch zahlreiche Neuerungen aus. Diese Ausgabe ist ein Doppeljahrgang – künftig wird Banking & Innovation im Zweijahresrhythmus erscheinen. Zum ersten Mal werden zwei der insgesamt 17 Beiträge auf Englisch publiziert. Das Buch enthält außerdem das Sonderthema China.

Dabei ist China mit Bedacht gewählt. Das liegt zum einen an den schon über 15 Jahre bestehenden, engen Partnerschaften der FOM Hochschule mit chinesischen Partnerhochschulen. Zum anderen ist China in vielen Bereichen (ein vielfach unterschätzter) Vorreiter in der technologischen Ausrichtung des Bankings. Ich bin sogar der Meinung, dass China in Sachen Digitalisierung des Retailbankings Amerika längst überholt hat.

Im Sonderteil China beschreibt Herr Professor Lin Feng den Stand der aktuellen Entwicklung des chinesischen Bankensystems. Außerdem haben die Studierenden Frau Ni Chai und Herr Lu Wang einen deutsch-chinesischen Vergleich generationsspezifischer bzw. digitaler Aspekte des Retailbankings in beiden Ländern vorgenommen. Diese Beiträge zeigen auf eindrucksvolle Weise, dass China in der Entwicklung des Bankensektors weiter ist, als von vielen gedacht. Angesichts des hochtechnisierten chinesischen Bankings sehen Banken der alten Welt tatsächlich alt aus. Auch Amerika, von vielen als „neue Welt" gepriesen, müht sich beispielsweise in der Frage moderner Zahlungsverkehrssysteme vor dem Hintergrund eines flächendeckend funktionierenden, innovativen mobile Payments erkennbar um Anschluss. Möchte man sich an der Zukunft orientieren, muss der Blick nach China gehen.

Der Beitrag mit Herrn Huo zeigt, wie ein innovativer Ländervergleich in der Nutzung des Internets in China und Deutschland aussieht. Mit dem von Herrn Huo entwickelten Ansatz gelingt auf einfache und anschauliche Weise eine länderspezifische Bewertung unterschiedlicher Marketingaktivitäten im Internet. Ein Ansatz, der Banken (aber auch Unternehmen anderer Branchen) einen guten Überblick über mögliche Defizite des Internetauftritts bietet.

Neben diesem Sonderteil enthält das Buch zahlreiche interessante Aspekte modernen Bankings. Die Beiträge sind hierfür anhand der generellen Erfolgsfaktoren Strategie, Struktur (Organisation), Kultur (Personal) und Technik strukturiert. Daran schließt sich ein Kapitel mit innovativen Methoden eines modernen Bankings an.

Wie auch in den vergangenen Jahren ist die Frage eines innovativen Banking nicht immer einfach zu beantworten. Was bedeutet „innovativ"? Ich habe hierfür eine pragmatische Definition gewählt: Ein Thema, ein Sachverhalt, eine Theorie oder eine Methode ist dann eine Innovation, wenn sie für den Bankensektor einen Neuigkeitsgehalt aufweist, also noch neu oder nicht sehr verbreitet ist. Das kann beispielsweise auch bedeuten, dass es diese Innovation in anderen Branchen schon gibt.

Ich bedanke mich bei allen Autorinnen und Autoren sowie all den vielen Helferinnen und Helfern im Hintergrund, die bei der Erstellung des Buches mitgewirkt haben. Ihnen, liebe Leserinnen und Leser, wünsche ich viele gute Anregungen bei der Lektüre der aktuellen Ausgabe Banking & Innovation 2018/2019!

Prof. Dr. Marcel Seidel

Inhaltsverzeichnis

Teil I Strategie und Sonderthemen China

1 New Business Development – der Weg zu neuen Erträgen 3
   Benjamin Kursatzky

2 Islamic Banking in Deutschland 27
   Sven Lauterjung und Tomasz Kroker

3 Auswirkungen der Blockchain-Technologie auf das Geschäftsmodell
   und die Strategie einer Bank 43
   Svend Reuse, Eric Frère und Ilja Schaab

4 Blockchain-Technologie – Funktionsweise und ausgewählte
   Anwendungsbeispiele in der Finanzindustrie 69
   Peter Preuss

5 Sonderthema China: The System of Banks in China 85
   Lin Feng

6 Sonderthema China: Digitalisierung im Banking – Ein Vergleich zwischen
   China und Deutschland 101
   Lu Wang

7 Sonderthema China: Ansprüche der Generation Z an ein modernes
   Banking – Ein Vergleich zwischen China und Deutschland 115
   Ni Chai

8 Sonderthema China: Ein länderspezifischer Vergleich der
   Markenführungsaktivitäten von chinesischen und deutschen
   Banken in den sozialen Medien 135
   Jun Huo und Marcel Seidel

Teil II Struktur

9 Vom CRM zum xRM im Retailgeschäft und von der Notwendigkeit
zum Aufschluss an andere Dienstleistungsbranchen 163
Jörg A. Macht

Teil III Kultur

10 Soft Skills und digitaler Wandel – Erfolgsstrategien aus dem Spitzensport
zum Generieren von innovativen Geschäftskonzepten im Bankenbereich . 181
Maren Müller

11 Effizientere Geldpolitik durch bessere Kommunikation? 195
Winand Dittrich und Monika Wohlmann

12 Working Out Loud – Die menschliche Seite der digitalen Transformation 215
Barbara Schmidt

Teil IV Technik

13 Passive Anlagestrategien und Digitalisierung
in der Vermögensverwaltung 227
Maximilian Müller und Marion Pester

14 How banks can shape their Management Control System to achieve more
innovation: a case study 247
Sven Olaf Schmitz and Thomas Heupel

Teil V Methoden

15 Definition von Bankprodukten mithilfe von
Product-Lifecycle-Managementsystemen 269
Markus Hesse und Maher Hamid

16 Die Theorie des Gewinnvorbehalts als theoretische Grundlage
für die Anlageberatung 295
Marius Mönig und Karl-Heinz Prieß

17 Unternehmensbewertung bei KMU 305
Thomas Sulzer und Alexander Bönner

Teil I
Strategie und Sonderthemen China

New Business Development – der Weg zu neuen Erträgen

Benjamin Kursatzky

1.1 Einleitung

„Meine Bank ist krank" lautet der Titel eines Beitrags über eine typische deutsche Bank in der *Zeit* (Dohms 2015). Im besten Fall ist Ihre Bank gesund und bislang von den Auswirkungen des Wandels am Bankenmarkt verschont geblieben. Aber bleiben Niedrigzinsphase, Digitalisierung, Kostendruck, Regulierung, veränderte Kundenbedürfnisse etc. auch langfristig ohne Folgen? Tatsächlich hat sich die Zahl der Banken in Deutschland seit 2004 um mehr als 500 Institute verringert, und ein Blick auf die Filialen ist nicht besser. Ihre Anzahl sank im gleichen Zeitraum von 14.989 auf 9407 (errechnet aus Bankenverband o. J.). So schrieb die *Wirtschaftswoche*: „nahezu jede Woche kündigt irgendwo in Deutschland eine Sparkasse Einschnitte an. [...] Ihr Geschäftsmodell funktioniert nicht mehr" (Welp et al. 2017, S. 48 f.). Und das Beratungsunternehmen Oliver Wyman prognostiziert einen Rückgang auf nur noch 150 bis 300 Banken in zehn bis 15 Jahren (Oliver Wyman 2018, S. 5).

Die ertragsstarke Basis der Vergangenheit, Fusionen, Preiserhöhungen, Vertriebsintensivierung etc. konnten vielfach helfen und Probleme abmildern. Langfristig gesehen verlangt der Wandel in der Finanzbranche jedoch mehr als die Ausschöpfung und Optimierung des Status quo. Es geht darum, neue Wege zu finden, wenn die alten nicht mehr zum Ziel führen. Wohin die Reise tendenziell gehen wird, zeigen bspw. die rund 12.000 FinTech-Unternehmen (Drummer et al. 2016, S. 2) mit Ihren Innovationen (für Innovationsbeispiele s. Abschn. 1.3) auf. Und laut McKinsey könnten „Banken etwa 30 bis 40 % ihrer Erträge an die neuen Wettbewerber verlieren" (Drummer et al. 2016, S. 6).

New Business Development im Sinne dieses Beitrags bedeutet einen Lösungsweg für den Bankpraktiker, der ihm Schritt für Schritt aufzeigt, wie sich neue Potenziale und Ertragsquellen erschließen lassen. Jedoch ist die Wahrscheinlichkeit, dass Neues schei-

---

B. Kursatzky (✉), URL: https://www.xing.com/profile/Benjamin_Kursatzky

© Springer Fachmedien Wiesbaden GmbH, ein Teil von Springer Nature 2019
M. Seidel (Hrsg.), *Banking & Innovation 2018/2019*, FOM-Edition,
https://doi.org/10.1007/978-3-658-23041-8_1

tert, extrem hoch und wird auf bis zu 90 % beziffert (Goldmann 2016, S. 1; o. V. 2016). Und das hat Gründe, bspw. mangelnden Marktbedarf, unklares Geschäftsmodell, zu wenig Kundenorientierung, fehlende Passung mit der Strategie, mangelnde Einbindung des Top-Managements etc. (CB Insights 2015, S. 3–11; Becker und Reinhardt 2006, S. 256–262). Der vorliegende New-Business-Development-Ansatz berücksichtigt diese Herausforderungen, er ist zudem kostensparend und kundenzentriert. Als Nebeneffekt stärkt er außerdem die Innovationskultur in Ihrer Bank. Grundlage sind bewährte Konzepte (bspw. Design Thinking, Business Model Canvas, Lean Startup, Adobe Kickbox, Stage Gate Model) wie auch umfassende Praxiserfahrungen.

Der Ansatz bildet den kompletten Entwicklungsprozess für Ihre Innovationen bzw. New-Business-Development-Maßnahmen ab und ist flexibel in der Anwendung. Sie sollten ihn individuell nutzen und an ihren Bedarf anpassen. So können Sie bspw. Tests zugunsten einer pragmatischen Vorgehensweise zusammenlegen oder kürzen, sofern die Ergebnisqualität nicht verlorengeht. Ferner können Sie andere Formate wie internes Ideenmanagement, Open-Innovation-Wettbewerbe und Workshopformate (Hackathons, Design-Thinking-Workshops, Barcamps etc.) bis hin zu umfassenden Innovationsprogrammen integrieren.[1] Bei der Anwendung des Ansatzes ergeben sich oft weitere Fragen und Hürden, es empfiehlt sich daher ggf., einen Berater oder Innovationscoach hinzuziehen. Beginnen Sie nun Ihren individuellen New-Business-Development-Prozess, viel Erfolg!

1.2 New Business Development

Um die Chancen und Potenziale des New-Business-Development-Ansatzes adäquat nutzen zu können, ist ein entsprechender Prozess erforderlich (vgl. Abb. 1.1).

Im ersten Schritt ist die Strategie der Bank zu betrachten. Diese und ergänzende Analysen ergeben den *strategischen Rahmen* (Abschn. 1.2.1) für alle zu entwickelnden Innovationen bzw. New-Business-Development-Maßnahmen. Danach ist die Perspektive des Kunden (*Ausgangspunkt Kunde,* Abschn. 1.2.2) zu beleuchten, womit die Rahmenbedingungen für die anschließende *Ideenfindung* (Abschn. 1.2.3) für neue Maßnahmen vollständig sind. Weiter geht darum, Ideen zu *entwickeln, zu testen und anzupassen* (Abschn. 1.2.4), wodurch sich immer konkretere Lösungen formen. Schließlich erfolgen eine finale *Entscheidung und Umsetzung* (Abschn. 1.2.5) der Maßnahmen. Diese beeinflussen wiederum die künftigen Strategien der Bank, und der Kreislauf beginnt von Neuem. Alles läuft iterativ ab, es wird immer wieder konstruiert, geprüft und angepasst.

---

[1] Zu den Innovationsformaten gibt es zahlreiche Praxisbeispiele, zum Thema Open-Innovation-Wettbewerbe s. bspw. IdeaConnection 2018, zum Thema Hackathons s. bspw. Postbank o. J.; Comdirect bank 2017; Star Finanz-Software Entwicklung und Vertriebs GmbH 2017, zum Thema Barcamps s. bspw. Janek o. J., zum Thema umfassende Innovationsprozesse (gemeint sind Maßnahmen, die Innovationen ganzheitlich von der Ideenentwicklung bis zur Umsetzung mithilfe von Tools, Ressourcen, Coaching u. Ä. fördern) s. bspw. Pioniergeist 2018; Deutsche Telekom o. J.

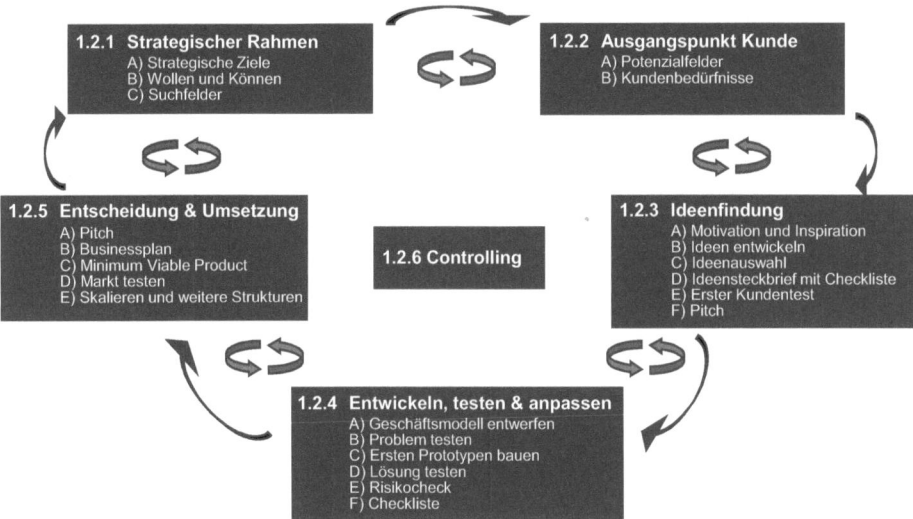

Abb. 1.1 New-Business-Development-Prozess

Ein *Controlling* (Abschn. 1.2.6) begleitet zudem alle Prozesse und sorgt für effektive Ergebnisse. Im Folgenden werden die Schritte nun näher betrachtet und erläutert.

1.2.1 Den strategischen Rahmen finden

Der strategische Rahmen legt die Grenzen fest, in denen sich die New-Business-Development-Maßnahmen bewegen dürfen. Ein Verzicht darauf bedeutet das Risiko, dass die Maßnahmen nicht akzeptiert und umgesetzt werden und im schlimmsten Fall die strategische Ausrichtung der Bank konterkarieren. Zur Bestimmung des Rahmens sind mithilfe der Bankstrategie drei Fragen zu beantworten:

A) Welche strategischen Ziele gibt es?
Betrachten Sie diesen Punkt wie die Auftragsklärung für ein Projekt. Konsultieren Sie Strategiedokumentationen und relevante Stakeholder und beantworten Sie Fragen wie:

- Was ist das wichtigste Ziel der New-Business-Development-Maßnahmen?
- Gibt es weitere Ziele?
- Was soll auf jeden Fall angegangen werden?
- Was soll auf keinen Fall angegangen werden?
- Welche Vorerfahrungen gibt es?
- Woran wird die Erreichung der Ziele gemessen?
- Wie soll kommuniziert werden?
- Wer sind die Stakeholder (wer davon ist Befürworter, wer ist Gegner, wer ist neutral)?

- Welche Budgets und Ressourcen stehen zur Verfügung?
- Welche Priorität hat das Thema, und gibt es Unterstützung vom Management?
- Welche Zeithorizonte (Start- und Endtermine, Meilensteine) gibt es?

B) Was wollen wir und was können wir?

Nicht alles, was möglich ist, sollte angegangen werden. Maßnahmen müssen auch von der Bank gewollt und durch diese umsetzbar sein. Das „Wollen" lässt sich vor allem aus der Vision der Bank ableiten. Diese ist die oberste Leitlinie, die beschreibt, was der gemeinsame „Traum" der Bank und all ihrer Einheiten ist. Sofern ein Leitbild Ihrer Bank verfügbar ist, sollten Sie dieses ebenso betrachten, denn auch hier finden sich Antworten auf die Frage, was gewollt wird.

Die Frage nach dem „Können" ist die Frage nach den Kernkompetenzen der Bank (bspw. Vertrieb, interne Prozesse, Produktentwicklung etc.). Vereinfacht geht es um alles, was bei einem umfassenden Outsourcingprogramm in der Bank bleiben sollte, weil es kein Externer so gut erledigen kann. Eine Stärken-Schwächen-Analyse kann hierfür eine gute Basis sein.

C) Wo, wann und in welchem Ausmaß (d. h. in welchen Suchfeldern) sind New-Business-Development-Maßnahmen erforderlich?

Die Beantwortung kann mithilfe einer BCG-Matrix erfolgen (s. Abb. 1.2). Dafür sind zunächst relevante Einheiten[2] zur Untersuchung auszuwählen. Diese werden in den vier Feldern verteilt, und so wird u. a. sichtbar, in welcher Lebensphase sie sich befinden. Neu Platzierte beginnen normalerweise als „Question Marks", werden mit etwas Glück zu „Stars", dann zu „Cash Cows" und entwickeln sich schließlich zu „Poor Dogs". Und am Ende schrumpfen sowohl Markwachstum als auch Marktanteil so weit, dass keine ökonomisch ausreichenden Erträge mehr erzielt werden können.

Daraus und aus den Entwicklungsverläufen der Erträge der Einheiten wird abgeleitet, wo, wann und in welchem Ausmaß Ertragsquellen wegbrechen, also New-Business-Development-Maßnahmen nötig werden. Selektiv sollten zur Sicherheit noch weitergehende Analysen ergänzt werden, da Ausnahmesituationen und besondere Umstände mit der BCG-Matrix nicht sichtbar werden.

Die Festlegung des strategischen Rahmens mithilfe der drei Fragen erfolgt im Kreis des Organisationsteams und bevor die New-Business-Development-Maßnahmen in den Abschn. 1.2.2 bis 1.2.5 entwickelt werden. Hier sind dann heterogene, motivierte Teams mit innovationsaffinen und kreativen Mitgliedern zu bilden. Diese sollten sich aus internen Mitarbeitern (inkl. Kollegen, die die Maßnahmen später umsetzen und im Regelbetrieb verantworten wie bspw. Produktmanager) *und* möglichst Externen (Kunden, Start-ups,

---

[2] Gemeint sind erlösbringende Einheiten wie Kundensegmente, Produktgruppen, Produkte, Vertriebskanäle etc. – also die Einheiten, bei denen New-Business-Development-Maßnahmen ggf. vorgenommen werden sollen. Als Faustformel zur Auswahl kann bspw. alles abgebildet werden, was nach Abstimmung mit dem Controlling oder dem Vertrieb oder nach bisherigen Erfahrungen besondere Auffälligkeiten aufweist oder eine besondere Bedeutung für die Bank hat.

Abb. 1.2 BCG-Matrix. (Quelle: in Anlehnung an Götze und Mikus 1999, S. 96 f.)

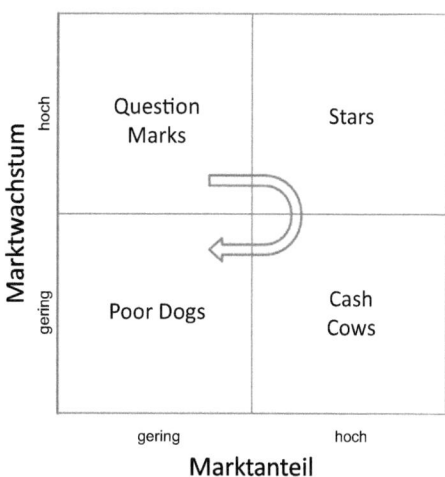

Forschungseinrichtungen, Kreative etc.) zusammensetzen. Zudem sollten sich ergänzende Rollen (wie Technikexperte, Designer und Umsetzer & Vermarkter) vorhanden sein. Je nach Bedarf und verfolgten Zielen können dabei bspw. zehn oder mehr Teams mit je drei bis fünf Teilnehmern gebildet werden. Die Zusammenstellung qualifizierter Teams ist einer der wichtigsten Schritte im ganzen Vorgehen. Zudem sind folgende Erfolgsfaktoren zu beachten:

- New Business Development bedeutet viel Arbeit. Es müssen zahlreiche Ideen produziert, verworfen und angepasst werden. Um einen echten Erfolg zu generieren, können es mehrere Hundert sein.
- Für die Entwicklung der Maßnahmen stellen Sie bunte und kreativitätsfördernde Räume (keine typischen Büros) und benötigte Ressourcen (Budget, Methoden, Zeit, einen Innovationscoach etc.) bereit.
- Um eine Identifikation der Stakeholder (v. a. des Managements) zu fördern, sollten in regelmäßigen Abständen der Status bzw. die (Zwischen-)Erfolge kommuniziert werden. Achten Sie darauf, dass Sie von den Entscheidungsträgern stets unterstützt werden.
- „Kill early, kill cheap" – halten Sie sich niemals unnötig lange an schlechten Ideen auf.
- „MVP (Minimum Viable Product)" – d. h., es werden nur vom Kunden explizit gewünschte Produktmerkmale umgesetzt, und auf alles Zusätzliche wird verzichtet.
- „Build, Measure, Learn" – d. h., in kurzen Zyklen wird Neues erstellt, geprüft und angepasst. Gehen Sie dafür iterativ vor und setzen Sie bei neuen Erkenntnissen an der entsprechenden Stelle an, auch wenn Sie diese bereits bearbeitet hatten.
- Nutzen Sie Misserfolge und Rückschläge als Chancen und lernen Sie daraus.
- Konzentrieren Sie sich auf das Wesentliche und verzetteln Sie sich nicht aufgrund von Nebenschauplätzen.

- Fokussieren Sie für Tests und Feedbacks die Early Adopters – also jene Nutzer, die für Neues besonders offen und affin sind.
- Setzen Sie sich für jede Phase einen zeitlichen Rahmen und gehen Sie pragmatisch und zielgerichtet vor.

Alle weiteren Schritte der folgenden Abschnitte führen Sie gemeinsam mit den Mitgliedern Ihres jeweiligen Teams durch.

1.2.2 Ausgangspunkt Kunde

Wenn bereits geeignete Ideen für neue Lösungen vorliegen (und daher nicht entwickelt werden sollen), können Sie Abschn. 1.2.2 auslassen und in Abschn. 1.2.3 mit Buchst. C) Ideenauswahl fortfahren. Ansonsten lesen Sie hier weiter.

Vor der Entwicklung neuer Ideen in Abschn. 1.2.3 ist zunächst der Kunde zu betrachten. Wenn Sie die Segmente Ihrer Zielkunden schon kennen (weil sie bspw. vorgegeben wurden), können Sie die folgende Recherche zu den Potenzialfeldern und Kundenbedürfnissen darauf beschränken. Ansonsten führen Sie eine breite Recherche durch, die alle möglichen Zielkunden einschließt. In beiden Fällen eröffnen sich zwei Schritte:

A) Potenzialfelder identifizieren

Hier geht es um die Frage, in welchen Potenzialfeldern New-Business-Development-Maßnahmen entwickelt werden sollen. Potenzialfelder bezeichnen jene Business-Felder, die zukünftig Kundennachfrage und Wachstum versprechen (wie bspw. Gesundheit, Sicherheit, Digitalisierung der Wirtschaft, Urbanisierung, Internet der Dinge, künstliche Intelligenz etc.). Sehr gut lassen sich diese aus Trends und Megatrends ableiten. Hierfür müssen Sie keine eigene Forschung betreiben, kostenlose Trendstudien finden Sie bspw. via Google. Zudem können Sie die Angebote von Trendinstituten wie TRENDONE, Z_punkt oder Zukunftsinstitut nutzen. So bietet bspw. die Megatrend-Map vom Zukunftsinstitut (o. J.) eine umfassende Übersicht über alle relevanten Megatrends und damit eine ideale Basis zur Ableitung gewünschter Potenzialfelder. Die Map selbst ist kostenlos im Internet verfügbar, die Hintergrundinformationen der einzelnen Trends können Sie entweder beim Zukunftsinstitut erwerben („Megatrend Dokumentation") oder in Eigenrecherche mithilfe des Internets zusammenstellen. Sollte Ihnen die Fokussierung auf nur ein Potenzialfeld zu eng sein, können Sie auch mehrere auswählen und für die Entwicklung der New-Business-Development-Maßnahmen vorgeben, was den Aufwand zur Generierung der Maßnahmen jedoch deutlich erhöht.

B) Kundenbedürfnisse identifizieren

Bei der Identifikation der Kundenbedürfnisse geht es vor allem darum, dem Kunden richtig zuzuhören, ihn zu verstehen und zu lernen, wie er denkt. Ein anschauliches Musterbeispiel hierfür ist das „Oregon Experiment", welches bereits in den 1970er Jahren durchgeführt wurde und einen bis heute beeindruckenden Weg aufzeigt, wahre Kundenbedürfnisse zu berücksichtigen: Anstatt die Neugestaltung der Campus-Wege der Uni Oregon wie üblich auf dem Reißbrett zu planen, ließ der Architekt überall auf dem Gelände Gras säen. Die Studenten suchten sich daraufhin ihre idealen Wege quer über die Wiese. Erst danach wurden die so entstandenen Trampelpfade geteert und somit Wege angelegt, die den Kundenbedürfnissen zu 100 % entsprachen (s. bspw. Alexander et al. 1975). Von diesem Beispiel einer wirklich kundenverstehenden Denkweise ausgehend, empfehlen sich u. a. folgende Methoden[3] zur Anwendung in Ihrer Bank:

- *Kundendialog:* Von ausgewählten Kunden werden im Rahmen von Interviews, Workshops o. Ä. Fragen beantwortet. Besonders ergiebige Ergebnisse lassen sich bspw. mit Nichtkunden, „Produkthassern", Reklamationskunden oder Lead Usern[4] (s. bspw. von Hippel 1986, S. 791–805) erzeugen.
- *Expertendialog:* Dieser Dialog wird mit ausgewählten Experten (Forschern, Vertrieblern, Beratern, Marketingspezialisten etc.) im Rahmen von Interviews, Workshops o. Ä. durchgeführt.
- *Online-Dialog:* Viele Kunden nutzen Online-Foren, um sich und ihre Bedürfnisse mitzuteilen. Diese gilt es zu finden, zu selektieren und entsprechend zu verwenden. Der Onlinedialog kann über externe Internetplattformen wie auch eigene Plattformen erfolgen und als echter Dialog stattfinden oder „nur" die Informationen der Kunden aufnehmen.
- *Callcenter und Beschwerdehotline:* Hier bieten sich umfassende Möglichkeiten, Wünsche und Beschwerden der Kunden kennenzulernen und zu verstehen und daraus Kundenbedürfnisse herauszukristallisieren.
- *Desk-Research:* Gerade im Internet findet sich eine Vielzahl oft kostenloser Studien, Kundenumfragen, Experteninterviews etc., die Ihnen wertvolle Hinweise geben können.
- *„Day in the life of…" (DILO):* Hier geht es darum, den Kunden einen Tag zu begleiten und gezielt darauf zu achten, was er tut, was er nicht tut, worüber er sich ärgert, was er mag, welche Produkte er wie nutzt, welche nicht etc. (s. bspw. Gouillart und Sturdivant 1994, S. 116–125). Alternativ können Sie den Kunden auch selektiv in echten Situationen beobachten (bspw. in einem Beratungsgespräch, bei dem Sie einen Berater begleiten). Als Variation können Sie Fotos von relevanten Situationen und Gegenständen machen, die auf Bedürfnisse hindeuten, und diese später gemeinsam mit Ihrem Team analysieren.

---

[3] Abgesehen von der DILO-Methode entstammen die Methoden Praxiserfahrungen. Wo diese Methoden ihren Ursprung haben, ließ sich auch im Rahmen einer durchgeführten Recherche nicht klar erkennen.
[4] Innovative Nachfrager mit besonderem Interesse an Neuem, die zudem eine Kundengruppe repräsentieren.

- *Selbstbeobachtung:* Die vielleicht am wenigsten aufwendige Methode ist die Beobachtung und Analyse der eigenen Bedürfnisse und Präferenzen. Sie können sich dabei in bestimmte Situationen fiktiv hineinversetzen oder diese als Praxisübung simulieren.

Bei allen Varianten geht es darum, die wirklichen, oft verborgenen Bedürfnisse zu erfahren. Suchen Sie daher nach Schmerzpunkten und Problemen sowie Träumen und Wünschen und achten Sie bspw. darauf, wann/wobei der Kunde unglücklich ist, was ihn Zeit und Geld kostet, was er anderswo schon besser erlebt hat oder was sein Ideal wäre. Befragen Sie, beobachten Sie, schauen Sie auf Verhalten, Gestik, Mimik, Aussagen „zwischen den Zeilen" etc. und führen Sie die Beobachtungen idealerweise zu zweit durch.

Abschließend tragen Sie alle Ergebnisse im Team zusammen und clustern sie zu Kernbedürfnissen. Wenn Sie vorab keine Segmente der Zielkunden definiert hatten und daher Ergebnisse einer breiten Masse aller möglichen Zielkunden vorliegen, dann betrachten Sie jetzt die geclusterten Kernbedürfnisse und leiten daraus die Segmente der Zielkunden her.

1.2.3 Ideenfindung

Nachdem Sie den strategischen Rahmen und die Kundenperspektive beleuchtet haben, erfolgt darauf aufbauend die Ideenfindung für neue Lösungen. Die Ideenfindung lässt sich nicht nebenbei durchführen, sie erfordert Konzentration und Fleiß und meist mehrere Durchläufe (Iterationen), bis in jedem Team eine adäquate Idee vorliegt, die weiter verfolgt werden soll. Verzagen Sie daher nicht, wenn die erste(n) Idee(n) noch nicht passen oder bestimmte Merkmale (wie bspw. Marktpotenzial) noch nicht ausreichend erfüllt sind, das gehört zum Prozess dazu.

A) Motivation und Inspiration
Ähnlich relevant wie die in Abschn. 1.2.1 dargestellte Zusammenstellung der Teams ist, dass die Teammitglieder motiviert und inspiriert an die Ideenfindung herangehen.

Neben Freiräumen, Wertschätzung, Freude am Thema etc. als Voraussetzungen für eine Motivation sollten die Teammitglieder regelmäßig frischen Input erhalten. Das öffnet den Zugang zu den (neuen) Themen und fördert die Inspiration und das kreative Querdenken. Zum Einstieg bieten sich Impulsvorträge über Zukunftsthemen (bspw. von Teammitgliedern oder Nachwuchsmanagern), ein Webinar mit Input von Experten, das Einlesen in Trend-Reports, Studien u. Ä. an. Zudem sollten sich die Teammitglieder regelmäßig mit Trends, Wettbewerberinnovationen, Start-ups (inkl. FinTechs) etc. beschäftigen. Sie können dafür passende Newsletter (bspw. IT Finanzmagazin, ibi bankingnews oder Finanz-Szene.de) abonnieren, qualifizierte Blogs (bspw. t3n, Gründerszene, Bankblog, Innovationsblog der DZ Bank Gruppe) lesen, sich mit Experten austauschen, Events (bspw. Querdenker-Kongress, Finanzdienstleister der nächsten Generation, Finovate) besuchen etc.

B) Ideen entwickeln

An dieser Stelle haben die Teams bereits einige Etappen absolviert. Sie haben sich mit dem strategischen Rahmen beschäftigt, Potenzialfelder sowie Kundenbedürfnisse identifiziert und Motivation wie auch Inspiration erzeugt. Über diesen Weg (Trendreports lesen, mit Experten sprechen, Kunden beobachten etc.) entsteht automatisch eine Vielzahl an Ideen. Darüber hinaus bietet sich auch die Anwendung von Kreativitätstechniken an, wie bspw.:

Kopfstandtechnik: Zur Förderung der Kreativität werden die zu lösenden Probleme umgedreht (bspw. wird gefragt „Wie müsste eine Filiale aussehen, die kein Kunde betreten möchte?" anstatt „Wie müsste die ideale Filiale aussehen?"). Diese einfache, aber wirksame Methode basiert darauf, dass wir bei der Umkehrformulierung deutlich mehr Einfälle und Ideen haben. Anschließend werden die so entstandenen Ideen wieder in eine passende Version umgedeutet (Winkelhofer 2006, S. 141–143).

Five Whys: Zur Anregung von Ideen wird eine Ursachenanalyse betrieben. Dafür wird das Problem bzw. der augenscheinliche Grund mit „Warum ist das so?" hinterfragt. Die gefundene Antwort wird erneut mit „Warum ist das so?" hinterfragt usw. Der Prozess endet, wenn fünfmal die Warum-Frage gestellt wurde (Gassmann und Graning 2013, S. 153 f.).

World Café: Dieses Format eignet sich insbesondere für größere Gruppen. Laden Sie daher Kollegen (bspw. aus dem Marketing, Vertrieb, Produktmanagement etc.), Vorgesetzte und Externe (Kunden, Experten, Forscher, Start-ups etc.) ein. Die Teilnehmer treffen sich an Tischen, die mit beschreibbaren Papiertischdecken bedeckt sind (vier bis fünf Personen pro Tisch). Nun wird je Tisch ein Problem diskutiert, und die Ideen und Lösungen werden auf der Tischdecke notiert. Danach werden die Gruppen neu gemischt und neu auf die Tische verteilt. Anschließend wird wieder diskutiert und notiert usw. Zur Koordination hat jeder Tisch einen Moderator, der immer am selben Tisch bleibt und nach einer erfolgten Runde der neuen Gruppe die diskutierten Ergebnisse der vorigen Gruppe vermittelt (in Anlehnung an bspw. Gassmann und Graning 2013, S. 153 f.).

Matching-Matrix: Notieren Sie in einer Matrix die wichtigsten Kundenbedürfnisse (zeilenweise untereinander) und bedeutsame Trends und Marktinnovationen (spaltenweise nebeneinander). Die Felder der Matrix befüllen Sie nun mit Ideen, die die Bedürfnisse mit Trends bzw. Marktinnovationen zusammenbringen.

Ideenwand: Beispielsweise in der Coffee Lounge wird eine Wand aufgestellt, an der eine zu beantwortende Frage hängt. Jeder Mitarbeiter wird aufgefordert, seine Lösungsideen über einen Zeitraum von einer Woche anzuheften – je verrückter die Ideen sind, desto kreativer ist das Lösungspotenzial. Ein kleiner, regelmäßiger Impulsgeber (bspw. ein Bild, ein Link zu einer Internetseite, ein Video o. Ä.) an der Wand erhöht dabei das Kreativitätspotenzial.[5]

---

[5] Sowohl die Matching-Matrix als auch die Ideenwand entstammen Praxiserfahrungen. Wo diese Methoden ihren Ursprung haben, ließ sich auch im Rahmen einer durchgeführten Recherche nicht klar erkennen. Für weitere Kreativitätsmethoden s. bspw. Atelier für Ideen (o. J.).

C) Ideenauswahl

Nachdem die Teams eine Vielzahl von Ideen produziert haben, gilt es, die beste auszuwählen und in den folgenden Abschnitten weiter zu bearbeiten. Dafür werden ähnliche Ideen zuerst zusammengelegt. Die so entstandenen Cluster werden in Prio-A-, Prio-B- und Prio-C-Gruppen aufgeteilt. In der Prio-A-Gruppe wird zusätzlich eine Rangfolge erstellt, sodass am Ende die Plätze eins bis bspw. zehn der Prio-A-Gruppe vorliegen. Diese Zuordnungen werden gemeinsam im Team vorgenommen (mit dem vorher erworbenen Wissen über den strategischen Rahmen, Potenzialfelder und Kundenbedürfnisse im Hinterkopf).

D) Ideensteckbrief mit Checkliste

Danach wird für die beste Idee ein Steckbrief erstellt. Dieser umfasst eine DIN-A4-Seite und bildet im oberen Teil Kästchen mit folgenden Inhalten ab:

- Beschreibung der Idee
- Zielgruppe
- Problem
- Lösung
- Nutzen

Im unteren Teil der Seite wird eine Checkliste erstellt, mit der die Zielerreichung der Idee im Team geprüft wird. Diese enthält Punkte wie:

- Werden die strategischen Ziele erfüllt (s. Abschn. 1.2.1)?
- Harmonisiert die Idee mit dem „Wollen und Können" (s. Abschn. 1.2.1)?
- Deckt sich die Idee mit den Suchfeldern (s. Abschn. 1.2.1)?
- Werden die Entscheider in der Bank ihr Einverständnis geben?
- Gibt es Wettbewerber, die Entsprechendes schon anbieten oder zumindest planen?
- Werden ggf. Patente von Wettbewerbern verletzt?
- Ist die Idee schnell von Wettbewerbern imitierbar?
- Ist das Marktpotenzial (auch in der Zukunft) ausreichend groß?
- Ist die Idee im gegebenen Rahmen umsetzbar (oder erfordert sie bspw. Technologien, die es (noch) nicht gibt oder die ein unrealistisch großes Maß an Ressourcen benötigen)?

Die meisten Punkte können mit dem bestehenden Hintergrundwissen beantwortet werden. Zumindest bei den Fragen nach den Wettbewerbern und dem Marktpotenzial ist jedoch in der Regel eine ergänzende Recherche notwendig, um konkrete Daten zur Validierung zu erlangen.

E) Erster Kundentest
Nachdem Ihre Idee die Checkliste passiert hat, erfolgt ein erster Kundentest. Dafür werden die Annahmen[6], die Sie zum Kundenproblem, zur Lösung und zum Kundennutzen getroffen haben, offengelegt (bspw. „Alle ... Kunden haben das Problem ... und benötigen daher unbedingt ..."). Sprechen Sie dann mit fünf Personen des Zielkundensegments und prüfen Sie, ob Ihre Annahmen bestätigt werden. Fragen Sie jedoch nicht einfach „Wie finden Sie die Produktidee?" – das führt allzu häufig zu positiven Gefälligkeitsantworten, und Sie erfahren nichts über die wahren Gedanken des Kunden. Besser geeignet sind Fragen wie: „Wie gravierend auf einer Skala von eins bis zehn ist das Problem ... ?", „Wie nützlich auf einer Skala von eins bis zehn wäre eine Lösung, die ... erfüllt?" etc. (Tipps zur Interviewgestaltung finden Sie in Abschn. 1.2.4).

F) Pitch
Anschließend kommen alle Teams zusammen und präsentieren ihre Ideen vor den Entscheidungsverantwortlichen für die Umsetzung der New-Business-Development-Maßnahmen und allen Interessierten aus der Bank im Pitch-Format (bspw. fünf Minuten plus zwei Minuten für Fragen). Die Verantwortlichen prüfen jede Idee und geben ihr Einverständnis zur weiteren Bearbeitung. Dieses Prozedere hat drei Vorteile: Erstens fungieren die Pitches als Filter (und reduzieren das Flop-Risiko), zweitens werden die Entscheider mit eingebunden (und zu Promotoren), und drittens bringen die Teams ihre Idee Dank des Pitch-Formates konkret auf den Punkt (reduziert das Risiko, sich zu verzetteln). Die Pitch-Struktur kann folgendermaßen aussehen:

- Kurze Selbstpräsentation und Summary der Idee (in je *einem* Satz!)
- Das Problem (Was ist das Problem? Warum ist es relevant? Wie viele Kunden betrifft es?)
- Die Lösung (Was ist die Lösung? Warum ist sie nützlich? Warum ist sie einzigartig (Unique Selling Proposition)?)
- Der Markt (Wie groß ist das Marktpotenzial? Wie sieht der Wettbewerb aus? Wie waren die ersten Kundenfeedbacks? Wie soll Geld verdient werden?)
- Richtiger Zeitpunkt und richtiges Team (Warum wird die Lösung gerade jetzt benötigt? Warum ist genau dieses Team das richtige zur Umsetzung?)
- Bedarf zur weiteren Umsetzung (Was sind die nächsten Schritte? Was benötigt das Team dafür?)
- Offene Fragen

Der Pitch hat eine besondere Relevanz, so entscheidet er darüber, ob die Idee weiterverfolgt werden darf oder nicht. Entsprechend sollten Sie sich auch darauf vorbereiten und das Pitchen vorab üben. Lernen Sie von anderen erfolgreichen Pitches, pitchen Sie im kleinen Kreis zur Übung, konsultieren Sie ggf. einen Pitch-Coach etc. (für Muster-Pitches s. bspw. PIKTOCHART 2018).

---

[6] Annahmen sind hierbei Punkte, die Sie vermuten, aber noch nicht oder nur vage belegt haben.

1.2.4 Entwickeln, testen und anpassen

Alle Ideen, die den Pitch erfolgreich absolviert und so das Einverständnis zur weiteren Umsetzung gewonnen haben, werden nun weiterentwickelt. Dafür werden die Ideen zunächst mithilfe des Business Model Canvas konkretisiert und im Weiteren umfassend getestet. Hier spielen qualitative Interviews eine zentrale Rolle, für diese gilt:

- Führen Sie Interviews mit den identifizierten Zielkundensegmenten durch (s. Abschn. 1.2.2).
- Führen Sie zur Validierung zehn bis 20 Interviews durch (bzw. bis Sie keine wesentlichen Erkenntnisse mehr hinzugewinnen).
- Studieren und beobachten Sie ganz genau die Kunden, deren Aussagen, Fragen, Verhalten, Körpersprache usw. und lesen Sie auch zwischen den Zeilen (bspw. „Was sagt/betont der Kunde von sich aus?", „Wo weicht er aus?", „Wo antwortet er zögerlich?").
- Hinterfragen Sie wenig aussagekräftige Antworten mit „Warum ist das so?".
- Überladen Sie die Interviews nicht, ein Interview sollte insgesamt (inkl. Begrüßung, Einleitung, Abschluss etc.) ca. 20 bis 30 Minuten dauern.
- Bereiten Sie die Interviews hinsichtlich des Ablaufs und der Fragen vor und erstellen Sie einen Fragebogen. (Für weitere Tipps zur Interviewgestaltung vgl. bspw. Bartel (o. J.); LIFFFTInc (o. J.) oder PBWORKS (o. J.). Ein Beispiel für Struktur und Inhalte des Lösungsinterviews finden Sie in StartitUp (o. J.). Des Weiteren ist Fitzpatrick (2016) sehr zu empfehlen.)

Noch eine Anmerkung: Auch in diesem Abschnitt arbeiten Sie iterativ und überarbeiten anhand neu gewonnener Informationen und Feedbacks Ihren Business Model Canvas (s. Buchst. A)) und den Prototypen (s. Buchst. C)).

A) Geschäftsmodell entwerfen
Nun erweitern Sie Ihre Idee, indem Sie sie mithilfe des Business Model Canvas zu einem Geschäftsmodell ausbauen. Das Geschäftsmodell ist sozusagen der Bauplan, der aus der Idee die Lösung bzw. New-Business-Development-Maßnahme macht. Nach dem Canvas besteht ein jedes Geschäftsmodell aus neun Elementen, deren Logik wie in Abb. 1.3 dargestellt aussieht.

Kundensegmente und *Kundenbeziehungen* bilden gemeinsam die Wertschöpfungsstruktur, über die *Einnahmen* generiert werden. Hinzu kommt die Ressourcenstruktur, die sich aus den Elementen *Schlüsselpartner* und *Schlüsselressourcen* zusammensetzt. Der Einsatz beider ermöglicht die Herstellung der *Wertangebote*, verursacht aber auch *Kosten*. Schließlich bildet die Transaktionsstruktur (Erstellung der Wertangebote und Bereitstellung derselben) noch die Elemente *Schlüsselaktivitäten* (zur Realisierung der Geschäfte), *Kanäle* (zur Umsetzung der Wertangebote) und die im Fokus stehenden *Wertangebote* ab. Auch dabei entstehen *Kosten* (Maurer und Faschingbauer 2013, S. 44).

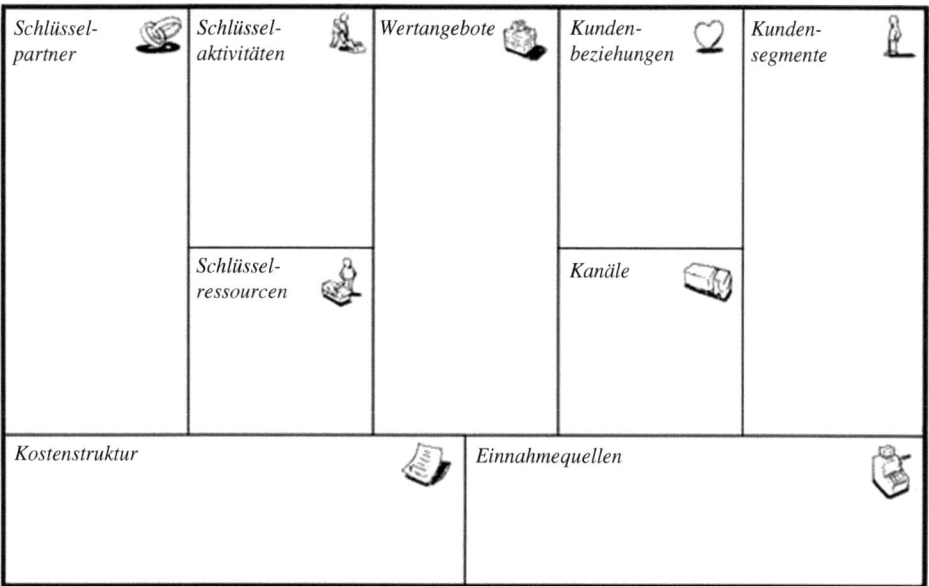

Abb. 1.3 Business Model Canvas. (Quelle: Osterwalder und Pigneur 2011, S. 48)

Formulieren Sie zu jedem der neun Elemente die wichtigsten Punkte in Form von Schlagworten (ca. drei bis fünf je Element). Dabei empfiehlt es sich, mit dem Wertangebot (d. h. Problem, Lösung und dem darauf aufbauenden Nutzen) und dem Kundensegment zu beginnen. Beide haben Sie auch schon in Abschn. 1.2.3 im Buchst. E) „Erster Kundentest" betrachtet. Im Anschluss werden die verbleibenden sieben Elemente konkretisiert. Hilfreich ist die Bearbeitung anhand eines Canvas mit integrierten Leitfragen (aufgrund der hier nicht abbildbaren Größe dieses Canvas s. bspw. Bundesministerium für Wirtschaft und Energie o. J.).

B) Problem testen
Zunächst ist mithilfe von qualitativen Interviews zu prüfen, ob das identifizierte Problem für das Kundensegment tatsächlich von Bedeutung ist. Es gilt, drei Dinge herauszufinden:

1. Existiert das Kundensegment?
2. Hat das Kundensegment wirklich das Problem?
3. Ist das Kundensegment an einer Lösung interessiert und bereit, dafür Geld auszugeben?

Betrachten Sie zuerst Ihren Canvas und überlegen Sie, welche Annahmen (Punkte im Canvas, die Sie vermuten, aber noch nicht oder nur vage belegt haben) beim Segment und Problem (als Teil des Wertangebots) zugrunde liegen. Leiten Sie daraus Interviewfragen ab, wie bspw.:

- Was stört Sie bei ... am meisten?
- Wie lösen Sie das Problem derzeit?
- Wie stark ist Ihr Wunsch nach einer neuen Lösung (auf einer Skala von null bis zehn)?
- Wie viel Geld würden Sie dafür ausgeben?

Führen Sie dann Interviews entsprechend den zu Beginn des Abschnitts genannten Gestaltungsempfehlungen durch, und finden Sie Antworten auf Ihre Fragen.

C) Ersten Prototypen bauen

Anhand des Business Model Canvas haben Sie ein Geschäftsmodellkonzept für Ihre Idee erstellt. Weiter haben Sie gerade Segment und Kundenproblem getestet. Nun geht es darum, Ihre Lösungsidee für das Problem mithilfe eines Prototypen[7] erlebbar und anfassbar zu machen. Der Prototyp darf an dieser Stelle noch sehr einfach sein und bspw. aus Pappe, Knete oder Lego bestehen oder ein 3-D-Druck sein. Er kann auch aus einem Rollenspiel (bspw. bei Dienstleistungen) bestehen oder eine Zeichnung oder Bildergeschichte sein. Wenn zu Ihrer Idee eine App oder Homepage gehört, können Sie den Prototypen mithilfe verschiedener Online-Tools (s. bspw. Protoio 2018; Khella Productions Inc. o. J.; Marvel o. J.; JIMDO o. J.; Landingfolio 2018 und für eine umfassende Zusammenstellung von Tools s. bspw. Startupstash.com o. J.) einfach und schnell erstellen.

D) Lösung testen

Anschließend ist Ihre Problemlösung vertieft zu testen, und die anvisierten Kanäle (Vertriebs- und Kommunikationskanäle) sowie Kundenbeziehungen (persönlich, via Internet etc.) sind so weit an dieser Stelle bereits möglich mit zu testen. Es gilt, drei Dinge herauszufinden:

1. Was ist das minimal notwendige Set an Merkmalen, das die Lösung benötigt, um Kundenzufriedenheit zu erreichen?
2. Wie viel Geld geben die Kunden der Zielsegmente für die Lösung aus?
3. Wie sind die Kanäle und Kundenbeziehungen zu gestalten?

Betrachten Sie wieder den Canvas und leiten Sie dieses Mal die wichtigsten Annahmen ab, die Sie hinsichtlich der Problemlösung (im Wertangebot) und der Bepreisung (in den Einnahmequellen) sowie bei den Kanälen und Kundenbeziehungen getroffen haben. Nun sind qualitative Interviews mit Zielkunden durchzuführen und dabei die Prototypen zu präsentieren. Führen Sie die Interviews entsprechend den am Anfang des Abschnitts genannten Gestaltungsempfehlungen durch, mögliche Fragen sind bspw.:

---

[7] Zur Benennung der Vorstufen eines Produktes gibt es neben Prototypen auch bspw. Mockups und Wireframes (s. bspw. Dierck 2013). Aus Gründen der Einfachheit wird hier jedoch nicht weiter differenziert und nur der Begriff Prototyp verwendet.

- Welche Teile unserer Lösung sind am nützlichsten für Sie?
- Wie bewerten Sie diese Teile und unsere Lösung insgesamt (null bis zehn Punkte)?
- Wie gern würden Sie die Lösung sofort nutzen?
- Was könnte Sie von der Nutzung abhalten?
- Die App kostet 3,99 €, kaufen Sie sie jetzt? (Frage nach dem Preisniveau)
- Über welche Kanäle werden Sie am liebsten angesprochen?
- Über welche Kanäle würden Sie das Produkt am liebsten beziehen?
- Was macht eine gute Käufer-Verkäufer-Beziehung für Sie aus?

Die erste Frage nach der Nützlichkeit können Sie bei Bedarf in Anlehnung an die SIEB-Methode[8] differenzieren:

- Warum sind diese Teile am nützlichsten? Anmerkung: Prüfen Sie, ob der Interviewte die Attribute benennt, die die Lösung bewirken soll (bspw. Sicherheit geben, optisch ansprechen, Ansehen des Anwenders steigern etc.).
- Inwiefern ist der Nutzen größer als bei bisher genutzten Lösungen?
- Wie einfach ist die Lösung anzuwenden?
- Wo fühlten Sie sich bei der Anwendung unwohl?

Alternativ zu den qualitativen Interviews können Sie die Lösung auch im Rahmen anderer Experimente testen. Sie können bspw. mit Ihrem Prototypen und ersten Marketingmaterialien (es reichen Testversionen, gemäß dem Motto „Fake it till you make it") an einer Messe teilnehmen, eine Verkaufsveranstaltung organisieren oder eine Homepage bereitstellen und deren Nutzung analysieren. Im Vergleich zu den qualitativen Interviews haben Sie bei derartigen Experimenten in der Regel die Chance, größere Kundengruppen zu testen, erhalten dafür jedoch weniger tiefgehende Feedbacks.

Bei Bedarf können Sie auch zunächst qualitative Interviews und dann weitere Experimente durchführen. Dieses Vorgehen ist aufwendiger, hilft aber ggf., offen gebliebene Punkte zu validieren.

E) Risikocheck
Mithilfe des Risikochecks werden zum einen weitere Validierungstests durchgeführt, und zum anderen werden bislang unbetrachtete Risiken angegangen. Dabei ist Folgendes durchzuführen:

- Identifizieren Sie die Annahmen im Canvas, die bei Fehleinschätzung erhebliche Probleme verursachen können, und testen Sie diese anhand qualitativer Interviews (oder anderer Experimente). Gegebenenfalls sind hier auch Gegenmaßnahmen zu überlegen.

---

[8] „SIEB" ist ein Akronym und steht für die Merkmale „sexy", „im Gebrauch mehrwertig", „einfach" sowie „bekannt". Um Kaufinteresse beim Kunden herzustellen, sollten diese Merkmale weitgehend erfüllt sein (s. dazu Kursatzky 2015, S. 42).

- Bislang wurden die Canvas-Elemente Prozesse, Ressourcen, Partner und Kosten noch nicht oder nur in geringem Maße getestet. Identifizieren Sie nun für diese Felder die wichtigsten Annahmen und führen Sie zum Testen Interviews. In diesem Fall konsultieren Sie jedoch nicht Ihre Zielkundensegmente sondern Experten aus Ihrer Bank sowie von außen (bspw. Techniker/ITler, erfahrene (Start-up-)Unternehmer, Produktmanager etc.).
- Führen Sie mindestens einen weiteren Test der Lösung durch (s. Buchst. D) „Lösung testen" in diesem Abschnitt). Wenn sich die Kundenzufriedenheit dabei noch deutlich steigern lässt, passen Sie den Canvas und den Prototypen an und führen Sie einen weiteren Test durch.
- Identifizieren Sie mindestens fünf bislang ungetestete Annahmen aus dem Canvas, und testen Sie diese mithilfe von Interviews (oder anderen Experimenten).

F) Checkliste
Nehmen Sie die Checkliste des Ideensteckbriefs aus Abschn. 1.2.3 und passen Sie die Kriterien ggf. an. Prüfen Sie (jedes Teammitglied für sich) die Erfüllung der Kriterien. Zudem lässt jedes Teammitglied die Lösung von fünf innovationsaffinen Kollegen hinsichtlich der Erfüllung der Kriterien bewerten. Hierbei geht es nicht darum, dass die Kollegen bereits Eruiertes bezweifeln, sondern darum, bislang blinde Flecken aufzudecken. Vergleichen Sie dann die Bewertungen gemeinsam im Team und beleuchten Sie Abweichungen. Dieser Teil sollte nicht allzu viel Zeit in Anspruch nehmen und dient der Überprüfung, ob Wettbewerbssituation, Marktpotenzial, strategischer Rahmen etc. noch immer passen.

1.2.5 Entscheidung und Umsetzung

Sie haben viele Ideen entwickelt, iterativ getestet und angepasst und Stück für Stück eine neue Lösung erarbeitet. Im Weiteren geht es darum, im Pitch die Zustimmung zur finalen Umsetzung zu erhalten. Diese erfolgt individuell auf Ihre Lösung zugeschnitten, wobei erstmals größere Kosten anfallen.

A) Pitch zur Umsetzung
Die Teams präsentieren ihre Lösungen wieder vor den Entscheidungsverantwortlichen für die Umsetzung derselben sowie allen Interessierten aus der Bank im Pitch-Format. Dieser Pitch ist von besonderer Bedeutung, da hier final von den Entscheidungsträgern bestimmt wird, ob die entwickelte Lösung in die Umsetzungsphase geht oder nicht. Daher gilt auch hier: Bereiten Sie sich unbedingt vor und üben Sie vorab (zum Thema Pitch s. auch Abschn. 1.2.3, Buchst. F) „Pitch").

B) Businessplan erstellen
Die Erstellung eines Businessplans erfolgt nach dem geglückten Pitch optional. Der Businessplan hilft Ihnen, noch einmal alle Punkte konzeptionell zusammenzubringen und auf

Realisierbarkeit zu prüfen (bspw. ist der Umsetzungsfahrplan vielleicht noch nicht schlüssig, oder es fehlen Detailinformationen wie zum Standort der Produktion). Hilfreich kann der Businessplan auch sein, wenn es darum geht, bislang unbeteiligte Kollegen einzubinden oder eine Finanzierung zu erlangen. Zudem können Sie ihn als eine Art Übergabeprotokoll Ihrer entwickelten Lösung an die umsetzenden Kollegen verwenden. Der Businessplan sollte daher je nach Zweck gestaltet und nicht länger und umfassender als nötig sein. Im Kern beinhaltet er die Punkte: Summary, Produkt (inkl. Problem, Lösung, Produktbeschreibung), Markt (inkl. Potenziale, Wettbewerb und Marketing-Mix), Gründerteam, Organisation (Wertschöpfung, Ressourcen, Prozesse, Partner etc.), Realisierungsplan, Risiken und Finanzen (zum Thema Businessplan-Erstellung s. bspw. Kubr et al. 2016). Dabei können Sie auf die bereits vorliegenden Erkenntnisse zugreifen und den Businessplan damit weitgehend oder sogar vollständig generieren. Je nach Bedarf kann auch ein Business Case (Wirtschaftlichkeitsrechnung) ausreichen, dieser fokussiert den Finanzteil mit Einnahmen und Ausgaben und ist kürzer als ein Businessplan. Der Nachteil ist, dass einige Punkte außen vorgelassen werden.

C) Minimum Viable Product (MVP) herstellen
Wie schon in den Erfolgsfaktoren in Abschn. 1.2.1 dargestellt wurde, ist das Minimum Viable Product (MVP) ein funktionsfähiges Angebot, welches aber nur jene Merkmale hat, die für den Kunden wirklich bedeutsam sind. Auf diese Weise wird der Einsatz von Geld und anderen Ressourcen reduziert. Auch werden Arbeitsaufwand und Komplexität klein gehalten, was ein schnelles, iteratives Handeln und Überarbeiten Ihrer Lösung ermöglicht. Sobald jedoch neue Merkmale vom Kunden gewünscht werden, lassen sich diese ergänzen.

Ein solches MVP wird nun als komplett marktfähiges Angebot hergestellt. Basis hierfür sind der in Abschn. 1.2.4, Buchst. C) entwickelte Prototyp und die in Abschn. 1.2.4, Buchst. D) identifizierten Merkmale, die das MVP erfüllen muss.

D) Markt testen
Nun erfolgt ein letzter Test, und zwar ein realer Verkauf des Minimum Viable Products an Kunden. Adressiert werden dabei die Early Adopters, also jene Kunden mit besonderem Interesse an der Lösung bzw. dem Angebot und dem Wunsch, es vor allen anderen zu besitzen.

Zur Vorbereitung dieser Pilotphase ist u. a. die Vertriebs- und Marketingausrichtung zu finalisieren. Arbeiten Sie dafür den Marketing-Mix (eine Erläuterung und Anregungen finden Sie bspw. unter FÜR-GRÜNDER.de o. J. oder unter Realis Verlags GmbH o. J.) aus, erstellen Sie eine Marketing-Roadmap, drucken Sie Flyer, bauen Sie eine Homepage etc. (sofern noch nicht geschehen).

Verkaufen Sie nun Ihr Produkt. Hierbei geht es darum, live zu testen, ob der Vertrieb (inkl. Wertangeboten, Kanälen, Beziehungen, Preis) und auch die die anderen Elemente des Business Model Canvas in einer Echtsituation funktionieren.

Holen Sie sich zudem Feedback anhand von Interviews, beobachten Sie die Kunden und wenden Sie weitere Tests an (bspw. Analyse des Nutzerverhaltens auf der Homepage, Durchführung von Umfragen etc. Entsprechende Tools finden Sie bspw. unter Startupstash.com o. J.).

Bei folgenden Beobachtungen sollten Sie weitere Iterationen zur Überarbeitung durchführen:

- Umsatz und/oder Nutzeranzahl wachsen kaum und wenn, dann nur mithilfe von Rabattaktionen oder Medienberichten (bzw. intensivem Marketing).
- Kunden kaufen nur ein einziges Mal.
- Kunden stellen die Nutzung des Angebots bald nach dem Kauf ein.
- Kunden empfehlen das Angebot nicht weiter.
- Die Kunden sind bestenfalls zufrieden, aber nicht begeistert.
- Interessenten des Angebots zögern beim Kauf und benötigen viel Zeit, um sich zu entscheiden.

Umgekehrt ist der Markttest bestanden, wenn folgende Indikatoren positive Ergebnisse erzielen:

- Fragen Sie die Kunden: „Wie enttäuscht wären Sie, wenn das Produkt nicht am Markt umgesetzt würde?" Der Anteil der Enttäuschten sollte bei ca. 40 % liegen.
- Wie viele Kunden empfehlen das Produkt weiter (Net Promoter Score)? Es sollten mindestens 20 % sein.
- Nutzt der Kunde das Produkt häufig?
- Kommt der Kunde zurück und kauft das Produkt erneut oder verlängert er sein Abo (Görs und Horton 2017)?
- Kann der Kunde eigenständig wiedergeben, warum das Angebot einzigartig ist?
- Akzeptiert der Kunde den Preis?

Dieses Testen des Marktes empfiehlt sich, da eine Markteinführung auf breiter Front mit sehr hohen Kosten für Marketing und den Aufbau interner Strukturen verbunden ist. Nutzen Sie daher die wertvollen Erkenntnisse zur Überarbeitung Ihres Angebotes und der Marktausrichtung. Bei Bedarf sollten Sie auch noch einmal die Checkliste überarbeiten und eine Prüfung durchführen (s. Abschn. 1.2.3 und 1.2.4). Sofern noch nicht im Rahmen der regelmäßigen Kommunikation mit den Entscheidern geschehen, sollten Sie diese noch über den aktuellen Stand informieren.

E) Skalieren und weitere Strukturen aufbauen

Sie haben eine neue Lösung entworfen, getestet und am Markt einer realen Prüfung erfolgreich unterzogen. Im den letzten beiden Schritten geht es nun erstens darum, zu skalieren (also mit hohem Ressourcen- und Budgeteinsatz Marketing zu betreiben, um Ihr Angebot aktiv im Markt zu platzieren) und zweitens die notwendigen Strukturen in der Bank anzupassen (bspw. Anpassung der Aufbauorganisation, Optimierung der Prozesse, Einstellung von weiterem Personal etc.). Spätestens hier erfolgt auch eine Übergabe an jene Kollegen, die für die Umsetzung im Regelbetrieb verantwortlich sind. Große Überraschungen sollte es dabei idealerweise nicht mehr geben, schließlich waren entsprechende Kollegen bereits Teil der Teams, sie wurden im Rahmen der Tests (Abschn. 1.2.4, Buchst. E) und F)) einbezogen, es erfolgten eine regelmäßige Kommunikation und eine Übergabe des Businessplans.

1.2.6 Controlling

Obgleich ein Übermaß an Controlling für Innovationen und New Business Development schädlich ist, hilft ein passendes Set an Controllingmaßnahmen dem effektiven Vorankommen.

Daher sollten die Controllingfunktionen Information, Planung, Koordination und Kontrolle so weit erfüllt werden, dass es dem Vorgehen zuträglich ist. Bei der Information können bspw. regelmäßige Reports zum Status quo erstellt werden, was auch einer Einbindung der Stakeholder dient (s. dazu auch Abschn. 1.2.1). Die Planung und die Koordination sind wichtig, damit die Prozesse effektiv verlaufen und es kein Verzetteln gibt (bspw. durch mangelndes Einhalten von Zeiten, durch Bearbeitung zu vieler Themen zur gleichen Zeit etc.). Die Kontrolle wiederum sollte nicht allzu detailorientiert und auch nicht zur Überprüfung von Planzahlen stattfinden. Stattdessen sollten bspw. die Lern- und Entwicklungsschritte betrachtet und andere individuell ausgewählte Kennzahlen verwendet werden. Ein Kennzahlensystem (bspw. eine individualisierte Innovation Scorecard, Näheres zur Innovation Scorecard finden Sie bspw. unter European Business School und Arthur D. Little International o. J.) kann dabei sinnvoll sein.

1.3 Fazit

Die Herausforderungen, denen Banken gegenüberstehen, sind groß und belasten die Erträge erheblich. In diesem Beitrag ging es darum, die Chancen und Potenziale einer probaten New-Business-Development-Methode als möglichen Lösungsweg für Banken darzustellen. Die Methode begleitet den Banken-Praktiker ganzheitlich von den strategischen Rahmenbedingungen in seiner Bank über die Ideenfindung bis hin zur Umsetzung. Im Ergebnis ermöglicht sie neue Lösungen bzw. Kundenangebote, die eine hohe Nachfrage genießen und sich nicht im ruinösen Wettbewerb mit anderen Banken und Anbietern befinden.

Ein Blick auf die Praxis zeigt, dass es eine Vielzahl entsprechender neuer Lösungen in der Bankenwelt gibt, die sich besonders dynamisch in der FinTech-Szene entwickeln. Die folgenden 67 Beispiele illustrieren die Möglichkeiten (weitere Innovationen bzw. FinTechs finden Sie bspw. unter Thalhammer 2018 oder 2017):

- *Zahlungsverkehr:* PayPal, Klarna, Barzahlen, TransferWise, iZettle, Lendstar, bitwala u. a.
- *Konto:* N26, Kontist, Hufsy, Revolut, Holvi u. a.
- *Währung:* Bitcoin, Etherum, Ripple, Litecoin, Monero u. a.
- *Autorisierung:* idnow, webIDsolutions, live IDENT, verify-U u. a.
- *Finanzierung:* Kreditech, Lendico, Debitos, Finanzcheck, Bitbond u. a.
- *Crowdsourcing:* Kickstarter, Seedmatch, Exporo, Auxmoney, Kapilendo u. a.
- *Social Trading:* eToro, Wikifolio, Ayondo, Tradeo, ZuluTrade u. a.
- *Robo Advisory:* Vaamo, Sutor Bank, Scalable, GINMON, Liquid, VisualVest u. a.
- *Sparen:* Weltsparen, Biallo, BERGFÜRST, zinsgold, fairr.de, savedroid, zinspilot u. a.
- *Personal Finance Management:* numbrs, HandWallet, Expense Manager, Contovista, moneymeets u. a.
- *Community:* Fidor Bank
- *Insurtech:* Friendsurance, Clark, Knip, Finanzchef24, Schutzklick, EUROPA-go u. a.
- *Sonstige:* EBICS::Box, Traxpay, Banksapi, Solaris, Collect AI, FIGO u. a.

Egal, ob Sie einzelne Dienstleistungen oder ganze FinTechs kreieren wollen – neue Angebote zu entwickeln ist nicht trivial und bedeutet harte Arbeit. Doch diese lohnt sich, so öffnen neue Angebote den Weg in eine erfolgreiche Zukunft, und „[m]it einigem Geschick kann man sich aus den Steinen, die einem in den Weg gelegt werden, eine Treppe bauen" (Robert Lembke, zitiert nach Stillich 2009). Je nach Ressourcen und Größe Ihrer Bank können Sie dies auch mit anderen Banken oder externen Partnern gemeinsam meistern. Ich wünsche Ihnen dabei alles Gute und viel Erfolg – mit New Business Development.

Literatur

Alexander, C., Silverstein, M., Angel, S., Ishikawa, S., & Abrams, D. (1975). *The oregon experiment, center for environmental structure series.* Bd. 3. New York: Oxford University Press.

Atelier für Ideen (o. J.). Kreativitätstechniken. http://www.ideenfindung.de/%C3%9Cbersicht-Liste-Kreativitaetstechniken-Ideenfindung.html?pdf=14. Zugegriffen: 7. Febr. 2018.

Bankenverband (o. J.). Zahlen, Daten, Fakten. Statistikservice des Bankenverbandes. Banken in Deutschland. https://bankenverband.de/statistik/banken-deutschland/kreditinstitute-und-bankstellen/. Zugegriffen: 7. Febr. 2018.

Bartel, D. (o. J.). Kundeninterviews. http://www.daniel-bartel.de/customer-development.html. Zugegriffen: 7. Febr. 2018.

Becker, S., & Reinhardt, I. (2006). Best Practices im Innovationsprozessmanagement. *Zeitschrift Führung + Organisation, 5/2006*, 256–262.

Bundesministerium für Wirtschaft und Energie (o. J.). Business Model Canvas: Vorlage. https://www.existenzgruender.de/SharedDocs/Downloads/DE/Checklisten-Uebersichten/Businessplan/16_Business-modell-Canvas.pdf?__blob=publicationFile. Zugegriffen: 7. Febr. 2018.

Comdirect bank (2017). Hackathon. http://www.collabothon.de/. Zugegriffen: 7. Febr. 2018.

Deutsche Telekom (o. J.). UQBATE. http://www.uqbate.com/. Zugegriffen: 7. Febr. 2018.

Dierck, M. (2013). Wireframe, Mockup und Prototyp – Definition und Abgrenzung. http://www.produktmanagementpraxis.de/user_experience/definition-wireframe-mockup-prototype/. Zugegriffen: 7. Febr. 2018.

Dohms, H.-R. (2015). Meine Bank ist krank. Zeit online. http://www.zeit.de/2015/16/spar-und-darlehenskasse-hoengen. Zugegriffen: 7. Febr. 2018.

Drummer, D., et al. (2016). FinTech – Herausforderung und Chance. Wie die Digitalisierung den Finanzsektor verändert, Hrsg: McKinsey&Company. https://www.mckinsey.de/files/160425_fintechs.pdf. Zugegriffen: 7. Febr. 2018.

European Business School und Arthur D. Little International (o. J.). Die Innovation Scorecard. http://www.innovation-scorecard.de/public.html. Zugegriffen: 7. Febr. 2018.

Fitzpatrick, R. (2016). *Der Mom Test: Wie Sie Kunden richtig interviewen und herausfinden, ob Ihre Geschäftsidee gut ist – auch wenn Sie dabei jeder anlügt. Übersetzt von Podolean, A. und Bartel, D*. CreateSpace Independent Publishing Platform.

Für-Gründer.de (o. J.). Die 4P's des Marketingmix: Produkt, Preis, Vertrieb, Kommunikation. https://www.fuer-gruender.de/wissen/existenzgruendung-planen/marketingmix/. Zugegriffen: 7. Febr. 2018.

Gassmann, O., & Graning, P. (2013). *Innovationsmanagement. 12 Erfolgsfaktoren für KMU*. München: Hanser.

Goldmann, L. (2016). Sag mal, … kannst du mir helfen. *brand eins*, 09/2016 – Schwerpunkt Vorbilder. https://www.brandeins.de/archiv/2016/vorbilder/hype-start-up-kultur/. Zugegriffen: 7. Febr. 2018.

Görs, J., & Horton, G. (2017). Product-Market Fit. The Founder's Playbook. http://founders-playbook.de/basics/product-market-fit/. Zugegriffen: 7. Febr. 2018.

Götze, U., & Mikus, B. (1999). *Strategisches Management*. Chemnitz: Verlag der GUC.

Gouillart, F. J., & Sturdivant, F. D. (1994). Spend a day in the life of your customers. In *Harvard Business Review*. February, Bd. 1994.

von Hippel, E. (1986). Lead user: a source of novel product concepts. *Management Science, 32*(7), 791–805.

IdeaConnection (2018). 500+ open innovation success stories. https://www.ideaconnection.com/open-innovation-success/. Zugegriffen: 7. Febr. 2018.

Insights, C. B. (2015). The top 20 reasons startups fail. https://s3-us-west-2.amazonaws.com/cbi-content/research-reports/The-20-Reasons-Startups-Fail.pdf. Zugegriffen: 7. Febr. 2018.

Janek, B. (o. J.). Barcamp der Genossenschaftlichen FinanzGruppe. http://genobarcamp.de/. Zugegriffen: 7. Febr. 2018.

JIMDO (o. J.). Erstelle deine Website mit Jimdo. https://de.jimdo.com. Zugegriffen: 7. Febr. 2018.

Khella Productions Inc (o. J.). Prototype Web and Mobile Apps. http://keynotopia.com/. Zugegriffen: 7. Febr. 2018.

Kubr, T., et al. (2016). *Planen, gründen, wachsen: Mit dem professionellen Businessplan zum Erfolg*. München: ETH Zürich, McKinsey & Company, Knecht Holding, KTI, EPFL, Redline Verlag.

Kursatzky, B. (2015). Mit SIEB Kundenbedürfnisse sicher erfüllen. *bdvb aktuell, 130*, 42.

Landingfolio (2018). Landing page design. http://www.landingfolio.com/. Zugegriffen: 7. Febr. 2018.

LIFFFTInc (o. J.). Customer Interviews. https://www.youtube.com/user/LIFFFTInc. Zugegriffen: 7. Febr. 2018.

Marvel (o. J.). Simple design, prototyping and collaboration. https://marvelapp.com/. Zugegriffen: 7. Febr. 2018.

Mauer, R., & Faschingbauer, M. (2013). Ein Wegweiser durch den Prozess der Geschäftsmodellentwicklung. In D. Grichnik & O. Gassmann (Hrsg.), *Das unternehmerische Unternehmen – Revitalisieren und Gestalten der Zukunft mit Effectuation – Navigieren und Kurshalten in stür-*

mischen Zeiten, Business Innovation, Universität St. Gallen, Profilbereich Business Innovation. Wiesbaden: Springer Gabler.

o. V. (2016). Wenn das Neue erfolglos bleibt. Einige Überlegungen zum Scheitern von (Produkt)innovationen (ZIM-Netzwerk Jahrestagung 2016). https://www.zim-bmwi.de/veranstaltungen/netzwerktagungen/netzwerkjahrestagung-2016-1/prof.-reinhold-bauer-scheitern-von-innovationen. Zugegriffen: 7. Febr. 2018.

Osterwalder, A., & Pigneur, Y. (2011). *Business Model Generation. Ein Handbuch für Visionäre, Spielveränderer und Herausforderer*. Frankfurt am Main: Campus.

PBWORKS (o. J.). Customer Interview Templates and Resources. http://leanstartup.pbworks.com/w/page/54918676/Customer%20Interview%20Templates%20and%20Resources. Zugegriffen: 7. Febr. 2018.

PIKTOCHART (2018). 30 legendary startup pitch decks and what you can learn from them. https://piktochart.com/blog/startup-pitch-decks-what-you-can-learn/. Zugegriffen: 7. Febr. 2018.

Pioniergeist (2018). ACTIVATR Programm zur Gründung von Corporate Startups. http://activatr.xyz/. Zugegriffen: 7. Febr. 2018.

Postbank (o. J.). Postbank Open Innovation Plattform. https://ideenlabor.postbank.de/page/article/id/1893. Zugegriffen: 7. Febr. 2018.

Protoio (2018). Prototypes that feel real. https://proto.io/. Zugegriffen: 7. Febr. 2018.

Realis Verlags-GmbH (o. J.). Marketing Mix. https://www.starting-up.de/marketing/marketingmix.html. Zugegriffen: 7. Febr. 2018.

Star Finanz-Software Entwicklung und Vertriebs GmbH (2017). Hackathon symbioticon der Sparkassen-Finanzgruppe. https://symbioticon.de/. Zugegriffen: 7. Febr. 2018.

StartitUp (o. J.). Solution Interview Script. http://startitup.co/guides/978/solution-interview-script. Zugegriffen: 7. Febr. 2018.

Startupstash.com (o. J.). A curated directory of resources & tools to help you build your Startup. http://startupstash.com/. Zugegriffen: 7. Febr. 2018.

Stillich, S. (2009). Der Schweinepriester. Spiegel, 14. Januar 2009. http://www.spiegel.de/einestages/20-todestag-robert-lembke-a-948111.html. Zugegriffen: 7. Febr. 2018.

Thalhammer, K. (2017). Deutsche FinTech Mindmap. https://paymentandbanking.com/deutsche-fintech-startups-mindmap/. Zugegriffen: 7. Febr. 2018.

Thalhammer, K. (2018). German FinTech Overview. https://paymentandbanking.com/german-fintech-overview-unbundling-banks/. Zugegriffen: 7. Febr. 2018.

Welp, C., et al. (2017). Reise durch Zombieland. *Wirtschaftswoche, 48*, 48–49.

Winkelhofer, G. (2006). *Kreativ managen, Ein Leitfaden für Unternehmer, Manager und Projektleiter* (S. 141–143). Berlin, Heidelberg, New York: Springer.

Wyman, O. (2018). Bankenreport 2030. Noch da! Wie man zu den 150 deutschen Banken gehört. http://www.oliverwyman.de/content/dam/oliver-wyman/v2-de/publications/2018/Feb/2018_Bankenreport_Deutschland_OliverWyman.pdf. Zugegriffen: 7. Febr. 2018.

Zukunftsinstitut (o. J.). Megatrend-Map. https://www.zukunftsinstitut.de/artikel/die-megatrend-map/. Zugegriffen: 7. Febr. 2018.

Benjamin Kursatzky (Dipl.-Kfm.) verfügt über langjährige Erfahrungen als Experte für New Business Development & Innovation im Bankenumfeld. Er hat Wachstumsstrategien und -projekte umgesetzt, ein Innovation Lab aufgebaut und begleitet als Manager und Berater Themen wie neue Produkte und Geschäftsmodelle, Design Thinking, Innovationskultur, Start-up-Aufbau u. a. Benjamin Kursatzky ist Autor von über 40 Beiträgen und lehrt die Themen Innovation und Strategie an verschiedenen Hochschulen.

Islamic Banking in Deutschland

Sven Lauterjung und Tomasz Kroker

2.1 Einleitung

Islamische Banken und Islamic Finance zogen mit der Eskalation der Subprime-Krise in den USA und den Folgen für die Realwirtschaft in Europa um 2008 herum sehr viel Beachtung auf sich und wurden in der westlichen Welt intensiv erforscht. Viele Marktakteure setzten Hoffnungen in die vermeintliche Krisenfestigkeit. Während die Immobilienblasen bzw. die Folgen der geplatzten Blasen Europa und die USA fest im Griff hatten, zeigten sich die islamischen Banken annähernd immun gegenüber den negativen Folgen (vgl. Elschen und Lieven 2009).

Im Jahr 2009 erlebte Dubai zwar eine Krise, da die staatliche Gesellschaft Dubai World ihre Gläubiger um Zahlungsaufschub bitten musste, um insgesamt 59 Mrd. USD an Verbindlichkeiten zu begleichen. Hierbei handelte es sich aber im Wesentlichen um Verbindlichkeiten, die auf einer Schnittmenge aus Islamic Banking und dem klassischen westlichen Bankensystem beruhten. Bereits wenige Monate später war die Zahlungskrise im Kern überwunden, und es begann die Restrukturierung der Staatsholding Dubai World (vgl. Baranova und Schomaker 2016, S. 377).

Der Kern des islamischen Bankwesens ist der Anspruch, in jeder Beziehung ethisch einwandfrei zu handeln, wobei der Ethik- und Moralkanon aus dem Koran selbst oder der Scharia abgeleitet wird.

In Anbetracht der Krisenfestigkeit und des ethisch hohen Anspruchsniveaus schien eine Etablierung der Islamic Finance im Allgemeinen und des Islamic Bankings im Speziellen in der westlichen Welt sehr wahrscheinlich. Viele klassische westliche Bankhäuser öffne-

---

S. Lauterjung (✉)
Essen, Deutschland
E-Mail: sven.lauterjung@fom-net.de

T. Kroker
Essen, Deutschland

ten eigene Islamic-Windows oder versuchten sich an schariakonformen Finanzprodukten. Gleichzeitig streckten die klassischen Islamischen Banken ihre Fühler in den europäischen Markt aus.

Verstärkt wurden die positiven Erwartungen durch die stetig steigende absolute Zahl von Menschen islamischen Glaubens und den noch stärker steigenden relativen Anteil an der Gesamtbevölkerung. Weitere Wachstumsimpulse einer gegenwärtigen Ausweitung des Absatzmarktes für islamkonforme Banken bieten zum einen die Flüchtlingsströme aus den muslimisch geprägten Regionen Nord- und Ostafrikas in die westlichen Staaten und zum anderen die Aufhebung der Finanzsanktionen gegenüber dem Iran (vgl. Kruse und Wischermann 2016, S. 53–55).

Die hohen Erwartungen an das Wachstum eines islamischen Finanzsektors erfüllten sich bisher nicht. Ziel der vorliegenden Untersuchung ist es, das Marktpotenzial der in Deutschland lebenden Menschen zu benennen, indem das Interesse der bereits in Deutschland lebenden und wirtschaftlich etablierten Muslime am Islamic Banking erforscht wird.

2.2 Islamic Banking in der Bankenlandschaft

2.2.1 Instrumente im Islamic Banking

Da die Herausforderungen an die Finanzwirtschaft im islamischen Raum keine grundlegend anderen sind als diejenigen in der westlichen Welt, lassen sich vielfältige Parallelen in den Produkten erkennen, die sich erst in der Ausgestaltung voneinander unterscheiden.

Die Finanzinstrumente im Islamic Banking können in fremd- und eigenkapitalisierte Vertragsformen sowie in islamkonforme Leasinggeschäfte unterschieden werden. Die Gesamtheit der Vertragskonstruktionen weist als Charakteristikum eine Nähe zur Realwirtschaft auf.

Der stete Bezug zur Realwirtschaft ist ein weiteres zentrales Merkmal im Islamic Banking. Im Gegensatz zur klassischen Finanzwirtschaft, deren Aufgabe die Bereitstellung von ungebundenem Kapital ist, dient im Islamic Banking die Realökonomie als Grundlage. Daher müssen die Verbote „Riba" und „Gharar" beachtet werden. Diese stellen sicher, dass der gegenseitige Handel nur auf Basis realer Güter stattfindet (vgl. Schuster 2013, S. 25).

Den ersten grundsätzlichen Gegensatz zwischen dem klassischen westlichen Finanzwesen und dem islamischen Finanzwesen bildet das Zinsverbot Riba. Das Wort Riba bedeutet ins Deutsche übersetzt „Überschuss", bzw. „Zins". Im Sinne der Scharia haben alle Geschäftsabschlüsse im islamischen Finanzwesen frei von Riba zu sein. Islamische Rechtsschulen sind sich in diesem Verbot einig, die Gelehrten leiten dieses Verbot aus verschiedenen Suren des Korans und der Sunna ab (vgl. Mahlknecht 2009, S. 17).

Nach den Betrachtungen der Rechtsgelehrten findet eine Trennung von Gewinnen aus Handelsgeschäften und von Erträgen aus Forderungen statt. Es ist einem Muslim erlaubt, Geld zu verleihen, eine Zinsforderung hingegen aus der Leihe bleibt verboten. Eine Tilgung des Darlehens darf der Gläubiger verlangen, er muss auf seine Forderung jedoch verzichten, sobald der Schuldner insolvent ist (vgl. Gassner und Wackerbeck 2010, S. 36).

So ist Riba im Ergebnis ein Zins, den es im islamischen Finanzsystem nicht geben darf. Der Begriff Riba ist weder im Koran noch in der Sunna klar definiert. Zur konkreten und in Detailfragen feinen Abgrenzung gibt es laufend Diskussionen. Im Ergebnis besteht bei den Rechtsgelehrten die einhellige Meinung, dass sowohl die Forderung nach Zinsen als auch die Zahlung von Zinsen streng verboten sind (vgl. Nienhaus 2016, S. 29).

Im Gegensatz zum Riba findet sich für das Spekulationsverbot Gharar keine derart eindeutige Rechtslage. Gharar ist der zweite wesentliche Gegensatz zum westlichen Finanzsystem und kann ins Deutsche übertragen werden als „Spekulation" oder als „Unsicherheit/Risiko". Gharar selbst ist auch nicht kategorisch verboten, es ist nur überhöhtes Gharar zu vermeiden (vgl. Gassner und Wackerbeck 2010, S. 38). Gharar findet sich vielfach bei kurzfristigen Investitionen. Es gibt keine spezielle Begrenzung der Spekulation an Finanzmärkten, das Spekulationsverbot verbietet jeden risikoreichen Handel, der vertragliche Unsicherheiten aufweist (vgl. Bergmann 2008, S. 34). In der Umsetzung ist das Verbot schwer zu interpretieren, da der Islam das Eingehen von Risiken selbst nicht ausdrücklich verbietet. Die Interpretationslücke kann geschlossen werden, indem in Gharar die Gefahr gesehen wird, dass ein Vertragspartner den anderen ohne dessen Wissen Risiken aussetzt. Dieser Ansatz wird auch dadurch bekräftigt, dass Verträge verboten sind, bei denen die Erfüllung schon im Grundsatz unsicher ist (vgl. Mahlknecht 2009, S. 24 f.).

Islamische Rechtsschulen mögen sich bei der Abgrenzung von Gharar uneinig sein, jedoch beinhaltet das Spekulationsverbot nach einhelliger Meinung auch ein Verbot jeder Form der Täuschung. Aus dem Koran wird abgeleitet, dass ein Handel bereits verboten ist, sobald einer der Vertragspartner einen Nutzen zum Nachteil des Vertragspartners erreicht (vgl. Gassner und Wackerbeck 2010, S. 39 f.). Die Schwelle dazu ist recht niedrig, da bereits die Spekulation auf Informationsdefizite des Vertragspartners einen Verstoß darstellt (vgl. Mahlknecht 2009, S. 26 f.).

In der praktischen Umsetzung ist bei Islamic Finance jede Geldtransaktion mit einem realen Gegenstand abzusichern. Abgesehen von dieser Gemeinsamkeit, die eine Grundvoraussetzung für sämtliche Vertragskonstruktionen ist, unterscheiden sich die Finanzierungsmodelle im Aufbau.

So ist das fremdkapitalbasierte Instrument „Murabahah" in seiner Grundform ein Kaufvertrag mit Rückkauf. Bei einem solchen Vertrag sind drei Parteien involviert, die Bank generiert ihre Einnahmen durch den beim Weiterverkauf des Gutes erhobenen Aufpreis. Auch trägt hierbei rechtlich gesehen das Finanzinstitut das Risiko einer Nichtabnahme durch den Kunden (vgl. Gassner und Wackerbeck 2010, S. 67 f.). Davon unterscheidet sich das Instrument „Mudarabah", das einen islamischen Gesellschaftsvertrag darstellt. Hierbei erzielt die Bank ihre Einnahmen aus dem Gewinn des Projektes und nicht durch einen Aufpreis. Auch werden bei dieser Vertragsform sowohl Risiken als auch Gewinne zwischen der Bank und dem Kunden aufgeteilt (vgl. Ashrafania 2016, S. 45).

Durch Vergleich der Instrumente des islamkonformen Finanzsystems ist zu erkennen, dass diese sich in Bezug zu den konventionellen Vertragsformen setzen lassen. Dies ist durch die Globalisierung begründet und von der Notwendigkeit verstärkt, den vorherrschenden Bedingungen ähnliche Vertragskonstruktionen zu errichten, um sich den wirtschaftlichen Gegebenheiten am Markt anzupassen und sich somit konkurrenzfähig zu positionieren.

Ebenfalls spielt für die Ähnlichkeiten zwischen den konventionellen und den islamischen Vertragskonstruktionen die jeweilige geschichtliche Entwicklung eine entscheidende Rolle. Das westliche Finanzsystem dient als Ausgangspunkt des islamischen Finanzwesens. Um eine erfolgreiche Marktpositionierung eines islamkonformen Finanzsystems zu erreichen, sind ein flexibles System und Anpassungsfähigkeit notwendig.

Das islamische Rechtssystem hat für die Anpassung einige Mechanismen entwickelt, wie die Einbeziehung islamischer Rechtsgelehrter. Dabei sollen die islamischen Rechtsgelehrten die Scharia auslegen und diese auf gegebene Standards abstimmen. Auch kommt es im islamkonformen Finanzsystem durch die Beaufsichtigung durch Scharia-Boards zu laufenden Anpassungen. So können islamkonforme Finanzprodukte und Dienstleistungen gegenwärtige Maßstäbe und Umstände berücksichtigen, aber zugleich den Grundsätzen und Normen des Islams entsprechen (vgl. Gassner und Wackerbeck 2010, S. 106 ff.).

2.2.2 Potenziale des Islamic Bankings

Das Geschäftsfeld des islamischen Bankenwesens weitete sich in den vergangenen Jahren fortlaufend aus und lässt auch zukünftig eine weiterhin steigende Entwicklung erwarten. Für die Untersuchung der Marktchancen des Islamic Bankings in islamisch und nichtislamisch geprägten Staaten wird zunächst die Marktstruktur analysiert. Als Grundlage dafür dienen die 2017 veröffentlichten Datensätze des Islamic Financial Services Boards (IFSB), die im Islamic Financial Services Industry Stability Report festgehalten sind.

Das weltweite Geschäftsfeld des Islamic Bankings hatte im Jahr 2016 ein Volumen von 1,89 Mrd. USD (vgl. IFSB 2017, S. 7 f.). Der 2012 veröffentlichte „The World Islamic Banking Competitiveness Report 2012–2013" ging sehr optimistisch davon aus, dass das Geschäftsfeld des Islamic Bankings bereits im Jahr 2014 die Marke von zwei Milliarden US-Dollar überschreiten würde (vgl. The World Islamic Banking Conference 2015). Die durchschnittliche jährliche Wachstumsrate betrug zwischen 2004 und 2011 in einzelnen Ländern bis zu 40 %, diese konnte nach 2011 allerdings nicht mehr erreicht werden (vgl. IFSB 2013, S. 10). Im Jahr 2015 reduzierte sich die weltweite Wachstumsrate von ca. zehn Prozent auf sechs Prozent und wuchs 2016 wieder auf ca. zehn Prozent an. Höhere Wachstumswerte können nur in Ländern, die über ein relativ junges islamisches Finanzwesen verfügen, beobachtet werden. Hierzu zählen z. B. Nigeria mit 24,8 % und der Oman mit 43,9 % (vgl. IFSB 2017, S. 11 f.).

Das Vermögenswachstum der globalen islamischen Finanzdienstleistungsbranche stagnierte 2016 bereits im zweiten Jahr in Folge. Dies resultierte im Wesentlichen aus einer Wertberichtigung des weltweiten islamischen Bankvermögens in US-Dollar aufgrund von Wechselkursabwertungen in wichtigen islamischen Bankenmärkten.

Das Geschäftsfeld des islamischen Bankenwesens entwickelte sich 2016 besser als 2015. Die Sukuk-Emissionen stiegen an, und islamische Aktien entwickelten sich wieder positiv. Begleitend gab es negative Impulse, so gab es 2016 den ersten Ausfall einer Sukuk-Emission. Im Gegensatz zu den Vorjahren erzielten schariakonforme Aktien geringere Renditen als konventionelle Aktien. Die Anzahl der islamischen Fonds ist leicht zurückgegangen, knapp 30 % der Fonds wurden nicht weitergeführt.

Sukuks sind die bekannteste Form von islamischen Wertpapieren und sie sind am ehesten mit dem konventionellen Begriff des Zertifikats gleichzusetzen (vgl. Gassner und Wackerbeck 2010, S. 123 f.).

Während die Sukuk-Emissionen am Primärmarkt von 2004 bis 2012 noch eine jährliche Wachstumsrate von durchschnittlich ca. 45 % aufwiesen und ihr Wert damit von 6,6 Mrd. USD auf 131,2 Mrd. USD anstieg, führte die globale Finanzkrise ab dem Jahr 2007 zu einem beachtlichen Einbruch in diesem Geschäftsfeld. Dies ist dadurch begründet, dass in diesem Zeitraum sowohl aufseiten der Investoren als auch bei den Emittenten eine Investitionshemmung bestand. Die Wachstumsrate der globalen Sukuk-Emissionen erholte sich zügig, ab 2009 folgte eine jährliche Wachstumsrate von ca. 60 % bis ins Jahr 2012 (vgl. IFSB 2013, S. 25 f.). Dieses Wachstum konnte nach 2012 nicht mehr erreicht werden, obwohl sich die Nachfrage nach Sukuks auch in den nicht islamischen Ländern wie z. B. Großbritannien erhöhte (vgl. Failaka Online 2015). Nachdem die Sukuk-Emissionen 2012 ihren Höchststand erreicht hatten, sank das Volumen 2015 auf 64,3 Mrd. USD und stieg am Primärmarkt aufgrund gestiegener Emissionen von Emittenten aus Staaten und staatsnahen Unternehmen 2016 wieder um 16 % auf 74,8 Mrd. USD. Nach einem stagnierenden Jahr 2015 mit 300,3 Mrd. USD verzeichnete der weltweite Sukuk-Umlauf gegen Ende 2016 einen Anstieg um sechs Prozent auf 318,5 Mrd. USD. Trotz dieser Verbesserungen ist es dem Sukuk-Markt nicht gelungen, die Dynamik der vergangenen Jahre wiederzuerlangen (vgl. IFSB 2017, S. 15 f.).

Im Mittleren und im Nahen Osten sowie in Teilen Asiens, speziell in Malaysia, finden sich der größte Anteil am Islamic Banking und somit auch die größten Anteile an Vermögenswerten. In diesen Regionen sind die islamischen Banken am stärksten vertreten (vgl. Hassan 2017, S. 409 ff.). Eine Erklärung dafür ist, dass z. B. der Iran ein streng muslimischer Staat ist und sein Finanzsystem strikt an den Grundsätzen der Scharia ausrichtet. Kuala Lumpur ist der relevanteste Finanzmarkt für das Islamic Banking (vgl. IFSB 2013, S. 7 f.). Da Asien und der Nahe Osten mit knapp 60 % den zweitstärksten Anteil an Muslimen weltweit stellen, ist die geografische Schwerpunktbildung zu erwarten. Besonders in Bezug auf Sukuk-Emissionen ist Malaysia mit einem Anteil von 50,8 % weltweit führend (vgl. IFSB 2017, S. 16 f.).

Obwohl der islamische Kapitalmarkt zwischen 2004 und 2011 erheblich gewachsen ist (vgl. IFSB 2013, S. 3), hatte sich im Jahr 2015 das Wachstum im islamischen Bankensektor auf durchschnittlich 5,7 % reduziert. Allerdings erholte sich die Wachstumsrate der Vermögenswerte 2016 mit einem Wachstum von etwa zehn Prozent. Das islamische Bankvermögen expandierte zwischen dem vierten Quartal 2013 und dem zweiten Quartal 2016 um 9,9 %. Dieses Wachstum konzentrierte sich auf 14 Länder, die zusammen etwa 94 %

der globalen islamischen Bankenindustrie repräsentieren. Durch die absolute Zunahme von Muslimen wird das Wachstumspotenzial des islamischen Bankwesens deutlich. Abgeleitet werden können optimale Zukunftsaussichten für das islamische Bankwesen, die sich auch auf Finanzmärkte außerhalb der islamischen Staaten auswirken werden (vgl. IFSB 2017, S. 10).

2.2.3 Probleme der Hebung der Potenziale des Islamic Bankings in Deutschland

Da Finanzprodukte und Finanztransaktionen in Deutschland strengen gesetzlichen Regelungen unterliegen, kann es zu Problemen bei der Einführung von islamkonformen Finanzprodukten kommen. Zum Beispiel sind Konten nach Islamic Banking in Deutschland nicht umsetzbar, da nach Einlagensicherungs- und Anlegerentschädigungsgesetz (EAEG) alle Finanzinstitute verpflichtet sind, ihre Einlagen durch die Zugehörigkeit zu einer gesetzlichen Entschädigungseinrichtung zu sichern. Da im Islamic Banking die Bank nicht für die Einlagen garantiert, ist diese Form des Bankkontos in Deutschland unzulässig (vgl. § 2 EAEG).

Für diese Problematik existiert in Großbritannien die Möglichkeit, dass der Kunde freiwillig auf die Einlagensicherung verzichtet. Sollte jedoch der Kunde dies nicht wünschen, wird sein Konto nicht länger als islamkonform, sondern als konventionelles Konto eingestuft (vgl. Gassner und Wackerbeck 2010, S. 97).

Weitere Probleme treten beim Erwerb von Immobilien nach dem islamkonformen Musharakah-Diminishing-Prinzip in Deutschland auf. Da bei dem Musharakah-Diminishing-Prinzip zuerst das Finanzinstitut Eigentümer der Immobilie wird und es diese anschließend an den Kunden weiterverkauft, würden in Deutschland die Grunderwerbssteuer sowie die Notar- und Anwaltskosten bei jedem Eigentümerwechsel, also gleich zweifach, fällig werden (vgl. § 1 GrEStG). In Großbritannien wurde dieser Wettbewerbsnachteil von islamkonformen Finanzinstituten gegenüber konventionellen Finanzinstituten mit der Abschaffung der Doppelbesteuerung bereits im Jahr 2003 beseitigt, was einen Boom der islamkonformen Baufinanzierungen in Großbritannien auslöste (vgl. Gassner und Wackerbeck 2010, S. 111). Um die rechtliche Problematik mit der Einführung des Islamic Bankings in Deutschland zu diskutieren, wurde Ende 2009 von der BaFin eine Konferenz zum Thema „Islamic Banking" abgehalten. Dabei wurde von der BaFin versichert, dass sie im Rahmen der gesetzlichen Möglichkeiten und Aufgaben die Einführung von islamkonformen Finanzprodukten unterstützen wird (vgl. BaFin 2012, S. 6 f.).

2.2.4 Angebotsübersicht des Islamic Bankings in Deutschland

Trotz der Potenziale ist der Markt des Islamic Bankings in Deutschland nur gering entwickelt, und Islamic Banking bildet nur einen Nischenmarkt (vgl. Schönenbach 2012,

S. 3). In Deutschland existierte bis Sommer 2015 kein vollwertiger islamischer Finanzdienstleister. Die 2008 gegründete „Finanzberatung für Muslime und Freunde" (FMF GmbH) firmiert seit 2015 als ZinsFrei. ZinsFrei agiert nicht als Finanzinstitut, sondern als Beratungsunternehmen, das ausgewählte schariakonforme Produkte an seine Kunden vermittelt. Aktuell hat ZinsFrei einen Standort in Frankfurt am Main und berät ihre Kunden bundesweit (vgl. ZinsFrei 2018).

Die Kuveyt Türk Beteiligungsbank gründete 2004 eine Repräsentanz in Deutschland und eröffnete im Mai 2010 in Mannheim die erste Filiale. Jedoch konnte die Bank zu diesem Zeitpunkt keine eigenen Bankprodukte anbieten, sondern vermittelte aufgrund der im Jahre 2010 erhaltenen Lizenz nur Geschäfte für die Drittstaateneinlagenvermittlung an ihren türkischen Mutterkonzern. 2012 reichte der türkische Mutterkonzern, die Kuveyt Türk Katilim Bankasi A.Ş., einen Antrag auf Erteilung einer Bankenlizenz bei der Bundesanstalt für Finanzdienstleistungsaufsicht ein. Mit der im März erteilten Lizenz zum Betreiben des Einlagen- und Kreditgeschäftes ist die KT Bank AG nun ein Einlagen-Finanzinstitut nach deutschem Recht. Daraufhin nahm die Kuveyt Türk Bank AG am 01. Juli 2015 den Zahlungsverkehr auf und eröffnete weitere Niederlassungen in Berlin und Frankfurt. Aufgrund des großen Bedarfes, den die Kuveyt Türk Bank AG an islamkonformen Finanzprodukten in Deutschland sieht, soll das Filialnetz sukzessive weiter ausgebaut werden. Beispielsweise ist geplant, Niederlassungen in Essen, Düsseldorf, Köln und München zu eröffnen. Bislang gibt jedoch nur in Köln eine weitere Filiale (vgl. Kuveyt Türk Bank AG 2018).

Zudem unterhalten die deutschen Universalbanken Deutsche Bank und Commerzbank eigene „Islamic Windows". Sie bieten z. B. eigene, auf Islamic Finance spezialisierte Abteilungen und Niederlassungen an, die fast ausschließlich institutionelle Investoren aus dem Nahen und Mittleren Osten bedienen (vgl. Braham 2012, S. 52). Die Commerzbank besitzt in den Bereichen „Financial Institutions" sowie „Corporate- und Investment Banking" ebenfalls Islamic-Finance-Produkte und arbeitet mit islamischen Finanzberatern bei der Entwicklung von islamkonformen Produkten zusammen. Die Niederlassungen der Commerzbank in diesem Bereich befinden sich in Dubai, Beirut, Kairo und Kuala Lumpur (vgl. Commerzbank 2018).

Ebenfalls bietet die Deutsche Bank über das sogenannte Islamic Finance Structuring Team der Deutschen Bank Middle East und North Africa islamkonforme Anlagen und Finanzierungen für überwiegend institutionelle arabische Investoren an. Das Team bedient staatliche, halbstaatliche sowie private Unternehmen. Hierbei fungiert die Deutsche Bank Middle East und North Africa als Bookrunner bei Sukuk-Emissionen (vgl. Deutsche Bank 2018).

Auf dem deutschen Markt können ETFs der Vermögensverwalter DB X-Trackers und Ishares auf islamkonforme Indizes, wie den DJ Islamic Market Titans 100 oder den MSCI World Islamic, erworben werden. Die Allianz Global Investors bot bis November 2012 am deutschen Markt den islamisch gemanagten Investmentfonds „Allianz Islamic Global Equity Opportunities" an, welcher jedoch aufgrund der zu geringen Nachfrage aufgelöst wurde (vgl. Deutsch-Emiratische Industrie- und Handelskammer 2010, S. 2). Bereits 2005 machte die Commerzbank ähnliche Erfahrungen und liquidierte den „Al-Sukoor European Equity Fund" (vgl. Chahboune und El-Mogaddedi 2008, S. 34).

2.2.5 Vor- und Nachteile des Islamic Bankings

Nach der Analyse der Potenziale von Islamic Banking für den Standort Deutschland, besonders im Hinblick auf Beispiele und Probleme bei der Einführung in Deutschland, folgt eine Bewertung der Vor- und Nachteile dieses Banksystems.

Das Geschäftsfeld Islamic Banking ist unstritten in den vergangenen Jahren stetig gewachsen. Und dieser Trend wird voraussichtlich weiter anhalten, belegbar anhand der steigenden Sukuk-Emissionen und der steigenden Vermögensvolumenentwicklung (vgl. IFSB 2013, S. 10 ff.).

In diesem Zusammenhang ist davon auszugehen, dass die Nachfrage nach wie vor zum größten Teil in den islamischen Staaten wachsen wird und weniger am deutschen Markt. Zudem ist zu beachten, dass Islamic Banking im globalen Vergleich ein Nischenmarkt ist, da nur ein Prozent des Geldmarktes durch islamkonforme Bankgeschäfte abgewickelt wird.

Des Weiteren beteiligen sich nur wenige westliche Finanzinstitute an diesem Geschäftsfeld. Gründe für diese Enthaltung liegen in den eingeschränkten Handhabungsmöglichkeiten bei der Umsetzung islamkonformer Produkte. Diese grenzen die Investitionsmöglichkeiten der Banken grundsätzlich ein, was zu beschränkten Anlagemöglichkeiten bis hin zu Investitionsverboten in bestimmte Branchen führt, wie z. B. Alkohol, Prostitution und Schweinefleisch. Das Gharar-Verbot, wodurch Spekulationen und Unsicherheiten ausgeschlossen werden sollen, führt dazu, dass Geschäftsbereiche wie der Derivatehandel und das Short Selling ausgeschlossen sind. Die gemeinsame Gewinn- und Verlustbeteiligung durch Beteiligungsfinanzierungen schützt vor risikobehaftetem Handeln, weil dadurch die Anreize für Investitionen in spekulative Geschäfte verringert werden. Beim islamkonformen Finanzsystem liegt ein deutlich niedrigerer Risikograd vor als im konventionellen Finanzsystem (vgl. Paul 2010, S. 24 ff.). Eine angestrebte nachhaltigere Geschäftsausrichtung erzeugt ökonomische Effizienz für die gesamte Volkswirtschaft. Es fehlt dem Islamic Banking jedoch, trotz der sozialen Wirtschaftsorientierung und des signifikanten Wachstums der letzten Jahre, an Wettbewerbsfähigkeit im globalen Vergleich.

Ein Grund für die mangelnde Wettbewerbsfähigkeit der islamkonformen Banken sind die islamischen Grundsätze, die als Grundlage für die Islamkonformität der Vertragskonstruktionen herangezogen werden. Besondere Beachtung gilt hierbei dem Riba-Verbot, da dieses zur Folge hat, dass sämtliche Vertragskonstruktionen die Vermeidung von Zinsen beinhalten müssen. Dementsprechend ist die Vertragsgestaltung von islamischen Wertvorstellungen geprägt, dies führt zu deutlichen Unterschieden zwischen konventionellen und islamkonformen Bankprodukten. Diese Diskrepanz ist auch der Grund, weswegen Islamic Banking im internationalen Vergleich nur schwer mit dem konventionellen Finanzsystem konkurrieren kann. Die mögliche Uneinigkeit in Rechtsfragen zwischen den islamischen Rechtsgelehrten hat negativen Einfluss auf die Wettbewerbsfähigkeit. Beispielsweise vertreten die Rechtsgelehrten bei einzelnen Vertragsgestaltungen rund um das Glücksspielverbot Maysir und Qimar weit auseinandergehende Positionen. Hier herrscht Uneinigkeit, ob Investitionen am Aktienmarkt unter das Verbot von Maysir und Qimar fallen (vgl. Gassner und Wackerbeck 2010, S. 40 f.).

Ein weiterer Nachteil ist, dass die Implementierung von Islamic Banking für Finanzinstitute aufwendig ist und eine langfristige Aufklärungsarbeit erfordert. Die Installation eines Scharia-Boards zur Sicherstellung der Islamkonformität der Produkte bedeutet beispielsweise Aufwand für Finanzinstitute.

Organisationen wie Accounting and Auditing Organization for Islamic Financial Institutions (AAOIFI), International Islamic Financial Market (IIFM) und der Islamic Financial Services Board (IFSB) haben zu einem gewissen Grad zur Standardisierung im Islamic Banking beigetragen. Doch trotz des internationalen Anpassungsprozesses fehlt es dem jungen islamkonformen Finanzsystem an Popularität und an Vergleichbarkeit (vgl. BAMF 2017, S. 5). Obwohl der permanente Konkurrenzdruck durch das konventionelle Finanzsystem die Erweiterung islamkonformer Finanzprodukte ständig vorantreibt, kann auch das dynamisch ausgelegte Rechtssystem die Unterschiede zum westlichen Finanzsystem nur mäßig ausgleichen. Dementsprechend gestaltet es sich für islamkonforme Banken im Rahmen des Wettbewerbes schwierig, konkurrenzfähig zu sein (vgl. Bagbasi 2013, S. 49).

2.3 Mögliche Nachfrage der in Deutschland lebenden Muslime

Folgende Angaben beziehen sich auf die im Auftrag der Deutschen Islamkonferenz erstellte Studie aus dem Jahr 2016 mit dem Titel „Wie viele Muslime leben in Deutschland?". Laut dieser Studie waren am 31. Dezember 2015 zwischen 4,4 und 4,7 Mio. der ca. 82,5 Mio. in Deutschland lebenden Menschen Anhänger des muslimischen Glaubens (vgl. Statistisches Bundesamt 2017a). Dies macht einen relativen Anteil von ca. 5,5 % an der Gesamtbevölkerung aus. Aufgrund verschiedener Faktoren, wie z. B. doppelter Staatsbürgerschaften und Familienzugehörigkeiten sowie der gestiegenen Zuwanderung von Flüchtlingen zwischen 2014 und 2017, die für die Schätzung des muslimischen Bevölkerungsanteils wesentliche Kriterien darstellen, lassen sich nur ungenaue Angaben zu der tatsächlichen aktuellen Zahl treffen. So war die Religionszugehörigkeit der Flüchtlinge aus dem Jahr 2016 mit 76 % deutlich vom Islam dominiert (vgl. BAMF 2017, S. 25). Als Muslim wird oft gezählt, wer aus einem islamisch geprägten Land stammt. Dabei bleibt unklar, ob sich die Person tatsächlich als muslimisch versteht. Auf diese Ungenauigkeiten weist ebenfalls die „Forschungsgruppe Weltanschauungen in Deutschland" hin. Sie geht davon aus, dass in Deutschland zuletzt 3,6 Mio. „konfessionsgebundene Muslime" lebten – also etwa eine Million weniger, als das Bundesamt annimmt. Dadurch verringert sich der relative Anteil der Muslime an der deutschen Gesamtbevölkerung auf 4,4 % (vgl. FOWID 2016).

2.3.1 Forschungsdesign zur Umfrage in Bezug auf Islamic Banking

Der Bedarf und die Einstellung der befragten Zielgruppe werden empirisch unterlegt, um mithilfe einer Umfrage das Potenzial von Islamic Banking in Deutschland durch die Befragung von Muslimen und Nicht-Muslimen im Großraum Essen darzulegen. Im Rahmen der Untersuchung wurden je 100 Personen der jeweiligen Zielgruppe befragt. Die Auswertung der Umfrage erfolgte separat für die jeweilige Zielgruppe, um die Ergebnisse einander gegenüberstellen zu können.

Die zentrale Untersuchungsgruppe bestand aus in Deutschland lebenden Muslimen. Daneben wurde eine Vergleichsgruppe nicht-muslimischer Menschen zum Thema Islamic Banking befragt. Die Umfrage beinhaltete Fragen zur Bekanntheit von Islamic Banking, den Bedürfnissen der befragten Zielgruppen bezüglich einer Bank sowie zur religiösen Ausrichtung, speziell in Bezug auf die Grundsätze des Islams.

2.3.2 Umfrage zu Bedarf und Einstellung der befragten muslimischen Zielgruppen

Die 100 befragten Muslime sind zu 73 % männlich und zu 27 % weiblich. 71 % der Befragten waren unter 30 Jahre alt und sieben Prozent älter als 45 Jahre. Die Umfrageteilnehmer waren zu 64 % erwerbstätig, die anderen 36 % waren Studenten (28 %), Rentner (zwei Prozent) oder Arbeitslose (sechs Prozent).

Ein großer Teil (41 %) der Teilnehmer verfügt über ein Einkommen bis 1000 € brutto. Die nächstgrößere Gruppe (31 %) bezieht ein Einkommen bis 2000 € brutto. Ein geringer Teil von neun Prozent verfügt über ein Einkommen von mehr als 3000 € brutto. Im Durchschnitt ergibt sich ein monatliches Einkommen für die untersuchte Gruppe von 1490 €, was unter dem durchschnittlichen monatlichen Einkommen aller Arbeitnehmer liegt, die laut dem Statistischen Bundesamt im Schnitt 3771 € erhielten (vgl. Statistisches Bundesamt 2017b, S. 33).

Knapp mehr als der Hälfte (54 %) der Teilnehmer ist der Begriff „Islamic Banking" bisher nicht bekannt. Das zeigt ein grundsätzlich relativ großes Interesse der Befragten an islamischen Banken. Islamic Banking ist ein eher junges Finanzsystem, welchem es an Popularität mangelt (vgl. Bagbasi 2013, S. 49). Erstaunlicherweise gaben 25 % an, eine islamische Bank innerhalb ihrer Region zu kennen. Vor dem Hintergrund, dass die Kuveyt Türk Bank AG als einziges islamkonformes Finanzinstitut in Deutschland auftritt, diese aber keine Niederlassung in Nordrhein-Westfalen besitzt, (vgl. Kuveyt Türk Bank AG 2018) könnte es sein, dass eine konventionelle Bank mit einem arabischen oder türkischen Namen z. B. die DenizBank AG, für eine islamkonforme Bank gehalten wurde.

Für 87 % der befragten Teilnehmer sind eine hohe Verfügbarkeit von Geldautomaten und Filialen wichtig, für 81 % geringe Bankgebühren.

Wirtschaftliche Aspekte spielen bei allen Befragten eine Rolle, so empfinden 56 % der Befragten hohe Zinsen auf Einlagen als wichtig. 61 % würden hingegen eine islamische

Bank bevorzugen, wenn diese keine Zinsen auf einen gewährten Kredit erheben würde. Hier verhalten sich die Teilnehmer nicht nach den Grundsätzen des Islams, da sie Zinserträge anscheinend tolerieren, jedoch Zinsaufwendungen ablehnen.

46 % halten die religiöse Ausrichtung einer Bank für wichtig. Dies kann damit begründet werden, dass sich 86 % der befragten Teilnehmer als „eher gläubig" bezeichnen und einige dies auch von ihrer Bank erwarten. Es gibt hier einen relativ hohen Anteil von 27 %, denen eine religiöse Ausrichtung der Bank nicht wichtig ist.

Aufgrund der Tatsache, dass islamkonforme Banken keine Sicherheiten verlangen dürfen, steigen die Kosten für Islamic Banking. Zusätzlich entfallen auf Kunden z. B. im Falle der Immobilienfinanzierung doppelte Grunderwerbssteuern und doppelte Notar- und Anwaltskosten. Daher kann das islamische Finanzsystem bei Finanzierungen nicht mit einer konventionellen Bank mithalten. Die Zielgruppe werden daher hauptsächlich gläubige Muslime bilden, denen religiöse Faktoren wichtiger sind als finanzielle (vgl. Wurst 2011, S. 95 f.).

Die Auswirkungen der Preisstruktur auf die Bankenwahl stellen sich relativ ausgeglichen dar. 39 % würden eine islamkonforme Bank trotz des höheren Preises bevorzugen, 33 % stimmen dem teilweise zu, und 28 % würden aufgrund des höheren Preises auf eine konventionelle Bank zurückgreifen.

Interessant ist hier ein Vergleich, da 61 % der Befragten ein Darlehen bei einer islamkonformen Bank vorgezogen haben, da diese keine Zinsen berechnet. Die Bereitschaft, Kunde einer islamkonformen Bank zu werden, sinkt bei ansonsten höheren Preisen auf 39 %. Hier wird deutlich, dass die Zielgruppe islamkonformer Banken der gläubige Muslim sein wird, dem religiöse Faktoren wichtiger sind als Geld.

Während das Riba-Verbot von 38 % der Befragten als „unverzichtbar" deklariert wird, nimmt das Gharar-Verbot mit 26 % einen niedrigeren Stellenwert ein. Ebenfalls wird deutlich, dass das Gharar-Verbot für 25 % „gar nicht wichtig" bzw. „unbekannt" ist. Beim Riba-Verbot sind es dagegen nur 16 %.

Begründet werden kann die Diskrepanz zum einen durch eine höhere Bedeutsamkeit des Riba-Verbotes innerhalb der islamischen Rechtsschulen und zum anderen durch einen relativ hohen Grad an Religiosität unter den Muslimen. Im Gegensatz zum Riba-Verbot ist das Gharar-Verbot im islamischen Glauben weniger bedeutsam und absolut.

2.3.3 Umfrageergebnisse der nicht-muslimischen Kontrollgruppe

In diesem Abschnitt werden die Erkenntnisse aus der mit der Vergleichsgruppe durchgeführten Umfrage dargelegt. Von den 100 Teilnehmern der Studie waren 45 % weiblich und 55 % männlich. 96 % der befragten Teilnehmer waren unter 30 Jahre alt, die restlichen vier Prozent älter. In der Vergleichsgruppe waren keine Moslems. Das Forschungsdesign der Umfrage ist in allen anderen Punkten deckungsgleich mit der Erhebung unter muslimischen Probanden.

Nur 14 % der Vergleichsgruppe waren mit dem Begriff „Islamic Banking" vertraut. Im Vergleich zu den befragten Muslimen ergibt sich eine Differenz von 32 Prozentpunkten. Die Ursache dafür liegt wahrscheinlich darin, dass 86 % der Muslime sich als mindestens „eher gläubig" bezeichnen und daher aus der Nähe zum Islam von Islamic Banking erfahren haben (vgl. Haug et al. 2016, S. 141 ff.).

Weitere Gründe für die Unwissenheit der befragten Vergleichsgruppe könnten sein, dass die Kuveyt Türk Bank AG erst seit Kurzem als erstes islamkonformes Finanzinstitut Deutschlands auf dem deutschen Markt präsent ist und Islamic Banking ein junges Finanzsystem ist (vgl. Bagbasi 2013, S. 49). Konkrete Islamische Banken kennen nur 2 % der Befragten aus der Vergleichsgruppe.

In weiteren Aspekten bestehen keine relevanten Unterschiede der Befragungsgruppen, so sind 96 % der Befragten eine hohe Verfügbarkeit von Bankautomaten oder Filialen wichtig, das Augenmerk auf geringe Bankgebühren legen 91 % der Befragten aus der Vergleichsgruppe.

Für die befragte Vergleichsgruppe sind hohe Zinsen auf eigene Einlagen wichtiger als für Muslime. 61 % der Befragten betrachten diese als wichtig, wohingegen 56 % der Muslime diese Meinung teilten. Ein Grund für höhere Wichtigkeit von Zinserträgen könnte sein, dass das Zinsverbot im Christentum bereits im Jahr 1822 von der katholischen Kirche außer Kraft gesetzt wurde und somit nur noch im Islam aktuell ist. Innerhalb der Vergleichsgruppe kann ein Zinsverbot nicht religiös begründet werden (vgl. Ashrati 2008, S. 17).

Nur 29 % der Befragten wären bereit, ein zinsloses Darlehen bei einer islamischen Bank aufzunehmen. Im Vergleich dazu gaben 71 % der Muslime an, ein Darlehen bei dem islamkonformen Finanzinstitut vorzuziehen.

Für 75 % der Vergleichsgruppe ist eine religiöse Ausrichtung der Bank nicht wichtig. 57 % der Befragten gaben an, dass ihnen die religiöse Ausrichtung einer Bank überhaupt nicht wichtig ist. Lediglich neun Prozent der Befragten messen dieser überhaupt eine Bedeutung zu. Im Vergleich zu den befragten Muslimen ist somit die Anzahl um mehr als das Fünffache kleiner.

Einer islamischen Bank würden nur drei Prozent der Befragten aus der Vergleichsgruppe den Vorzug geben. 71 % hingegen würden eine islamische Bank nicht weiter in Erwägung ziehen. Während das Ergebnis bei den Muslimen relativ ausgeglichen war, ergibt sich hier ein eindeutiges Bild.

Ebenfalls ergibt sich bei der Frage zum Riba-Verbot eine Diskrepanz zu den Ergebnissen der Muslime. Während bei den Muslimen 67 % das Riba-Verbot als sehr wichtig bis unverzichtbar einstufen, vertreten lediglich zwölf Prozent der Nicht-Muslime diese Meinung. Beachtlich ist hier, dass ca. 50 % der Vergleichsgruppe dieses Zinsverbot unbekannt ist.

In Bezug auf das Gharar-Verbot ergibt sich ein ähnliches Bild. Dieses Verbot wird von keinem Befragten aus der Vergleichsgruppe als unverzichtbar eingestuft. Bei den Muslimen dagegen stimmen 26 % dafür. 54 % der Befragten aus der Vergleichsgruppe kannten dieses Verbot gar nicht, bei den Muslimen lag dieser Wert nur bei 17 %.

2.3.4 Zusammenführung der Forschungsergebnisse

Ein Großteil der Muslime bezeichnet sich als „gläubig" und lebt die Religion im Alltag und im persönlichen Umfeld anhand von Gebeten, Begehung von religiösen Feiertagen und Befolgung der Fastenvorschrift stärker aus als Personen nicht-muslimischer Religionszugehörigkeit (vgl. Haug et al. 2016, S. 141). Diese Erkenntnisse spiegeln sich auch in der Untersuchung wider.

Im Allgemeinen lassen sich die Ergebnisse der Muslime und der Vergleichsgruppe als gegensätzlich bezeichnen. Deutlich zeigte sich dies sowohl in den Fragen zur religiösen Ausrichtung einer Bank als auch in den Fragen zum Riba- bzw. Gharar-Verbot. Während nur wenige Befragte aus der Vergleichsgruppe eine religiöse Ausrichtung einer Bank wichtig finden, ist etwa die Hälfte der muslimischen Befragten dieser Ansicht.

Die Muslime bezeichnen mit jeweils mehr als 50 % die Verbote als wichtig bis unverzichtbar. Dies liegt auch daran, dass diese Verbote wesentlicher Bestandteil der islamischen Grundsätze sind und somit auch zum Alltag jedes gläubigen Muslims gehören (vgl. Gassner und Wackerbeck 2010, S. 36 ff.). Weiterhin konnte anhand der Umfrage gezeigt werden, dass Muslime einen stärkeren Einfluss der Religion auf die Wirtschaft, in diesem Falle auf die Finanzwirtschaft, befürworten. Somit kann festgehalten werden, dass das islamkonforme Bankensystem aufgrund der beachtlichen potenziellen Zielgruppe, immerhin geschätzt 4,5 Mio. Muslime, theoretisch ein großes Potenzial am Standort Deutschland besitzen könnte (vgl. Haug et al. 2016, S. 11).

2.4 Fazit

Die vorliegende Untersuchung hat einen Einblick in die verwendeten Instrumente des Islamic Bankings gegeben. In der Untersuchung wurden die Potenziale des Islamic Bankings erforscht. Auf diesem Fundament wurde das Potenzial von Islamic Banking in Hinblick auf in Deutschland lebende Muslime mit einer Umfrage untersucht. Vor der Auswertung der Umfrage wurden noch die Potenziale des Islamic Bankings aus Sicht deutscher Finanzinstitute, Beispiele für Islamic Banking in Deutschland und Probleme bei der Einführung von Islamic Banking in Deutschland behandelt.

Außerhalb der muslimischen Zielgruppe spielt Islamic Banking innerhalb Deutschlands keine Rolle und besitzt kein auch relevantes Potenzial. Diese „Ablehnung" des islamkonformen Bankensystems, bzw. das Desinteresse daran, lässt sich aus den Ergebnissen der an die Vergleichsgruppe gerichteten Umfrage erkennen. Zum einen erachtete die Vergleichsgruppe eine an religiösen Prinzipien ausgerichtete Bank als unwichtig. Zum anderen sind vielen Befragten der Vergleichsgruppe die Grundsätze des Islams, nach welchen sich islamkonformen Banken richten, unwichtig bis unbekannt. Somit kann man davon ausgehen, dass ein islamkonformes Finanzsystem bei den Befragten aus der Vergleichsgruppe kein Potenzial besitzt.

Mit Blick auf die befragten Muslime zeichnet sich ein gegenteiliges Ergebnis ab. Laut der Umfrage ziehen 61 % der befragten Muslime eine islamkonforme Bank einer konventionellen Bank vor, da diese keine Zinsen erhebt. Der Anteil an befragten Muslimen, denen eine religiöse Ausrichtung einer Bank wichtig ist, ist mit 46 % deutlich. Weiter gaben 37 % der befragten Muslime an, dass sie eine islamische Bank trotz des höheren Preises vorziehen. Ebenfalls sind den befragten Muslimen die islamischen Grundsätze sehr wichtig. Allerdings sind 87 % der befragten Muslime die Verfügbarkeit von Bankautomaten und Filialen ebenfalls sehr wichtig. Dies kann als Nachteil für die islamkonformen Banken gesehen werden, da das Filialnetz innerhalb Deutschlands nicht ausgebaut ist.

Dementsprechend lässt sich aus den Erkenntnissen schlussfolgern, dass Islamic Banking zwar eine große potenzielle Zielgruppe in den in Deutschland lebenden Muslimen hat. Allerdings sind die qualitativen Faktoren dieser Zielgruppe hinsichtlich der Einkommensstruktur weniger interessant als bei der Vergleichsgruppe. Das macht es weniger attraktiv, klassische Banken auch im Privatkundenbereich durch islamische Angebote zu ersetzen.

Auch die klassischen Geschäftsbanken könnten im Rahmen der Kundenpflege durch kleine Variationen ihre OTC-Produkte anpassen, um so muslimische Kunden zu binden. Denkbar wäre z. B. das automatische Abführen von Zinserträgen als Spende an eine gemeinnützige Organisation. Die in Deutschland lebenden Muslime verfügen schlussendlich gegenwärtig über westliche Konten und nehmen am Geschäftsleben teil. Sie sind nur in den seltensten Fällen Neukunden.

Islamic Banking wird, trotz aller Vorzüge, auf absehbare Zeit keine relevante Rolle in der deutschen Bankenlandschaft spielen.

Literatur

Ashrafania, S. (2016). *Scharia-konforme Finanzinstrumente – Analyse der Rechtsnatur von sukuk und die Strukturierung nach deutschem Recht.* Wiesbaden: Springer Gabler,.

Ashrati, M. (2008). *Islamic Banking, Banking & Finance aktuell.* Bd. 34. Frankfurt am Main: Frankfurt School Verlag.

BaFin (2012). Islamic Finance: Eine gar nicht so fremde Welt. http://www.bafin.de/SharedDocs/Veroeffentlichungen/DE/Fachartikel/2012/fa_bj_2012_06_islamic_finance.html. Zugegriffen: 30. Dez. 2017.

Bagbasi, J. K. (2013). *Das Kreditgeschäft im Islamic Banking und die Bedeutung für westliche Finanzinstitute.* Saarbrücken: Akademiker Verlag.

BAMF (2017). *Das Bundesamt in Zahlen 2016: Asyl, Migration und Integration.* Nürnberg: Bundesamt für Migration und Flüchtlinge.

Baranova, K., & Schomaker, R. (2016). Die Auswirkung der Finanzkrise auf Emerging Markets – Die Beispiele Russische Föderation und Vereinigte Arabische Emirate. In F. Albrecht & H.-D. Smeets (Hrsg.), *Die aktuelle Finanzkrise: Bestandsaufnahmen und Lehren für die Zukunft.* Berlin: De Gruyter.

Bergmann, D. K. (2008). *Islamic banking.* Norderstedt: Books on Demand.

Braham, A. (2012). *Islamic Banking: Moralische und ökonomische Grundsätze. Erfolgsaussichten in Deutschland* (1. Aufl.). Hamburg: Diplomica Verlag.

Chahboune, J., & El-Mogaddedi, Z. (2008). Islamic Banking – das Marktpotenzial in Deutschland. *Zeitschrift für das gesamte Kreditwesen, 15*, 718–722.

Commerzbank (2018). Commerzbank. Islamic Finance. https://cbcm.commerzbank.com/de/hauptnavigation/client_overview/institutionals/financial_institutions/islamic_finance.html. Zugegriffen: 28. Dez. 2015.

Deutsch-Emiratische Industrie- und Handelskammer (2010). Islamic Finance in Germany – Factsheet. http://vae.ahk.de/uploads/media/Islamic_Finance_in_Germany_Factsheet.pdf. Zugegriffen: 29. Dez. 2015.

Deutsche Bank (2018). Deutsche Bank. Islamic Finance. https://www.db.com/mea/en/content/islamic_finance.html. Zugegriffen: 28. Dez. 2015.

Elschen, R., & Lieven, T. (2009). *Der Werdegang der Krise – Von der Subprime- zur Systemkrise*. Wiesbaden: Gabler.

Failaka Online (2015). Rising uncertainly for the sukuk market in 2015. http://failaka.com/2015/01/. Zugegriffen: 28. Febr. 2018.

FOWID (2016). Forschungsgruppe Weltanschauungen in Deutschland. https://fowid.de/meldung/religionszugehoerigkeiten-deutschland-2015. Zugegriffen: 28. Febr. 2018.

Gassner, M., & Wackerbeck, P. (2010). *Islamic Finance* (2. Aufl.). Köln: Bank-Verlag Medien.

Hassan, K. (2017). *Handbook of empirical research on islam and economic life*. Northampton: Edward Elgar Pub.

Haug, S., Müssig, S., & Stichs, A. (2016). *Muslimisches Leben in Deutschland*. Nürnberg: Bundesamt für Migration und Flüchtlinge (BAMF).

IFSB (2013). *Islamic Financial Services Industry: Stability Report 2013*. Kuala Lumpur, Malaysia: Islamic Financial Services Board.

IFSB (2017). *Islamic Financial Services Industry: Stability Report 2017*. Kuala Lumpur, Malaysia: Islamic Financial Services Board.

Kruse, O., & Wischermann, J. (2016). Geschäftsmodellanalyse: Islamic Banking für den deutschen Markt? *Die Bank, 10*, 53–55.

Kuveyt Türk Bank (2018). KT Bank AG. https://www.kt-bank.de/ueber-uns/kt-bank/. Zugegriffen: 28. Febr. 2018.

Mahlknecht, M. (2009). *Islamic Finance – Einführung in Theorie und Praxis* (1. Aufl.). Weinheim: Wiley.

Nienhaus, V. (2016). Anwendung islamischen Wirtschaftsrechts im zinslosen Bankwesen: Finanztechnik zwischen Klassik und Moderne. In K. Abdurrahim, S. Ibrahim & T. Souheil (Hrsg.), *Das islamische Wirtschaftsrecht*. Frankfurt am Main: Peter Lang.

Paul, T. (2010). *Islamic Banking & Business: Ursprung – Wesen – Umsetzung* (1. Aufl.). Norderstedt: Books on Demand.

Schönenbach, R. (2012). Intrinsische Hindernisse des islamischen Finanzwesens. http://www.stresemann-stiftung.de/wp-content/uploads/2012/11/Stresemann-Stiftung-Schoenenbach-Islamic-FinanceWWW2012-07-26.pdf. Zugegriffen: 27. Dez. 2017.

Schuster, F. (2013). Perspektiven des Islamic Banking im deutschen Bankwesen. In H. Schütt (Hrsg.), *Deutsches Institut für Bankwirtschaft, Schriftenreihe* Bd. 10 (b). Berlin: .

Statistisches Bundesamt (2017a). Bevölkerung auf Grundlage des Zensus. https://www.destatis.de/DE/ZahlenFakten/GesellschaftStaat/Bevoelkerung/Bevoelkerungsstand/Tabellen/Zensus_Geschlecht_Staatsangehoerigkeit.html. Zugegriffen: 29. Dez. 2017.

Statistisches Bundesamt (2017b). Entwicklung der Bruttoverdienste. https://www.destatis.de/DE/ZahlenFakten/GesamtwirtschaftUmwelt/VerdiensteArbeitskosten/VerdiensteVerdienstunterschiede/Tabellen/LangeReiheD.html-. Zugegriffen: 29. Dez. 2017.

The World Islamic Banking Conference (2015). World Islamic Banking Competitiveness Report 2014–15. Participation Banking 2.0. http://www.ey.com/Publication/vwLUAssets/EY-world-islamic-banking-competitiveness-report-2014-15/$FILE/EY-world-islamic-banking-competitiveness-report-2014-15.pdf. Zugegriffen: 28. Febr. 2018.

Wurst, F. (2011). *Immobilienfinanzierung und Islamic Banking – Möglichkeiten schariakonformer Immobilienfinanzierungen nach deutschem Recht* (1. Aufl.). Frankfurt am Main: Peter Lang.

ZinsFrei (2018). Zinsfreie Historie. https://zinsfrei.de/ueber-uns/zinsfreie-historie/. Zugegriffen: 28. Febr. 2018.

Sven Lauterjung ist seit 15 Jahren selbstständiger Unternehmensberater für Corporate Finance. An der FOM Hochschule für Oekonomie und Management lehrt er seit 2007 im Bereich Finance and Accounting. Sven Lauterjung studierte Wirtschaftswissenschaften an der Universität Duisburg-Essen, Campus Essen. Nach verschiedenen Stationen in der Praxis wurde er wissenschaftlicher Mitarbeiter am Lehrstuhl für Finanzwirtschaft und Banken in Essen und promoviert zur optionsbasierten Bewertung von Unternehmen in Extremphasen.

Tomasz Kroker ist seit dem Jahr 2015 als Finanzplaner und Finanzcoach tätig. In dieser Funktion erstellt er ganzheitliche systematische Finanzlösungen für gehobene Privat- und Firmenkunden. Er ist spezialisiert auf die Beratung von Human- und Zahnmedizinern sowie deren Existenzgründung. Nach seinem dualen Studium der Betriebswirtschaftslehre mit dem Schwerpunkt Finanzen und seiner Ausbildung zum Groß- und Außenhandelskaufmann wurde er aufgrund seiner exzellenten Leistungen in das Förderprogramm der Bundesregierung für berufliche Talente aufgenommen und begann anschließend seine Tätigkeit bei der MLP Finanzberatung SE. Seine Beratungsperspektive ist geprägt durch die Berücksichtigung systemrelevanter Blickwinkel vielseitiger Finanzlösungen und verfügt über eine hohe Transparenz für den Kunden.

Auswirkungen der Blockchain-Technologie auf das Geschäftsmodell und die Strategie einer Bank

Svend Reuse, Eric Frère und Ilja Schaab

3.1 Einleitende Worte

Die Berichterstattung über das Thema Kryptowährungen und insbesondere den Bitcoin rückte im zweiten Halbjahr 2017 in den Fokus der Finanz- und Massenmedien. Die Bandbreite der Schlagzeilen reichte dabei von neuen Asset-Klassen (vgl. exemplarisch Kotas 2018) über Spekulationsblasen (vgl. exemplarisch Backovic et al. 2017) bis hin zum Regulierungszwang der neuen Zahlungsmöglichkeiten (vgl. exemplarisch Dörner et al. 2018). Die dem Bitcoin zugrunde liegende Blockchain-Technologie hat sich in diesem Zusammenhang ebenfalls von einem Nischendasein hin zu einem in der Öffentlichkeit deutlich stärker wahrgenommenen Baustein der voranschreitenden Digitalisierung entwickelt (vgl. Google Trends 2018).

Unabhängig von der Medienberichterstattung muss sich insbesondere die Finanzdienstleistungsindustrie intensiv mit der Blockchain-Technologie auseinandersetzen. Zahlreiche junge FinTech-Unternehmen nutzen die Blockchain zur Entwicklung neuer Produkte und Lösungen, die die klassischen Finanzdienstleistungen ablösen und teilweise auch deren Anbieter überflüssig machen sollen. Mit Blick auf den Erhalt der Wettbewerbsfähigkeit ist daher wenig verwunderlich, dass mehrere Banken bereits Pilotprojekte unter Anwendung

---

Die in diesem Beitrag geäußerten Auffassungen sind die der Autoren und müssen nicht notwendigerweise mit denen der jeweiligen Arbeitgeber übereinstimmen.

S. Reuse (✉)
Mülheim an der Ruhr, Deutschland
E-Mail: svend.reuse@gmx.de

E. Frère · I. Schaab
Essen, Deutschland
E-Mail: frere@frere-consult.de

I. Schaab
E-Mail: ilja.schaab@gmx.de

© Springer Fachmedien Wiesbaden GmbH, ein Teil von Springer Nature 2019
M. Seidel (Hrsg.), *Banking & Innovation 2018/2019*, FOM-Edition,
https://doi.org/10.1007/978-3-658-23041-8_3

der Blockchain durchgeführt haben oder kurzfristig damit beginnen wollen. So hat beispielsweise die LBBW (2017) einen Blockchain-Schuldschein begeben (vgl. Dentz und Paulus 2017), während die Santander Anfang 2018 die Einführung von internationalen Zahlungsverkehrsdienstleistungen, die auf der Blockchain basieren, angekündigt hat (vgl. Schäfer 2018).

Die etablierten Marktteilnehmer stehen unter Zugzwang, dem innovativen Wettbewerb adäquat zu begegnen. Der Blockchain wird mit Blick auf die Finanzdienstleistungsindustrie daher teilweise auch disruptiver Charakter zugesprochen (vgl. exemplarisch Bolesch und Mitschele 2016), meistens jedoch ohne dabei Bowers und Christensens (1995) ursprüngliche Begriffsbeschreibung objektiv zu validieren.

Dieser Beitrag setzt sich thematisch mit der Blockchain-Technologie und deren aktueller Bedeutung für den Finanzdienstleistungssektor auseinander. Dazu wird in Abschn. 3.2 die Funktionsweise der Blockchain erläutert sowie ein kurzer Überblick zu deren Arten und Weiterentwicklungen skizziert. Daraufhin erfolgt in Abschn. 3.3 die Bewertung der Technologie aus dem strategischen Blickwinkel eines Kreditinstituts, wobei der Fokus insbesondere auf den Auswirkungen auf die Geschäfts- und Risikostrategie bei Anwendung der Blockchain liegt. In Abschn. 3.4 erfolgt die Auseinandersetzung mit möglichen Anwendungsfeldern für die Kreditwirtschaft, dem Begriff der disruptiven Technologie sowie dem aktuellen technologischen Status quo der deutschen Finanzdienstleistungsindustrie. Das Fazit und der Ausblick auf die Zukunft in Abschn. 3.5 runden den Beitrag ab.

3.2 Funktionsweise der Blockchain-Technologie

3.2.1 Blockchain

Die Blockchain ist ein verteiltes Datenbanksystem, das Transaktionen digital, in chronologischer Reihenfolge durch kryptografische Verschlüsselung miteinander verknüpft und durch Konsensbildung innerhalb des Systems verifiziert (angelehnt an Deloitte 2016a; Glaser und Bezzenberger 2015; Walport 2015). Die Definition impliziert bereits, dass für ein tieferes Verständnis der Funktionalität Kenntnisse in unterschiedlichen Themengebieten erforderlich sind.

Der *erste Themenbereich* umfasst dabei den Aufbau von *Netzwerkinfrastrukturen*. Die Blockchain ermöglicht Transaktionen ohne eine zentrale Instanz und greift somit auf eine verteilte Peer-to-Peer-Infrastruktur zurück (vgl. exemplarisch Teuteberg und Tönnissen 2017). Die Transaktionsdatenbank wird auf allen Computern, auf denen das Protokoll ausgeführt wird (Nodes), repliziert und kontinuierlich durch verifizierte Transaktionen erweitert. Das Single-Point-of-Failure-Problem einer zentralen Datenbank wird damit ausgeschaltet. Darüber hinaus können weder eine zentrale Instanz noch einzelne Teilnehmer des Netzwerks die Daten manipulieren, da die abweichende Datenbank vom restlichen Netzwerk abgelehnt werden würde (vgl. Drescher 2017).

Das *zweite Themengebiet* umfasst die Einbindung der *Kryptografie* in die Blockchain-Technologie, welche in zwei Anwendungsfeldern zum Einsatz kommt. Zum einen verfügt jeder Nutzer der Blockchain über einen öffentlichen und einen privaten Schlüssel. Der öffentliche Schlüssel ist für alle Netzwerkteilnehmer einsehbar und stellt eine Art Empfangsadresse für eingehende Transaktionen dar. Der private Schlüssel dient hingegen zur Bestätigung ausgehender Transaktionen und ist mit einer digitalen Signatur vergleichbar. Wird eine Transaktion angestoßen, erfolgt deren Übermittlung an das Netzwerk, welches diese anhand Empfängeradresse und Signierung verifiziert. Bei erfolgreicher Verifikation werden mehrere Transaktionen zusammengefasst und mittels des zweiten kryptografischen Verfahrens auf allen angeschlossenen Nodes als Block an die Blockchain angehängt. Der Block enthält dabei verschlüsselte Informationen über den jeweils vorhergehenden Block, sodass nachträgliche Manipulationen so gut wie ausgeschlossen werden. Wird die Struktur eines Blocks verändert, passt die berechnete Prüfsumme (Hashwert) nicht mehr und das Netzwerk wird alarmiert. Die Kryptografie ist somit ebenfalls ein elementarer Baustein der Blockchain-Technologie (vgl. Voshmgir 2016).

Das *dritte thematische Konzept* umfasst einen *spieltheoretischen Ansatz,* der durch ökonomische Anreizsysteme *regelkonformes Verhalten* im Blockchain-Netzwerk sicherstellen soll. Hier existieren unterschiedliche Verfahren der Incentivierung. Die Bitcoin-Blockchain bedient sich beispielsweise des Proof-of-Work-Konzepts, bei dem Netzwerkteilnehmer für die komplexe Berechnung von für die Erweiterung der Blockchain benötigten Hashwerten durch Bitcoins entlohnt werden (Miner). Es ist für einen Miner daher opportun, die Berechnung korrekt und schnell durchzuführen und damit auch die Stabilität der Blockchain zu gewährleisten. Darüber hinaus können Proof-of-Stake-, Proof-of-Burn- oder andere Anreizmechanismen implementiert werden (vgl. Schlatt et al. 2016).

Neben den bereits benannten Vorteilen der Technologie wie der Dezentralität, der Transparenz sowie der Validität der verifizierten Datenblöcke spielt auch die Anonymität eine wichtige Rolle. Die Blockchain kann so programmiert werden, dass der öffentliche Schlüssel keine Rückschlüsse auf den Eigentümer zulässt, wie dies beispielsweise beim Bitcoin der Fall ist (vgl. Tapscott und Tapscott 2016). Dieser Vorteil in Kombination mit der technischen Eigenschaft, dass die Daten von allen Nodes im Netzwerk gelesen werden können, stellt eine Herausforderung für die Finanzdienstleistungsindustrie dar. Die Fragestellung, wie Kundendaten geschützt und gleichzeitig für auf der Blockchain basierende Transaktionen genutzt werden können, muss für Anwendungen, die für den Massenmarkt konzipiert werden, gelöst werden. Einen möglichen Lösungsansatz stellt die Ausgestaltung des Blockchain-Netzwerks dar, dessen Typisierung in Abb. 3.1 veranschaulicht wird.

Während die öffentliche Blockchain über keine Zugangs- oder Transparenzrestriktionen verfügt und jedem Netzwerkteilnehmer auch die Validierung von Transaktionen ermöglicht (z. B. Bitcoin), sind private und hybride Blockchain-Modelle durch Einschränkungen gekennzeichnet. So können beispielsweise Validierungen in beiden Modellen nur von ausgewählten Netzwerkteilnehmern vorgenommen werden. Die hybride Blockchain kann die Anzahl der Netzwerkteilnehmer begrenzen, während die private Blockchain nur

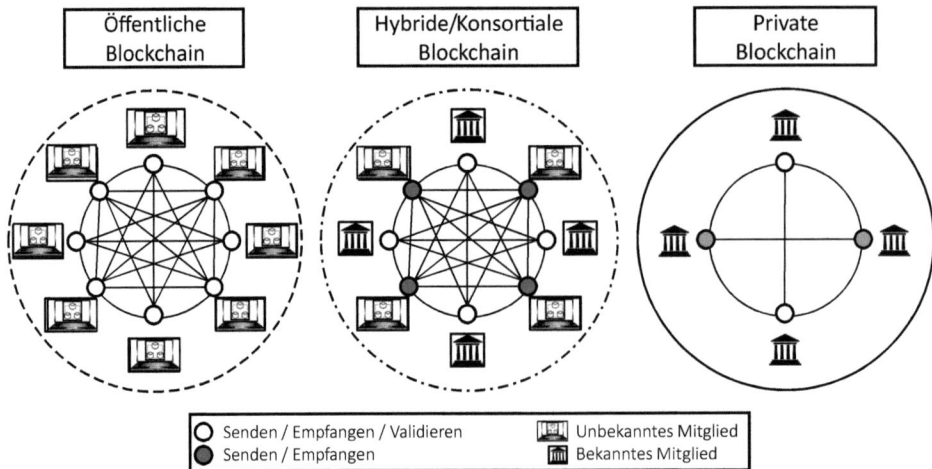

Abb. 3.1 Blockchain-Typen. (Quelle: In Anlehnung an Jung und Plazibat 2017)

ausgewählten Mitgliedern zur Verfügung steht. Das Protokoll der hybriden Blockchain kann, muss aber nicht öffentlich sein. Das Protokoll der privaten Blockchain ist hingegen nicht öffentlich zugänglich. Da die Ansätze der hybriden und privaten Blockchain nicht dem ursprünglichen Gedanken der Technologie entsprechen, werden diese teils kontrovers diskutiert (vgl. Voshmgir 2016), stellen jedoch für Banken und andere Finanzdienstleister eine mögliche Problemlösung für die benannte Fragestellung dar. So hat beispielsweise die LBBW ihre Blockchain-Schuldschein-Transaktion über eine private Blockchain mit ausschließlich bekannten Teilnehmern abgewickelt (vgl. Dentz und Paulus 2017).

3.2.2 Entwicklung der Technologie

Während die verkettete Kryptografie bereits seit Jahrzehnten erforscht und angewendet wird (vgl. exemplarisch Ehrsam et al. 1976), bestätigte das 2008 unter dem Pseudonym Satoshi Nakamoto veröffentlichte White Paper (vgl. Nakamoto 2008 sowie die umfangreichen Ausführungen von Preuss in diesem Herausgeberband) sowie die anschließende Implementierung der Bitcoin-Blockchain im Jahr 2009 erstmals die Machbarkeit einer Kryptowährung auf Basis einer öffentlich verteilten Blockchain. Die über die Jahre kontinuierlich steigende Akzeptanz der Kryptowährung als Zahlungsmittel verhalf der Technologie schließlich zum Durchbruch in der öffentlichen Wahrnehmung und bahnte zahlreichen Nachahmern den Weg (vgl. Sixt 2016). So existieren Stand Februar 2018 rund 1500 Kryptowährungen, die technisch mehr oder weniger mit dem Bitcoin vergleichbar sind (vgl. CoinMarketCap 2018). Die Blockchain-Technologie hat sich jedoch nicht nur horizontal, sondern auch vertikal weiterentwickelt, sodass sich mit Smart Contracts, dezentralisierten Applikationen (dApps) und dezentralisierten autonomen Organisationen (DAO) zahlreiche Anwendungsmöglichkeiten ergeben.

Smart Contracts sind Verträge, die automatisiert ausgeführt werden, wenn bestimmte Voraussetzungen durch die Vertragsparteien erfüllt werden. Ein einfaches Beispiel für einen bereits existierenden Smart Contract ist ein Getränkeautomat, der ein Getränk ausgibt, wenn eine vordefinierte Menge Geld eingeworfen wurde. Smart Contracts, die auf der Blockchain-Technologie basieren, zielen darauf ab, deutlich komplexere Transaktionen zwischen sich unbekannten oder nicht vertrauenden Parteien abzuwickeln und damit bisher notwendige Intermediäre überflüssig zu machen. Der Prozess der Automatisierung durch Smart Contracts resultiert folglich in Zeit- und Kostenvorteilen und kann perspektivisch sogar ganze Organisationen abbilden (vgl. Morrison 2016; PwC 2016). Die Finanzdienstleistungsindustrie befindet sich aktuell in der Testphase dieser neuen und sehr vielfältig einsetzbaren Technologie (vgl. Capgemini Consulting 2016). Einige Beispiele stellen das Derivatesettlement via R3 (vgl. PwC 2016), die Legal-Entity-Identifier-Prüfung unter Leitung der UBS (vgl. UBS 2017) oder die automatische Schadensregulierung der AXA (vgl. AXA 2017) dar.

Der Begriff der auf der Blockchain-Technologie basierenden dApp ist aufgrund des geringen Alters noch nicht durch eine einheitliche Definition geprägt. Er beschreibt im Wesentlichen eine Applikation bzw. Benutzeroberfläche, die den Zugriff auf einen oder mehrere Smart Contracts erlaubt und damit eine Verbindung zwischen dem Endnutzer und der Blockchain-Technologie herstellt (vgl. Schlatt et al. 2016; Voshmgir 2016). Davon abzugrenzen ist die DAO, die eine komplexe Kombination aus Smart Contracts darstellt und auf deren Basis zu einer autonom operierenden Organisation wird. Alle Regeln der DAO werden bei Gründung festgelegt und sind nur mit hohem Aufwand veränderbar (z. B. Mehrheitsentscheid der Shareholder). Jede DAO muss darüber hinaus über einen Anreizmechanismus verfügen, um bestimmte Tätigkeiten (z. B. Kalkulationen für die Fortschreibung der Blockchain) der Netzwerkteilnehmer vergüten zu können (z. B. Token). Eine DAO kann auch dApps als Userinterface nutzen, um den reglementierten Geschäftszweck

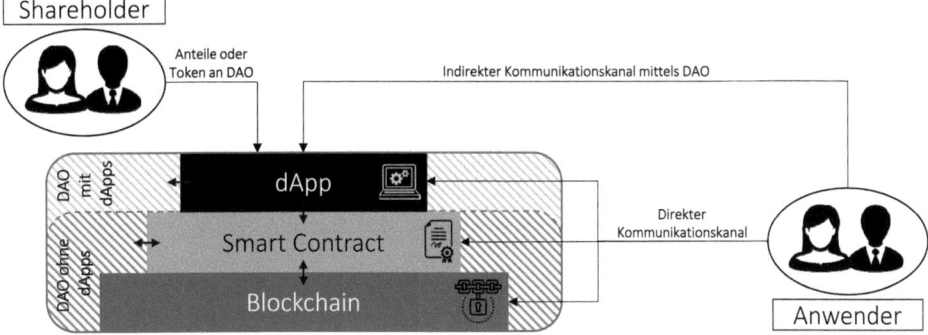

Abb. 3.2 Technologische Weiterentwicklungen der Blockchain-Technologie und deren Kommunikationskanäle

zu verfolgen (vgl. Jentzsch 2016). Die Blockchain-Plattform Ethereum bietet ihren Teilnehmern die Möglichkeit, einen DAO zu initiieren und mittels Initial Coin Offering (ICO) und der dort begebenen Token einen Anreizmechanismus zu implementieren, was in den vergangenen Monaten zu einem Boom bei neuen Kryptowährungen führte (vgl. Wischmeyer 2018).

Abb. 3.2 veranschaulicht den Zusammenhang zwischen den Weiterentwicklungen der Blockchain-Technologie. Grundsätzlich könnte der Anwender mit allen dargestellten Ebenen autark kommunizieren. Die Kommunikation ist jedoch durch unterschiedliche Komplexitätsgrade geprägt, sodass die Finanzdienstleistungsindustrie je nach Zielgruppe der Anwendung auch ein benutzerfreundliches Interface bereitstellen müsste. Die Weiterentwicklung der Technologie zeigt, dass sich insbesondere mit Smart Contracts und dApps vielfältige Einsatzmöglichkeiten für die Branche bieten. Darüber hinaus könnten Finanzdienstleister auch eigene DAOs gründen, um beispielsweise Legitimationsprozesse vollständig outzusourcen.

3.2.3 Zwischenfazit zur Funktionalität der Blockchain

Die technische Analyse der Blockchain-Technologie zeigt, dass sich nicht jedes Konzept uneingeschränkt auf die Finanzdienstleistungsbranche projizieren lässt. Während Smart Contracts durchaus eine gute Möglichkeit bieten, Prozesse zu automatisieren und mithilfe der Blockchain eine zuverlässige Abwicklung zu gewährleisten, befinden sich die anderen Technologien noch in einem sehr frühen Entwicklungsstadium mit fehlenden empirischen Machbarkeitsnachweisen. Die etwaigen Kosten- und Zeiteinsparungen sind jedoch auch bei Smart Contracts gegen etwaige Rechtsrisiken (z. B. Gültigkeit der Verträge vor Gericht) und den langwierigen regulatorischen Implementierungsaufwand abzuwägen.

Der Datenschutz und die daraus resultierende Anwendung von privaten oder hybriden Blockchain-Netzwerken in der Finanzdienstleistungsindustrie ist ebenfalls ein Thema, das kontrovers diskutiert werden kann. Wenn sich Datenschutz nicht mit einer öffentlich verteilten Blockchain gewährleisten lässt, stellt sich unweigerlich die Frage, ob die Abwicklung einer Transaktion in einem privaten Netzwerk über eine solch komplexe Technologie überhaupt notwendig ist. Es besteht zumindest die Gefahr, die Nachteile der Blockchain (z. B. benötigte Rechenkapazitäten) zu erhalten, ohne die Vorteile nutzen zu können. Die Schnittmenge zu anderen Branchen wie beispielsweise öffentlichen Registern scheint an dieser Stelle größer zu sein als zu dem durch den strengen Datenschutz geprägten Finanzdienstleistungssektor. Einige Lösungsansätze für die beschriebenen Herausforderungen werden im Rahmen der Analyse des FinTech-Sektors in Abschn. 3.4 aufgegriffen.

3.3 Strategische Implikationen

3.3.1 Zum aktuellen Stand der Ertragslage deutscher Kreditinstitute

Das Geschäftsmodell der deutschen Banken befindet sich schon seit einiger Zeit unter Druck (vgl. Reuse 2018, S. 147). Seit dem Ausbruch der Finanzmarktkrise 2008 sind die Zinsen kontinuierlich gesunken. Da deutsche Banken primär an der Zinsspanne und an der hierin enthaltenen Fristentransformation hängen (vgl. Reuse 2018, S. 155–158), sinken deren Ergebnisse stetig. Dies wurde im Rahmen der Niedrigzinsumfeldumfrage 2015 (vgl. Dombret und Röseler 2015) und 2017 (vgl. Deutsche Bundesbank und BaFin 2017) klar herausgestellt. Je länger die aktuelle Niedrigzinsphase anhält, umso länger werden die Banken selbst bei einem Zinsanstieg brauchen, um eine Trendwende erreichen zu können (vgl. Reuse 2018, S. 159).

Die Reaktionsmöglichkeiten der Institute auf diese Entwicklung sind verschiedener Natur. Auf der einen Seite kann versucht werden, über Kosteneinsparungen die wegbrechenden Zinserträge aufzufangen. Auf der anderen Seite können Preiserhöhungen im Provisionsblock genutzt werden, um Kompensationen zu schaffen (vgl. Reuse 2018, S. 161 ff.). Dies lässt sich am Markt gerade beobachten. Zum einen sinkt die Zahl der Bankfilialen stetig (vgl. Deutsche Bundesbank 2016, S. 8 f.). Zum anderen werden Preise gerade bei den Girokonten stetig erhöht, kostenlose Girokonten werden immer häufiger in Frage gestellt (vgl. exemplarisch Exner und Zschäpitz 2016).

Dies alleine wird jedoch perspektivisch nicht reichen. Die beschriebenen Maßnahmen können den Ertragseinbruch verlangsamen, aufhalten können sie ihn aus Sicht der Autoren nicht. Folglich muss über eine Änderung oder Erweiterung der Geschäftsmodelle nachgedacht werden.

3.3.2 Anforderungen der Aufsicht an funktionierende Geschäftsmodelle

In dieser Hinsicht ist die Aufsicht recht konkret und beschreibt Geschäftsmodelle und deren Sinnhaftigkeit umfassend (vgl. Reuse 2018, S. 148). So wurden bereits Ende 2014 EBA Guidelines zum SREP veröffentlicht (vgl. EBA 2014), welche 207 Seiten umfassen und sich dezidiert mit verschiedenen Aspekten des Geschäftsmodells einer Bank beschäftigen. Ein besonderer Fokus liegt zudem auf der Tragfähigkeit und der Nachhaltigkeit eines Geschäftsmodells (vgl. EBA 2014, S. 27–38). Diese ansonsten eher unbestimmten Begriffe werden durch die Aufsicht abschließend definiert, wie Tab. 3.1 verdeutlicht.

Der Fokus der Aufsicht liegt folglich auf der Renditeerwartung eines Geschäftsmodells. Das SREP-Papier der EBA verzweigt auch in Geschäftsfelder und Produktlinien (vgl. EBA 2014, Tz. 60). Berücksichtigt werden soll die *„Wesentlichkeit der Geschäftsfelder – Sind bestimmte Geschäftsfelder bedeutender für die Generierung von Gewinnen (oder Verlusten)?"* (EBA 2014, Tz. 63a, diskutiert in Reuse 2018, S. 150).

Tab. 3.1 Definition eines funktionierenden Geschäftsmodells. (Quelle: Reuse 2018, S. 150 in Anlehnung an EBA 2014, Tz. 55, S. 74–77)

Aspekt	Tragfähigkeit	Nachhaltigkeit
Zeitraum	12 Monate	3 Jahre
Definition	Das aktuelle *Geschäftsmodell* des Instituts ist geeignet, in den kommenden 12 Monaten eine akzeptable Rendite über die kommenden *12 Monate* zu erwirtschaften.	Eine *Strategie* ist nachhaltig, wenn auf Basis der strategischen Pläne und finanziellen Prognosen eine akzeptable Rendite über einen zukunftsgerichteten Zeitraum von *mindestens drei Jahren* erzielt werden kann.
Kriterien	a. Eigenkapitalrendite (ROE) im Verhältnis zu Eigenkapitalkosten (COE), auch RAROC o. Ä. sind möglich.	a. Plausibilität der Annahmen und des prognostizierten Finanzergebnisses.
	b. Finanzierungsstruktur: Ist diese dem Geschäftsmodell und der Geschäftsstrategie angemessen?	b. Auswirkung auf das prognostizierte Finanzergebnis in der aufsichtlichen Beurteilung des Geschäftsumfelds.
	c. Risikoappetit.	c. Risikoniveau der Strategie (d. h. Komplexität und Zielsetzung der Strategie im Vergleich zum aktuellen Geschäftsmodell) und die daraus resultierende Erfolgswahrscheinlichkeit.

Tab. 3.2 Clusterung wesentlicher Geschäftsaktivitäten

Kriterium	Vorteil	Nachteil
Aufbau analog Aufbauorganisation	Klare Zuordnung der organisatorischen Verantwortung	Missachtung der Vertriebskanäle und Kundengruppen
Aufbau analog Kundengruppen	„Reinrassige" Potenzialanalyse möglich	Dass Kunden über verschiedene Organisationseinheiten „bedient" werden, bleibt außer Acht
Regionale Ausrichtung	Separate Filialstrukturen abbildbar, gerade bei Flächenhäusern möglich	Missachtung der Vertriebskanäle und Kundengruppen
Differenzierung nach Ertragsquelle	Klare Abgrenzung der Erfolgsquellen (Zins, Spread, Konditionenbeitrag, Liquidität etc.)	Schlecht steuerbar, da über alle Organisationseinheiten verteilt
Differenzierung nach Produkt	Aussage möglich, welche Produkte rentabel sind und welche defizitär sind	Missachtung der zuständigen Organisationseinheiten, Vertriebskanäle und Kundengruppen

Institute müssen sich folglich intensiv mit ihren Geschäftsfeldern, Sparten und „wichtigsten Produktlinien" (EBA 2014, Tz. 60) beschäftigen und auch technologische Trends (vgl. EBA 2014, Tz. 65c) berücksichtigen. Diese können verschiedenartig geclustert sein, wie Tab. 3.2 zeigt.

Nachvollziehbares Ziel der Aufsicht ist es folglich, dass ein Institut seine defizitären Bereiche kennt und entsprechend steuert. Die deutsche Aufsicht hat dies ebenfalls berücksichtigt und über die MaRisk in deutsches Recht umgesetzt (vgl. BaFin 2017, AT 4.1 Tz. 1). So heißt es in AT 4.1 wörtlich: „Die Geschäftsleitung hat eine nachhaltige Geschäftsstrategie festzulegen, in der die Ziele des Instituts für jede wesentliche Geschäftsaktivität sowie die Maßnahmen zur Erreichung dieser Ziele dargestellt werden." In Bezug auf die IT-Systeme wird die Aufsicht ebenfalls konkret: „Aufgrund der Bedeutung für das Funktionieren der Prozesse im Institut hat das Institut [...] auch Aussagen zur zukünftig geplanten Ausgestaltung der IT-Systeme zu treffen." (BaFin 2017, AT 4.1 Tz. 1 Erl.). Zudem sind externe Einflussfaktoren bei der Ermittlung der Geschäftsstrategie adäquat zu berücksichtigen.

Letztlich sind die Anforderungen an die Ausgestaltung einer Geschäftsstrategie exponiert auch im § 25a KWG enthalten. Zentrale Aufgabe der Geschäftsleiter ist die „Festlegung einer auf die nachhaltige Entwicklung des Instituts gerichteten Geschäftsstrategie" (§ 25a (1) Nr. 1 KWG 2017).

3.3.3 Notwendigkeit der Änderung der strategischen Ausrichtung

Durch die beschriebenen Anforderungen wird klar, dass sich ein Institut mit neuen Entwicklungen gerade im technischen Bereich beschäftigen und diese frühzeitig strategisch verankern muss. Gerade die Blockchain-Technologie weist revolutionäre Züge auf, die an den Grundfesten der Strategie einer Bank rütteln. So bekommen die klassischen Bankanlageprodukte Konkurrenz durch Kryptowährungen, und der Zahlungsverkehr könnte perspektivisch ohne die bestehende Infrastruktur der Banken sicher über Blockchain-Verfahren durchgeführt werden.

Aber auch Kommunikation, Kundenkontakte und Marketing können sich hierdurch grundlegend ändern. Die Legitimation eines Kunden kann sicher über die neue Technologie erfolgen, ohne dass dieser physisch in einer Filiale erscheinen muss. Der Internetzugang zu Konten und Depots kann sicherer gestaltet werden.

Aus strategischer Sicht hat die Blockchain ein Alleinstellungsmerkmal. Faktisch ist dies die erste Technologie, welche alle Kernprozesse einer Bank durchdringt und diese partiell überflüssig werden lassen kann. Dies ist erstmals in der Geschichte der Banken der Fall. Alle anderen Megatrends haben immer nur Teile des Geschäftsmodells, nicht aber die gesamte Wertschöpfungskette tangiert.

Perspektivisch muss die sowieso schon veraltete Bank-IT (vgl. Reuse und Frère 2017, S. 78) komplett erneuert werden und sich auf die neuen Anforderungen ausrichten. Dies bedeutet aber, dass sich deutsche Institute frühzeitig mit diesem Thema beschäftigen müssen. Zum einen muss strategisch klar sein, an welchen Stellen es für eine Bank sinnvoll ist, sich mit Blockchain-Technologie zu beschäftigen, zum anderen sind die Kosten für eine solche Lösung immens und müssen frühzeitig auf die Zeitachse gelegt werden. Eines ist jedoch aus Sicht der Autoren klar: Die Institute werden um die Integration der Blockchain-Technologie in ihre Strategien nicht herumkommen.

Der aktuelle Stand in den Banken ist jedoch weit von dieser Zielrichtung entfernt. Bei 75 % der deutschen Banken findet das Thema Blockchain keinen Eingang in die Strategie, und nur zwei Prozent der Banken investieren mehr als 50.000 € in diese Technik (vgl. PwC 2017, S. 4). Dies ist aus Sicht der Autoren äußerst kritisch zu sehen, da sich der Abstand zu den agileren FinTechs hierdurch nur noch weiter erhöht. Wird diese Entwicklung extrapoliert, so verbleibt nur noch eine strategische Option: die Übernahme der FinTechs, welche die Technologie entwickeln bzw. vorantreiben.

3.4 Strategische Einsatzgebiete im Geschäftsmodell deutscher Institute

3.4.1 Herleitung möglicher strategischer Einsatzfelder

Die Blockchain-Technologie bietet aufgrund ihrer Charakteristik grundsätzlich eine Vielzahl von Einsatzmöglichkeiten. Sowohl Transaktionen mit Dritten als auch innerbetriebliche Prozesse lassen sich beispielsweise in Form von Smart Contracts über eine Blockchain abbilden. Damit stehen auch dem Top-Management eines Kreditinstituts zahlreiche Handlungsoptionen zur Implementierung zur Verfügung. Angelehnt an das Konzept eines Corporate Think Tanks sollte jedoch nicht nur die Frage beantwortet werden, wo die Blockchain-Technologie eingesetzt werden kann, sondern auch, wo sie in Zukunft einen deutlichen Mehrwert zum aktuellen Status quo generiert. Dies ist mit Blick auf die bereits diskutierten technologischen Vor- und Nachteile erforderlich, um die Blockchain gegen etwaige technische Alternativen abwägen zu können.

Für die Beantwortung der Frage ist im ersten Schritt eine Analyse erforderlich, in welchen Geschäftsbereichen ein Kreditinstitut als direkter Intermediär auftritt oder mit unbekannten Dritten Transaktionen tätigt. Insbesondere in diesen Segmenten kann und soll die Blockchain-Technologie qua Funktionalität einen Mehrwert schaffen. Die Themen Kryptowährungen und Direktvermittlung von Einlagen an Kreditnehmer (vgl. exemplarisch das Portal auxmoney) sind dabei explizit nicht Gegenstand der nachfolgenden Analyse, da eine Prognose für diese volatilen Geschäftsfelder zum heutigen Zeitpunkt nicht belastbar erscheint.

Die Geschäftsbereiche von Universalbanken lassen sich exemplarisch in das Privatkunden-, Firmenkunden- und Interbankengeschäft sowie den Eigenhandel unterteilen. Richtet sich der Fokus zunächst auf die Produktseite im Privatkundengeschäft, stellt das Thema Zahlungsverkehr einen wichtigen Anknüpfungspunkt für die Blockchain dar. Der Beschleunigung von europäischen Zahlungen (Stichwort: Instant Payment) wurde bereits 2017 durch einen einheitlichen Rechtsrahmen der Weg geebnet (vgl. European Payments Council 2017). Die Einbindung weiterer Banken oder Länder könnte beispielsweise auf Basis der Blockchain durchgeführt werden und wird auch bereits im Rahmen konkreter Projekte erprobt (vgl. exemplarisch Schäfer 2018). Im Einlagen- und Kreditgeschäft nimmt das Kreditinstitut häufig die Rolle des direkten Vertragspartners ein, sodass die Implementierung einer Blockchain an vielen Punkten unnötig erscheint. Im Einlagengeschäft ist das Thema der Optimierung von Mietkautionen denkbar, da hier eine Transaktion zwischen Mieter und Vermieter von einem zuverlässigen Dritten durchgeführt wird. Im Kreditgeschäft mit Privatkunden ist mit Blick auf die aktuellen regulatorischen Anforderungen (insb. Verbraucherkreditrichtlinie) sowie die bereits sehr agilen Geschäftsmodelle (z. B. Point-of-Sale-Finanzierungen in nahezu jeder Branche) das Potenzial für die Blockchain beschränkt. Das Wertpapiergeschäft mit seinen weiterhin teilweise mehrere Tage dauernden Settlements (Valuta) bietet dagegen deutlich mehr Möglichkeiten für Zeit- und Kostenersparnisse. Die dafür ebenfalls notwendige Börseninfrastruktur wird bereits von mehreren Anbietern getestet und von der australischen Börse ASX sogar erstmals Ende 2018 implementiert (vgl. Schrader 2017).

Das Firmenkundengeschäft bietet neben den bereits benannten Möglichkeiten im Zahlungsverkehr und der Wertpapierabwicklung insbesondere im Kreditgeschäft ein hohes Potenzial für den Einsatz der Blockchain-Technologie. Konsortialfinanzierungen, ABS-Transaktionen, Unternehmensanleihen, Schuldscheine sowie andere Verbriefungstransaktionen (z. B. Commercial Papers) stellen Geschäftsarten dar, die eine Bank ganz oder teilweise zwischen ihren Kunden und potenziellen Investoren am Kapitalmarkt vermittelt. Zahlreiche Prozesse lassen sich durch Smart Contracts und die Blockchain-Technologie rationalisieren (vgl. exemplarisch Backhaus 2017a). Daraus resultierend könnte auch der Sekundärmarkthandel durch die Prozessvereinfachung an Liquidität gewinnen. Gleichwohl sind auch hier infrastrukturelle Veränderungen (z. B. rechtliche Stellung der Depotbank) notwendig, um die positiven Effekte realisieren zu können (vgl. Hildner und Danzmann 2017). Als weiterer Produktbereich bietet das nationale und internationale Aval- und Garantiegeschäft analog zur Mietkaution im Privatkundensegment Möglichkeiten zur Prozessoptimierung. Trade Finance im Allgemeinen stellt sogar bereits heute einen umkämpften Markt für Blockchain-Technologien dar (vgl. Mehring und Backhaus 2017). Der grenzüberschreitende Handel ist heutzutage durch komplexe, fehleranfällige und auch langsame Prozesse geprägt (z. B. Abwicklung von Akkreditiven). Transaktionen mit unbekannten Gegenparteien erfordern teure Versicherungen oder adäquate Zahlungsbedingungen. Die Kumulation dieser Eigenschaften macht das Geschäftssegment besonders für die Blockchain interessant, da hier mehrere Probleme gleichzeitig für Kunden und Banken gelöst werden können. Abschließend soll der Fokus noch auf den Derivatehandel für Firmenkunden gerichtet werden. Neben den bereits benannten Vorteilen des schnelleren und sichereren Settlements bei Wertpapiertransaktionen könnte die Einbindung von Regulierungsbehörden in das Blockchain-Netzwerk auch die erforderliche Berichterstattung von Bank und Kunde vereinfachen.

Der dritte Geschäftsbereich kumuliert das Interbankengeschäft und den Eigenhandel. Wenngleich auf anderen Plattformen, so lassen sich die Bereiche Zahlungsverkehr und Wertpapierhandel auch in diesem Segment redundant aufführen. Ein wichtiger Dienstleister in diesem Segment ist die Genossenschaft SWIFT, die bereits an einer eigenen

Blockchain-Lösung forscht, um die bestehenden Prozesse in der Interbankenkommunikation und der Transaktionsabwicklung zu optimieren (vgl. Müller 2018). Dies umfasst auch die Interbankenkommunikation im Rahmen von Außenhandelsfinanzierungen (z. B. indirekte Garantien, Akkreditivabwicklung, Dokumenteninkasso, Wechsel, Schecks). Als weiterer Ansatzpunkt können analog zum Firmenkundengeschäft auch eigene Verbriefungen einer Bank über eine Blockchain dargestellt und dem Investorenkreis angeboten werden.

Neben den drei dargestellten Geschäftsbereichen kann die Blockchain-Implementierung auch für interne Prozesse, die auf Mitwirkung externer Dritter angewiesen sind oder von diesen initiiert werden, sinnvoll sein. Ein denkbares Anwendungsszenario ist die Legitimation einer Vertragspartei mittels Blockchain (vgl. Hölmer und Riesack 2018), die den Banken ermöglicht, schnell und zuverlässig die Know-Your-Customer-Anforderungen zu erfüllen. Dies könnte nicht nur den Prozess der Vertragsanbahnung, sondern beispielsweise auch Vollmachtserteilungen deutlich vereinfachen. Durch die automatisierte Kommunikation mit öffentlichen Registern, z. B. zwecks Aktualisierung von Handelsregisterinformationen oder zur Änderungen von Sicherheiten im Grundbuch, könnte eine Bank ebenfalls Kapazitäten einsparen. Je nach Komplexitätsgrad ist auch denkbar, dass (Nicht-)Kunden Bonitätsunterlagen über die Blockchain-Technologie einreichen oder durch deren Wirtschaftsprüfer einreichen lassen. Damit könnte in der Bank ein vollautomatisierter Prozess zur Prüfung der Bonität durchgeführt werden.

Die bereits thematisierte Zusammenarbeit mit Regulierungsbehörden und Wirtschaftsprüfungsgesellschaften bietet ebenfalls Potenziale, die Blockchain zu nutzen. Bezogen auf die Regulierung könnten im Meldewesen Verifikations- und Datenübermittlungsprozesse automatisiert werden, um beispielsweise EMIR- oder MiFID-II-Anforderungen zu erfüllen (vgl. Pilotprojekt der UBS 2017). Auch im Bereich Compliance würde die Blockchain-Technologie nach dem entsprechenden Identifikationsvorgang eine vollautomatische Prüfung von Sanktions- und Terrorlisten ermöglichen. Die Branche der Wirtschaftsprüfer verfolgt die Entwicklung der Blockchain-Technologie ebenfalls mit großem Interesse (vgl. exemplarisch Deloitte 2016b). Banken könnten durch entsprechende Automatisierung Informationen wie Geschäftsumfangsbestätigungen, Derivate-Bewertungen etc. vollautomatisch per Blockchain übertragen. Aber auch die eigene Buchführung könnte perspektivisch vollständig auf der Blockchain basieren.

Abb. 3.3 veranschaulicht die thematisierten Anwendungsbereiche in der Kreditwirtschaft. Redundante Ausprägungen werden hier nicht mehrfach aufgeführt, sondern durch entsprechende Grafiken symbolisiert.

Zumindest beim letzten Einsatzgebiet stellt sich erneut die Frage, ob die Technologie tatsächlich erforderlich ist, um mit diesen teils aus dem öffentlichen Sektor stammenden Instanzen zu kommunizieren. Die eingangs formulierte Empfehlung, Kosten- und Nutzen-Relationen sehr genau gegeneinander aufzuwiegen, wiederholt sich an dieser Stelle entsprechend. Die Darstellung in diesem Kapitel erhebt keinen Anspruch auf Vollständigkeit, sondern kumuliert Ideen zu möglichen Anwendungsbereichen der Blockchain-Technologie. Gleichwohl prognostizieren mehrere Beratungsgesellschaften, dass die Blockchain

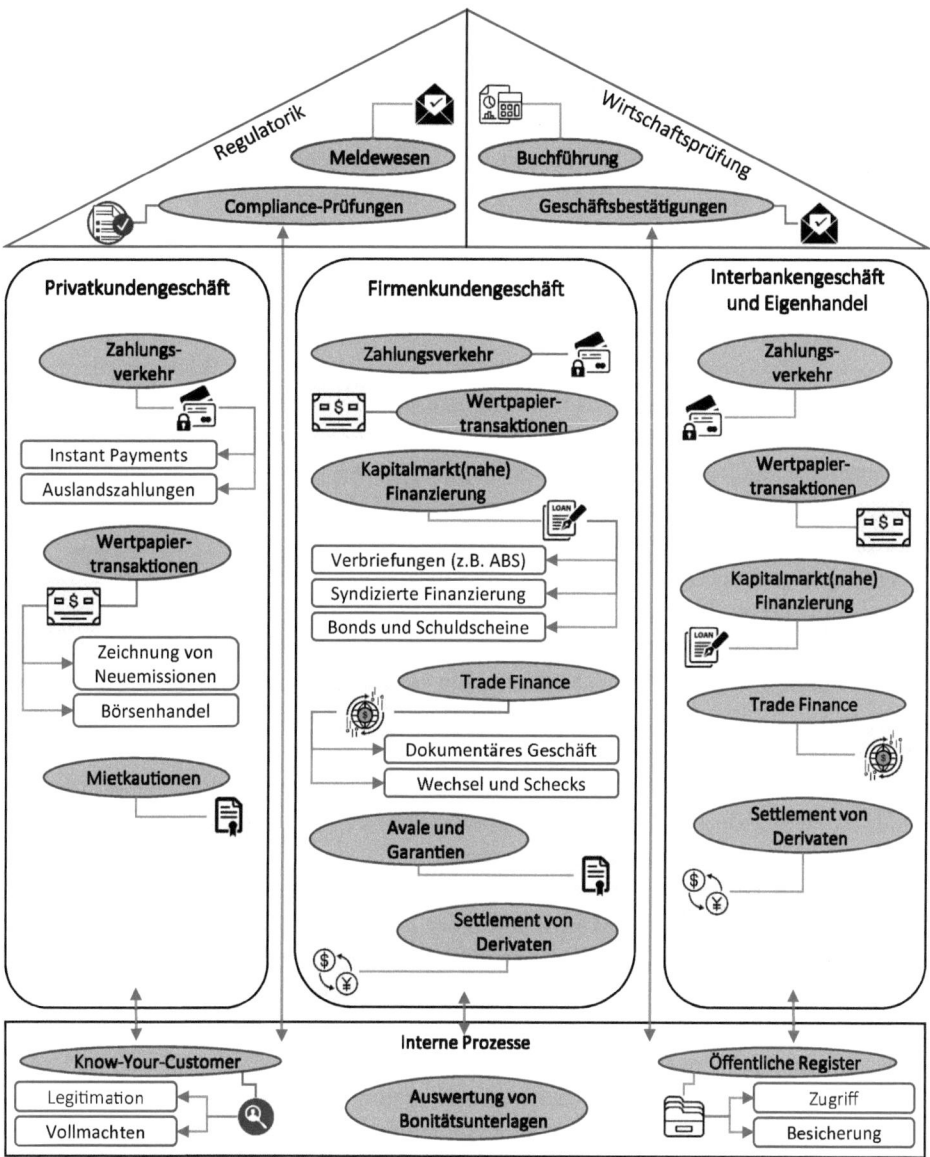

Abb. 3.3 Mögliche strategische Einsatzgebiete der Blockchain-Technologie in einem Kreditinstitut

erst in drei bis fünf Jahren Marktreife erreichen wird (vgl. Capgemini Consulting 2016; McKinsey 2017). Nachdem also die Frage beantwortet wurde, in welchen Anwendungsbereichen die Blockchain einen Mehrwert generieren könnte, stellt sich die Frage, ob ein Kreditinstitut seine Investitionen als First Mover, Fast Follower oder doch besser in eine bereits marktreife Technologie tätigt.

3.4.2 Status quo der Blockchain-Technologie in der deutschen Kreditwirtschaft

Die inflationäre Benutzung des Begriffs der disruptiven Technologie führte letztlich dazu, dass sich nur noch wenige Autoren mit seiner ursprünglichen Bedeutung auseinandersetzen (vgl. Christensen et al. 2015). Disruptive Technologien sind von kleineren Marktteilnehmern entwickelte und auf wenig rentable oder neue Märkte zielende Produkte oder Dienstleistungen, die der dortigen Klientel einen zusätzlichen Nutzen stiften. Diese ermöglichen dem kleinen Unternehmen zunächst den Eintritt in einen von großen Marktteilnehmern beherrschten, jedoch aufgrund der geringen Profitabilität nicht intensiv bearbeitetes Marktsegment. Disruption beschreibt die anschließende Bewegung der neuen Technologie in Richtung Mainstream und die damit zusammenhängende Verschiebung der Machtverhältnisse zu Lasten dieser etablierten Marktteilnehmer. Disruption ist grundsätzlich aber auch durch große Unternehmen möglich, die den gleichen Ansatz beispielsweise durch unabhängige Business Units oder Innovation Labs verfolgen können (vgl. Bower und Christensen 1995; Christensen et al. 2015).

Projiziert auf die Finanzdienstleistungsindustrie und die Blockchain-Technologie, kann die disruptive Innovation also sowohl aus der FinTech-Branche als auch von den etablierten Großbanken kommen, die ihre unrentablen Produkte revolutionieren oder gänzlich neue Märkte erschließen wollen. Ein neuer Markt kann im Firmenkundengeschäft beispielsweise auch die Bereitstellung von Trade-Finance-Produkten für kleinere Geschäftskunden sein, die sich diese Dienstleistungen bisher nicht leisten konnten (vgl. Backhaus 2017b). Gleichwohl zeigt Abb. 3.3 einige Anwendungsfelder, bei denen zwar von Innovation, jedoch nicht von Disruption gesprochen werden kann (z. B. Know-Your-Customer- oder regulatorische Prozesse).

Die Begriffe Disruption und Innovation gehen nicht zwangsläufig mit dem Begriff Erfolg einher. Themen wie die Skalierbarkeit der komplexen Technologie, regulatorische und rechtliche Herausforderungen, die Bereitstellung notwendiger Ressourcen sowie teilweise auch ein kulturelles Umdenken stellen die Grundlagen für einen erfolgreichen technologischen Wandel dar (vgl. Roland Berger 2017). Das aus Sicht der Autoren wichtigste Kriterium ist jedoch die Interoperabilität der unterschiedlichen Blockchains und zwar nicht nur untereinander, sondern auch in der Kommunikation mit bestehenden IT-Systemen. Das aktive Management dieser Herausforderung verhindert einerseits Insellösungen, die nur von bestimmten Marktteilnehmern genutzt werden, ermöglicht andererseits auch die kontinuierliche Migration weiterer Teilnehmer und auch bestehender Systeme auf die neue Technologie (vgl. Hileman und Rauchs 2017; Roland Berger 2017).

Zur Bestimmung des technologischen Status quo der Blockchain in der deutschen Finanzdienstleistungsindustrie haben die Autoren eine zweistufige Untersuchung durchgeführt. Im ersten Schritt wurden insgesamt 342 Unternehmen der FinTech-Branche mit Sitz in Deutschland hinsichtlich ihres Bezugs zur Blockchain-Technologie im Geschäftsmodell analysiert. Ein Teil der Daten stammt aus einer Selektion von der Plattform AngelList (2018), die jungen Unternehmen zur Investorensuche dient. Diese nach Bereinigung (z. B. Insolvenz, Geschäftsmodell im anderen Sektor) insgesamt 174 Unternehmen wurden durch 168 ebenfalls bereinigte Unternehmen (z. B. Insolvenz; Sitz im Ausland), die auf dem spezialisierten Blog Paymentandbanking.com (2018a, 2018b) als FinTech-Unternehmen aufgeführt werden, ergänzt. Jeder Web-Auftritt wurde auf den Bezug zur Blockchain-Technologie untersucht. Insgesamt konnten 32 Unternehmen und damit nur rund 9,4 % mit einer Spezialisierung auf die Blockchain identifiziert werden. Davon haben rund 47 % einen Geschäftsfokus auf Kryptowährungen (z. B. Wallets, eigene Token, Handelsplattformen), rund 19 % bieten nicht spezifizierte Plattformlösungen für die Finanzdienstleistungsindustrie und jeweils rund neun Prozent bieten Lösungen im Bereich der Legitimation und des Zahlungsverkehrs. Jeweils ein Anbieter hat sich auf die Themen Versicherung, Crowdfunding, Asset-Management, Trade Finance und Consulting spezialisiert. Abb. 3.4 veranschaulicht die Ergebnisse.

Im zweiten Schritt wurden die Presseveröffentlichungen der an der Bilanzsumme gemessen zehn größten Banken Deutschlands (vgl. die bank 2017) nach dem Stichwort Blockchain durchsucht, um konkrete Projekte in der Umsetzung zu identifizieren. Es zeigt sich, dass insbesondere der Privatbankensektor dem Thema Blockchain einen strategisch hohen Stellenwert beimisst. So können die Deutsche Bank, die Commerzbank, die Uni-Credit und die ING-DiBa bereits mehrere Projekte aufzeigen, die sich in oder kurz vor der Markteinführung befinden. Aber auch die KfW, die DZ Bank sowie die Landesbanken haben mit konkreten Projekten bereits erste Erfahrungen mit der Blockchain-Technologie gesammelt, sodass auch im Genossenschaftssektor und bei den öffentlich-rechtlichen Instituten das Thema über eine strategische Wahrnehmung verfügt (vgl. exemplarisch Kebbel 2017).

Die Analyse zeigt auch, dass die Themen Zahlungsverkehr und Trade Finance im Fokus der technologischen Initiativen stehen. Darüber hinaus ist hervorzuheben, dass viele

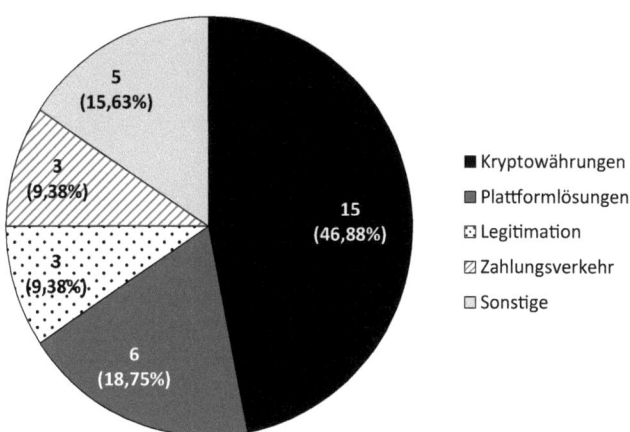

Abb. 3.4 Geschäftsfokus der deutschen FinTechs mit Blockchain-Bezug, n = 32. (Quelle: Auf Basis der Daten aus AngelList 2018; Paymentandbanking.com 2018a, 2018b)

Tab. 3.3 Blockchain-Projekte der zehn größten deutschen Banken (Größen entnommen aus die bank 2017) per Ende Januar 2018. (Quelle: auf Basis der angeführten Quellen)

Bank	Anwendungsbereich	Projektname	Projektstatus	IT Partner	Quelle
Deutsche Bank AG	Legitimation	Know Your Customer	Vorbereitung Testphase	IBM	Deutsche Bank 2017a
	Interbanken-Kontoführung	SWIFT GPI	Live	Hyperledger	Deutsche Bank 2017b
	Interbanken-Zahlungsverkehr	Utility Settlement Coin	Testphase	Clearmatics	Deutsche Bank 2016
	Trade Finance	we.trade	Testphase abgeschlossen	IBM	We.Trade 2017
DZ Bank AG	Zahlungsverkehr	Cross-Border-Payments	Testphase	Ripple Labs	DZ Bank 2016
KfW	Kreditgeschäft	Emission Commercial Paper	Testphase	R3 Corda	KfW 2017a
	Verwaltung von öffentlichen Fördermitteln	TruBudget	Testphase	Digital Office KfW	KfW 2017b
Commerzbank AG	Trade Finance	Batavaria	Vorbereitung Testphase	IBM	Commerzbank 2017
	Trade Finance	Open Account Trade Finance Network	Testphase	R3 Corda TradeIX	R3 2017
	Kreditgeschäft	Emission Commercial Paper	Testphase	R3 Corda	KfW 2017a
	Interbanken-Kontoführung	SWIFT GPI	Testphase	Hyperledger	SWIFT 2018
UniCredit	Zahlungsverkehr	Cross-Border-Payments	Testphase	Ripple Labs	Ripple 2018
Bank AG	Interbanken-Kontoführung	SWIFT GPI	Live	Hyperledger	SWIFT 2018
	Trade Finance	we.trade	Testphase abgeschlossen	IBM	We.Trade 2017

Tab. 3.3 (Fortsetzung)

Bank	Anwendungsbereich	Projektname	Projektstatus	IT Partner	Quelle
LBBW	Kreditgeschäft	Emission Schuldschein	Testphase	Targens (LBBW)	LBBW 2017
Bayern LB	Interbanken-Kontoführung	SWIFT GPI	Testphase	Hyperledger	SWIFT 2018
Helaba	Interbanken-Kontoführung	SWIFT GPI	Testphase	Hyperledger	SWIFT 2018
Nord LB	Trade Finance	Workflow Akkreditiv-Abwicklung	Testphase	Fraunhofer FIT	Fridgen et al. 2017
ING-DiBa AG	Trading	Energy Commodities	Testphase	ETC	ING 2017a
	Trade Finance	Agricultural Commodities	Testphase	ETC	ING 2018
	Trade Finance	Open Account Trade Finance Network	Testphase	R3 Corda TradeIX	R3 2017
	Blockchain Infrastruktur	Zero-Knowledge-Range-Proof	Live	ING	ING 2017b
	Interbanken-Kontoführung	SWIFT GPI	Live	Hyperledger	SWIFT 2018

Lösungen auf Open-Source-Plattformen entwickelt werden, an die teilweise auch bereits große Bankenkonsortien angeschlossen sind. So können R3 Corda über 100, Hyperledger über 180 und Ripple Labs 35 Partner aus der Industrie und dem Bankensektor vorweisen (vgl. Hyperledger 2018; R3 2018; Ripple 2018). Hinzu kommt ein Projekt von SWIFT, welches aktuell über 145 Partnerbanken umfasst, von denen bereits 38 die Technologie im Live-Betrieb nutzen. Dies stellt eine gute Grundlage dar, um die Herausforderung der Interoperabilität für künftige Anwendungen lösen zu können (vgl. SWIFT 2018). Tab. 3.3 kumuliert die Untersuchungsergebnisse.

Aus den beiden Studien bleibt festzuhalten, dass sich mit Blick auf die eruierten Relationen sowohl die deutsche FinTech-Branche als auch der Bankensektor noch in einer sehr frühen Phase befinden, was die Implementierung der Blockchain-Technologie betrifft. Neben einigen Nischenlösungen konnten sich jedoch bereits einige Plattformen durch ein breites Partnernetzwerk strategisch positionieren, sodass die Durchsetzungskraft der Technologie zumindest in den benannten Themenfeldern als gegeben erscheint.

3.4.3 Chancen und Risiken bei der Anwendung der Technologie

Zeit- und Kostenersparnisse stellen aus Sicht der Autoren die wichtigsten Treiber für die Implementierung der Blockchain-Technologie dar. Die Chance, die Ressourcenbindung deutlich zu reduzieren und mit den geringeren Produktionskosten bzw. Verkaufspreisen auch neue Märkte zu erschließen, spiegelt sich in dem Bestreben der Marktteilnehmer wider, sich mit konkreten Projekten als First Mover zu positionieren. Die dabei gegründeten internationalen Bankenkonsortien zeigen auch, dass dieses Thema nicht nur für den deutschen Bankensektor eine hohe Relevanz hat, sondern auch das Top-Management von weiteren global agierenden Finanzdienstleistern beschäftigt. Gleichwohl werden sich die Chancen nicht innerhalb kürzester Zeit realisieren lassen, da Test- und Implementierungsphasen und damit unweigerlich Investitionen notwendig sind, um die Marktreife der Blockchain-Lösungen zu erreichen.

Die Anwendung der Blockchain-Technologie birgt jedoch auch Risiken. Die beiden in der Technik begründeten Themen sind dabei der Datenschutz und die Rechtssicherheit. Während durch die verteilte Datenbank der Single-Point-of-Failure eliminiert wird, werden mit Blick auf den Datenschutz gleichzeitig Multiple-Points-of-Failure geschaffen. Musste die Bank bisher nur ihre eigene Infrastruktur gegen Angriffe von außen abschirmen, ist es bei der Blockchain-Technologie, auch in einem privaten Netzwerk, an allen Speicherorten der Datenbank notwendig. Der von der ING entwickelte Zero-Knowledge-Range-Proof (vgl. ING 2017b) stellt hierbei einen möglichen Ansatz zur Problemlösung dar. Das Thema Rechtssicherheit ist darin begründet, dass komplexe Verträge sich nur sehr umständlich durch Smart Contracts darstellen lassen und deren Beweiskraft vor Gericht (insb. bei Privatkunden) zumindest mit einem Fragezeichen versehen werden muss (vgl. Capgemini Consulting 2016). Das dritte Risiko ist die bereits diskutierte Interoperabilität. Sowohl die gleichzeitig laufenden Projekte mehrerer Konsortien als auch die bisherige Zu-

Tab. 3.4 Chancen und Risiken der Blockchain-Technologie

Chancen	Risiken
Zeitersparnisse durch transparente und sichere Konsensmechanismen	Erhöhtes Risiko beim Datenschutz durch verteilte Datenbanken
Kostenersparnisse durch hohen Grad an Automatisierung (z. B. Smart Contracts)	Rechtliche Risiken aus der Anwendung von Smart Contracts (insb. Beweiskraft bei Privatkunden)
Erschließung neuer Märkte durch Veränderung der Produktionskosten und damit auch der möglichen Angebotspreise	Mögliche Sunk Costs durch fehlende Interoperabilität (z. B. bei Durchsetzung eines anderen Anbieters oder bei abweichenden regulatorischen Vorgaben)

rückhaltung der Regulatorik beim Thema Blockchain und Smart Contracts können bereits getätigte und anstehende Investitionen gefährden. Die Partizipation an großen Konsortien stellt einen möglichen Lösungsansatz für dieses Risiko dar.

Tab. 3.4 veranschaulicht die aus Sicht der Autoren wichtigsten Chancen und Risiken, die aus der Anwendung der Technologie resultieren.

3.5 Fazit und Ausblick auf die Zukunft

Werden die Ergebnisse dieses Beitrags im Kontext längerer Zeitzyklen betrachtet, so lässt sich konstatieren, dass es schon immer Megatrends gab, die die Bankenbranche vermeintlich in ihren Grundfesten erschüttern sollten. Nicht alle diese Trends sind in der Härte eingetreten, in der sie prognostiziert worden sind. Als erstes Beispiel kann das Online-Banking genannt werden. Auch wenn hierüber einige Prozesse vom stationären in den medialen Vertriebskanal transformiert wurden, ist der persönliche Kontakt zum Kunden nach wie vor wichtig. Als zweites Beispiel sind die Direktbanken zu nennen, denen nachgesagt wurde, die traditionellen stationären Banken zu verdrängen. Auch wenn diese mittlerweile durchaus spürbare Marktanteile gewonnen haben, konnten sie die bisherigen Marktführer, die Sparkassen, nicht wie prognostiziert vom Markt verdrängen.

Bei der Blockchain-Technologie gestaltet sich dies nach Auffassung der Autoren jedoch etwas anders. Dieser Megatrend kann durchaus als Beschleuniger für die Veränderung im Bankenbereich bezeichnet werden, da die Technologie mehrere Eigenschaften aufweist, die bisherige Megatrends nicht hatten. Tab. 3.5 verdeutlicht dies.

Banken haben den Trend zwar erkannt und versuchen, sich mit ersten kleinen Schritten in die neue Welt zu wagen. Ob dies bei der veralteten IT mit der notwendigen Geschwindigkeit und Qualität möglich sein wird, ist aus Sicht der Autoren äußerst fraglich. Gleichzeitig muss in Frage gestellt werden, ob in Zukunft wirklich alle möglichen Aspekte der Blockchain-Technologie nachhaltig umgesetzt werden. Das Risiko, an manchen Stellen auf strategisch falsche Projekte zu setzen, ist durchaus vorhanden.

Tab. 3.5 Besonderheiten bzw. Alleinstellungsmerkmale der Blockchain-Technologie

Aspekt	Erläuterung
Sicherheit	Die Blockchain-Technologie ist nach aktuellem Stand der Technik absolut sicher. Dies wurde bisher den Banken zugeschrieben, doch selbst deren als sicher geltendes System SWIFT unterliegt laut Handelsblatt (2016) Hackerangriffen, die sogar erfolgreich zu sein scheinen.
Zahlungsmittel und Zahlungsverkehr	Bei der Blockchain-Technologie handelt es sich um den ersten Trend, der auch ein Surrogat für Zahlungsmittel darstellen kann. Venezuela hat bereits als erstes Land eine Kryptowährung aufgelegt (Salzburger Nachrichten 2017). Damit wird in die Kernkompetenz einer Bank, die Geldversorgung und den Zahlungsverkehr, eingegriffen.
Kernprozesse	Dies führt zur nächsten Besonderheit: Die Technologie greift in alle Kernkompetenzen und Kernprozesse einer Bank ein, da sie in allen Teilen der Wertschöpfungskette einer Bank eingesetzt werden kann. Letztlich können große Teile der bisherigen Infrastruktur einer Bank hierdurch überflüssig werden.
Mangelnde Regulierung	Die Entwicklung der Blockchain-Technologie und auch der Kryptowährungen ist nicht Gegenstand der Bankenregulierung (vgl. Handelsblatt 2018). Hierdurch können FinTechs deutlich leichter und vor allem schneller als der überregulierte Bankensektor Dinge entwickeln und implementieren. Dass Aspekte, die Kernbereiche des Bankings betreffen – Zahlungsverkehr, Währungen und Sicherheit –, nicht durch die Aufsicht behandelt werden, ist erstmals bei diesem Megatrend klar zu erkennen.

Gleichwohl ist die intensive Beschäftigung mit der neuen Technologie alternativlos. Auch die Bankenaufsicht fordert dies indirekt, da Strategien der Institute immer auch die Analyse der externen Einflussfaktoren beinhalten. Sich diesem Trend zu verschließen, wäre aus Sicht des Geschäftsleiters einer Bank nahezu grob fahrlässig.

Die strategischen Optionen zum Umgang mit der Blockchain-Technologie sind vielfältig. Dies kann entweder über Eigenentwicklung, Kooperation oder auch Übernahme derjenigen FinTechs funktionieren, die sich als die besten ihrer Branche herauskristallisieren. Klar ist zudem auch, dass sich das Profil der Mitarbeiter einer Bank deutlich ändern wird. Letztlich wird die Kernkompetenz vieler Banker in naher Zukunft stark auf IT-Aspekte bauen. Prozesse und Systeme werden sich signifikant ändern.

Der Bankenbranche bleibt wenig Zeit. Zum einen nagt das Niedrigzinsniveau an den Erträgen, zum anderen ist die IT aktuell an vielen Stellen veraltet. Beide Aspekte sind Katalysatoren, die das Versagen mancher Geschäftsmodelle offenbaren. Ein Festhalten an tradierten Kernkompetenzen wird hier nicht helfen. Vielmehr sollten die Banken versuchen, die neue Technologie in ihre Strategien zu integrieren und beispielsweise aussichtsreiche FinTechs zu übernehmen. Reserven und Liquidität sind hierzu in ausreichendem Maß vorhanden. Aus Sicht der Autoren wird es denjenigen Banken gelingen zu überleben, die sich an die Spitze der Innovation stellen und ihr Geschäftsmodell nachhaltig transformieren werden.

3.6 Zusammenfassung

Die Blockchain-Technologie ist dabei, die Bankenwelt zu revolutionieren. Noch nie gab es eine Technologie, die so stark in die Kernprozesse und Wertschöpfungsketten einer Bank eingreift. Die Alleinstellungsmerkmale der Blockchain-Technologie werden im Beitrag umfassend beschrieben.

Strategisch und auch operativ haben sich deutsche Institute erst recht wenig mit dieser Technologie befasst, auch wenn aufsichtsrechtliche Vorgaben es inhärent fordern, dass externe Einflussfaktoren in die Strategie integriert werden. Folglich gilt es, die Geschäftsstrategie einer Bank auf die neue Technologie auszurichten und operativ die im Beitrag beschriebenen Einsatzmöglichkeiten zu analysieren und bei Bedarf umzusetzen.

Positiv ist zu erwähnen, dass sich die zehn größten Institute bereits an einigen Stellen mit der Blockchain-Technologie beschäftigen und erste Erfolge zu verzeichnen haben.

Letztlich werden die Institute überleben, die es rechtzeitig schaffen, ihre Strategie und ihr Geschäftsmodell adäquat zu transformieren und sich die neue Technologie zunutze zu machen.

Literaturverzeichnis

AngelList (2018). All companies. https://angel.co/companies. Zugegriffen: 8. Febr. 2018.
AXA (2017). AXA goes blockchain with fizzy. https://www.axa.com/en/newsroom/news/axa-goes-blockchain-with-fizzy. Zugegriffen: 8. Febr. 2018.
Backhaus, D. (2017a). Banken bauen Plattform für Konsortialkredite. *Der Treasurer*, *20/2017*, 2.
Backhaus, D. (2017b). Blockchain-Plattform für Trade Finance soll im Dezember starten. https://www.dertreasurer.de/news/finanzen-bilanzen/blockchain-plattform-fuer-trade-finance-soll-im-dezember-starten-59421/. Zugegriffen: 8. Febr. 2018.
Backovic, L., Dörner, A., Mallien, J., Scheuer, S., Weddeling, B., & Wiebe, F. (2017). Neue Währung im Zwielicht. *Handelsblatt*, *2017*(237), 52–57.
BaFin (2017). Rundschreiben 09/2017 (BA) vom 27.10.2017, Anl. 1: Erläuterungen zu den MaRisk in der Fassung vom 27.10.2017. https://www.bafin.de/SharedDocs/Downloads/DE/Rundschreiben/dl_rs0917_marisk_Endfassung_2017_pdf_ba.pdf?__blob=publicationFile&v=5. Zugegriffen: 11. Febr. 2018.
Berger, R. (2017). Think:Act – Blockchain: Unlocking the potential. https://www.rolandberger.com/publications/publication_pdf/roland_berger_blockchain_final.pdf. Zugegriffen: 8. Febr. 2018.
Bolesch, L., & Mitschele, A. (2016). Revolution oder Evolution? Funktionsweise, Herausforderungen und Potenziale der Blockchain-Technologie. *Zeitschrift für das gesamte Kreditwesen*, *22/2016*, 1125–1129.
Bower, J. L., & Christensen, C. M. (1995). Disruptive technologies: catching the wave. *Harvard Business Review*, *73*(1), 43–53.
Capgemini Consulting (2016). Smart contracts in financial services: getting from hype to reality. https://www.capgemini.com/consulting/wp-content/uploads/sites/30/2017/07/smart-contracts.pdf. Zugegriffen: 8. Febr. 2018.
Christensen, C. M., Raynor, M., & McDonald, R. (2015). What is disruptive innovation? *Harvard Business Review*, *93*(12), 44–53.

CoinMarketCap (2018). Cryptocurrency market capitalizations. https://coinmarketcap.com/all/views/all/. Zugegriffen: 8. Febr. 2018.

Commerzbank (2017). Bank of Montreal, CaixaBank, Commerzbank, Erste Group, IBM und UBS kooperieren, um eine offene, Blockchain-basierte Handelsfinanzierungsplattform voranzutreiben. https://www.commerzbank.de/de/hauptnavigation/presse/pressemitteilungen/archiv1/2017/4__quartal_2017/presse_archiv_detail_17_04_69130.html. Zugegriffen: 8. Febr. 2018.

Deloitte (2016a). Israel: A Hotspot for Blockchain Innovation. https://www2.deloitte.com/content/dam/Deloitte/il/Documents/financial-services/israel_a_hotspot_for_blockchain_innovation_feb2016_1.1.pdf. Zugegriffen: 8. Febr. 2018.

Deloitte (2016b). Blockchain Technology – A game-changer in accounting? https://www2.deloitte.com/content/dam/Deloitte/de/Documents/Innovation/Blockchain_A%20game-changer%20in%20accounting.pdf. Zugegriffen: 8. Febr. 2018.

Dentz, M., & Paulus, S. (2017). Der Blockchain-Deal. *Der Treasurer*, *03/2017*, 8–12.

Deutsche Bank (2016). Utility Settlement Coin concept on blockchain gathers pace. https://www.db.com/newsroom_news/2016/medien/utility-settlement-coin-concept-on-blockchain-gathers-pace-en-11661.htm. Zugegriffen: 8. Febr. 2018.

Deutsche Bank (2017a). Deutsche Bank entwickelt mit IBM neue Blockchain-basierte KYC-Plattform. https://www.db.com/newsroom_news/2017/deutsche-bank-entwickelt-mit-ibm-neue-blockchain-basierte-kyc-plattform-de-11726.htm. Zugegriffen: 8. Febr. 2018.

Deutsche Bank (2017b). Deutsche Bank to go live with gpi services. https://www.db.com/newsroom_news/2017/deutsche-bank-to-go-live-with-gpi-services-en-11715.htm. Zugegriffen: 8. Febr. 2018.

Deutsche Bundesbank (2016). Bankstellenbericht 2016. Entwicklung des Bankstellennetzes im Jahr 2016. https://www.bundesbank.de/Redaktion/DE/Downloads/Aufgaben/Bankenaufsicht/Bankstellenstatistik/bankstellenbericht_2016.pdf?__blob=publicationFile. Zugegriffen: 11. Febr. 2018.

Deutsche Bundesbank/BaFin (2017). Ergebnisse der Niedrigzinsumfeldumfrage, Pressekonferenz 30. August 2017. https://www.bafin.de/SharedDocs/Downloads/DE/Anlage/dl_pm_170830_niedrigzins_anlage.pdf?__blob=publicationFile&v=1. Zugegriffen: 11. Febr. 2018.

die bank (2017). Top-100 der deutschen Banken nach der Bilanzsumme in den Geschäftsjahren 2015 und 2016. In Statista – Das Statistik-Portal. https://de.statista.com/statistik/daten/studie/157580/umfrage/bilanzsumme-der-groessten-banken-in-deutschland/. Zugegriffen: 8. Febr. 2018.

Dombret, A., & Röseler, R. (2015). Ertragslage und Widerstandsfähigkeit deutscher Kreditinstitute im Niedrigzinsumfeld, Pressegespräch mit A. Dombret und R. Röseler am 18. September 2015. http://www.bafin.de/SharedDocs/Downloads/DE/Rede_Vortrag/dl_150918_pk_niedrigzinsumfeld_bbk_bafin.pdf?__blob=publicationFile&v=5. Zugegriffen: 11. Febr. 2018.

Dörner, A., Holtermann, F., & Mallien, J. (2018). Regulierer gegen Bitcoin. *Handelsblatt*, *027*, 34–35 (vom 07.02.2018).

Drescher, D. (2017). *Blockchain basics: a non-technical introduction in 25 steps*. Frankfurt am Main: Apress.

DZ Bank (2016). Reisebank mit Ripple: In acht Sekunden über den Atlantik. https://innovationsblog.dzbank.de/2016/09/19/reisebank-mit-ripple-in-acht-sekunden-ueber-den-atlantik/. Zugegriffen: 8. Febr. 2018.

EBA (2014). EBA/GL/2014/13 – Leitlinien zu gemeinsamen Verfahren und Methoden für den aufsichtlichen Überprüfungs- und Bewertungsprozess (SREP) vom 19. Dezember 2014. https://www.eba.europa.eu/documents/10180/1051392/EBA-GL-2014-13+GL+on+Pillar+2+(SREP)%20-+DE.pdf/5d63aad3-5b03-4301-b1c9-174e3670ad66. Zugegriffen: 11. Febr. 2018.

Ehrsam, W. F., Meyer, C. H. W., Smith, J. L., & Tuchman, W. L. (1976). Message verification and transmission error detection by block chaining – Patent US 4074066 A. https://www.google.com/patents/US4074066. Zugegriffen: 8. Febr. 2018.

European Payments Council (2017). SEPA instant credit transfer rulebook. https://www.europeanpaymentscouncil.eu/what-we-do/sepa-instant-credit-transfer/sepa-instant-credit-transfer-rulebook. Zugegriffen: 8. Febr. 2018.

Exner, T., & Zschäpitz, H. (2016). Postbank-Chef stellt kostenloses Girokonto infrage. Welt, 17.04.2016. https://www.welt.de/wirtschaft/article154425710/Postbank-Chef-stellt-kostenloses-Girokonto-infrage.html. Zugegriffen: 11. Febr. 2018.

Fridgen, G., Sablowsky, B., & Urbach, N. (2017). Implementation of a Blockchain Workflow Management. *ERCIM News*, *110*(2017), 19–20.

Glaser, F., & Bezzenberger, L. (2015). Beyond Cryptocurrencies – A taxonomy of decentralized consensus systems. 23rd European conference on information systems (ECIS), Münster, Germany, 2015. https://ssrn.com/abstract=2605803. Zugegriffen: 8. Febr. 2018.

Google Trends (2018). Google Trends der vergangenen 5 Jahre mit Suchbegriff: Blockchain. https://trends.google.de/trends/explore?date=today%205-y&geo=DE&q=blockchain. Zugegriffen: 8. Febr. 2018.

Handelsblatt (2016). Hacker waren im Zahlungssystem Swift unterwegs. Handelsblatt vom 26.04.2016. http://www.handelsblatt.com/technik/it-internet/cyberkriminalitaet-hacker-waren-im-zahlungssystem-swift-unterwegs/13503634.html. Zugegriffen: 25. Febr. 2018.

Handelsblatt (2018). „Bitcoin-Regulierung ist nicht die Verantwortung der EZB" EZB-Präsident Draghi weist eine Regulierung der Kryptowährung Bitcoin durch die Zentralbank ab. Die Technologie hält er aber für vielversprechend. Handelsblatt vom 13.02.2018. http://www.handelsblatt.com/finanzen/maerkte/devisen-rohstoffe/ezb-praesident-mario-draghi-bitcoin-regulierung-ist-nicht-die-verantwortung-der-ezb/20957754.html. Zugegriffen: 25. Febr. 2018.

Hildner, A., & Danzmann, M. (2017). Blockchain-Anwendungen für die Unternehmensfinanzierung. *Corporate Finance*, *11–12/2017*, 385–390.

Hileman, G., & Rauchs, M. (2017). Global Blockchain benchmarking study. https://ssrn.com/abstract=3040224. Zugegriffen: 8. Febr. 2018.

Hölmer, M., & Riesack, T. (2018). Mit RegTechs Neuerungen effektiv umsetzen. *Die Bank*, *02/2018*, 54–57.

Hyperledger (2018). Members. https://www.hyperledger.org/members. Zugegriffen: 8. Febr. 2018.

ING (2017a). ING joins forces on blockchain-based platform for energy commodities sector. https://www.ing.com/Newsroom/All-news/ING-joins-forces-on-blockchain-based-platform-for-energy-commodities-sector.htm. Zugegriffen: 8. Febr. 2018.

ING (2017b). ING launches Zero-Knowledge Range Proof solution, a major addition to blockchain technology. https://www.ingwb.com/themes/blockchain-articles/ing-launches-major-addition-to-blockchain-technology. Zugegriffen: 8. Febr. 2018.

ING (2018). Bringing blockchain to agricultural commodity trade. https://www.ing.com/Newsroom/All-news/Bringing-blockchain-to-agricultural-commodity-trade.htm. Zugegriffen: 8. Febr. 2018.

Jentzsch, C. (2016). Decentralized autonomous organization to automate governance. White paper. https://download.slock.it/public/DAO/WhitePaper.pdf. Zugegriffen: 8. Febr. 2018.

Jung, R., & Plazibat, A. (2017). Blockchain. *Controlling – Zeitschrift für erfolgsorientierte Unternehmenssteuerung*, *29*, 46–51. Sonderausgabe September 2017.

Kebbel, G. (2017). Die Digitale Agenda der Helaba. https://www.adesso.de/adesso/adesso-de/branchen/banken-finanzdienstleister/sonderthemen/2017-08-24-forum-banken/01-handout-kebbel-freigegeben.pdf. Zugegriffen: 8. Febr. 2018.

KfW (2017a). Commerzbank, KfW und MEAG simulieren Wertpapiertransaktion über Blockchain. https://www.kfw.de/KfW-Konzern/Newsroom/Aktuelles/Pressemitteilungen/Pressemitteilungen-Details_434560.html. Zugegriffen: 8. Febr. 2018.

KfW (2017b). Blockchain macht Entwicklungszusammenarbeit wirksamer. https://www.kfw.de/KfW-Konzern/Newsroom/Aktuelles/Pressemitteilungen/Pressemitteilungen-Details_426112.html. Zugegriffen: 8. Febr. 2018.

Kotas, C. (2018). Kryptowährungen als Digital Assets – eine Zwischenbilanz. *Zeitschrift für das gesamte Kreditwesen, 02/2018*, 78–82.

KWG (2017). Kreditwesengesetz in der Fassung der Bekanntmachung vom 9. September 1998 (BGBl. I S. 2776), das zuletzt durch Artikel 14 Absatz 2 des Gesetzes vom 17. Juli 2017 (BGBl. I S. 2446) geändert worden ist.

LBBW (2017). Daimler und LBBW setzen erfolgreich Blockchain bei Schuldschein-Transaktion ein. https://www.lbbw.de/mm/media/presse/lbbw_presse/2017/20170627_LBBW_Presseinformation_Daimler_und_LBBW_setzen_erfolgreich_Blockchain_bei_Schuldschein-Transaktion_ein.pdf. Zugegriffen: 8. Febr. 2018.

McKinsey (2017). Blockchain technology in the insurance sector. https://www.treasury.gov/initiatives/fio/Documents/McKinsey_FACI_Blockchain_in_Insurance.pdf. Zugegriffen: 8. Febr. 2018.

Mehring, A., & Backhaus, D. (2017). Trade Finance: Konkurrenz für Blockchain-Plattform formiert sich. https://www.dertreasurer.de/news/finanzen-bilanzen/trade-finance-konkurrenz-fuer-blockchain-plattform-formiert-sich-59931/. Zugegriffen: 8. Febr. 2018.

Morrison, A. (2016). How smart contracts automate digital business. http://usblogs.pwc.com/emerging-technology/how-smart-contracts-automate-digital-business/. Zugegriffen: 8. Febr. 2018.

Müller, D. (2018). Zentralverwahrer starten Blockchain-Kooperation. *Börsen-Zeitung, 11/2018*, 3.

Nakamoto, S. (2008). Bitcoin: a Peer-to-Peer electronic cash system. https://bitcoin.org/bitcoin.pdf. Zugegriffen: 8. Febr. 2018.

Paymentandbanking.com (2018a). German FinTech overview. https://paymentandbanking.com/german-fintech-overview-unbundling-banks/. Zugegriffen: 8. Febr. 2018.

Paymentandbanking.com (2018b). DLT / Blockchain / Crypto Overview DACH. https://paymentandbanking.com/infografik-dlt-blockchain-crypto-overview-dach/. Zugegriffen: 8. Febr. 2018.

PwC (2016). Blockchain – an opportunity for energy producers and consumers? https://www.pwc.com/gx/en/industries/assets/pwc-blockchain-opportunity-for-energy-producers-and-consumers.pdf. Zugegriffen: 8. Febr. 2018.

PwC (2017). PwC Survey: Blockchain in Financial Services. https://www.pwc.de/de/finanzdienstleistungen/blockchain-in-financial-services.pdf. Zugegriffen: 8. Febr. 2018.

R3 (2017). R3 and TradeIX develop open account trade finance DLT business network. https://www.r3.com/blog/2017/09/26/r3-and-tradeix-develop-open-account-trade-finance-dlt-business-network/. Zugegriffen: 8. Febr. 2018.

R3 (2018). About. https://www.r3.com/about/. Zugegriffen: 8. Febr. 2018.

Reuse, S. (2018). Nachhaltigkeit der Geschäftsmodelle von Banken und Sparkassen im Kontext von Niedrigzinsen und SREP. In A. Michalke, M. Rambke & S. Zeranski (Hrsg.), *Vernetztes Risiko- und Nachhaltigkeitsmanagement – Erfolgreiche Navigation durch die Komplexität und Dynamik des Risikos* (S. 147–164). Wiesbaden: Springer Gabler.

Reuse, S., & Frère, E. (2017). Anforderungen an den integrierten Datenhaushalt eines Kreditinstitutes im Kontext von BCBS 239 und MaRisk 6.0. In M. Seidel (Hrsg.), *Banking & Innovation 2017 – Ideen und Erfolgskonzepte von Experten für die Praxis* (S. 65–87). Wiesbaden: Springer Gabler.

Ripple (2018). Solutions. https://ripple.com/solutions/. Zugegriffen: 8. Febr. 2018.
Salzburger Nachrichten (2017). Der „Petro" soll Venezuela retten. Mit einer Kryptowährung, die mit Rohstoffreserven des Landes gedeckt ist, will sich Präsident Maduro gegen die Staatspleite stemmen. In: Salzburger Nachrichten, 05.12.2017, S. 12. https://www.stahlstiftung.at/content/download/54880/678422/file/Pressebericht_SN_20171205_SEITE_12_oesterreich.pdf. Zugegriffen: 25. Febr. 2018.
Schäfer, T. (2018). Santander setzt auf digitale Expansion. *Börsen-Zeitung*, *22*, 3 (vom 01.02.2018).
Schlatt, V., Schweizer, A., Urbach, N., & Fridgen, G. (2016). Blockchain: Grundlagen, Anwendungen und Potenziale. https://www.fit.fraunhofer.de/content/dam/fit/de/documents/Blockchain_WhitePaper_Grundlagen-Anwendungen-Potentiale.pdf. Zugegriffen: 8. Febr. 2018.
Schrader, J. (2017). KfW: Blockchain kommt binnen fünf Jahren. *Börsen-Zeitung*, *238*, 3 (vom 12. Dez. 2017).
Sixt, E. (2016). *Bitcoins und andere dezentrale Transaktionssysteme*. Wiesbaden: Springer.
SWIFT (2018). Over 145 global transaction banks signed up. https://www.swift.com/sites/default/files/assets/swift_gpi_members_january_2018.jpg. Zugegriffen: 8. Febr. 2018.
Tapscott, D., & Tapscott, A. (2016). *Blockchain revolution – how the technology behind Bitcoin is changing money, business and the world*. New York: Penguin Ramson House.
Teuteberg, F., & Tönnissen, S. (2017). Blockchains. *WISU – Das Wirtschaftsstudium*, *3/2017*, 286–288.
UBS (2017). Barclays, Credit Suisse, KBC, SIX, Thomson Reuters und UBS arbeiten zusammen, um ein Projekt für den Datenabgleich im Rahmen von MiFID II unter Verwendung von Ethereum Smart Contracts voranzutreiben. https://www.ubs.com/global/en/about_ubs/about_us/news/news.html.html/de/2017/12/11/news-release-MiFID-II. Zugegriffen: 8. Febr. 2018.
Voshmgir, S. (2016). Blockchains, Smart Contracts und das Dezentrale Web. https://www.technologiestiftung-berlin.de/fileadmin/daten/media/publikationen/170130_BlockchainStudie.pdf. Zugegriffen: 8. Febr. 2018.
Walport, M. (2015). Distributed Ledger Technology: beyond block chain. https://www.gov.uk/government/uploads/system/uploads/attachment_data/file/492972/gs-16-1-distributed-ledger-technology.pdf. Zugegriffen: 8. Febr. 2018.
We.Trade (2017). Collaboration in the Financial Sector. https://www.we-trade.com/pdf/datasibos_wetrade_presentation-db776b3070.pdf. Zugegriffen: 8. Febr. 2018.
Wischmeyer, N. (2018). Hauptsache irgendwas mit Krypto. http://www.zeit.de/wirtschaft/geldanlage/2018-01/bitcoin-blockchain-hype-unternehmen-finanzprodukte. Zugegriffen: 8. Febr. 2018.

Prof. Dr. Svend Reuse, MBA, ist Mitglied des Vorstandes der Kreissparkasse Düsseldorf. Zudem fungiert er als Geschäftsführer der S-International Rhein-Ruhr Beteiligungsgesellschaft mbH. Nach diversen Studiengängen an der FOM schloss er 2010 seine berufsbegleitende Promotion an der Masaryk Universität in Brünn mit Auszeichnung ab. Darüber hinaus hat er bereits zahlreiche Fachbücher und -publikationen veröffentlicht und ist Mitglied in diversen Editorial Boards sowie Mitherausgeber von Schriftenreihen. Er doziert seit Jahren in Finance-Fächern an der FOM und ist dort seit November 2016 Honorarprofessor.

Prof. Dr. Dr. habil. Eric Frère ist seit mehr als 20 Jahren selbstständiger Unternehmensberater für Corporate Finance und Asset Management. Darüber hinaus ist er Mitglied einiger Aufsichtsräte und Beiräte. An der FOM Hochschule wurde er 2001 zum Professor berufen und ist seitdem Dekan für BWL II sowie Direktor des isf Institute for Strategic Finance. Er studierte nach seiner Ausbildung zum Bankkaufmann VWL und BWL in Würzburg und Köln, promovierte dann am Lehrstuhl für Wirtschaftspolitik der Ruhr-Universität Bochum und habilitierte an der Westungarischen Universität Sopron. Er arbeitete für Credit Commercial de France, bei Bayer UK und beim Bankhaus Lampe.

Ilja Schaab, M.Sc., ist Key Account Manager bei der Landesbank Baden-Württemberg. Zu seinen Aufgaben bei der Betreuung von Großunternehmen gehört insbesondere die Begleitung von Projekten im Segment Corporate Finance. Sein berufsbegleitendes Bachelorstudium mit dem Schwerpunkt Business Administration sowie das daran anschließende Masterstudium mit dem Schwerpunkt Finance & Accounting absolvierte Ilja Schaab an der FOM Hochschule. In seinen Abschlussarbeiten beschäftigte er sich mit den Themen Unternehmensführung von Mikrofinanz-Institutionen und Bewertung nicht börsennotierter Banken. Seit 2017 promoviert er berufsbegleitend an der Masaryk Universität in Brünn.

Blockchain-Technologie – Funktionsweise und ausgewählte Anwendungsbeispiele in der Finanzindustrie

4

Peter Preuss

4.1 Einleitung

Im Gegensatz zu inkrementellen Innovationen, die eine kontinuierliche Verbesserung existierender Technologien bewirken, werden bei disruptiven Innovationen bestehende Technologien durch etwas Neues ersetzt. Da die ersten Produkte, die aus solchen disruptiven Innovationen entstehen, zunächst nur einen kleinen Kundenkreis ansprechen, werden sie von Marktführern anfangs nicht wahrgenommen oder als irrelevant eingestuft. Dem Nischendasein folgt dann aber häufig ein exponentielles Marktwachstum, und Produkte etablierter Marktteilnehmer werden in relativ kurzer Zeit verdrängt (vgl. Bower und Christensen 1995). Die Blockchain hat das Potenzial zu einer solchen disruptiven Innovation.

Ursprünglich diente die Blockchain als technologische Plattform für die Kryptowährung Bitcoin. Kryptowährungen zeichnen sich dadurch aus, dass Finanztransaktionen direkt zwischen den Transaktionsteilnehmern abgewickelt werden und Geldinstitute, die normalerweise diese Transaktionen verwalten und somit als Intermediäre fungieren, nicht benötigt werden. Stattdessen besitzt jeder Währungsteilnehmer eine vollständige Liste aller Transaktionen. Dieses verteilte Transaktionsbuch bezeichnet man als Blockchain. Mithilfe von kryptografischen Verfahren wird sichergestellt, dass die in dem Transaktionsbuch (vgl. Abb. 4.1) fortlaufend ergänzten Transaktionen unveränderbar bei allen Teilnehmern festgeschrieben werden.

Inzwischen gibt es über 1300 Kryptowährungen (vgl. Polymath o. J.), die mehrheitlich die Blockchain-Technologie als Plattform verwenden. In jüngster Zeit werden auch zahlreiche neue Einsatzmöglichkeiten der Blockchain diskutiert, insbesondere bei solchen Geschäftsmodellen, die den Einsatz von Intermediären erfordern. Diese Intermediäre

---

P. Preuss (✉)
Ludwigshafen, Deutschland
E-Mail: peter.preuss@fom.de

© Springer Fachmedien Wiesbaden GmbH, ein Teil von Springer Nature 2019
M. Seidel (Hrsg.), *Banking & Innovation 2018/2019*, FOM-Edition,
https://doi.org/10.1007/978-3-658-23041-8_4

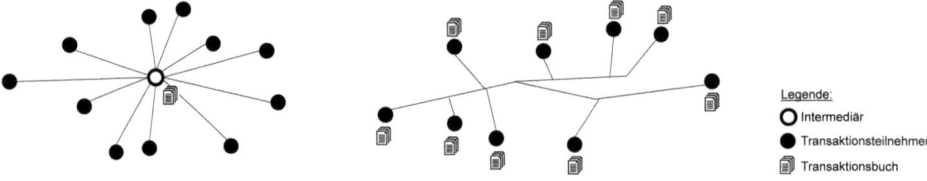

Abb. 4.1 Zentrales versus verteiltes Transaktionsbuch

möchte man durch die Implementierung einer Blockchain-Plattform umgehen und so eine Prozessbeschleunigung und eine Reduktion der Transaktionskosten erreichen (vgl. Tapscott und Tapscott 2016, S. 83 ff.).

Aufgrund der großen Datenmengen, die in der Finanzindustrie verarbeitet werden, und der hohen Anzahl von Intermediären, die bei komplexeren Finanztransaktionen involviert sind, gibt es hier tatsächlich viele Anwendungspotenziale für das digitale Transaktionsbuch (vgl. Kanning 2017). Manche Befürworter der Blockchain-Technologie stellen sogar die Rolle traditioneller Banken gänzlich in Frage. Die Möglichkeiten, die die Blockchain-Technologie bietet, könnten aber auch von den Banken genutzt werden, um bestehende Prozesse zu vereinfachen und so die eigene Marktposition zu stärken.

Im ersten Teil dieses Beitrags wird zunächst die Funktionsweise der Blockchain am Beispiel der Kryptowährung Bitcoin erläutert. Darauf aufbauend werden dann im zweiten Teil ausgewählte Anwendungsbeispiele der Blockchain-Technologie in der Finanzindustrie vorgestellt.

4.2 Funktionsweise der Blockchain-Technologie

4.2.1 Blockchain-Plattformen am Beispiel von Bitcoin

Das Konzept für die digitale Währung Bitcoin wurde 2008 von einer anonymen Person oder Gruppe unter dem Pseudonym Satoshi Nakamoto veröffentlicht. Ein wesentliches Charakteristikum dieser Währung ist, dass sie dezentral zwischen den Währungsteilnehmern über das Internet ausgetauscht wird (vgl. Nakamoto 2018). Bitcoin war nicht die erste digitale Währung, aber es war die erste Währung, bei der sichergestellt war, dass digitales Geld nicht mehrfach ausgegeben werden kann („Double Spending"). Ermöglicht wurde dies durch die Blockchain (vgl. Nakamoto 2018, S. 2).

4.2.1.1 Guthabenverwaltung

Anstelle von Konto- und Transaktionsnummern verwenden die Bitcoin-Teilnehmer Schlüsselpaare aus jeweils einem privaten und einem öffentlichen Schlüssel. Jeder Teilnehmer speichert sein Schlüsselpaar in einem Wallet-Programm. Mit diesem Wallet kann der Anwender jederzeit weitere Schlüsselpaare generieren. Beim privaten Schlüssel handelt es sich um eine zufällige binäre Zahl mit einer Länge von 256 Bit. Der 512 Bit lange öffentliche Schlüssel wird dann mithilfe eines kryptografischen Verfahrens aus dem privaten Schlüssel abgeleitet. Die Bitcoin-Adresse, über die man Bitcoin-Überweisungen empfangen kann, wird über ein weiteres kryptografisches Verfahren aus dem öffentlichen Schlüssel ermittelt. Im Prinzip könnte auch der öffentliche Schlüssel als Bitcoin-Adresse verwendet werden. Um die Lesbarkeit der Adresse für die anderen Teilnehmer zu erhöhen und um zusätzliche Plausibilitätsprüfungen einzubauen, hat man sich dazu entschieden, den öffentlichen Schlüssel auf eine 160 Bit lange Bitcoin-Adresse (27 bis 34 alphanumerischen Zeichen) zu verdichten (vgl. bitcoinwiki 2017; s. auch Abb. 4.2).

Der geheime private Schlüssel ist mit einer Transaktionsnummer (TAN) vergleichbar. Dieser Schlüssel wird benötigt, wenn man selbst Überweisungen erstellen möchte und wenn man auf das Guthaben zugreifen will, das an die eigene Bitcoin-Adresse übertragen wurde.

Möchte ein Netzwerk-Teilnehmer A beispielsweise zehn Bitcoin an die Bitcoin-Adresse des Teilnehmers B überweisen, erstellt A eine entsprechende Transaktion und unterzeichnet diese mit einer digitalen Signatur. Ein digitales Signaturverfahren ist ein sogenanntes asymmetrisches Kryptosystem, mit dem die Urheberschaft (Authentizität des Transaktionserstellers) und die Unveränderlichkeit des Transaktionsinhalts (Integrität der Transaktion) sichergestellt werden. Teilnehmer A ermittelt hierbei für seine Transaktion nach einem allgemein bekannten Verfahren einen Prüfwert fester Länge, den er anschließend mithilfe seines privaten Schlüssels verschlüsselt und gemeinsam mit seinem öffentlichen Schlüssel an die Transaktion anhängt (Abb. 4.3).

Alle Teilnehmer des Bitcoin-Netzwerks, die diese Transaktion empfangen, können sie mithilfe der Signatur und des öffentlichen Schlüssels von A überprüfen. Hierfür müssen sie für die erhaltene Transaktion nach dem gleichen Verfahren den Prüfwert ermitteln, anschließend die Signatur der Transaktion mit dem angehängten öffentlichen Schlüssel von A entschlüsseln und dann den hierin enthaltenen Prüfwert mit ihrem selbst errechneten Prüfwert vergleichen. Sind die beiden Werte identisch, ist sichergestellt, dass die Transaktion von A erstellt wurde (Authentizitätsziel) und dass der Transaktionsinhalt von niemandem verändert wurde (Integritätsziel) (Abb. 4.4).

Abb. 4.2 Bitcoin-Schlüssel. (Quelle: In Anlehnung an StackExchange 2017)

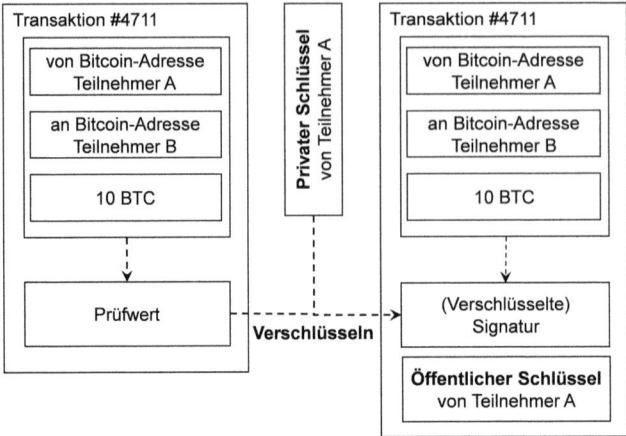

Abb. 4.3 Teilnehmer A signiert Transaktion und verschlüsselt Signatur

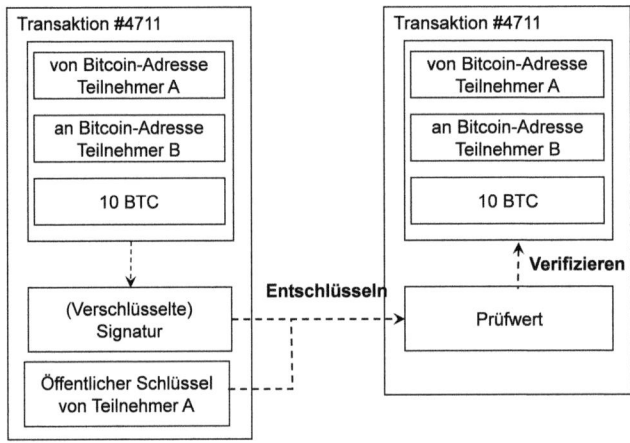

Abb. 4.4 Netzwerk-Teilnehmer entschlüsseln Signatur und verifizieren Transaktion

Für die Ermittlung des Prüfwertes wird das Hashing-Verfahren SHA-256 eingesetzt. Bei diesem kryptografischen Verfahren wird der Inhalt der Bitcoin-Transaktion immer auf einen alphanumerischen Wert mit der fixen Länge 64 Bit abgebildet. Da der Hashwert abhängig vom Inhalt der Transaktion ist, kann die gleiche Signatur nicht für andere Transaktionen wiederverwendet werden. Mit dem gleichen privaten Schlüssel können aber beliebig viele Transaktionen signiert werden.

4.2.1.2 Transaktionen

Wie in Abschn. 4.2.1.1 beschrieben, dient eine Transaktion dazu, Bitcoins zwischen Netzwerk-Teilnehmern zu transferieren. Grundsätzlich besteht eine Transaktion aus Inputs und Outputs. Ein Transaktionsempfänger wird durch einen Output repräsentiert. In der von

4 Blockchain-Technologie

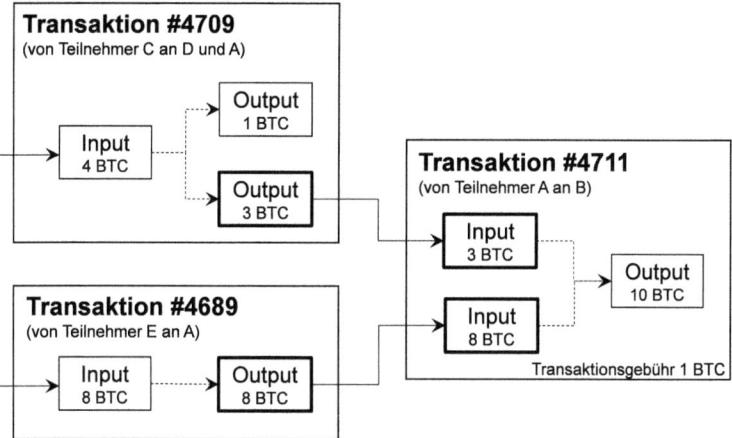

Abb. 4.5 Bitcoin-Transaktionen

Teilnehmer A erstellten Beispieltransaktion gibt es daher einen Output in Höhe von zehn Bitcoin für Teilnehmer B. Die Inputs einer Transaktion referenzieren immer auf Outputs anderer Transaktionen, in denen der Transaktionsersteller als Output verwendet wurde. Die zehn Bitcoin, die Teilnehmer A an B transferiert, könnten beispielsweise aus zwei Transaktionen stammen, in denen Teilnehmer A drei Bitcoin von Teilnehmer C und acht Bitcoin von Teilnehmer E erhalten hat (Abb. 4.5).

Die Summe der Outputs einer Transaktion muss somit immer maximal der Summe ihrer Inputs entsprechen, dadurch ist sichergestellt, dass ein Bitcoin-Teilnehmer nur das Geld ausgeben kann, das er auch besitzt. Ist die Summe der Outputs kleiner, handelt es sich bei dem Differenzbetrag um eine Transaktionsgebühr, die derjenige erhält, der die Transaktion später prüft (vgl. Shirriff 2014). In dem beschriebenen Beispiel beträgt die Transaktionsgebühr ein Bitcoin.

4.2.1.3 Mining

Im klassischen Geldverkehr stellen Banken sicher, dass ein Marktteilnehmer sein Geld nicht mehrfach ausgeben kann. Da es im Bitcoin-Netzwerk keine solchen Intermediäre gibt, kann dieses Double-Spending-Problem letztlich nur gelöst werden, indem alle Netzwerk-Teilnehmer alle Transaktionen kennen und diese Prüfung selbst vornehmen. Wie in der Einleitung beschrieben, haben die Netzwerkteilnehmer daher eine lokale Kopie aller durchgeführten Transaktionen und können diese auch einsehen. Verwenden nun mehrere Transaktionen als Input den gleichen Output einer anderen Transaktion, wird nur die älteste Transaktion für gültig erklärt. Diese Vorgehensweise erfordert, dass sich alle Bitcoin-Teilnehmer auf einen zeitgleichen Transaktionsverlauf einigen. Um diesen zu bekommen, werden die gültigen Transaktionen zu unveränderlichen Blöcken zusammengefasst. Bevor neue Transaktionen zu einem Block zusammengefasst werden, muss verifiziert werden, dass deren Signaturen stimmen, die Summen der Outputs nicht größer als die Summen der

Inputs sind und keine Outputs mehrfach als Inputs verwendet wurden. Die Transaktionen, für die diese Bedingungen erfüllt sind, werden in einen Block aufgenommen, alle anderen werden verworfen. Ist eine Transaktion fest einem Block zugeordnet, ist damit nachgewiesen, dass diese Transaktion korrekt ist und dass sie zum Erstellungszeitpunkt des Blocks existiert haben muss. Daher enthält jeder Block einen Zeitstempel (Datum und Uhrzeit bei der Erstellung des Blocks). Ein neuer Transaktionsblock wird immer an das Ende der bereits vorhandenen Blöcke angehängt. So entsteht eine Kette von Transaktionsblöcken, die sogenannte Blockchain. Die Prüfung neuer Transaktionen, deren Bündelung zu einem Block und die Verkettung der Blöcke werden als Mining bezeichnet (vgl. Okupski 2016, S. 36).

Neben den gültigen Transaktionen und einem Zeitstempel enthält jeder Block einen Blockprüfwert, den Prüfwert des vorherigen Blocks in der Kette und eine sogenannte Nonce (vgl. Okupski 2016, S. 5–7; s. Abb. 4.6). Zur Ermittlung der Prüfwerte wird erneut das kryptografische Hashing-Verfahren SHA256 eingesetzt. Hashfunktionen zeichnen sich insbesondere dadurch aus, dass sie nicht umkehrbar sind. Das bedeutet, dass man für einen Datenblock sehr leicht den Hashwert ermitteln kann, es aber nicht möglich ist, aus einem vorgegebenen Hashwert auf den Block zurückzuschließen.

Der errechnete Hashwert eines Blocks muss immer kleiner sein als ein vom Bitcoin-Netzwerk vorgegebener Zielwert. Da bis auf den Nonce-Wert der Blockinhalt vorbestimmt ist, muss der Ersteller des Blocks, Miner genannt, die Nonce so lange ändern, bis sich für den Block ein Hashwert ergibt, der die vorgegebene Bedingung erfüllt (vgl. Okupski 2016, S. 9 f.).

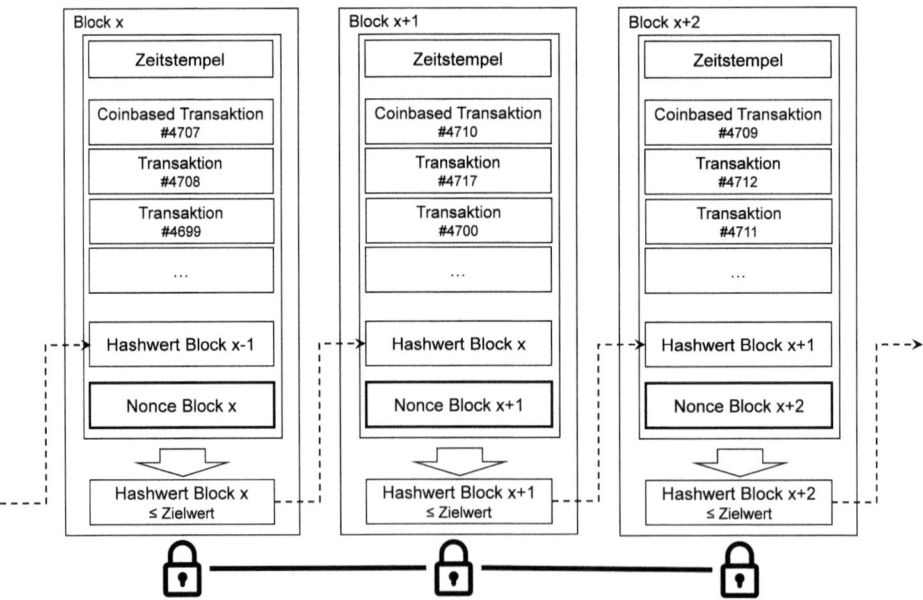

Abb. 4.6 Schematischer Aufbau der Bitcoin-Blockchain

Je kleiner der vorgegebene Zielwert ist, desto geringer ist die Wahrscheinlichkeit, dass ein gültiger Hashwert gefunden wird. Über diesen Zielwert kann daher die Schwierigkeit der Berechnung an die Rechenkapazität der Bitcoin-Miner angepasst werden. Das ganze System ist so austariert, dass statistisch alle 600 Sekunden ein neuer Block erstellt und alle 2016 Blöcke der Schwierigkeitsgrad des Zielwertes neu adjustiert wird (vgl. bitcoinwiki 2016).

Da viele Miner gleichzeitig an der Ermittlung der Hashwerte arbeiten, kann es passieren, dass gleichzeitig Blöcke erstellt werden und es so zu Verzweigungen in der Blockchain kommt. Das Bitcoin-Verfahren sieht daher vor, dass die Miner immer die längste Blockkette fortsetzen müssen. Blöcke, die nicht in dieser Kette sind, werden wieder verworfen (vgl. Okupski 2016, S. 35 f.). Dieser Ansatz hat nicht nur eine stabilisierende Wirkung, sondern er schützt die Blockchain auch vor böswilligen Manipulationen. Ein potenzieller Angreifer müsste nämlich eine größere Rechenleistung aufbringen als alle anderen Miner zusammen. Nur dann könnte er dem Netzwerk schaden und mit gefälschten Blöcken die längste Blockkette vorgeben (vgl. Scherschel und Bögeholz 2017).

Um den Netzwerk-Teilnehmern einen Leistungsanreiz zu schaffen, gültige Hashwerte für neue Blöcke zu finden und so die Blockchain fortzuführen, wird jeder, der einen Block erzeugt, in Form von neuen Bitcoins entlohnt. Aktuell erhält man für die Erstellung eines Blocks 12,5 Bitcoin. Da sich die Belohnung alle 210.000 Blöcke halbiert (vgl. bitcoinwiki 2016), ist die Gesamtmenge der Bitcoins rechnerisch auf 21 Mio. begrenzt (vgl. Reiff 2017). Nach aktuellen Schätzungen wird der letzte Bitcoin ca. um 2140 generiert werden. Ein Miner erhält seine Belohnung, indem er eine sogenannte Coinbase-Transaktion als erste Transaktion in den erstellten Block einfügt. Diese Transaktion hat keine Inputs und als Transaktionsempfänger (Output) legt der Miner sich selbst fest (vgl. Okupski 2016, S. 8). Neben den 12,5 Bitcoin enthält diese spezielle Transaktion auch alle Transaktionsgebühren, die in den anderen Transaktionen dieses Blocks als nicht ausgegebene Bitcoins enthalten sind. Da die Belohnung für die Hashwert-Ermittlung eines Blocks im Zeitablauf geringer wird, gewinnen diese Transaktionsgebühren immer mehr an Bedeutung. Aktuell reicht die Belohnung schon nicht mehr aus, damit sich die Stromkosten eines Miners amortisieren (vgl. Hock 2017).

4.2.2 Weitere Blockchain-Charakteristika

Neben Bitcoin gibt es weitere Blockchain-Lösungen mit abweichenden Funktionalitäten. Prinzipiell unterscheidet man zwischen frei zugänglichen öffentlichen Blockchains und privaten Blockchain-Plattformen, die einen eingeschränkten Nutzerkreis haben und in der Regel von einem Eigentümer betrieben werden.

4.2.2.1 Konsensmechanismen
Jede Blockchain benötigt einen Konsensmechanismus. Dieser legt fest, nach welchem Verfahren neue Blöcke erstellt und an die bereits bestehende Blockchain angehängt wer-

den. Der verwendete Konsensmechanismus hängt insbesondere davon ab, wie vertrauenswürdig das Blockchain-Netzwerk ist. Bei dem in Abschn. 4.2.1.3 beschriebenen Mining-Verfahren handelt es sich um einen „Proof-of-Work-Mechanismus" (PoW-Mechanismus). Dieses Verfahren hat sich aufgrund seiner Robustheit und Sicherheit bewährt. Beim PoW-Verfahren ist die Wahrscheinlichkeit, einen gültigen Hashwert für einen neuen Block zu finden, von der eingesetzten Rechenkapazität der Miner abhängig. Aufgrund dieses energieintensiven Mining-Verfahrens haben neu generierte Coins einen Gegenwert in Form von Stromkosten. Allerdings ist dies zugleich auch der Hauptkritikpunkt des Verfahrens: Weltweit werden für den bei Bitcoin verwendeten PoW-Mechanismus pro Jahr ca. 38 TWh Strom benötigt. Das entspricht ungefähr dem jährlichen Stromverbrauch Bulgariens (vgl. Digicomonist 2018).

Einen anderen Ansatz verfolgt der „Proof-of-Stake-Mechanismus" (PoS-Mechanismus). Hierbei wird der individuelle Zielwert eines Miners und somit dessen Wahrscheinlichkeit, einen gültigen Hashwert zu finden, umso größer, je mehr Coin-Anteile (Stake) er am Gesamtvermögen des Netzwerkes hält. Ein Blockchain-Teilnehmer mit hohem Einsatz ist ja mehr darauf bedacht, ein sicheres Netzwerk aufrechtzuerhalten, da er bei einem Vertrauensverlust in die Blockchain oder einem Angriff mehr zu verlieren hätte (vgl. Kaltofen 2017). Problematisch an diesem Konsensverfahren ist, dass es häufiger zu Verzweigungen in der Blockchain führt und so anfälliger für bestimmte Angriffsversuche wird.

Ein aktuell sehr beliebtes Verfahren ist auch der „Delegated Proof-of-Stake"-Mechanismus (DPoS-Mechanismus), da er nicht so ressourcenintensiv wie die PoW-Methodik ist und zudem auf demokratische Weise einen Konsens herbeiführt. Hierbei erstellen ausgewählte Netzwerkteilnehmer die Blockchain-Blöcke. Diese sogenannten Delegates ändern sich regelmäßig nach klar definierten Regeln.

Neben diesen drei Konsensmechanismen gibt es auch hybride Verfahren, die diese Ansätze kombinieren, und Alternativverfahren, die insbesondere bereits bekannte Angriffsattacken unterbinden sollen.

4.2.2.2 Private versus öffentliche Blockchain

Bitcoin basiert auf einer öffentlichen Blockchain. Das bedeutet, dass jeder an der Blockchain-Anwendung teilnehmen kann und dass das Transaktionsbuch öffentlich einsehbar und von jedem erweiterbar ist. Wird der Zugriff auf die Blockchain auf bestimmte Teilnehmer beschränkt, spricht man von einer privaten Blockchain. Im Gegensatz zur öffentlichen Blockchain sind die Teilnehmer einer privaten Blockchain in der Regel bekannt (vgl. Roßbach 2016, S. 2 f.; s. Abb. 4.7). Öffentliche und private Blockchains sind daher gut vergleichbar mit dem Internet und dem Intranet.

Private und öffentliche Blockchains verwenden in der Regel unterschiedliche Konsensmechanismen. Bei öffentlichen Blockchain-Lösungen können alle Teilnehmer am Konsensprozess partizipieren. Der gewählte Konsensmechanismus hat einen maßgeblichen Einfluss auf den Transaktionsdurchsatz einer Blockchain. Bei den öffentlichen Blockchains Bitcoin und Ethereum beträgt dieser 600 bzw. 14 Sekunden je Block. Wobei es inzwischen Lösungen gibt, den Transaktionsdurchsatz und die Transaktionskosten öf-

4 Blockchain-Technologie

Kriterium	Öffentliche Blockchain	Private Blockchain
Blockchain-Zugriff	Freier Schreib- und Lesezugriff	Schreib- und Lesezugriff sind berechtigungsgesteuert
Identität der Teilnehmer	Blockchain-Teilnehmer sind nicht unbedingt bekannt	Blockchain-Teilnehmer sind untereinander bekannt
Konsensmechanismus	Proof-of-Work / Proof-of-Stake	Vertrauenswürdige Netzwerk-Instanzen
Transaktionsleistung	gering bis mittel	sehr hoch
Vertraulichkeit	gering bis mittel	hoch bis sehr hoch
Anpassungsmöglichkeiten	Nur sehr eingeschränkt änderbar	Änderungen können schnell umgesetzt werden
Kosten	Keine Betreibergebühren, aber hohe Betriebskosten	Niedrige Betriebskosten, aber Betreibergebühren

Abb. 4.7 Unterschiede zwischen privater und öffentlicher Blockchain

fentlicher Blockchains zu erhöhen. Mit dem Lightning Network für Bitcoin und dem Raiden Network für Ethereum sollen beispielsweise schnelle Off-Chain-Transaktionen ermöglicht werden, die dann in regelmäßigen Abständen gebündelt in der Blockchain fortgeschrieben werden (vgl. Mitra 2017).

Ein weiteres Unterscheidungskriterium ist die Sichtbarkeit der Blockchain-Daten. In einer öffentlichen Blockchain werden die Transaktionsdaten permanent und für jeden lesbar gespeichert. Vertraulicher ist hingegen die private Blockchain. Hier gibt es häufig eine Unterscheidung zwischen Transaktionsdaten, die für alle zugelassenen Blockchain-Teilnehmer lesbar sind, und Daten, die nur direkt zwischen Transaktionsteilnehmern ausgetauscht werden. Typisch für öffentliche Blockchains ist auch, dass deren Funktionsweise nur sehr schwer geändert werden kann. Erst wenn die Mehrheit der Miner von einer geplanten Veränderung überzeugt ist, kann diese umgesetzt werden. In privaten Blockchains können Änderungen hingegen viel schneller realisiert werden, da nur eine Zustimmung der zugelassenen Blockchain-Teilnehmer oder des Blockchain-Besitzers notwendig ist (vgl. Müller 2017). Schließlich fallen bei der öffentlichen Blockchain keine Betreibergebühren an, allerdings sind die allgemeinen Betriebskosten, die insbesondere bei der Konsensermittlung anfallen, höher.

Obwohl die Vorteile einer privaten Blockchain zu überwiegen scheinen, ist es in vielen Fällen dennoch besser, eine öffentliche Blockchain-Technologie zu verwenden. Dies gilt insbesondere dann, wenn die Blockchain für die Abwicklung unternehmensübergreifender Transaktionen eingesetzt werden soll. Partnerunternehmen können in eine öffentliche Blockchain einfacher angebunden werden, und es besteht zudem die Möglichkeit, über die öffentliche Blockchain neue Geschäftspartner zu finden (vgl. Müller 2017).

4.2.2.3 Smart Contracts

Die Blockchain-Technologie ermöglicht nicht nur, Transaktionen in Kryptowährungen abzuwickeln und diese unverändert in einer dezentralen Datenbank zu speichern. Mithilfe von „Smart Contracts" können diese Transaktionen zusätzlich auch um Regeln zur Konsistenzerhaltung erweitert werden. Unter einem Smart Contract versteht man ein Computerprogramm, das abhängig von definierten Ereignissen digitales Geld und andere Vermögenswerte zwischen Vertragspartnern über die Blockchain austauschen kann (vgl. Jaggi 2016; s. Abb. 4.8). Ereignisse sind hierbei variable Komponenten, die in den Vertragsbedingungen definiert werden. Diese können beispielsweise durch den Eingang einer Zahlung oder das Eintreten eines Fälligkeitsdatums gegeben sein. Smart Contracts haben ein eigenes Schlüsselset auf der Blockchain und treten daher als reguläre Blockchain-Teilnehmer auf.

Mit diesen digitalen Verträgen kann man beispielsweise Vermögensgegenstände wie Autos oder Wohnungen ohne Schlüsselübergabe vermieten. Versieht man den zu vermietenden Gegenstand mit einem smarten Schloss, kann man in dem Vertrag hierfür entsprechende Regeln festlegen. Vorstellbar wäre, dass erst nach der Zahlung einer Kaution das smarte Schloss mit einer Smartphone-App geöffnet werden kann. Alle Zahlungsvorgänge sowie die Berechtigungsverwaltung des Schlosses werden hierbei transparent, sicher und unveränderbar über die korrespondierende Blockchain abgewickelt (vgl. Schlatt et al. 2016, S. 29).

Aus technischer Sicht ist es irrelevant, ob der Smart Contract auf einer öffentlichen oder privaten Blockchain ausgeführt wird. Wichtig ist lediglich, dass das Smart-Contract-Programm den Logiken der Blockchain folgt.

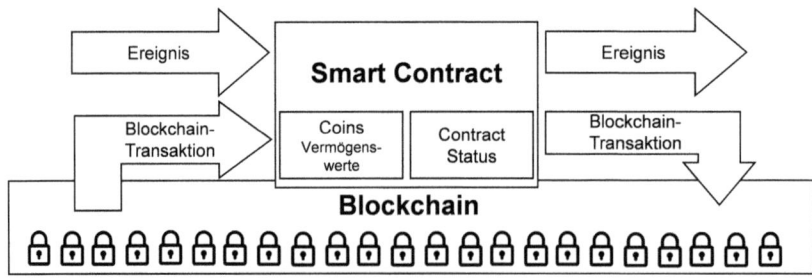

Abb. 4.8 Funktionsweise von Smart Contracts

4.3 Anwendungsmöglichkeiten in der Finanzindustrie

Die Blockchain-Technologie eignet sich sehr gut, um in der Finanzindustrie Netzwerk- und Transaktionskosten zu reduzieren sowie Risiken von Finanzdienstleistungen zu verringern. Zahlreiche Banken, Regulierungsinstanzen, FinTechs und Softwareunternehmen setzen sich daher intensiv mit dieser neuen Technologie auseinander (vgl. PWC 2017). Im Folgenden werden drei ausgewählte Einsatzmöglichkeiten der Blockchain in der Finanzbranche vorgestellt.

4.3.1 Vereinfachung des Know-your-Customer-Prozesses

Unter dem „Know-your-Customer-Prozess" (KYC-Prozess) versteht man eine vorgeschriebene Legitimationsprüfung, die insbesondere Banken und Versicherungen für ihre Neukunden durchführen müssen. Mit dieser Prüfung sollen Geldwäsche unterbunden, Terrorismusbekämpfung unterstützt und Compliance-Anforderungen erfüllt werden. Derzeit müssen Kunden bei jeder Bank, mit der sie einen Vertrag abschließen, um beispielsweise ein Konto zu eröffnen oder einen Kredit aufzunehmen, diesen KYC-Prozess erneut durchlaufen. Bei der Prüfung natürlicher Personen werden hierbei u. a. die Art der Berufstätigkeit und der Zweck der Geschäftsbeziehung erfasst (vgl. Wikipedia o. J.). Bis die Legitimationsprüfung abgeschlossen ist, können hierbei Wochen vergehen (vgl. DerTreasurer 2017, S. 2).

Der Prozess kann durch den Einsatz einer bankenübergreifenden Blockchain-Lösung stark vereinfacht werden (Abb. 4.9). Über diese gemeinsame Plattform können die Finanz-

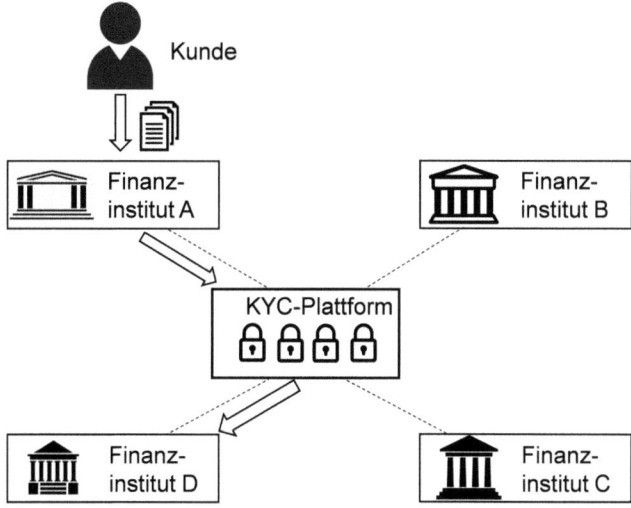

Abb. 4.9 Abwicklung des KYC-Prozesses über eine Blockchain-Plattform

institute die Legitimationsdaten ihrer Kunden speichern, anderen Instituten zur Verfügung stellen und, falls notwendig, aktualisieren (vgl. Moyano und Ross 2017, S. 418 ff.).

Der vollständige KYC-Prozess für einen Kunden muss dann nur beim ersten Finanzinstitut durchlaufen werden. Anschließend können andere Institute die geprüften Kundendaten aus der gemeinsamen Blockchain abrufen. Diese Lesezugriffe können schnell und vollautomatisiert ablaufen. Dadurch lassen sich nicht nur die Transaktionskosten und -zeiten reduzieren, sondern auch der Kundenservice verbessern (vgl. Deutsche Bank 2017).

4.3.2 Komplexitätsreduktion im internationalen Zahlungsverkehr

In den digitalen Zahlungsverkehr sind unterschiedliche Intermediäre wie Banken, Clearing-Stellen und Zentralbanken involviert. Da die jeweiligen Prozessschritte auf unterschiedlichen IT-Systemen stattfinden, ergeben sich häufig lange Transaktionszeiten. Das gilt insbesondere für die Abwicklung komplexer Auslandsüberweisungen. Hinzu kommt, dass jeder beteiligte Intermediär Transaktionsgebühren erhebt (vgl. Schlatt et al. 2016, S. 32). Eine Überweisung von einem deutschen Konto nach China kann so bis zu acht Werktage dauern, und bei einem Überweisungsbetrag von 300 € können hierbei bis zu 60 € Transaktionsgebühren anfallen (vgl. Damm 2017).

Schaltet man bei einer Auslandsüberweisung eine Blockchain-basierte Kryptowährung dazwischen (Abb. 4.10), verringert sich die Anzahl der Intermediäre. Hierdurch erreicht man wiederum eine Verkürzung der Transaktionszeiten und eine Reduzierung der Kosten. Die kürzeren Abwicklungszeiten mindern auch das Wechselkursrisiko bei internationalen Überweisungen.

Das 2015 gegründete FinTech-Unternehmen Bitwala bietet ein Bankkonto auf Basis der Bitcoin-Blockchain an, mit dessen Hilfe man internationale Überweisung nach dem erläuterten Prinzip abwickeln kann. Führt man beispielsweise über die Bitwala-Plattform eine Überweisung in Höhe von 300 € mit einem Empfängerkonto bei einer chinesischen Bank durch, zahlt man hierfür 1,50 € Transaktionsgebühr, und die Überweisung ist nach sechs Stunden abgeschlossen (vgl. Damm 2017). Da für den Bitwala-Dienst lediglich ein Bitcoin-Konto benötigt wird, kann dieser internationale Überweisungsdienst auch von Personen verwendet werden, die gar kein Bankkonto besitzen.

Einen ähnlichen Ansatz verfolgt Ripple mit einer eigenen Blockchain-Lösung. Dieser US-amerikanische Zahlungsdienstleister ermöglicht Finanzinstituten, Geldtransfers mit

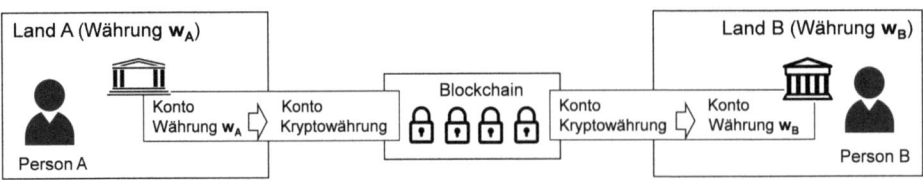

Abb. 4.10 Vereinfachung von Auslandsüberweisungen mit einer Blockchain-Anwendung

anderen Banken über eine Blockchain abzuwickeln (vgl. Wagenknecht 2017; Jauernig 2018). Nach eigenen Angaben nutzen inzwischen mehr als 100 Finanzinstitute das Ripple-Netzwerk als Handelsplattform und Zahlungsnetzwerk (vgl. Ripple 2017).

4.3.3 Dezentrale Handelsplattformen

Die Kryptowährung Bitcoin hat bewiesen, dass die Blockchain für den elektronischen Zahlungsverkehr eingesetzt werden kann. Interessant scheint jedoch auch die Verwendung dieser Technologie als Handelsplattform. Banken können über eine solche Plattform finanzielle Vermögenswerte ohne vermittelnde Institutionen oder Treuhänder untereinander austauschen und handeln. Eigentumsübergänge lassen sich hierbei transparent und eindeutig in der Blockchain fortschreiben und später jederzeit nachvollziehen. Vertragliche Vereinbarungen zwischen den Akteuren können auf Basis von Smart Contracts festgelegt und anschließend automatisiert ausgeführt werden. So lassen sich beispielsweise Zinszahlungen oder Rückzahlungen von Krediten bei Laufzeitende über solche digitalen Verträge abbilden. Auch hiermit können Finanzinstitute Transaktionskosten und Abwicklungszeiten signifikant reduzieren.

2016 entwickelten IBM und UBS unter dem Namen Batavia den Prototypen einer globalen Handelsfinanzierungsplattform auf Basis der Blockchain Hyperledger Fabric. Ende 2017 schlossen sich die Bank of Montral, die CaixaBank, die Commerzbank und die Erste Group dieser Initiative an. Über diese Plattform sollen zukünftig unterschiedliche Handelsaktivitäten finanziert werden, u. a. der Warentransport auf dem Luft-, Land- oder Seeweg (vgl. Erste Group 2017, S. 1).

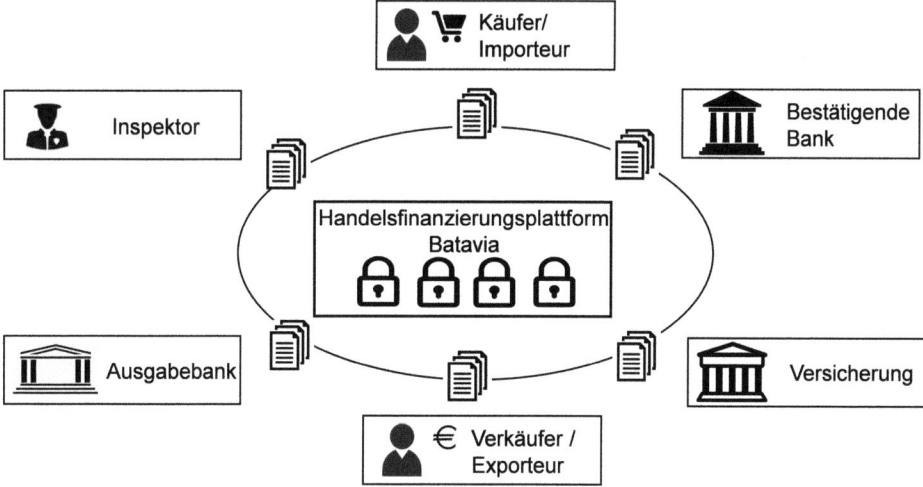

Abb. 4.11 Handelsfinanzierungsplattform Batavia. (Quelle: In Anlehnung an Thell 2017)

Bei der Abwicklung eines solchen Handelsgeschäfts müssen die beteiligten Handelspartner (Käufer, Verkäufer, Banken, Transportunternehmen, Inspektoren und Regulatoren) umfangreiche Dokumentationen erstellen. Dieses manuelle Verfahren ist sehr zeitaufwendig und verursacht dadurch Verzögerungen im Ablauf und unnötige Kosten. Bei Batavia wird die Finanzierung des Handelsgeschäfts über Smart Contracts auf einer Blockchain abgebildet. Dadurch sind die Prozessschritte transparent und können von allen Partnern eingesehen werden. Bis zur endgültigen Abwicklung des Geschäfts wird dessen Status kontinuierlich von den involvierten Akteuren oder automatisiert mithilfe von Smart Contracts aktualisiert. Dadurch erreicht man nicht nur eine Prozessbeschleunigung und eine Verringerung der Prozesskosten, sondern man schränkt auch die Möglichkeiten ein, in den Prozessablauf manipulierend einzugreifen.

4.4 Fazit und Ausblick

Ein wesentliches Charakteristikum der Blockchain ist die unveränderliche, transparente und dezentrale Speicherung von Transaktionsdaten. Erweitert man die Blockchain um sogenannte Smart Contracts, können zusätzlich Prozessabläufe, die Daten in die Blockchain schreiben bzw. Daten aus der Blockchain lesen, automatisiert werden. Zum jetzigen Zeitpunkt ist es noch schwer zu beurteilen, in welchen Anwendungsbereichen sich die Blockchain langfristig etablieren wird. Die Blockchain-Eigenschaften bergen aber sicher ein großes Potenzial für den Einsatz in der Finanzbranche. Wie anhand von drei Beispielanwendungen gezeigt wurde, können mithilfe der Blockchain Transaktionskosten reduziert und insbesondere institutionsübergreifende Prozesse automatisiert und beschleunigt werden.

Traditionelle Finanzhäuser sollten daher die Möglichkeiten, die diese Technologie bietet, analysieren und entsprechende Strategien entwickeln, um ihre Geschäftsmodelle mit ihrer Hilfe zu optimieren. Denkbar wäre, dass Banken ihre derzeitigen IT-Prozesse teilweise in eine Blockchain übertragen und insbesondere gemeinsam mit anderen Banken eine Kollaborationsstrategie entwickeln, um so institutsübergreifende Prozesse zu verbessern (vgl. Wagner 2016). Einen richtigen Weg in diese Richtung geht ein Konsortium unter der Führung des FinTech-Unternehmens R3. Dieses 70 Finanzinstitute umfassende Konsortium hat sich zum Ziel gesetzt, eine cloudbasierte Blockchain-Plattform zu implementieren, um so ein grenzüberschreitendes Zahlungssystem zu schaffen, mit dem sowohl Fiat- als auch Kryptowährungen zwischen unterschiedlichen Währungsräumen transferiert werden können (vgl. Schmid 2017).

Literatur

bitcoinwiki (2016). Block. https://en.bitcoin.it/wiki/Block. Zugegriffen: 10. Jan. 2018.
bitcoinwiki (2017). Technical background of version 1 Bitcoin addresses. https://en.bitcoin.it/wiki/Technical_background_of_version_1_Bitcoin_addresses. Zugegriffen: 10. Jan. 2018.

Bower, J., & Christensen, C. (1995). Disruptive Technologies: Catching the Wave. *Harvard Business Review*, *73*, 43–53.

Damm, C. (2017). Ein Berliner Bitcoin-Startup könnte die Banken-Branche ins Wanken bringen. http://www.businessinsider.de/bitcoin-startup-bitwala-will-geld-ueberweisungen-revolutionieren-2017-7. Zugegriffen: 10. Jan. 2018.

DerTreasurer (2017). Lösung für den KYC-Ärger? https://www.dertreasurer.de/index.php?eID=dumpFile&t=f&f=4520&token=23c59178141cff3407901735bcb598e2de088599. Zugegriffen: 10. Jan. 2018.

Deutsche Bank (2017). Deutsche Bank entwickelt mit IBM neue Blockchain-basierte KYC-Plattform. https://www.db.com/newsroom_news/2017/deutsche-bank-entwickelt-mit-ibm-neue-blockchain-basierte-kyc-plattform-de-11726.htm. Zugegriffen: 10. Jan. 2018.

Digicomonist (2018). Bitcoin energy consumption. https://digiconomist.net/bitcoin-energy-consumption. Zugegriffen: 10. Jan. 2018.

Erste Group (2017). Bank of Montreal, CaixaBank, Commerzbank, Erste Group, IBM und UBS kooperieren, um eine offene, Blockchain-basierte Handelsfinanzierungsplattform voranzutreiben. https://www.erstegroup.com/content/dam/at/eh/www_erstegroup_com/de/Presse/Pressemeldungen/2017/10-okt/Batavia%20Ver%C3%B6ffentlichung_4%20Oktober%202017.pdf. Zugegriffen: 10. Jan. 2018.

Hock, M. (2017). Eine Bitcoin-Transaktion kostet 30 Euro Strom. http://www.faz.net/aktuell/finanzen/digital-bezahlen/bitcoin-eine-transaktion-kostet-30-euro-strom-15282063.html. Zugegriffen: 10. Jan. 2018.

Jaggi, C. (2016). Smart Contracts: Schein oder Sein? http://www.inside-it.ch/articles/44468. Zugegriffen: 10. Jan. 2018.

Jauernig, H. (2018). Was hinter dem Bitcoin-Rivalen Ripple steckt. http://www.spiegel.de/wirtschaft/unternehmen/ripple-was-hinter-dem-bitcoin-rivalen-steckt-a-1186789.html. Zugegriffen: 10. Jan. 2018.

Kaltofen, T. (2017). Blockchain-Technologien im Detail. https://www.computerwoche.de/a/blockchain-technologien-im-detail,3330877,2. Zugegriffen: 10. Jan. 2018.

Kanning, T. (2017). Der nächste große Umbruch in der Finanzwelt rückt näher. http://www.faz.net/aktuell/finanzen/digital-bezahlen/finanzwelt-testet-blockchain-fuer-transaktionen-14945304.html. Zugegriffen: 10. Jan. 2018.

Mitra, R. (2017). Lightning protocol & the Raiden network: a beginner's guide. https://blog.springrole.com/lightning-protocol-the-raiden-network-a-beginners-guide-c9d7bc702748. Zugegriffen: 10. Jan. 2018.

Moyano, J., & Ross, O. (2017). KYC optimization using distributed ledger technology. *Business & Information Systems Engineering*, *59*(6), 411–423.

Müller, T. (2017). Öffentliche oder zugangsbeschränkte Blockchain – Welche ist die beste Option für Unternehmen? https://www.contractus.com/neuigkeiten/public-oder-private-blockchain/#more-1692. Zugegriffen: 10. Jan. 2018.

Nakamoto, S. (2018). Bitcoin: a Peer-to-Peer electronic cash system. https://bitcoin.org/bitcoin.pdf. Zugegriffen: 10. Jan. 2018.

Okupski, K. (2016). Bitcoin developer reference. https://lopp.net/pdf/Bitcoin_Developer_Reference.pdf. Zugegriffen: 10. Jan. 2018.

Polymath (o. J.). Cryptocurrency Market Capitalizations. https://coinmarketcap.com/all/views/all/. Zugegriffen: 10. Januar 2018.

PWC (2017). Blockchain elektrisiert die Finanzbranche. https://www.pwc.de/de/finanzdienstleistungen/digital/blockchain-elektrisiert-die-finanzbranche.html. Zugegriffen: 10. Jan. 2018.

Reiff, N. (2017). What happens to Bitcoin after all 21 million are mined? https://www.investopedia.com/news/what-happens-bitcoin-after-all-21-million-are-mined/. Zugegriffen: 10. Jan. 2018.

Ripple (2017). American express introduces Blockchain-enabled, cross-border payments. https://ripple.com/ripple_press/american-express-introduces-blockchain-enabled-cross-border-payments/. Zugegriffen: 10. Jan. 2018.

Roßbach, P. (2016). Blockchain-Technologien und ihre Implikationen – Teil 2: Anwendungsbereiche der Blockchain-Technologie. http://blog.frankfurt-school.de/wp-content/uploads/2016/02/Blockchain_FSBlog_part2.pdf. Zugegriffen: 10. Jan. 2018.

Scherschel, F., & Bögeholz, H. (2017). Bitcoin-Mining – Währung im Kollektiv. https://www.heise.de/ct/artikel/So-funktioniert-die-Kryptowaehrung-Bitcoin-3742304.html?seite=2. Zugegriffen: 10. Jan. 2018.

Schlatt, V., et al. (2016). Blockchain: Grundlagen, Anwendungen und Potenziale. http://www.fim-rc.de/Paperbibliothek/Veroeffentlicht/642/wi-642.pdf. Zugegriffen: 10. Jan. 2018.

Schmid, T. (2017). R3-Konsortium stellt grenzübergreifenden Zahlungsverkehr auf der Blockchain vor. https://www.btc-echo.de/r3-konsortium-stellt-grenzuebergreifenden-zahlungsverkehr-auf-der-blockchain-vor/. Zugegriffen: 10. Jan. 2018.

Shirriff, L. (2014). Bitcoins the hard way: using the raw Bitcoin protocol. http://www.righto.com/2014/02/bitcoins-hard-way-using-raw-bitcoin.html. Zugegriffen: 10. Jan. 2018.

StackExchange (2017). How do I check the checksum of a Bitcoin address? https://bitcoin.stackexchange.com/questions/32353/how-do-i-check-the-checksum-of-a-bitcoin-address. Zugegriffen: 10. Jan. 2018.

Tapscott, D., & Tapscott, A. (2016). *Die Blockchain Revolution* (2. Aufl.). Kulmbach: Börsen Medien.

Thell, W. (2017). Blockchain – Großes disruptives Potenzial. https://www.hwzdigital.ch/blockchain-grosses-disruptives-potenzial/. Zugegriffen: 10. Jan. 2018.

Wagenknecht, S. (2017). Ripple wächst um 10 weitere Banken an. https://www.btc-echo.de/ripple-waechst-um-10-weitere-banken/. Zugegriffen: 10. Jan. 2018.

Wagner, A. (2016). Blockchain-Technologie und P2P Financial Systems. http://research.isg-one.de/research/ict-news-dach/news/blockchain-technologie-und-p2p-financial-systems.html. Zugegriffen: 10. Jan. 2018.

Wikipedia (o. J.). Know your customer. https://de.wikipedia.org/wiki/Know_your_customer. Zugegriffen: 10. Januar 2018.

Prof. Dr. Peter Preuss lehrt Wirtschaftsinformatik an der FOM Hochschule für Oekonomie & Management in Stuttgart. Er ist Gesellschafter und Geschäftsführer der Unternehmensberatung People Consolidated GmbH, die sich auf die Einführung von SAP-Produkten für das Konzernrechnungswesen und -controlling spezialisiert hat.

Sonderthema China: The System of Banks in China 5

Lin Feng

5.1 Culture

The history of contemporary Chinese banking can be roughly divided into two stages. The first stage is the era of planned economy. After china's reform and opening-up, it entered into the second stage, which is the era of market economy.

5.1.1 The Era of Planned Economy

Before the founding of the People's Republic of China, China experienced eight years of Counter-Japanese War (1937–1945) and four years of Liberation War (1945–1949). During the Counter-Japanese War, three banks were set up in China. In 1948, the three banks were merged into one, which was The People's Bank of China (PBC), and China's first set of RMB was issued. In 1949, the People's Republic of China was established. At that time, the PBC was the only financial institution in China. One of the basic tasks of the PBC was to establish branches rapidly to form a national banking system. At the same time, The People's Bank of China was also responsible for taking over the bureaucrat capital banks in the Kuomintang ruled areas and rectifying the private banking sector. In accordance with China's planned economy system at that time, China formed a highly centralized and unified national banking system to support large-scale economic construction. In this stage, The People's Bank of China was not only the Central Bank, but also the only commercial bank. It was responsible for the unified operation and management of all financial businesses.

L. Feng (✉)
Jinan, China

5.1.2 The Era of Market Economy

After the Communist Party of China (CCP) in the third Plenary Session of the 11th CPC Central Committee, China started the process of Reform and Opening-up. In order to meet the requirements of the development of the market economy, China started the reform of the banking industry. At this stage, the development of Chinese commercial banks comprised three parts: the establishment and market-oriented reform of state-owned commercial banks, the reform of small and medium-sized commercial banks and rural financial institutions, and the construction and development of other banking financial institutions. After the reform, China established a complete commercial banking system.

5.1.2.1 The Establishment and Reform of State-Owned Commercial Banks

At the beginning of the Reform and Opening-up, four state-owned commercial banks and the Bank of Communication were established, and then the four state-owned commercial banks carried out a shareholding system reform.

In February 1979, the Agricultural Bank of China (ABC) was established. In March 1979, the Bank of China (BoC) was established with the foundation of the PBC's foreign exchange business. In August 1979, the China Construction Bank (CCB) was established to run the business that was removed from the financial part and specialized in fixed asset loans and medium and long-term investment. In September 1983, the PBC exercised the responsibilities of the central bank. ICBC undertaken business transactions by the people's Bank of China, and was operating independently by January 1984. During the Asian financial crisis in 1997, the state-owned commercial banks suffered a shock. In order to ensure financial stability, the Ministry of Finance issued 270 billion yuan national debt in August 1998 to supplement the capital of the four major state-owned commercial banks. In 1999, four financial asset management companies were set up in China to remove bad loans for the four major state-owned commercial banks.

In 2001, China joined the WTO. In order to enhance the competitiveness of the state-owned commercial banks, China carried out the reform of the shareholding system of the state-owned commercial banks. In 2003, China used foreign exchange reserves to inject capital into the four largest state-owned banks. In 2004–2010, four state-owned

Table 5.1 Timetable of the reform of the shareholding system of the state-owned commercial banks (By the end of 2006, Unit: RMB million). (Source: The official websites of various commercial banks)

Industry and Commercial Bank of China	ICBC	2005	2006 (Hong Kong and Shanghai)
China Construction Bank	CCB	2004	2005 (Hong Kong), 2007 (Shanghai)
Agriculture Bank of China	ABC	2009	2010 (Hong Kong and Shanghai)
Bank of China	BOC	2004	2006 (Hong Kong and Shanghai)
Bank of Communication	BOCOM	—	2005 (Hong Kong), 2007 (Shanghai)

commercial banks began to implement the shareholding system reform or financial restructuring, and strategic investors and other reform steps were introduced at the same time. They were listed on the capital market of Hong Kong and Shanghai one after another (Table 5.1). In addition, the Bank of Communications was established in July 1986 according to the shareholding system principle. Therefore, it did not experience the similar shareholding system reform process as the four state-owned commercial banks did. At present, the China Banking Regulatory Commission (CBRC) defines the five commercial banks as large-scale commercial banks.

5.1.2.2 The Establishment and Reform of Small and Medium Financial Institutions

After the Reform and Opening-up, a large number of small and medium-sized commercial banks started to appear, and the rural financial institutions also began the reform process. That is to say, China's banking system was complemented and perfected.

Joint-Stock Commercial Bank

To create a competitive external environment for the reform of state-owned banks, joint-stock commercial banks were established during the 1980s. The controlling shareholders of these banks were mainly local governments, state owned enterprises and private enterprises. Their creation broke the monopoly of the state-specialized banks under the planned economic system, and helped to form a multi-level and multi-type banking system.

City Commercial Bank

The predecessors of the city commercial bank were the city credit cooperatives. Most of them were set up by the local government, enterprises, and urban residents. From the beginning of the 1980s to the 1990s, there were more than 3000 urban credit cooperatives in China. However, the problem of financial risks of city credit cooperatives at that time was very severe. In order to resolve the local financial risks, China began to establish city commercial banks on the basis of the city credit cooperatives in 1995. They were small in size, mainly provided financial services for local economy and local residents, and could only carry out business in special areas.

Rural Financial Institutions

China's rural financial institutions include two major categories, the rural cooperative financial institutions and the new rural financial institutions.

Rural cooperative financial institutions can be divided into three types, namely rural credit cooperatives, rural cooperative banks, and rural commercial banks. After the founding of the People's Republic of China, there were a large number of rural credit cooperatives in rural areas. However, there were serious problems and risks in the operation of these rural credit cooperatives. In 2003, in order to improve the level of rural credit cooperatives serving the "Sannong" (agriculture, rural areas and farmers) level, China launched a reform of the rural credit cooperatives, focusing on clarifying the relationship of property rights. Since then, some rural credit cooperatives have been reformed into rural cooperative banks and rural commercial banks. Up to now, more and more rural credit cooperatives have been transformed into rural commercial banks. They mainly provide financial services for the "Sannong" customers and small and micro businesses at the county level.

China's new rural financial institutions appeared in 2007, including village and township banks, loan companies and rural mutual cooperatives. In 1990s a large number of county commercial outlets and businesses were revoked in the reform process of large state-owned commercial banks, which led to a lack of financial services, especially credit services, in counties and rural areas. In many counties, rural credit cooperatives or rural commercial banks had become the most important financial institutions. In order to remedy the shortage of financial services in rural areas and the insufficient competition of the financial institutions, China began to build a new rural financial institution in 2007, mostly village banks. The characteristics of village banks include: 1) They must be set up in counties, towns, or villages; 2) They are initiated and established by banks and financial institutions operating in China; 3) They must introduce local businesses or natural persons as shareholders, and only absorb deposits and loans within the county level. In addition, the regulatory authorities have also made restrictions on the minimum capital size and the credit structure of village banks to ensure that they provide more services for small customers. The loan companies and the rural capital mutual aid societies have been stagnant for many reasons, and no more detailed introduction is given here due to the limited number of these kinds of financial institutions.

Postal Savings Bank of China

China's postal savings institutions are widespread in urban and rural areas. They used to absorb deposits only and did not issue loans. Due to the lack of financial services in China's rural areas, the postal savings institutions' characteristics of not lending were criticized, and were regarded as the "pumping machine" of rural savings. In 2007, the postal savings institutions were changed into the Postal Savings Bank of China (PSBC). The PSBC added the microfinance service on the basis of the original deposit and remittance business to increase the credit supply to rural areas and small and micro customers.

Private Banks

Private banks are controlled by private capital and operated by market mechanisms. Since most of the financial institutions in China have been dominated by state-owned capital, their operation will be subject to different levels of government intervention. The core feature of private banks is that they have different corporate governance structures, which are different from state-owned banks. They not only privatize the source of capital, but also implement market-oriented operation. Up to now, there are three "Internet banks" among China's private banks.

With advances in information technology, many Internet-based enterprises have achieved success in e-commerce and digital payments, and developed large customer bases, transactional data, and experience with online businesses. These enterprises have recognized the competitive advantages of these attributes and have entered into Internet banking. Among the three established "Internet banks" in China, WeBank and MYbank were granted commercial banking licenses by the CBRC in 2014 while XW Bank was granted a license in 2016 (World Bank Group and The People's Bank of China 2018).

5.1.2.3 Other Banking Financial Institutions

(1) Development and Policy Financial Institutions
In 1994, in order to divestiture the business policy undertaken by the four state-owned commercial banks, three policy financial institutions were set up in China. They are the National Development Bank, the China Import and Export Bank and the Agricultural Development Bank of China. If you look in detail, the latest positioning of the National Development Bank is a developing financial institution.

(2) Housing Savings Bank
In 2004, the Construction Bank of China and Germany Schweibill Housing Savings Bank established a joint venture Sino-German Bausparkasse, which is China's first and currently only housing savings bank.

(3) Foreign Banks
Before China joined the WTO in 2001, some foreign banks set up representative offices in China, mainly engaged in liaison, market investigation, consultation, and other business. After joining the WTO, some foreign banks began to set up branches in China and gradually carried out the RMB business. In 2006, after the five-year protection period stipulated by the WTO, foreign banks could set up a legal financial institution in China, and the restrictions on their business in terms of territory and customers were further relaxed. Since then, foreign banks have reached a rapid development stage in China.

Finally, there are various kinds of non-banking financial institutions in China, such as business group finance companies, trust companies, financial leasing companies, money brokerage companies, consumer finance companies and asset management companies.

5.2 Structure

Since the founding of the People's Republic of China, especially after the Reform and Opening-up, China has gradually formed a complete banking system. This section will first introduce the overall situation of China's banking industry, and then introduce the basic situation of several major types of banks. Table 5.2 shows the type and quantity of the current commercial banks in China. Table 5.3 shows the size and proportion of the major financial institutions (commercial banks).

Table 5.2 The type and quantity of China's banks. (Source: China Banking Regulatory Commission (CBRC) 2018)

Type		NUM.
State owned commercial bank		5
Joint-stock commercial bank		12
City commercial bank		134
Rural cooperative financial institutions	Rural commercial bank	1262
	Rural cooperative bank	33
	Rural Credit Cooperatives	965
New rural financial institutions	Village and township bank	1562
	Loan company	13
	Rural mutual credit cooperatives	48
Postal Savings Bank of China		1
Private bank		17
Development and policy financial institutions		3
Housing savings bank		1
Foreign banks		39
Non-bank financial institutions		454
Total		4549

Note: Non-bank financial institutions include 247 business group financial companies, 68 trust companies, 69 financial leasing companies, 5 money brokerage companies, 22 consumer finance companies, 4 asset management companies and 14 other financial institutions

Table 5.3 The scale and proportion of the major financial institutions (By the end of June 30, 2016, Unit: RMB Billion). (Source: China industry information network 2017)

Year	Total assets	Proportion	Total liabilities	Proportion	Owner's equity	Proportion
Unit	RMP Billion	%	RMP Billion	%	RMP Billion	%
State owned commercial bank	83,395.6	38.25	77,090.3	38.21	6305.3	38.86
Joint-stock commercial bank	40,382.6	18.52	37,886.0	18.78	2496.6	15.39
City commercial bank	25,198.2	11.56	23,538.4	11.67	1659.8	10.23
Rural financial institutions	28,327.4	12.99	26,310.8	13.04	2016.6	12.43
Other financial institutions	40,695.8	18.67	36,947.7	18.31	3748.1	23.10
Total	217,999.6	100	201,773.2	100	16,226.4	100

Note: (1) rural financial institutions include rural commercial banks, rural cooperative banks, rural credit cooperatives and new rural financial institutions. (2) other types of financial institutions include policy banks and national development banks, foreign financial institutions, non-bank financial institutions and postal savings banks

The annual report by the China Banking Regulatory Commission (CBCR) (2017) and the China Banking Development Report (China Banking Association 2017) show us the latest business situation of Chinese commercial banks. By the end of 2016, the total assets of China's commercial banks were 181 trillion and 700 billion yuan. The total liabilities reached 168 trillion and 600 billion yuan. In terms of profit, the net profit of China's commercial banks was 1 trillion and 650 billion yuan, the average asset profit rate was 0.98%, and the average capital profit rate was 13.38%. In terms of risk management and asset quality, China's commercial banks have a capital adequacy ratio of 13.3%, a non-performing loan balance of 1,512 billion yuan, a non-performing loan ratio of 1.74%, a loan loss reserve balance of 2 trillion and 700 billion yuan, and a provision coverage rate of 3.1%.[1]

5.2.1 State-Owned Commercial Banks

The state-owned commercial banks are China's largest scale commercial banks. By the end of 2016, five state-owned commercial banks had a total of 1 million 676 thousand and 700 employees. Table 5.4 shows the main operating conditions of the state-owned commercial banks in recent years (CBRC 2017).

Table 5.4 The operation status of China's state-owned commercial banks (By the end of 2016, Unit: RMB Billion). (Source: Wind database)

Name	Year	Total assets	Net profit	Deposit	Loan
ICBC	2015	21,792.78	277.72	15,579.27	11,607.33
	2016	23,259.12	279.11	16,878.53	12,658.69
CCB	2015	18,034.83	228.89	13,350.33	10,068.64
	2016	19,687.62	232.39	14,666.22	11,198.28
ABC	2015	17,686.24	180.78	13,535.61	8473.31
	2016	19,440.64	182.95	15,035.74	9282.32
BOC	2015	14,786.68	152.20	10,403.69	8027.16
	2016	15,987.99	136.88	11,428.02	8683.44
BOCOM	2015	7014.47	63.57	4479.85	3628.27
	2016	8210.50	63.60	4723.70	4010.25

---

[1] These data include state-owned commercial banks, joint-stock banks, urban commercial banks, private banks, rural commercial banks, and foreign banks.

Table 5.5 The operation status of China's joint-stock commercial banks (By the end of 2006, Unit: RMB Billion). (Source: Wind database)

Name	Year	Total Assets	Net Profit	Deposit	Loan
China Merchants Bank (CMB)	2015	5474.98	58.02	3571.70	2824.29
	2016	5942.31	62.38	3802.05	3261.68
Shanghai Pudong Development Bank (SPD BANK)	2015	5044.35	51.00	2954.15	2245.52
	2016	5857.26	53.68	3002.02	2762.81
China CITIC Bank	2015	5122.29	41.74	3182.78	2468.28
	2016	5931.05	41.63	3639.29	2874.56
Huaxia Bank (HXB)	2015	2020.60	18.58	1351.66	1069.17
	2016	2356.24	19.32	1368.30	1216.65
China Everbright Bank (CEB)	2015	3167.71	29.58	1993.84	1513.54
	2016	4020.04	30.39	2120.89	1795.28
China Minsheng Bank (CMBC)	2015	4520.69	47.02	2732.26	2048.05
	2016	5895.88	48.78	3082.24	2461.59
China Guangfa Bank (CGB)	2015	1836.59	9.06	1153.61	848.10
	2016	2047.59	9.50	1104.13	955.35
China Industrial Bank (CIB)	2015	5185.43	47.88	2483.92	1722.67
	2016	5965.43	50.97	2694.84	2002.04
Ping An Bank	2015	2507.15	21.87	1733.92	1186.87
	2016	2953.43	22.60	1921.84	1435.87
Hengfeng bank	2015	1063.24	8.00	601.31	303.84
	2016	1203.80	9.10	757.83	412.39
China Zheshang Bank (CABANK)	2015	1031.65	7.05	516.03	335.23
	2016	1354.85	10.15	736.24	443.67
China Bohai Bank (CBHB)	2015	764.24	5.69	409.44	266.96

5.2.2 Joint-Stock Banks

The size of the joint-stock commercial banks is ranked only second to the state-owned commercial banks. The development of China's joint-stock commercial banks is very rapid. At present, most of the joint-stock commercial banks can operate throughout the country. Up to now, 9 joint-stock commercial banks have been listed on the stock exchange of Shanghai or Hong Kong. By the end of 2016, the joint-stock commercial banks had a total of 435 thousand employees (CBRC 2017). Table 5.5 shows the main operating conditions of the joint-stock commercial banks in recent years.

5.2.3 City Commercial Banks

Since the emergence of city commercial banks, regulators have encouraged them to improve their capital strength, asset quality and management level through joint stock reform

Table 5.6 The operation status of China's city commercial banks (By the end of 2006, Unit: RMB Billion). (Source: China Banking Regulatory Commission (CBRC) 2017)

Year	Total assets	Total liabilities	Owner's equity	Post tax profit
2012	12,347	11,540	807.5	136.8
2013	15,178	14,180	997.4	164.1
2014	18,084	16,837	1247.0	186.0
2015	22,680	21,132	1548.1	199.4
2016	28,238	26,404	1833.8	224.5

and strategic investors. After 20 years of development, the management level and asset quality of city commercial banks have been significantly improved. With the expanding of operational region and its continuous merging, the assets scale of city commercial banks has also been continually expanding. There are dozens of city commercial banks listed in Shanghai or the Hong Kong capital market. By the end of 2016, the city commercial bank had 401 thousand employees (CBRC 2017). Table 5.6 shows the main business indicators of the city commercial banks for the last five years.

5.2.4 Rural Financial Institutions

The most important rural financial institutions in China include rural cooperative financial institutions and village banks. Table 5.7 shows the basic situation of the rural cooperative financial institutions. According to the requirements of the regulatory authorities, all the rural cooperative financial institutions in China will be converted into rural commercial banks in the future. The scale of rural commercial banks in some developed areas is very large. At present, 6 rural commercial banks have been listed in the capital market, and more than 30 of the rural commercial banks are in the process of listing. By the end of 2016, 1443 village and town banks had been established nationwide, their assets scale was 12,377 billion yuan, and the balance of loans was 702 billion 100 million yuan.

Table 5.7 The operation status of China's rural financial institutions (By the end of 2006). (Source: China Banking Regulatory Commission (CBRC) 2017)

Type	NUM.	Total assets (RMB Billion)	Total liabilities (RMB Billion)	Owner's equity (RMB Billion)	Post tax profit (RMB Billion)
Rural commercial bank	1114	20,268	18,751	1517	178
Rural cooperative bank	40	436	400	36	4
Rural Credit Cooperatives	1125	7950	7480	470	66

67.4% of the counties in China have introduced village banks (China Banking Regulatory Commission (CBRC) 2017).

5.2.5 Private Banks

By the end of 2016, the total assets of the private banks was 182 billion 559 million yuan, the loan balance was 81 billion 900 million yuan, the deposit balance was 596 million yuan, and the non-performing loan rate was 0.57% (China Banking Regulatory Commission (CBRC) 2017). By the end of June 2017, the number of private banks in China was 15 (China Banking Regulatory Commission (CBRC) 2018). China's private banks and traditional commercial banks have different development orientations. Taking internet banks (one of the types of private banks) as an example, they have the following characteristics compared with traditional commercial banks. First, the business model is innovative which means that there are no offline outlets; second, products and services are innovative, establishing the mass production system and non-manual intervention loan model; third, the risk control business is innovative, big data is fully utilized for risk recognition, measurement, and control. Table 5.8 shows the basic information about three Internet banks.

These *Internet banks* have no outlets or counter services. Their current focus is to use technology and data instead of offline resources to provide credit services for target individuals and MSEs. MYbank, for example, with the customer base mainly composed of online stores on the e-commerce platform of its parent company Alibaba, can leverage big data for creditworthiness assessments and loan-granting decisions. WeBank launched its own unsecured microloan (Weilidai) and auto microloan (Weichedai) products in Septem-

Table 5.8 Overview of Internet Banks. (Source: World Bank Group and The People's Bank of China 2018)

Key Indicators	WEBANK	MYBANK	XW BANK
Year launched	2015	2015	2016
Major shareholder	Tencent Group	Ant Financial	New Hope Group
Total assets (RMB billion)	52	61.5	5
Deposit balance (RMB billion)	23.1	23.2	0.6
Outstanding loan balance (RMB billion)	30.8	34	4
Number of outstanding (RMB million)	7	—	1
Average size of loans (RMB)	4368	—	2550

ber 2015, allowing its consumers to borrow up to RMB 200,000 (US$ 30,000) without guarantee or collateral (World Bank Group and The People's Bank of China 2018).

5.2.6 Foreign Banks

In the past ten years, foreign banks have developed rapidly in China. By the end of 2016, there were 39 foreign-funded corporate banks in China, including 37 wholly foreign-owned banks, 1 joint venture bank and 1 financial company. They have opened 315 branches in China. In addition, 68 foreign banks have set up 121 branches in China, and 145 foreign banks have set up 166 representative offices in China. The total assets of foreign banks in China are 2 trillion and 930 billion yuan, the total liabilities are 2 trillion and 560 billion yuan, the loan balance is 1 trillion and 110 billion yuan, the deposit balance is 1 trillion and 660 billion yuan, the net profit is 12 billion 797 million yuan, and the non-performing assets rate is 0.93% (China Banking Regulatory Commission (CBRC) 2017).

5.3 Strategy

5.3.1 External Environment

Thanks to the rapid development of China's economy, the overall business situation of China's commercial banks is quite optimistic. For example, the scale of assets is expanding, market positioning is becoming clearer, business management level is continuously improving, products and services are becoming richer and richer, and business risk is also within a reasonable range. But under the influence of many internal and external factors, China's commercial banks still have a long way to go. Therefore, in order to better understand the strategy of commercial banks, we must first understand the operating background of the Chinese bank market.

First of all, most of the large shareholders or actual controllers of the commercial banks in China are government and state-owned enterprises at different levels. This makes the operation of Chinese commercial banks to a large extent affected by the government departments, especially the local governments. For example, financing the local governments' economic construction projects in various ways can result in greater risk. In order to reduce the influence of the government on the operation of commercial banks, the central government has always been committed to promoting the reform of the ownership structure of commercial banks and improving the independence and marketization level of their businesses.

Second, the level of China's interest rate marketization has been increasing in the last ten years. This means that for a long time in the past, the central bank controlled the benchmark interest rates of the deposit and loan business of China's commercial banks. Therefore, the interest difference was the main source of profit for the commercial banks, which caused commercial banks to lack motivation for innovation and fall into the homogeneous competition. At present, this situation has been significantly improved, and commercial banks have great autonomy in interest rates. For example, the maximum deposit interest rate can reach 1.5 times the benchmark interest rate, and the maximum loan interest rate of the small and medium financial institutions can reach two times the benchmark interest rate.

Third, since 2000, the number and scale of China's commercial banks have increased rapidly because of the rapid growth of China's economy and the loose monetary environment. At the same time, commercial banks are increasingly keen on gaining profits through the expansion of off-balance-sheet assets, which weakens the support for real economy, especially small and micro businesses. This contains a great hidden danger for the development of China's economic and commercial banks. Thankfully, in the beginning of 2017, the central government and regulators spared no effort to compress the on-balance sheet business of commercial banks, by reducing the leverage ratio for commercial banks to reduce the operational risks of commercial banks and to encourage commercial banks to better serve the real economy.

Fourth, the trend of mixed operation has been very obvious. At present, more and more commercial banks have established financial holding companies or financial groups in China. There are also some non-banking financial institutions, such as insurance companies, trying to enter the banking industry by setting up financial holding companies. For example, CITIC Group, China Everbright Group, and Ping An Group all have been fully involved in the banking, securities, and insurance business.

5.3.2 Business Area and Customer Groups

At present, in China, all kinds of commercial banks have relatively clear management sectors and customer groups, but there is also a certain overlap. The positioning of business sectors and customer groups are mainly affected by two factors: one is the capital strength and management level of commercial banks, the other is the limitation of regulatory authorities. Table 5.9 shows the operating areas and customer groups of the major commercial banks in China.

5.3.3 Products and Services

For a long time, China's commercial banks mainly provided products and services such as deposits, loans, and remittances, which were also the basic types of commercial banks' assets, liabilities, and off-balance sheet businesses. But in recent years, the business of commercial banks has changed a lot, which made the commercial banks provide more products and services for their customers. This is mainly manifested in the variety of types and the scale of expansion of the off-balance-sheet business. The development of

Table 5.9 The operation area and customer group of the major commercial banks in China

Type	Operating area	Regional restrictions	Customer group
State owned commercial bank	Urban	Covers the National City and the county area	Large and medium-sized enterprises and individuals
Joint-stock commercial bank	Developed urban	No regional restrictions	Large and medium-sized enterprises and individuals
City commercial bank	City and county	The registered city and the approved city	Small and medium enterprises and individuals
Rural financial institutions	County, township, village	The registered county and its rural areas	Small and micro enterprises and individuals
Postal Savings Bank of China	Urban and rural	Covers the urban and rural areas of the country	Small and micro enterprises and individuals

off-balance-sheet business enabled commercial banks to better meet customers' needs and to gain profits. For example, a financial product issued by a commercial bank can provide an enterprise and a resident customer with a rate much higher than the rate of return on the deposit. By the end of 2017, 555 banking financial institutions issued 85 thousand and 800 financial products, and the scale of financing was 28 trillion and 380 billion yuan (China Banking Financial Center 2018). For example, the investment banking business carried out by commercial banks, including asset securitization and fund trusteeship, financial advisors, lever financing and other main types, can provide better financing or securities trading services for enterprises.

5.3.4 Operation Mode

At present, the operation mode of China's commercial banks is undergoing great changes. First, a clearer market position and a more personalized service for the customers are being completed. For example, commercial bank branches and outlets no longer serve as a full-function institution and have started to target specific customer groups. Additionally, many commercial banks have set up small sub branches for small and micro businesses, community sub branches to serve community residents, science and technology sub branches to serve science and technology enterprises and so on. Second, the level of information is being increased. Internet, big data, and artificial intelligence have made commercial banks encounter unprecedented challenges and unprecedented opportunities. Since the Internet business entered the banking industry and obtained banking licenses, the informationization of the banking industry is no longer simply to move the business onto the Internet, but to remodel the whole business ecosystem. For example, Ant Financial and Tenpay have rebuilt the ecosystem of the personal payment business by using their parent's e-commerce platform, social software and QR code technology. According to the Tianhong Yu'ebao money market fund report in the third quarter of 2017 (2017), the size of the monetary fund "Yuebao" of Ant Financial Services Group reached 1 trillion

Table 5.10 Non-performing loan rate of commercial banks. (Source: World Bank Group and The People's Bank of China 2008)

Year	2011	2012	2013	2014	2015	2016
Non-performing loan rate (%)	1.0	1.0	1.0	1.2	1.7	1.7

Table 5.11 Non-performing loan rate of various commercial banks (2016). (Source: World Bank Group and The People's Bank of China 2008)

Year	State owned commercial bank	Joint-stock commercial bank	City commercial bank	Rural commercial bank	Foreign banks
Non-performing loan rate (%)	1.7	1.7	1.5	2.5	0.9

and 560 billion yuan at the end of the third quarter of 2017, and its share is close to 1/4 of the national monetary fund market. Yuebao is also the largest monetary market fund in the world, after it was established only four years earlier. At present, the major commercial banks in China are responding to this challenge in a variety of ways, which will inevitably lead to the overall reform of the management mode of the Chinese banking industry.

5.3.5 Risk

At present, the commercial banks in China are mainly faced with two risks. First, there are the risks in the credit business. Due to the transformation of China's economic growth mode, the non-performing assets ratio of commercial banks has been increasing in recent years (as shown in Table 5.10), and the non-performing loan ratio of rural financial institutions is relatively high (as shown in Table 5.11). Second, there are risks in the off-balance-sheet business. Thanks to the loose monetary environment in the past ten years, the off-balance-sheet business of commercial banks has expanded rapidly, resulting in a high real leverage of commercial banks. And through off-balance-sheet business, the commercial banks are actually funding the financing platform established by the real estate and local governments. This not only threatens the security of commercial banks themselves, but can also very easily lead to systemic risks.

5.3.6 The Role of the Government

China's government has an important impact on the construction of the banking system and the operation of commercial banks. These effects can be summed up in four aspects: market construction, public service, risk prevention and policy orientation. In terms of market construction, the construction and reform of the Chinese commercial bank system and the commercial bank market all need to be carried out by the government in combination with the development of the market economy. At the same time, governments at all levels and state-owned enterprises are the main investors of most commercial banks. They will directly affect the reform and development process of commercial banks. In terms of public service, the government of the location of the bank, in addition to the contributor, will provide good public services for commercial banks. In terms of risk prevention, the government and bank regulators will carry out regulatory activities under the framework of the Basel agreement to control risks. Finally, the government will also consider the needs of the policy in the construction of the commercial banking system and the operation of the bank. For example, the original intention of the reform of rural credit cooperatives, the establishment of new rural financial institutions, the establishment of the China Postal Savings Bank and so on, is to expand the credit supply level for small and micro businesses and rural customers. At the same time, small financial institutions that provide services to these customers will get a lower legal deposit reserve rate, certain financial subsidies, and tax preferences.

References

China Banking Association (2017). *China banking development report*. Beijing: China Financial Publishing House.
China Banking Financial Center (2018). Banking financial market report (2017). https://www.chinawealth.com.cn/zzlc/xwdt/xwzx/20180206/2133449.shtml. Accessed 6 Feb 2018.
China Banking Regulatory Commission (CBRC) (2017). Annual report of China Banking Regulatory Commission (2016). http://www.cbrc.gov.cn/chinese/home/docView/FDF4A782E9E34140B13ACFFE774FAB1A.html. Accessed 25 July 2017.
China Banking Regulatory Commission (CBRC) (2018). Legal person list of banking financial institutions. http://www.cbrc.gov.cn/govView_F87A960A1077432192707EEA1CBC64AD.html. Accessed 9 Feb 2018.
China industry information network (2017). Analysis on the market pattern and development trend of China's domestic banking industry in 2016. http://www.chyxx.com/industry/201702/496558.html. Accessed 21 Feb 2017.
Tianhong Yu'ebao Money market fund report in the third quarter of 2017 (2017). http://fund.eastmoney.com/gonggao/000198,AN201710250977266328.html. Accessed 25 October 2017.
World Bank Group and The People's Bank of China. Toward universal financial inclusion in China – models, challenges, and global lessons. .http://documents.worldbank.org/curated/en/281231518106429557/Toward-Universal-Financial-Inclusion-in-China-Models-Challenges-and-Global-Lessons. Accessed 1 Feb 2018.

Associate professor Feng Lin Lin received his doctorate degree in 2010. Since then, he has been teaching at finance school of Shandong finance and Economics University (Ji'nan, China), mainly teaching finance and other courses. He was hired as an associate professor in 2013 and was hired as a master's graduate tutor in 2016. He is engaged in the fields of rural finance, micro financial institutions, policy based agricultural guarantee and so on. His research projects were funded by the National Natural Science Foundation and the National Social Science Foundation in 2014 and 2017 respectively.

Sonderthema China: Digitalisierung im Banking – Ein Vergleich zwischen China und Deutschland

6

Lu Wang

6.1 Einleitung

Seit der Entstehung des Internets hat die neue Informationstechnologie die sozioökonomischen Aktivitäten und das Leben der Menschen stark verändert. Big Data, Cloud-Computing und mobiles Internet bringen nicht nur technologischen Fortschritt, sondern führen auch zu Veränderungen im Sozialverhalten. Mit den zunehmenden wirtschaftlichen Aktivitäten kam es in den letzten Jahren zu einer tiefgreifenden Veränderung in der Bankenbranche. Digitalisierung wird dabei mit Modernisierung und Automatisierung in Verbindung gebracht. Sie erfolgt im Zuge der zunehmenden Nutzung digitaler Geräte. Die Digitalisierung begann nach der Erfindung des Computers in den 1950er-Jahren. Heute bedeutet Digitalisierung im Banking z. B., dass Banken Webseiten einrichten, um ihren Kunden Dienste über das Internet anzubieten. Typische Beispiele für solche Dienste sind Angebote zu Informationsabfragen, zum Online-Zahlungsverkehr, zur Kreditaufnahme und zum Investment. E-Banking ist ein Online-Service-System auf Basis von E-Commerce-Plattform und Bankzahlungssystem. Beispiele dafür sind die Telefon-Bank, die Mobile-Bank, die Online-Bank oder der Geldautomat. Hierzu zwei Beispiele: Big Data wird als Sammelbegriff für digitale Technologien verwendet, die in technischer Hinsicht für eine neue Ära digitaler Kommunikation und Verarbeitung stehen und in sozialer

---

Dieser Beitrag „Digitalisierung im Banking – ein Vergleich zwischen China und Deutschland" von Herrn Lu Wang wurde im Zuge der Abschlussarbeit zum Bachelor of Arts (B.A.) an der FOM German-Sino School of Business & Technology erstellt. Fachlich konnte Herr Wang auf die Unterstützung und Beratung von Herrn Remmer (Geschäftsführer Sparkassen-Service Center Essen GmbH) zurückgreifen. Besonders ihm gilt ein großer Dank. Methodisch wurde der Autor von Herrn Prof. Dr. Seidel (FOM Hochschule) und Herrn Eisleben (FOM German-Sino School of Business & Technology) betreut. Auch ein herzliches Dankschön an die vielen Interviewpartner, die mit ihrem Fachwissen und ihrer Erfahrung den Beiträgen praxisnahe Bezüge gegeben haben.

L. Wang (✉)
Essen, Deutschland

© Springer Fachmedien Wiesbaden GmbH, ein Teil von Springer Nature 2019
M. Seidel (Hrsg.), *Banking & Innovation 2018/2019*, FOM-Edition,
https://doi.org/10.1007/978-3-658-23041-8_6

Hinsicht für einen gesellschaftlichen Umbruch verantwortlich gemacht werden. In der Definition von Big Data bezieht sich das *Big* auf die drei Dimensionen *Volume* (Umfang, Datenvolumen), *Velocity* (Geschwindigkeit, mit der die Datenmengen generiert und transferiert werden) sowie *Variety* (Bandbreite der Datentypen und -quellen) (vgl. Fasel und Meier 2016, S. 5). Cloud-Speicher ist ein neues Konzept, bei dem Speicherressourcen in die Cloud (= auf Server im Internet) gestellt werden, auf die Benutzer zugreifen können (vgl. Sooyeon et al. 2015, S. 1 f.). Diese Cloud-Idee wird derzeit in Richtung Cloud Computing weiterentwickelt. Dabei sollen komplette Anwendungen „in die Cloud" verlagert werden. Dies ist ein neuer Weg, der noch nicht final zu Ende gedacht ist (noch gibt es Compliance- und Risikofragen, die zu klären sind), der aber schon bald umgesetzt werden könnte.

Dieser Beitrag behandelt die Auswirkungen der Digitalisierung auf Universalbanken. Universalbanken sind Banken, die alle Arten Bankgeschäfte betreiben und allen Kundengruppen Bankdienstleistungen – beispielsweise Wertpapier-, Kredit- und Zahlungsverkehrsgeschäfte – anbieten. Zu den Universalbanken gehören Sparkassen, Genossenschaftsbanken, Kreditbanken und Privatbanken (vgl. Gruber und Bouché 2017, S. 33).

Die Entwicklung der aktuellen und der künftigen digitalen Veränderungen konfrontiert Banken mit großen Herausforderungen. Die Implementierung von E-Banking bedarf kontinuierlicher Innovationen. Wettbewerber wie FinTechs sowie Non-Banks und Near-Banks entwickeln und zeigen, wie es geht. Eine große Anzahl von Geschäftsstellen scheint kein Vorteil mehr zu sein.

Die Digitalisierung stellt nicht nur eine Herausforderung für Banken dar, sondern bietet auch neue Marktchancen sowie Möglichkeiten zur unternehmensinternen Entwicklung. Als neue Form des Bankings beeinflusst Digital Banking die Ausrichtung der Bankenentwicklung. Die fortschrittliche Nutzung von Internet- und Informationstechnologien zur Innovation der Finanzdienstleistungen ist eine wichtige, aber auch schwierige Aufgabe für die zukünftige Entwicklung einer Bank.

Digitalisierung beeinflusst den Wettbewerb der Bankbranche, sie beeinflusst aber auch das Denken der Bankmanager. Die Banker müssen Wege finden, wie man die vielfältigen Möglichkeiten der Digitalisierung nutzen kann, um das eigene Geschäftsmodell zu optimieren. Folgende Fragen ergeben sich beispielhaft:

- Wie wird sich der Bankensektor entwickeln?
- Gehört die Digitalisierung zu den Erfolgsfaktoren der Bank?
- Welche Voraussetzungen muss die Bank für die Digitalisierung erfüllen?
- Welche Herausforderungen und Chancen bringt die Digitalisierung den Banken?
- Welche Bankgeschäfte werden durch Digitalisierung vereinfacht?
- Welche Aufgaben im Bankgeschäft kann die Digitalisierung nicht (gut) lösen?

Diese Fragen beschreiben die zukünftigen Herausforderungen für die Banken. Dieser Beitrag soll erste Lösungsansätze für diese Fragestellungen aufzeigen. Aufgrund verschiedener nationaler Bedingungen unterscheidet sich die Digitalisierung im Banking in China

Tab. 6.1 Interviewpartner – Situationsanalysen in Deutschland und China

Funktion	Bank
Finanzverwaltungsmanager	Bank of Communications
Abteilungsleiter	Bank of China
Manager	Bank of China
Finanzmanager	Rural Credit Cooperatives
Abteilungsleiter	China Construction Bank
Geschäftsführer	Hua Xia Bank
Geschäftsführer	Sparkasse
Bereichsleiter	Sparkasse
Anlageberater	Deutsche Bank
CFO	Deutsche Bank
Wirtschaftsprüferin	Ernst & Young

und in Deutschland voneinander. Die gegenwärtige Situation wird verglichen. Sie wird mittels Interviews von deutschen und chinesischen Experten analysiert, und es werden Handlungsempfehlungen daraus abgeleitet (Tab. 6.1).

6.2 Übersicht über den Bankenmarkt in Deutschland und China

6.2.1 Banken in China

Die chinesischen Universalbanken werden in fünf Gruppen eingeteilt: Landesbanken, Privatbanken, Geschäftsbanken, Genossenschaftsbanken und Sparkassen. Lange gab es in China keine Privatbanken, weil die chinesische Politik die Planwirtschaft verfolgte. Aus diesem Grund waren die meisten Banken staatlich organisiert. Erst 2014 wurde die erste chinesische Privatbank gegründet. 2016 gab es in China acht Privatbanken, eine Sparkasse, 134 Landesbanken bzw. Urban Commercial Banks, 3770 Genossenschaftsbanken und 17 Geschäftsbanken (vgl. China Banking Regulierungskommission 2016).

95,9 % aller Banken in China sind Genossenschaftsbanken. Sie konzentrieren sich auf die Kunden, die auf dem Land leben. Derzeit betrifft dies 43 % der Bevölkerung (vgl. Nationales Statistikamt 2017).

Im Folgenden wird die Rural Credit Cooperatives (RCC) als Beispiel für chinesische Genossenschaftsbanken dargestellt.

Bei der RCC handelt es sich um eine typische Kreditgenossenschaft, die sich aus Mitgliedern zusammengesetzt. Die Genossenschaftsbanken stehen unter der Aufsicht der Volksbank of China (Zentralbank). Ihre Zielgruppe sind Kunden mit einem Wohnsitz auf dem Land. Das Bildungsniveau der Menschen, die in China auf dem Land leben, liegt auch heutzutage noch deutlich unter dem der Menschen in der Stadt. Daraus ergibt sich ein sehr unterschiedliches Konsumentenverhalten. In Bezug auf die Digitalisierung der Finanzprodukte lässt sich feststellen, dass die Genossenschaftsbanken derzeit noch keinen hohen Digitalisierungsgrad aufweisen. Besonders zu betonen ist, dass sich die Bankkunden in ländlichen Regionen gegenwärtig keine hohe Digitalisierung wünschen. Die Landbevölkerung ist mit dem derzeitigen Digitalisierungsgrad zufrieden. Sie benötigt hingegen mehr persönliche Beratung.

Die chinesische Regierung entwickelte im Jahr 2015 einen Plan zur Modernisierung: *Made in China 2025*. Diese Politik erfordert, dass die Industrie hochgradig digitalisiert wird. *Made in China 2025* bietet auch der Finanzindustrie bzw. dem Banking hervorragende Entwicklungsmöglichkeiten. *Made in China 2025* soll mit seiner Erneuerungsoffensive die Informationsasymmetrie verringern, Monopole verhindern, Produktions- und Betriebskosten reduzieren, die Effizienz erhöhen und die Benutzererfahrung verbessern. Auf Basis des Begriffs *Smart Factory* werden die traditionellen Unternehmen tiefgreifende Veränderungen erleben. *Made in China 2025* stellt auch einen politischen Impuls für die Digitalisierung im Banking dar. Es geht um die Digitalisierung in der Produktion. Banken können in diesem Prozess für Unternehmen eine maßgeschneiderte Finanzdienstleistungsplanung erstellen, um ihre personalisierten Bedürfnisse zu erfüllen. Das führt zu einer Geschäftsmodellumwandlung von der Produkt- zur Serviceorientierung.

Serviceorientierung bedeutet dann beispielsweise Folgendes: Durch den Zugriff auf Daten, die von verschiedenen intelligenten Geräten erfasst werden, bieten Banken ihren Kunden umfassende persönliche Finanzberichte, die kontinuierlich aktualisiert werden. Die Banken können auch ihre eigenen Daten verwenden, um Kundenbedürfnisse vorherzusagen, sowie Ratschläge, Finanzprodukte und Lösungen zu bieten, um den Kunden zu helfen, gute finanzielle Entscheidungen zu treffen. Die Bank kann z. B. unter Berücksichtigung von Anlagepräferenz, Risikotoleranz, finanzieller Situation und Bonität den Kunden eine maßgebende Finanzplanung zur Verfügung stellen.

6.2.2 Banken in Deutschland

Im Jahr 2016 gab es in Deutschland 526 Kreditbanken, 976 Genossenschaftsbanken sowie 417 Landesbanken und Sparkassen (vgl. Deutsche Bundesbank 2018, S. 106). Der prozentuale Anteil der einzelnen Bankgruppen in Deutschland unterscheidet sich von der Verteilung in China. Der Anteil der Genossenschaftsbanken beträgt mehr als die Hälfte.

Die Politik in Deutschland rief bereits 2013 die Initiative *Industrie 4.0* aus. Diese Initiative verfolgt das Ziel, die Digitalisierung der Industrie zu unterstützen. Als Kernaussage von Industrie 4.0 gelten die Einführung intelligenter Sensorsysteme, Hochautomatisierung, digital vernetzte Produktionsabläufe und die proaktive Beseitigung von Produktionsbarrieren. Ähnliche Kernaussagen werden in *Made in China 2025* getätigt. Für Banken liegen die Potenziale von Industrie 4.0 in der Vernetzung mit Industrieunternehmen, der Produktentwicklung neuer Finanzierungsinstrumente und einer Optimierung des Zahlungsverkehrs. So schafft beispielsweise die Integration von getrennten Produktionsvorgängen neue Transaktionsmodelle im Zahlungsverkehr.

6.2.3 Virtuelle Banken in Deutschland und China

Nach der Art und dem Grad der Kombination von virtuellen und physischen Banken werden die Geschäftsmodelle virtueller Banken grob in zwei Typen unterteilt: In einen rein virtuellen Typ und einen virtuell-real-kombinierten Typ (vgl. Zhao 2004, S. 1).

Die rein virtuellen Banken wie z. B. die ING-DiBa oder die N26 sind junge und moderne Bankformen. Solche Banken haben keine Filialen und alle Geschäfte werden online erledigt. Die virtuell-real-kombinierten Banken bieten eine Kombination von Geschäftsstellen und Online-Bankgeschäften.

Die 1965 gegründete ING-DiBa begann als virtuelle Bank – als Telefonbank –, d. h., alle Geschäfte wurden per Telefon und Post erledigt. In den 1990er-Jahren wurde das Online-Banking bei der ING-DiBa geboren. Inzwischen hat die ING-DiBa mehr als acht Millionen Kunden (vgl. ING-DiBa o. J.).

In China waren virtuelle Banken lange Zeit verboten. Erst 2014 wurde die erste chinesische virtuelle Bank, die Webank gegründet. Die Webank war nicht nur die erste chinesische virtuelle Bank, sondern auch die erste Privatbank Chinas.

Im Dezember 2016 hat die China Banking Regulierungskommission die Vorbereitung von sechs neuen Privatbanken offiziell genehmigt (vgl. China Banking Regulierungskommission 2016). Derzeit gibt es in China elf Privatbanken, davon sind drei rein virtuelle Banken – die Webank, die Zhejiang Internetbank und die Xinwang Bank – und drei virtuell-real-kombinierte Banken – die Suning Bank, die Zhongbang Bank und die Zhongguancun Bank (vgl. China Banking Regulierungskommission 2016).

2017 erlaubte Hongkongs Währungsbehörde den Technologieunternehmen, virtuelle Banken einzurichten (vgl. CCTV 2018). Banken, Finanzinstitute und Technologieunternehmen können beantragen, virtuelle Banken in Hongkong zu betreiben (vgl. Xin Hua 2018).

6.2.4 Bedrohung durch alternative Bankformen

Mit Non-Banks und Near-Banks treten neue Anbieter in den Markt, die für einen zunehmenden Wettbewerb sorgen. Near-Banks sind banknahe Institute; Quasibanken, die nicht zu den Kreditinstituten zählen, aber aufgrund ihres Leistungsangebotes als Substitutionskonkurrenten von Banken gelten (vgl. Gruber und Bouché 2017, S. 34). Beispielsweise können dies Versicherungen, Kreditkarten-Organisationen und Zahlungsplattformen von Dritten sein – wie Alipay in China oder PayPal in Deutschland. „Non-Bank" ist eine Bezeichnung für bankfremde Anbieter im Markt der Finanzdienstleister, die aufgrund der angebotenen Produktpalette im Finanzdienstleistungssektor ebenfalls als Konkurrenz von Banken auftreten (vgl. Gruber und Bouché 2017, S. 34). Beispielsweise geben Warenhäuser oder Immobilienhändler den Kunden kurzfristige Kredite.

In Deutschland gibt es 15 Realkreditinstitute und 20 Sonder- bzw. Förderbanken, die als Near-Banks gelten (vgl. Deutsche Bundesbank 2018, S. 107). Im Vergleich dazu hat

China 371 Finanzinstitute, 68 Treuhandgesellschaften und fünf Autofinanzierungsgesellschaften, die als Near-Banks bezeichnet werden können (vgl. China Banking Regulierungskommission 2016). Dazu folgender Hinweis: Zu beachten ist, dass die Zahl chinesischer und deutscher Kreditinstitute aufgrund der signifikanten Unterschiede von Landesgröße und Anzahl der Bevölkerung zwar interessant, aber nicht direkt vergleichbar ist.

Die Möglichkeit, im Internet Bankgeschäfte zu tätigen, verändert das Kundenverhalten, aber auch das Angebot an Finanzdienstleistungen. Ständig entstehen neue Apps, die sehr erfolgreich sind; ein Beispiel dafür ist die 2013 entwickelte App „Yu-Po" in China, eine Geldverwaltungs-App, die von einer Tochtergesellschaft von Alipay betrieben wird. Yu-Po hat ähnliche Finanzprodukte wie eine Bank, bietet aber ein flexibleres und freieres Anlageportfolio für Kunden an; zudem ist die Rendite der Produkte viel höher als bei einer Bank.

Internetunternehmen wie Yu-Po, Alipay und PayPal erhalten Kundendaten über ihre Tochterunternehmen. Sie nutzen riesige Menge an Benutzerdaten, die sie zur Verfügung haben, um kontinuierlich personalisierte Finanzprodukte anzubieten. Wegen der Personalisierung erfüllen diese Unternehmen auch Bedürfnisse, die nicht von den standardisierten Dienstleistungen der Finanzindustrie abgedeckt werden. Dies wird Finanzinstitute dazu zwingen, ihre ursprünglichen Produkte zu verbessern und neue technologische Mittel zu ergreifen, um die veränderten Konsumgewohnheiten der Kunden zu erfüllen. Dieser Datenaustausch geht in China leichter, allerdings erlässt die chinesische Regierung aktuell auch dafür relevante Gesetze und Verordnungen. Aufgrund des starken Datenschutzsystems in Deutschland wird der beschriebene Informationsaustausch schwerer zu realisieren sein.

6.2.5 Ländervergleich

Um die Unterschiede zwischen den Ländern transparent zu machen, wird in den folgenden Abschnitten anhand verschiedener Beispiele bzgl. der Bankenstruktur, der Länderstruktur, der Techniknutzung sowie der Technikstruktur ein Vergleich zwischen China und Deutschland vorgenommen.

6.2.5.1 Bankenstruktur

Die chinesische und die deutsche Bankstruktur sind auffällig unterschiedlich. In China sind 94 % der Banken Genossenschaftsbanken, im Vergleich dazu sind nur 50,8 % der Banken in Deutschland Genossenschaftsbanken. Die Anzahl der Non-Banks, Near-Banks bzw. anderer Kreditinstitute ist in Deutschland viel höher als in China. Virtuelle Banken stehen in China am Anfang ihrer Geschäftstätigkeit, während sie sich in Deutschland schon über 50 Jahre (beginnend mit Telefonbanken) entwickelt haben.

6.2.5.2 Länderstruktur

Deutschland umfasst eine Fläche von 357.386 Quadratkilometern und hatte am Ende des Jahres 2016 rund 82,52 Mio. Einwohner. Die Anzahl der Internetnutzer in Deutschland belief sich im Jahr 2017 auf 62,4 Mio.. Das heißt, 89,3 % der Bevölkerung nutzen bereits das Internet, und schon 64 % der Bewohner nutzen mobiles Internet (vgl. Statista 2017a, 2017b, 2017c, 2018a, 2018b).

China umfasst eine Fläche von 9.596.960 Quadratkilometern, es ist fast 27-mal so groß wie Deutschland. Im Jahr 2017 betrug die Gesamtbevölkerung Chinas rund 1,39 Mrd. Einwohner, wovon mehr als 576,61 Mio. Bewohner, also 41,5 % der Gesamtbevölkerung, auf dem Land leben. Nur die Hälfte der chinesischen Bevölkerung nutzt das mobile Internet (vgl. Statista 2017d, 2017f, 2017g, 2017h).

6.2.5.3 Technikstruktur

Das Internet ist eine Voraussetzung der Digitalisierung. Die deutsche Regierung hat im Jahr 2014 als Ziel festgelegt, dass alle deutschen Haushalte spätestens 2018 mit Breitbandleitungen von mindestens 50 Megabit pro Sekunde auszustatten sind (vgl. Frankfurter Allgemeine 2017). Aber dieses Ziel wurde nicht erreicht. Die neue Koalitionsregierung erwähnte dieses Ziel im Jahr 2018 wieder und will es bis 2025 erreichen (vgl. Steinlechner 2018). Schon 2015 wurde die Geschwindigkeit des deutschen Internets als gering empfunden (vgl. Schmidt 2015). Ein Grund dafür war der Wandel der Deutschen Telekom im Jahr 1995 in eine Aktiengesellschaft, seitdem spielt der Gewinn eine wichtigere Rolle.

In China ist China Telecom ein staatliches geführtes Unternehmen, das nicht nur auf den Gewinn fokussiert, sondern für die flächendeckende Digitalisierung verantwortlich ist.

So gesehen hat Deutschland im Vergleich zu China schlechtere technische Voraussetzungen, um ein modernes Zahlungssystem zu ermöglichen. China kündigte im Jahr 2013 das Ziel einer schnelleren Breitbandverbindung an und führte 2013 und 2014 die Politiken *Broadband Chinese* und *Powerful Nation Network* ein – beide politische Initiativen sind erfolgreich und bis heute noch gültig.

Zusammenfassend kann im Vergleich zwischen Deutschland und China festgehalten werden, dass

- China noch am Anfang der Digitalisierung steht, die Lösungen allerdings vielfältiger sowie vernetzter und dadurch für Kunden umfassender sind,
- das Digitalisierungspotenzial des Bankgeschäftes (vor allem in ländlichen Regionen) in China in absoluten Zahlen ungleich höher als in Deutschland ist und
- die digitale Infrastruktur in China konsequenter und schneller ausgebaut wird als in Deutschland.

6.3 Banking der Zukunft – Handlungsempfehlungen

Nach der Analyse der Entwicklungssituation in den letzten Jahren wird deutlich, dass alle Banken, Non-Banks und Near-Banks ausnahmslos am Wettbewerb der Digitalisierung beteiligt sind. Es ist festzustellen, dass Banken erkannt haben, dass das Electronic Banking einer der zukünftigen Kernbereiche des Business-Wettbewerbs ist. Deshalb wollen sie die Digitalisierung im Banking weiter entwickeln. Die Experten sind sich in diesem Punkt einig – Digitalisierung ist für Banken ein unaufhaltsamer Trend.

Vor diesem Hintergrund wird sich das Geschäftsmodell grundlegend verändern. Mit großer Wahrscheinlichkeit werden mehr als 40 % der Arbeitsplätze abgebaut (vgl. Maisch 2017). Dadurch wird künftig auch die Zahl der Schaltermitarbeiter für einfache Serviceleistungen radikal reduziert. Der Personalbedarf in Banken insgesamt wird sich stark verändern, weil beispielsweise mehr IT-Fachleute und Mitarbeiter beim Bankmarketing zur Kundenbindung benötigt werden.

Die Interviews zeigen auch, dass Banker die Kundenbindung als Problem der Zukunft sehen. Digitalisierung vereinfacht zwar den Geschäftsprozess, die Kommunikation bzw. die Kundenbindung leidet jedoch unter ihr. Kundennähe ist und bleibt nach Meinung der Experten einer der wichtigsten Erfolgsfaktoren von Banken. Um kundennah zu sein, steht die Individualisierung der Kundenbedürfnisse im Mittelpunkt, weil jeder unterschiedliche Bedürfnisse hat. Individualisierung äußert sich z. B. in einer digitalen Ansprache der Kunden beim Login, in der regelmäßigen Zusendung des Kontoauszuges oder in einem auf Kunden abgestimmten Produktangebot. Um Kunden zu binden, muss die Bank die Zufriedenheit und das Vertrauen von Kunden erhalten.

Laut den Interviews ist die Verfügbarkeit ein weiterer wichtiger Erfolgsfaktor. Wenn Zahlungsstreitigkeiten oder andere Probleme entstehen, wäre eine 24/7-Hotline erfolgversprechend.

Um all dies besser zu bewältigen, könnten die Banken eine neue Funktion im Unternehmen etablieren – ein *Chief Digital Officer (CDO)* könnte sich beispielsweise konzentriert mit Digitalisierung, Forschung und Entwicklung oder der Personalisierung von Bankdienstleistungen beschäftigten.

6.4 Empfehlungen für Banken in China

Die Digitalisierung führt dazu, dass immer mehr Menschen mit dem Handy bezahlen, z. B. mit Alipay und Wechatpay. Das Unternehmen Alibaba, zu dem Alipay gehört, forscht und entwickelt auch im Bereich Big Data und Biometrie. Jiang Long, der Produktmanager von Alipay Wallet, behauptet, Biometrie werde die zukünftige Richtung des mobilen Bezahlens sein. Verglichen mit dem digitalen Passwort ist der Fingerabdruck einzigartig, stabil und schwer zu kopieren. Eine zuverlässigere technische Sicherheit kann die Zahlungssicherheit effektiv verbessern, das Risiko eines Passwortlecks verringern und gleichzeitig die Benutzerwahrnehmung verbessern (vgl. Chongqing Zeitung 2014). Schon jetzt kann die mobile Zahlung in China mit dem Fingerabdruck statt mit einem Passwort erledigt werden. Gäbe es einen Fingerabdruckscanner, könnte auf Karten- und Handy-Zahlung verzichtet werden.

Mit fortschreitender Technologie wird immer mehr die Iris-Technologie für Sicherheitssysteme eingesetzt. Beispielsweise nutzt der Frankfurter Flughafen die automatisierte und biometriegestützte Grenzkontrolle (Iris-Technologie) schon seit über zehn Jahren (vgl. Ziegler 2004).

Die China Construction Bank setzt ebenfalls ein Iris-Sicherheitssystem ein. Wenn die Technologie zukünftig weiterentwickelt wird, könnten Kombinationen von Irissystemen, Big Data und Mobile-Pay das Leben der Bankkunden deutlich vereinfachen. Bezahlen mit einem Augenzwinkern könnte hier die Innovation der Zukunft sein.

Bargeldlose Bezahlung führt auch zu Veränderungen bei der Ausstattung mit Geldautomaten. Aktuell gilt die Anzahl der Geldautomaten als Wettbewerbsvorteil. Deshalb stehen viele Geldautomaten auf der Straße quasi nebeneinander. Jede Bank hat Mitarbeiter, vielleicht sogar eine Abteilung, die für ihre Geldautomaten zuständig sind. Wird die bargeldlose Bezahlung realisiert, sinkt der Bedarf an Bargeld und an Geldautomaten. Die Automaten werden vielleicht vereinheitlicht, und auf ihnen wird kein Name irgendeiner Bank sichtbar sein. Politische Impulse können diese Entwicklung beschleunigen; besonders in China unterstützen die politischen Impulse diesen Prozess beträchtlich. Mit der Weiterentwicklung der Digitalisierung bei Banken (und in anderen Branchen) führt die papierlose Zahlung irgendwann zu einem Abbau der Geldautomaten.

Im Vergleich zu Deutschland gibt es in China noch keine Vergleichsplattform für Banken. Es gibt nur eine Devisenplattform im Banking. Dafür ist Deutschland ein Vorreiter, besonders im Bereich der virtuellen Banken. Gäbe es auch in China eine Vergleichsplattform, würde die aktuelle Bankpolitik beispielsweise für Einlagenzinsen und Kreditzinsen übersichtlicher. Durch den Eintritt in die Online-Plattform können die Banken beispielsweise Kosten sparen. Die Kunden erhalten z. B. einen Überblick über den aktuellen Zinssatz jeder Bank. Das würde ihnen bei der Bankentscheidung helfen. Zudem wird die räumliche Beschränkung an Bedeutung verlieren. Die stationären Filialen werden nicht mehr als Vorteil gelten, und viele werden schließen. Das führt zu einer Veränderung der Bankstruktur. Die Banken benötigen nur eine Geschäftsstelle in jeder Stadt, damit Kunden sie kontaktieren und dort bedient werden können.

6.5 Empfehlungen für Banken in Deutschland

Deutsche sind Bargeld-Fans (vgl. Schneider 2017). Die Deutschen lieben das Bargeld bzw. ihre Bank-/Kreditkarte. Deutsche sind nicht im gleichen Maße veränderungswillig wie Chinesen. Aufgrund des kulturellen Hintergrundes akzeptieren die Deutschen momentan starke Veränderungen wie papierlose, Fingerabdruck- oder Iris-Zahlung noch nicht, dies beruht auf dem Sicherheitsbedürfnis der Deutschen (vgl. Hofstede und Hofstede 2012, S. 215).

Es gibt ein weiteres großes Entwicklungspotenzial im deutschen Digitalisierungsmarkt. Die Anzahl der Internetnutzer in Deutschland lag im Jahr 2010 erst bei 49 Mio., während es 2017 schon 62,4 Mio. waren (vgl. Statista 2017c). Mit der Anzahl der Nutzer von Mobiltelefonen steigt die Popularität des mobilen Internets. Aufgrund der großen Anzahl der Internetnutzer bietet sich die Weiterentwicklung der Digitalisierung im Banking an. Vergleicht man die digitalen Lösungen im Banking von China mit Deutschland, so hat Deutschland noch großes Potenzial. Zum Beispiel könnte nicht nur das Bezahlen, sondern auch die Beratung digitalisiert werden.

Digitalisierung in Deutschland führt auch zum Ausbau des Hochgeschwindigkeitsnetzwerkes. Ein solches schnelles Internet bietet auch technische Unterstützung für die Entwicklung der Digitalisierung im Banking. Wenn im öffentlichen Raum Hochgeschwindigkeitsnetzwerke zur Verfügung stehen, können Kunden ohne zeitliche und räumliche Beschränkungen das mobile Banking nutzen.

In Deutschland gibt es zwar Pay-Apps – wie Paypal, Apple Pay oder NFC –, allerdings hat jede App ihren eigenen Kooperationspartner. Es fehlt ein universelles Angebot, dass mit allen Smartphones und in allen Geschäften genutzt werden kann (Schneider 2017). So gesehen kann China für Deutschland ein Vorbild sein. Mit Ali-Pay oder Wechat-Pay können fast alle Waren und Dienstleistungen bezahlt werden.

In Deutschland gibt es schon seit Längerem Bankvergleichsplattformen wie z. B. *der Online Broker* (vgl. Finanzen.net o. J.). Da hier Bankdienstleistungen angeboten werden, die dann nicht mehr in Banken nachgefragt werden, führt das über kurz oder lang zur Schließung von Bankfilialen. Das ist sicher nicht der alleinige Grund für das Filialsterben in Deutschland, tatsächlich ist die Anzahl der Bankfilialen in Deutschland jedoch kontinuierlich von 1990 bis 2016 von 4719 auf 1888 gesunken (vgl. Statista 2017e).

Betrachtet man das Portal *Online Broker* genauer, so ist zu erkennen, dass momentan meistens nur kleine Privatbanken und virtuelle Banken (die weniger bekannt sind) die Plattform nutzen. Da viele Kunden bei bekannten Banken sind, funktioniert *der Online Broker* noch nicht in dem Maße, wie man sich das vorgestellt hat. Experten meinen dazu, dass auch das Image und der Markeneffekt Erfolgsfaktoren darstellen. Banken, die *Online Broker* nutzen, müssten mehr Werbung und mehr Öffentlichkeitsarbeit dafür betreiben. Sollte *der Online Broker* mit den großen Banken verbunden werden, würde es besser funktionieren, und die Konkurrenz zu traditionellen Banken würde noch stärker werden.

6.6 Fazit

Betrachtet man die Digitalisierung in chinesischen Banken, so nutzen diese die technischen Möglichkeiten konsequent. Aufgrund der hohen Internetaffinität der chinesischen Bevölkerung gehen die chinesischen Kunden diesen Weg mit. Aktuell stehen einfache, aber für Kunden und Banken effektive Lösungen im Vordergrund. Vor allem im Zahlungsverkehr und der Sicherheitstechnik sind die chinesischen Lösungen akzeptiert. Bei der Digitalisierung des qualifizierten Anlage- und Kreditgeschäftes sind die Lösungen aktuell aufgrund der politischen Impulse noch nicht sehr weit entwickelt (*Made in China 2025*), es wird aber daran mit Hochdruck gearbeitet.

Alles in allem entwickelt sich die Digitalisierung in Deutschland kontinuierlich weiter und führt schon heute zu revolutionären Veränderungen im Banking, vor allem im Retail-Banking. Stationäre Geschäftsstellen und die große Anzahl der Geldautomaten werden in Zukunft nicht mehr als Wettbewerbsvorteil gelten. Banken müssen sich stattdessen mehr auf ihre IT konzentrieren. Immer mehr Geschäfte werden von offline zu online übertragen und online erledigt werden. Im Mengengeschäft brauchen Banken letztendlich nur noch Mitarbeiter, die den Betrieb überwachen, die Marktforschung übernehmen und sich mit der Entwicklung künftiger Lösungen beschäftigen. Die zukünftigen Geschäfte werden für Kunden einfacher, bequemer und übersichtlicher sein; damit dies gelingt, werden die Prozesse für die Banken allerdings komplexer.

Literatur

CCTV (2018). 香港金管局建议允许科技公司成立虚拟银行, (07.02.2018). http://tv.cctv.com/2018/02/07/VIDEWwk0w6YkDHyvoiUEswRh180207.shtml. Zugegriffen: 01.2018 MEZ.

China Banking Regulierungskommission (2016). 11家民营银行已获批建银监会:首批整体运行审慎稳健 (09.12.2016). http://www.cbrc.gov.cn/chinese/home/docView/49A00896C4C24C0D8EC5AE8212BBBD9A.html. Zueggriffen: 02.2018 MEZ.

Chongqing Zeitung (2014). 代替数字密码 指纹支付来了 (07.2014). http://news.163.com/14/0717/06/A1B81I4U00014AED.html. Zugegriffen: 01.2018 MEZ.

Deutsche Bundesbank (2018). Deutsche Bundesbank Bankenstatistik Stand vom 30. Jan. 2018 (30.01.2018), o.O.

Fasel, D., & Meier, A. (2016). Was versteht man unter Big Data und NoSQL. In Fasel Daniel & A. Meier (Hrsg.), *(Big Data, 2016): Big Data Grundlagen, Systeme und Nutzungspotenziale*. Zürich: Springer.

Finanzen.net (o. J.). Broker Test: Die besten Online-Broker im Vergleich. https://www.finanzen.net/online-broker-vergleich/. Zugegriffen: 01.2018 MEZ.

Frankfurter Allgemeine (2017). Die wichtigsten Antworten zum schnellen Internet in Deutschland. http://www.faz.net/aktuell/wirtschaft/digitalisierung-die-wichtigsten-antworten-zum-schnellen-internet-in-deutschland-15225607.html. Zugegriffen: 30.09.2017.

Gruber. Janne, L., & Bouché, G. (2017). Umdenken im Vertrieb – Die Digitalisierung des Privatkundengeschäftes. In M. Seidel (Hrsg.), *(Banking, 2017): Banking & Innovation 2017 Ideen und Erfolgskonzepte von Experten für die Praxis*. Stuttgart: Springer.

Hofstede, G., & Hofstede, G. J. (2012). *Lokales Denken, globales Handeln: Interkulturelle Zusammenarbeit und globales Management* (5. Aufl.). München: Deutscher Taschenbuch Verlag.

ING-DiBa (o. J.). Chronik. https://www.ing-diba.de/ueber-uns/unternehmen/geschichte/. Zugegriffen: 01.2018 MEZ.

Maisch, M. (2017). Die intelligente Revolution frisst die Banker (05.12.2017), Handelsblatt vom 05.12.2017/Finanzen. http://www.handelsblatt.com/my/finanzen/banken-versicherungen/bankentechnologie-die-intelligente-revolution-frisst-die-banker/20672440.html?ticket=ST-1417-467uVpZns6N70o5CcyjP-ap4. Zugegriffen: 02.2018 MEZ.

Nationales Statistikamt (2017). 2016 年国民经济实现"十三五"良好开局 (20.01.2017). http://www.stats.gov.cn/tjsj/zxfb/201701/t20170120_1455942.html. Zugegriffen: 02.2018 MEZ.

Schmidt, H. (2015). Deutschland fällt im Breitband-Wettbewerb weiter zurück. https://netzoekonom.de/2015/01/12/deutschland-faellt-im-breitband-wettbewerb-weiter-zurueck/. Zugegriffen: 02.2018 MEZ.

Schneider, K. (2017). Liebe zur Technik trifft Liebe zum Bargeld. http://www.handelsblatt.com/my/finanzen/banken-versicherungen/welche-bezahlangebote-kunden-kennen-sollten-liebe-zur-technik-trifft-liebe-zum-bargeld/20765008.html. Zugegriffen: 02.2018 MEZ.

Sooyeon, Shin, Seungyeon, Kim, & Taekyoung, Kwon (2015). Identification of Corrupted Cloud Storage in Batch Auditing for Multi-Cloud Environments. In: I. Khalil, ICT-EurAsia 2015 and CONFENIS 2015.

Statista (2017a). Fläche der deutschen Bundesländer (in Quadratkilometern) zum 31. Dezember 2015. https://de.statista.com/statistik/daten/studie/154868/umfrage/flaeche-der-deutschen-bundeslaender/. Zugegriffen: 02.2018 MEZ.

Statista (2017b). Anteil der Internetnutzer in Deutschland in den Jahren 1997 bis 2017. https://de.statista.com/statistik/daten/studie/36009/umfrage/anteil-der-internetnutzer-in-deutschland-seit-1997/. Zugegriffen: 02.2018 MEZ.

Statista (2017c). Anzahl der Internetnutzer in Deutschland in den Jahren 1997 bis 2017 (in Millionen). https://de.statista.com/statistik/daten/studie/36146/umfrage/anzahl-der-internetnutzer-in-deutschland-seit-1997/. Zugegriffen: 02.2018 MEZ.

Statista (2017d). Die 30 größten Länder der Welt nach Fläche im Jahr 2017 (in Quadratkilometern). https://de.statista.com/statistik/daten/studie/3058/umfrage/die-30-groessten-laender-der-welt-nach-flaeche/. Zugegriffen: 02.2018 MEZ.

Statista (2017e). Jährlicher Filialrückbau der Banken in Deutschland von 2001 bis 2015. https://de.statista.com/statistik/daten/studie/39488/umfrage/mobiles-internet-nutzer-des-mobilen-internets-in-china/. Zugegriffen: 02.2018 MEZ.

Statista (2017f). Anzahl der Nutzer des mobilen Internets in China in den Jahren 2007 bis 2016 (in Millionen). https://de.statista.com/statistik/daten/studie/39488/umfrage/mobiles-internet-nutzer-des-mobilen-internets-in-china/. Zugegriffen: 02.2018 MEZ.

Statista (2017g). China: Einwohner (Gesamtbevölkerung) von 2006 bis 2017 (in Millionen Einwohner). https://de.statista.com/statistik/daten/studie/19323/umfrage/gesamtbevoelkerung-in-china/. Zugegriffen: 02.2018 MEZ.

Statista (2017h). China: Bevölkerung nach Stadt und Land von 2006 bis 2016 (in Millionen Einwohner). https://de.statista.com/statistik/daten/studie/220355/umfrage/staedtische-und-laendliche-bevoelkerung-in-china/. Zugegriffen: 02.2018 MEZ.

Statista (2018a). Bevölkerung – Einwohnerzahl der Bundesländer in Deutschland am 31. Dezember 2016 (in 1.000). https://de.statista.com/statistik/daten/studie/71085/umfrage/verteilung-der-einwohnerzahl-nach-bundeslaendern/. Zugegriffen: 02.2018 MEZ.

Statista (2018b). Anteil der mobilen Internetnutzer in Deutschland in den Jahren 2015 bis 2017 (01.2018). https://de.statista.com/statistik/daten/studie/633698/umfrage/anteil-der-mobilen-internetnutzer-in-deutschland/. Zugegriffen: 02.2018 MEZ.

Steinlechner, P. (2018). Große Koalition will Glasfaser und E-Sport fördern. https://www.golem.de/news/digitalisierung-grosse-koalition-will-glasfaser-und-e-sport-foerdern-1802-132574.html. Zugegriffen: 02.2018 MEZ.

Xin Hua (2018). 香港金管局建议允许科技公司成立虚拟银行 (02.2018). http://www.xinhuanet.com/2018-02/06/c_1122378019.htm. Zugegriffen: 02.2018 MEZ.

Zhao, Jie (2004). 我国虚拟银行商业模式及经营策略 (30.10.2003), 上海金融 2004 年第 1 期．

Ziegler, P.-M. (2004). Iris-Scanning-Projekt am Frankfurt Airport wird ausgeweitet. https://www.heise.de/newsticker/meldung/Iris-Scanning-Projekt-am-Frankfurt-Airport-wird-ausgeweitet-105947.html. Zugegriffen: 02.2018 MEZ.

Lu Wang (BBA.) studiert Internationale Wirtschaft und Handel an der FOM Hochschule für Oekonomie & Management in Essen mit Fachrichtung Marketing & Vertrieb. Er war ehrenamtlicher Lehrer in China. 2018 macht er ein Praktikum bei Sparkasse Essen. Er engagiert sich intensiv für die wirtschaftliche Marktforschung.

Sonderthema China: Ansprüche der Generation Z an ein modernes Banking – Ein Vergleich zwischen China und Deutschland

Ni Chai

7.1 Einführung

Trotz der allmählichen Erholung der Finanzbranche wird das globale wirtschaftliche und finanzielle Umfeld immer komplizierter und ändert sich ständig, zugleich ist die Branche äußerst anfällig für internationale Kettenreaktionen. China hat einen sehr viel größeren Einflussgeber und wird selbst viel stärker vom deutschen Markt beeinflusst, als vielfach angenommen. Die deutsche Wirtschaft weiß und spürt das beispielsweise an großen und kleinen Firmenbeteiligungen durch chinesische Partner. Auch das chinesische Bankensystem ist mächtig. Vier der zehn weltweitgrößten Banken haben ihre Heimat in China (Tab. 7.1).

Doch wie gehen die chinesischen Banken mit der weltweiten Herausforderung des demografischen Wandels um? Auch in China sind die Genrationen Y und Z die Zukunft. Die chinesischen Banken müssen sich diesen Herausforderungen stellen.

Generell betrachtet benötigt jede Bank eine intensive und zielgerichtete Marktforschung und muss über leistungsfähige Managementfunktionen verfügen. Gleichzeitig beeinflussen die fortschreitende Informationstechnik und die enorme Entwicklung des Internets den Bankenwettbewerb und verstärken die Intensität des Wettbewerbs um attraktive junge Kunden.

Dieser Beitrag „Ansprüche der Generation Z an ein modernes Banking – Ein Vergleich zwischen China und Deutschland" von Frau Ni Chai wurden im Zuge der Abschlussarbeit zum Bachelor of Arts (B.A.) an der FOM German-Sino School of Business & Technology erstellt.
Fachlich konnte Frau Chai auf die Unterstützung und Beratung von Herrn Remmer (Geschäftsführer Sparkassen-Service Center Essen GmbH) zurückgreifen. Besonders ihm gilt ein großer Dank. Methodisch wurde die Autorin von Herrn Prof. Dr. Seidel (FOM Hochschule) und Herrn Eisleben (FOM German-Sino School of Business & Technology) betreut. Auch ein herzliches Dankschön geht an die vielen Interviewpartner, die mit ihrem Fachwissen und ihrer Erfahrung den Beiträgen praxisnahe Bezüge gegeben haben.

N. Chai (✉)
Essen, Deutschland

Tab. 7.1 Die weltweit zehn größten Banken. (Quelle: Der Bank Blog 2017)

Rang	Land	Bank	Marktkapitalisierung
1	USA	JP Morgan Chase	311,31 Mrd. USD
2	USA	Wells Fargo	268,46 Mrd. USD
3	China	ICBC	245,35 Mrd. USD
4	USA	Bank of America	236,58 Mrd. USD
5	China	China Construction Bank	204,48 Mrd. USD
6	UK	HSBC Holdings	165,09 Mrd. USD
7	USA	Citigroup	164,34 Mrd. USD
8	China	Agricultural Bank of China	156,54 Mrd. USD
9	China	Bank of China	149,86 Mrd. USD
10	Australia	Commonwealth Bank of Australia	112,45 Mrd. USD

Als sicher gilt: Je stärker sich die Banken im Wettbewerb an den Wünschen der Kunden ausrichten, desto geringer ist die Wahrscheinlichkeit zu scheitern. Ansprüche der Kunden führen zu Innovationen im Banking. Banken müssen den Weg der Innovation gehen, wollen sie junge Kunden gewinnen und erfolgreich sein (vgl. Bacher 2015, S. 141).

Die Zukunft gehört der Generation Z – dazu gibt es viele allgemeine Untersuchungen, aber wenige Aussagen speziell auf Banken bezogen. Deshalb ist eine Untersuchung der Ansprüche der Generation Z an ein modernes Banking besonders sinnvoll. Dieser Beitrag geht einen Schritt weiter: Neben der Untersuchung der Ansprüche der Generation Z in Deutschland wird ein Vergleich zu China, einer der erfolgreichsten und größten Volkswirtschaften der Welt, gezogen. Dies ermöglicht neue Einsichten und bietet einen großen Erkenntnisgewinn.

Im engeren Sinne umfasst die Generation Z alle Menschen, die im Jahr 1995 oder danach geboren wurden. Aber im weiteren Sinne definieren auch die Wertvorstellungen bzw. ein ganz spezifisches Wertsystem diese eigenständigen Generation (vgl. Scholz 2014, S. 31). Um die Vorstellungen dieser Zielgruppe ermitteln zu können, wurden Fragebögen an Personen mit entsprechendem Geburtsjahr verteilt. Die wichtigsten Merkmale und die typischen Verhaltensweisen der Generation Z werden im Abschn. 7.3 dargestellt.

Die Untersuchung bezieht sich auf das Retail Banking, da es die wichtigste Form des modernen Bankings für die Generation Z darstellt. Dabei stehen Basisleistungen für Mengenkunden wie die Abwicklung des Zahlungsverkehrs, Spareinlagen, Kredite etc. im Vordergrund (vgl. Bartmann et al. 2011, S. 18).

7.2 Analyse der aktuellen Situationen und Entwicklungstrends des modernen Bankings im Ländervergleich

Für die Jugendlichen der Generation Z – die die hier die untersuchte Zielgruppe darstellen – stehen einfache und liquide Anlageformen, Home- und Internetbanking sowie

Sparen für Hobbys und Reisen im Vordergrund (vgl. Bacher 2015, S. 157). Der einzelne private Kunde der Generation Z nutzt meistens die Mengengeschäfte des modernen Bankings. Mit Retail Banking ist das produktzentrierte Mengengeschäft und ein Verkauf standardisierter Finanzprodukte und Basisdienstleitungen an Mengenkunden gemeint. Bis jetzt ist das Retail Banking einer der wichtigsten Geschäftsbereiche der nationalen Kreditinstitute.

Das Universalbanksystem/-prinzip überwiegt im deutschen Banksektor. 95 % der Banken lassen sich den Universalbanken zuordnen. Insgesamt setzt sich das Bankensystem aus drei Säulen in Deutschland zusammen: privatwirtschaftliche Kreditinstitute, Sparkassen und Landesbanken sowie Genossenschaftsbanken. Die meisten Banken sind im Retail Banking tätig (Abb. 7.1).

Das Retail Banking können Banken nur dann erfolgreich betreiben, wenn sie die Vertriebskosten gering halten, ihre Kunden an sich binden oder neue Kunden gewinnen; denn dann werden die Fixkosten des Retail Bankings reduziert (vgl. Bartmann et al. 2011, S. 17 f.).

Tatsächlich wird das Kundenverhalten künftig der größte Einflussfaktor auf die Entwicklung des Bankgeschäftes sein. Inzwischen ist es normal, dass ein modernes Banking für Kunden überall erreichbar und präsent ist. Mit den neuen Medien und dem Internet bietet ein modernes Banking den Kunden umfassende Informationen bezüglich ihrer Bankgeschäfte. Aufgrund der massiven Verbreitung von PCs und Smartphones sind der „Always-on-Zustand" und „die Bank in der Hosentasche" besonders für die Generation Z zur Normalität geworden (vgl. Dümmler und Steinhoff 2015, S. 76). Derzeit spielen mobile Endgeräte bereits eine dominierende Rolle im Retail Banking. Wichtige Merkmale eines modernen Bankings im digitalen Zeitalter sind Einfachheit und Bequemlichkeit. Mit den mobilen Geräten können Bankkunden von fast allen Orten und zu jeder Zeit auf alle Konten und Bankgeschäfte zugreifen. Diese digitale Revolution ist derzeit nicht nur ein Trend, sondern stellt eine fundamentale Umwälzung dar (vgl. Kern 2015, S. 229). Das Online-Bankgeschäft ist besonders für standardisierte Finanzprodukte und Basisdienstleitungen geeignet.

In den letzten Jahren hat sich das Retail Banking in China sehr schnell entwickelt. Es generiert einen großen Teil des Gewinnes für Handelsbanken (vgl. Fan und Zhang 2013,

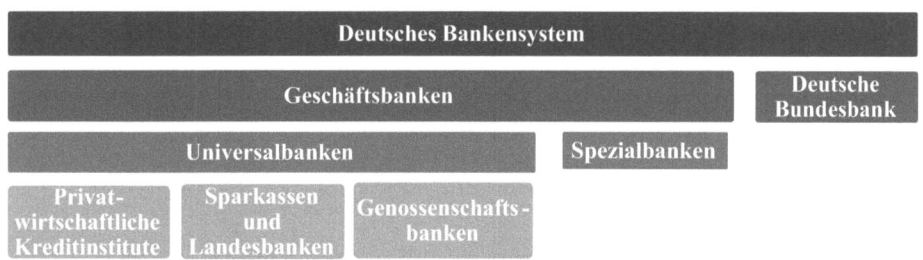

Abb. 7.1 Das Bankensystem in Deutschland. (Quelle: Jugend und Finanzen 2017)

S. 3 ff.). Gleichzeitig ist der deutsche Bankenmarkt heute von einer hohen Anzahl Banken mit z. T. geringen Marktanteilen geprägt. Dieser Wettbewerb schränkt die Preispolitik ein und begrenzt damit die Erlösmöglichkeiten. Bei der Gegenüberstellung des modernen Bankings in China und Deutschland sind einige Unterschiede festzustellen:

1. Bezogen auf alle Bankgeschäfte nehmen staatseigene Geschäftsbanken den größten Marktanteil in China ein. In Deutschland haben Sparkassen im Kreditgeschäft mit Privatpersonen (vgl. Statista 2017a) und an den Einlagen von Privatpersonen (vgl. Statista 2017b) den größten Marktanteil, im Konsumentenkreditgeschäft (vgl. Statista 2017c) oder für vergebene Ratenkredite (vgl. Statista 2017d) besitzen die Regionalbanken den größten Teil.
2. Die Retail-Bankgeschäfte haben heute in China noch ein höheres Entwicklungspotenzial und eine größere Gewinnspanne als Deutschland (vgl. Wang 2017). Von 2010 bis 2015 stiegen die Retail-Banking-Umsätze in der Region Asien-Pazifik um sechs Prozent, während sie in Westeuropa um ein Prozent zurückgingen. Nach den Prognosen professioneller Agenturen (The Boston Consulting Group) sind die Gewinnaussichten des Retail Bankings in ganz Westeuropa bis 2019 nicht optimistisch zu sehen. Die Wachstumsrate des Retail-Banking-Umsatzes wird weniger als drei betragen. Aber in Schwellenländern wie China wird ein Umsatzwachstum des Retail-Bankings von acht Prozent erwartet (vgl. The Boston Consulting Group 2016).
3. Das Geschäftsfeld der Verbund- und Vermittlungsleistung in China steht noch am Anfang der Entwicklungsstufe und ist im Vergleich zu Deutschland relativ rückständig. Bis jetzt hat China noch keine Vergleichsportale für Vermittlungsgeschäfte. Daher werden diese Bankgeschäfte in den kommenden Jahren im Fokus der Entwicklung des chinesischen Bankensektors stehen.
4. Die Barzahlung wird in China durch neue Zahlungsinstrumente – insbesondere durch Internetverfahren – fast vollständig ersetzt werden. Die Tendenz einer solchen mobilen Bezahlung, die Barzahlung zu ersetzen, ist jedoch in Deutschland nicht erkennbar. Während die chinesischen Banken befürchten, dass das schnelle Wachstum des Online-Zahlungsverkehrs die traditionellen Bankgeschäfte beeinträchtigen wird, haben die deutschen Banken Maßnahmen ergriffen, um die Nutzungsfrequenz des Online-Zahlungsverkehrs zu erhöhen, um dadurch einen Beitrag zur Kostenreduzierung zu erhalten.
5. Traditionell ist der Zinsgewinn ein wichtiger Teil der Bankgewinne. Die Niedrigzinspolitik der EZB führte zu einem Rückgang der Zinserträge der deutschen Banken. Um profitabel zu sein, überprüfen deutsche Banken das aktuelle Geschäftsmodell und reduzieren die Geschäftskosten.

7.3 Wichtige Merkmale und Wertvorstellungen der Generation Z

Um ihre Kunden zu verstehen, führen die Banken nicht nur Marktforschung durch, sondern sie ermitteln auch die Merkmale und Bedürfnisse der Zielgruppe anhand spezifischer Zielgruppenanalysen.

Die Generation Z stellt die Menschen in der Altersgruppe der bis 20-Jährigen und jünger dar. Ihre Wertvorstellungen und Attribute werden durch ihre soziale Identität bestimmt.

Das erste wichtige Merkmal der Generation Z ist jenes des „Kronprinzen"/der „Kronprinzessin" und das „sorglos sein" (vgl. Mangelsdorf 2015, S. 20). Deutschland und China bieten den meisten Jugendlichen seit 1995 eine sichere politische Lage. Die Mehrheit der Generation Z erfährt relativen Wohlstand und kommt in den Genuss verbesserter breiter Bildungsangebote. Wegen der besonderen Stellung der Einzelkinder in China kümmern sich die Eltern meistens intensiv um ihren Nachwuchs. Die Situation ist ähnlich wie in Deutschland, da mehr als die Hälfte aller deutschen Familien Einzelkinder großzieht. Aufgrund ihrer Erziehung hat die Generation Z ein ausgeprägtes Selbstbewusstsein, das zu einer besonderer Erwartungs- und Anspruchshaltung führt. Das bedeutet u. a., dass die Generation Z als „vollwertige Kunden" behandelt werden will. Die Generation Z fordert auch eine absolut klare und verständliche Beratung durch freundliche Mitarbeiter.

Es gibt viele Einflüsse auf die Generation Z – etwa die weltweite Wirtschaftskrise, Umweltkatastrophen oder Terrorismus. Aus diesem Grund suchen mehr junge Menschen Sicherheit und Rückhalt in ihren Familien. Deshalb hat die Generation Z ein großes Bedürfnis nach Sicherheit bei sozialen und ökonomischen Kontakten. Aufgrund dieses typischen Merkmales hat die Generation Z sehr hohe Ansprüche an die Sicherheitsmaßnahmen des modernen Bankings. Dabei ist sowohl die echte, reale Sicherheit als auch die gefühlte Sicherheit für Retail-Bankkunden wichtig (vgl. Güler 2012, S. 219).

Weil heutzutage die Medien und die neuen Technologien allgegenwärtig sind, wächst die Generation Z mit mobilen Geräten, sozialen Medien und weltweiter Vernetzung auf. Die Medienabhängigkeit ist heute ein wichtiges Merkmal der Generation Z. Der Einsatz der neuen Medien ist auch ein Entwicklungstrend im Banking, wobei die Generation Z diesbezüglich hohe Ansprüche und Erwartungen hat.

„Egozentrisch" ist eine weitere typische Eigenschaft der Generation Z (vgl. Mangelsdorf 2015, S. 23). Eigene Interessen und Selbstverwirklichung spielen eine wichtige Rolle. Die Mehrheit der Jüngeren handelt nach dem „Lust-und-Laune-Prinzip". Die Bedeutung der Individualbedürfnisse nimmt dabei weiter zu. Daher wird die Differenzierung der Produktangebote eine wichtige Aufgabe für Banken darstellen, und sie werden diesbezüglich kreativer werden müssen.

Eine wichtige Grundhaltung der Generation Z ist „Realismus" (vgl. Scholz 2014, S. 31). Aufgrund dieses Merkmales müssen Bankgeschäfte transparent sein, und die Banken müssen mehr Informationen über sich zur Verfügung stellen.

Diese prognostizierten Einflüsse wurden durch eine empirische Untersuchung nachgewiesen (siehe Abschn. 7.5 und 7.6).

7.4 Empirische Untersuchung zu den Ansprüchen der Generation Z

Diese empirische Untersuchung wurde auf Basis einer Befragung durchgeführt. Der Fragebogen über die Ansprüche der Generation Z an ein modernes Banking ist in drei wichtige Aspekte unterteilt: die Bewertung der heutigen Situation des Retail-Bankings, das private Verhalten im Banking sowie Meinung und Prognose bezüglich der Zukunft des Retail-Bankings – insbesondere die Haltung zur Entwicklung des Online-Bankings.

Der Fragebogen wurde über eine Internetplattform gleichzeitig in Deutschland und China verteilt. Diese chinesische Plattform wird als „Fragebogenstern" (chinesisch: 问卷星) bezeichnet. Es handelt sich um eine spezialisierte Plattform für die Veröffentlichung von Fragebögen, die über Internet auch von Deutschland aus erreicht werden kann. Es wurden 105 deutsche und 125 chinesische Angehörige der Generation Z aus verschiedenen Regionen und mit verschiedenen Berufen befragt. Die im Folgenden dargestellten Ergebnisse weisen auf Gemeinsamkeiten, aber auch große Unterschiede in beiden Länder hin (Abschn. 7.5 und 7.6).

7.5 Analyse der allgemeinen Ergebnisse in beiden Ländern

Die Generation Z ist eine sehr junge Kundengruppe für Banken, und diese Jugendlichen besitzen unter normalen Umständen nur kleine private Vermögen. Die Bedürfnisse der Generation Z an Krediten und Vermögensanlagen sind ebenfalls relativ gering. Es ist leicht nachzuvollziehen, dass 94 % der Befragten aus Deutschland und 85 % der chinesischen Befragten den Zahlungsverkehr als die wichtigste Funktion des Retail-Bankings begreifen.

Dieses Ergebnis zeigt, dass sich ein modernes Banking sowohl mehr auf den Zahlungsverkehr als auch auf Innovation für neue Zahlungsinstrumente konzentrieren muss. Bei den zwei verschiedenen Optionen Kasse oder Geldautomaten nutzen fast alle Befragten lieber die Geldautomaten zur Aus- oder Einzahlung. So wurden Geldautomaten zum am häufigsten verwendeten Bankangebot, auch für junge Kunden. Geldautomaten sind überall zu finden. Somit stellen sie auch eine Form der Bankwerbung dar. Daher sollte jede Bank überlegen, wie sie durch Geldautomaten ein besseres Image aufbauen und Dienstleistungen von hoher Qualität anbieten kann.

Die weitere Ähnlichkeit zwischen China und Deutschland besteht im Kreditgeschäft. Vor allem wünschen sich die Angehörigen der Generation Z geringere Sollzinsen, wenn sie einen Kredit aufnehmen wollen. Die Mehrheit der Befragten in beiden Ländern akzeptiert (zurzeit) keinen Zinssatz von mehr als vier Prozent p. a. Aufgrund der aktuellen Niedrigzinssituation haben Banken nur wenig Handlungsspielraum bezüglich dieser Anforderung der Kunden. Allerdings können Banken jedoch vermuten, dass das Geschäftsvolumen im Kreditgeschäft im Fall steigender Zinsen (über vier Prozent p. a.), sinken wird, wenn es nicht gelingt, entsprechenden Bedarf zu wecken.

Die Generation Z stellt auch Anforderungen hinsichtlich zusätzlicher Leistungen des modernen Bankings. Mehr als 82 % der Befragten in beiden Ländern fordern, dass die Banken für Beratungen, Informationen oder zusätzliche Dienstleistungen kein Geld verlangen. Dies ist eine große Herausforderung für die Banken. Wenn sie die Erlösseite aktiver gestalten möchten, müssen die Kosten insbesondere im Retail-Bankings stets effektiv kontrolliert werden. Wollen sie bestehende Kunden halten und neue Kunden gewinnen, sind vermarktungsfähige Angebote zu entwickeln. Dies ist erforderlich, um Erträge zu generieren.

Online-Banking ist bei der Generation Z beliebter als das Nutzen der Filialen der Banken – insbesondere in Deutschland. 86 % der deutschen Befragten nutzen sehr gerne Online-Banking und gehen selten in eine Filiale der Bank. Auch mehr als die Hälfte der chinesischen Befragten bevorzugen das gleiche Vorgehen. Doch nicht nur das: 88 % der Befragten in Deutschland und mehr als 84 % der Befragten in China halten die rasante Entwicklung des Internet-Bankings für einen positiven Prozess.

Diese Ergebnisse bestätigen das Argument, dass das Electronic Banking im modernen Banking eine dominante Rolle spielt. Daher sollten Banken in Zukunft die Möglichkeiten des Online-Bankings erhöhen. Gleichzeitig sollten sie Qualität und Effektivität des Online-Services verbessern.

Aber müssen deshalb die Filialen der Banken in der Zukunft abgeschafft werden? Die Meinung der Generation Z ist „nein". Mehr als die Hälfte der Befragten in beiden Ländern sagen, dass sie die Filialen der Banken selbst dann noch besuchen wollen, wenn alle Bankgeschäfte über das Online-Banking abgewickelt werden können.

Der Grund hierfür liegt in einem speziellen Denken der Generation Z: Filialen werden als Zeichen von Sicherheit und Vertrauenswürdigkeit einer Bank gesehen. Über 64 % der deutschen und mehr als 74 % der chinesischen Befragten sind besorgt über die Sicherheit ihrer persönlichen Daten und über einen möglichen unbegrenzten Datenaustausch zwischen unterschiedlichen Unternehmen und Organisationen. Daher müssen Banken genau überlegen, wie sie die Sicherheit der persönlichen Daten gewährleisten können.

Nach der Meinung der Generation Z können Onlinemedien (derzeit) die Funktionen der Bankangestellten nicht vollständig ersetzen. Trotz der rasanten Entwicklung des Selbstbedienungsservices und des Online-Bankings dürfen die Notwendigkeit und die Bedeutung von Mitarbeitern der Banken nicht ignoriert werden. 80 % der deutschen und mehr als 90 % der chinesischen Befragten gaben an, dass freundliche Mitarbeiter einer Bank mit einer klaren und verständlichen Beratung nötig sind. Daraus ergeben sich zwei wichtige Fragen für die Banken im modernen Banking: Wie kann eine Bank den parallelen Einsatz von Mitarbeitern und den Medien sinnvoll gestalten, und wie kann sie durch die Nutzung unterstützender Medien die ursprünglichen Funktionen der Bankangestellten ergänzen und effektiv verändern?

7.6 Interpretation der unterschiedlichen Ergebnisse in Bezug auf Deutschland und China

Die Auswertung der Fragebögen lässt darauf schließen, dass die chinesische Generation Z höhere Anforderungen an das Image einer Bank hat. Wenn die chinesischen Befragten ihre Bank auswählen, sind der Ruf und das Rating der Bank für 30 % der Befragten als der wichtigste Faktor zu berücksichtigen. Das Rating bezieht sich nicht nur auf den offiziellen Bericht der Ratingagenturen, sondern auch auf die Kundenrezensionen, z. B. wie andere Kunden die Bank im Internet bewerten. Gleichzeitig haben nur drei Prozent der deutschen Befragten das Image einer Bank als den wichtigsten Faktor ausgewählt. Für chinesische Kunden symbolisiert ein gutes Image aufgrund der traditionellen chinesischen Kultur große Sicherheit, besseren Service oder Qualität der Bank.

Das Rating einer Bank, sei es ein offizielles Rating von Ratingagenturen oder ein inoffizielles Rating von anderen Kunden z. B. in den sozialen Medien, zeigt den Kunden die Vertrauenswürdigkeit einer Bank an. Mit der rasanten Entwicklung der chinesischen Wirtschaft ist der Bankmarkt in China zu einem schwer überschaubaren Markt geworden. Aktuell besteht eine große Differenz zwischen guten und schlechten Banken. Daher benötigen chinesische Kunden mehr objektive Informationen von Dritten, z. B. von Ratingagenturen oder von bestehenden Kunden einer Bank, um die Glaubwürdigkeit und die Qualität einer Bank besser beurteilen zu können.

An die Anlageformen hat die Generation Z in beiden Ländern ebenfalls verschiedene Ansprüche. Die Hälfte der deutschen Befragten wählte Sparkonten oder Sparbriefe als primäre Form der Anlage. Im Gegensatz dazu interessieren sich nur 14 % der deutschen Befragten für Aktien, Wertpapiere oder andere Anlageformen. Allerdings wählten 52 % der chinesischen Befragten Wertpapiere oder Finanzderivate als bevorzugte Anlagemethoden. Gleichzeitig nutzen nur 30 % der chinesischen Generation Z Sparkonten als alleiniges Anlageinstrument.

Kombiniert man dieses Ergebnis mit der Frage: „Was ist für Sie wichtig, wenn Sie Ihre Anlageform auswählen?", zeigt sich Folgendes: 62 % der deutschen Befragten sagen, dass „Sicherheit" ihnen wichtig ist. Aber gleichzeitig wählten 35 % der chinesischen Befragten „Rentabilität" sowie weitere 36 % der Befragten „Flexibilität" als wichtigstes Kriterium bei der Auswahl einer Anlageform. Es ist offensichtlich, dass es eine Korrelation zwischen den beiden Ergebnissen gibt. Wertpapiere und Finanzderivate bringen für den Kunden höhere Erlöse mit sich, außerdem ist das eigene Vermögen des Kunden flexibler geworden. Aber gleichzeitig bestehen Risiken, und die Sicherheit der Anlage ist geringer.

Daraus ist ebenfalls zu folgern, dass die chinesische Generation Z höhere Anforderungen an die Profitabilität und Flexibilität des Anlagegeschäftes der Bank hat, während die deutsche Generation Z die Sicherheit ihrer Anlageform konsequent verfolgt. Die Hälfte der chinesischen Befragten achtet auf die Fähigkeit der Bank, Risiken zu kontrollieren. Die fachliche Kompetenz und die vertrauensvolle, partnerschaftliche Zusammenarbeit mit festem Ansprechpartner scheinen hingegen für deutsche Kunden wichtiger zu sein.

Dabei zeigt sich auch die besondere Bedeutung der Sicherheit für die deutsche Generation Z, wohingegen sich die Auswahl der chinesischen Generation Z – die Risikoprüfung für alle Anlageformen – genau ihren Anlagepräferenzen anpasst. Die hohen Bedürfnisse nach Risikokontrolle spiegelt auch den Wunsch von jungen chinesischen Kunden nach Sicherheit wider.

Die Generation Z hat in den beiden Ländern unterschiedliche künftige Anforderungen. Zwischen China und Deutschland gibt es auch unterschiedliche Sichtweisen, was den Einsatz künstlicher Intelligenz (KI) angeht.

Nur 24 % der deutschen Befragten können sich KI-Roboter als ihren Ansprechpartner in einer Bank vorstellen. Im Gegensatz dazu würden jedoch fast 65 % der chinesischen Befragten KI-Technik vollständig im modernen Banking akzeptieren. Beim Einsatz von künstlicher Intelligenz ist die deutsche Generation Z demnach konservativer als die chinesische. Die junge Generation Z in China hat eine relativ positive Einstellung zur Entwicklung künstlicher Intelligenz. Diese Situation wird bis zu einem gewissen Grad durch die unterschiedlichen Entwicklungsumgebungen der beiden Länder beeinflusst. Chinas Wirtschaft und Technologie haben in den letzten Jahren ein schnelles Wachstum erfahren, Deutschland, als ein entwickeltes Land, verzeichnet eine stetige, vergleichsweise langsame Entwicklung in diesem Bereich.

Deshalb sind junge Menschen in China offener, während junge Deutsche bei der Entwicklung künstlicher Intelligenz eine eher zurückhaltende Mentalität haben. Die rasante Entwicklung der KI-Technik beunruhigt deutsche Jugendliche hinsichtlich ihrer Sicherheit: Deutsche Kunden haben hohe Erwartungen an die vertrauensvolle, partnerschaftliche Zusammenarbeit mit festem Ansprechpartner. KI-Roboter können aus Sicht der deutschen Generation Z offensichtlich keine harmonischen und vertrauensvollen Beziehungen zwischen Banken und Kunden aufbauen.

Infolgedessen stellt die deutsche Generation Z ihre eigenen Ansprüche an ein modernes Banking: Banken sollen neue Technologien nicht unbegrenzt in allen Geschäftsbereichen anwenden. Der Einsatz künstlicher Intelligenz sollte vorsichtig stattfinden.

Der zweite Unterschied ist, dass die Befragten in beiden Ländern unterschiedliche Anforderungen an die Entwicklung virtueller Banken und virtueller Karten haben.

Die heutige Bankgeschäftsentwicklung weist einen Trend der Virtualisierung – besonders im Retail-Banking – auf. Es ist jedoch klar, dass die deutsche Generation Z die Entwicklung virtueller Banken sehr negativ sieht. Nur 32 % der deutschen Befragten würden eine virtuelle Bankkarte (ohne reale Karte, sondern nur Nutzung elektronischer Daten, z. B. Kunden bekommen von Banken nur ihre Kartennummer und Passwort) beantragen.

Die chinesische Generation Z gab eine gegenteilige Antwort: 55 % der chinesischen Befragten sind bereit, eine virtuelle Bankkarte zu nutzen. Das unterscheidet sie deutlich von den deutschen Kunden, die sich, wenn sie keine reale Bankfiliale zur Verfügung haben oder wenn sie keine körperliche Bankkarte bekommen, unsicher fühlen. Aufgrund dieser Unsicherheit will die Mehrheit der deutschen Generation Z virtuelle Karten nicht nutzen. Gleichzeitig ist die chinesische Generation Z optimistischer hinsichtlich der Entwicklung virtueller Bankkarten.

Entsprechend den unterschiedlichen Anforderungen kann eine Bank mit Blick auf den chinesischen Markt versuchen, den Einsatz virtueller Bankkarten als eine wichtige Aufgabe bei der Innovation des Bankensektors zu fördern. In Deutschland müssen jedoch die Entwicklung virtueller Banken und der Einsatz virtueller Bankkarten neu überdacht werden. Die Kunden sind von den Vorteilen und der Sicherheit zu überzeugen. Eine evtl. Einführung muss vorsichtig erfolgen.

Der dritte Unterschied zeigt sich darin, dass 73 % der chinesischen Befragten eher bereit sind, sich mit dem Wechsel von stationären zu mobilen Bankfilialen „anzufreunden". In Deutschland unterstützten nur 30 % der Befragten diese Veränderung der Banken.

Da mehr als die Hälfte der Befragten in Deutschland den Faktor räumliche Nähe zum Geldautomaten und zur Filiale für die wichtigste Voraussetzung bei der Bankenauswahl hält, ist auch ihr Widerstand gegen die Schließung von Bankfilialen plausibel. Unzufriedenheit bleibt bestehen, auch wenn als Ersatz für stationäre Filialen mobile Filialen (z. B. Zweigstellenbus) angeboten werden.

Wenn sich die chinesische Generation Z für eine Bank entscheidet, berücksichtigt sie stärker den Aspekt der Flexibilität. Wenn eine Innovation den chinesischen Jugendlichen ein bequemes, attraktives Gefühl vermittelt, sind sie im Allgemeinen bereit, Veränderungen zu akzeptieren. Die chinesische Generation Z probiert oft Neues. Deshalb haben die chinesischen Jugendlichen höhere Ansprüche an die Kreativität der Banken und verlangen eine kontinuierliche Veränderung des modernen Bankgeschäftes.

Es ist für eine chinesische Bank sinnvoll, dass sie ihre stationären Filialen in Selbstbedienungsfilialen umwandelt und das Angebot um eine mobile Filiale erweitert. Ein Teil der Retail-Bankgeschäfte könnte dann in diesen mobilen Filialen erfolgen und/oder fachliche Beratung für Kunden könnte dort angeboten werden. Diese mobilen Filialen werden nicht nur als Werbung oder als neuer Vertriebsweg einer Bank gesehen, sondern auch als eine Gelegenheit für die Bank, die Kundenkommunikation zu verbessern.

Die unterschiedlichen Ansprüche der chinesischen und der deutschen Generation Z spiegeln sich auch im modernen Bankkartengeschäft wider. Wenn Jugendliche eine Bankkarte beantragen, ist für 52 % der deutschen Befragten vor allem die kostenlose Karte wichtig (bei Chinesen 21 %). Anders bei der Bearbeitungsdauer: Hier sind bei den chinesischen Befragten eine kurze Bearbeitungsdauer und wenige Verfahrensschritte die ausschlaggebenden Vorteile und zentraler Anreiz (48 % der chinesischen Befragten, bei den deutschen trifft dies lediglich bei 24 % zu).

Durch die Untersuchung der Ergebnisse zeigt sich, dass die Generation Z in Deutschland großen Wert auf Sparsamkeit legt. Jungen Kunden in China sind demgegenüber eher Schnelligkeit und Effizienz der Bankgeschäfte wichtig, außerdem fordern sie mehr Vereinfachung und Bequemlichkeit von Bankverfahren oder des Banksystems.

Es besteht auch ein großer Unterschied zwischen China und Deutschland hinsichtlich der Auswahl und Verwendung der Zahlungsinstrumente. Wenn junge Kunden mit der Karte bezahlen, wählten 52 % der deutschen Befragten „nur mit PIN" als ihre Sicherheitsmaßnahme der Bezahlung, wohingegen 45 % der chinesischen Befragten die Option „mit Geheimzahl und Unterschrift" als beste Sicherheitsmaßnahme wählten. Interessant:

Es wird hier insbesondere darauf hingewiesen, dass ein Teil der chinesischen Befragten (ca. 30 %) Fingerabdrücke oder Gesichtserkennung als Sicherheitsmaßnahme für die Kreditkartenzahlung vorgeschlagen at. Dies zeigt die hohen Ansprüche der chinesischen Generation Z bezüglich des Einsatzes neuer Technologien.

Gegenwärtig ist es in China üblich, mit Handy per WeChat und Alipay zu bezahlen. WeChat ist aktuell die beliebteste soziale Plattform/App (wie Facebook) in China. Über die WeChat-Plattform können Menschen Geld auf jeden WeChat-Nutzer mittels QR-Code überweisen. Gleichzeitig können alle Bankkarten über diese Plattform genutzt werden. Alipay ist eine spezielle App zum Bezahlen. Durch Alipay können Online-Shopping-Rechnungen bezahlt oder Beträge an andere Nutzer überwiesen werden. Diese Plattform kann auch als Mobile Wallet angesehen werden. Bargeld wird im täglichen Leben allmählich verdrängt. In Deutschland hingegen ist die Barzahlung bis heute noch unersetzlich. Wenn heute ein Betrag von 5 bis 50 € bezahlt wird, wählen 48 % der deutschen Befragten Barzahlung als primäres Zahlungsinstrument. Gleichzeitig wählen 42 % der Befragten Girocard als Zahlungsmittel. Je höher der Zahlungsbetrag ist, desto mehr Deutsche bezahlen mit Girocard.

Anders in China: Unabhängig vom Betrag bevorzugen die meisten der chinesischen Generation Z WeChat oder Alipay als Zahlungsmittel. In China ist Mobile Payment mit WeChat oder Alipay weit verbreitet. Fast alle Rechnungen in China können über WeChat und Alipay bezahlt werden. Diese Zahlungen können im Hintergrund mit mehreren Bankkarten verschiedener Banken durchgeführt werden. Gleichzeitig können fast alle Retail-Bankgeschäfte mit Alipay und WeChat abgewickelt werden. Es ist auch sehr gut möglich, dass die Verwendung von Bargeld in China in der Zukunft vollständig ersetzt wird. In China werden die Internetsicherheit von WeChat und Alipay und die einschlägigen Gesetze sowie Vorschriften dementsprechend weiter verbessert.

Bis heute bevorzugen die Deutschen Barzahlung (vgl. Dönisch 2017). Allerdings ist es auch für 56 % der Deutschen der Generation Z akzeptabel, ohne Bargeld über mobile Endgeräte (Smartphone, PC etc.) zu bezahlen. Aber aus diesem Ergebnis kann nicht geschlossen werden, dass mobile Zahlungsmittel in Deutschland das Bargeld ersetzen und bei jungen Menschen beliebter werden.

Da Barzahlungen aus Kostensicht auch für Banken teuer sind, können sie versuchen, dieses Verhalten zu ändern, indem sie z. B. Bezahlmöglichkeiten auf mobilen Geräten anstelle von Bargeld anbieten. Vielleicht ergibt sich auch eine Verhaltensänderung, wenn Bankfilialen nach und nach durch Online-Banking ersetzt werden.

7.7 Handlungsempfehlungen

Nachdem in den vorherigen Kapiteln die verschiedenen Ergebnisse aus der Befragung vorgestellt wurden, werden die verschiedenen Aussagen zusammengefasst und zu Handlungsempfehlungen verdichtet. Dabei ergeben sich gemeinsame Empfehlungen für beide Länder und spezifische Empfehlungen für Deutschland und China.

Empfehlungen für ein modernes Banking in beiden Ländern

1. Banken müssen sich im Zuge des technologischen Fortschritts auf die Innovation neuer Zahlungsinstrumente und sonstiger Services/Dienstleistungen konzentrieren. Transaktionen müssen effizient und sicher sein.
2. Die Funktionen der Geldautomaten sollten fortlaufend entsprechend den Ansprüchen der jungen Kunden erweitert werden. Das System der Geldautomaten kann bei der Anmeldung (Karten, PIN) anhand der individuellen Merkmale für verschiedene Zielgruppen individuelle Angebote erstellen. Die Kunden können mit diesen Geräten Termine bei der Bank vereinbaren oder direkt eine einfache Beratung durchführen.
3. Aufgrund der Sparsamkeit der Generation Z sollten Banken die Kostenseite im Retail Banking ständig im Blick behalten. Der Digitalisierungsprozess ermöglichte den Banken, ihre Personalallokation zu optimieren und so Personalkosten zu senken. Durch kontinuierliche technologische Innovation können Banken neue Lösungen zur Kostensenkung finden.
4. Ein gutes Image ist für die Generation Z sehr wichtig. Daher sollten Banken sehr auf ihren eigenen Imageaufbau achten. Es ist erforderlich, dass die Banken mit digitalen Medien z. B. Kampagnen, Apps, Websites etc. gezielt eine positive Öffentlichkeitsarbeit betreiben. Wenn die Banken ihren Kunden eine permanente Erreichbarkeit ermöglichen, können sie damit auch ein gutes Image unterstützen.
5. Auch freundliche Mitarbeiter und ein vertrauensvolles Zusammenarbeiten sind für Jugendliche wichtig. Guter Service spiegelt sich nicht nur in den Bankfilialen, sondern beispielsweise auch im Call-Center oder im Online-Service wider. Banken sollten zudem weiterhin auf die Dienstleistungsqualität der Mitarbeiter und die fachliche Kompetenz sowie auf die Qualität des Services achten.
6. Die Verlagerung der Bankgeschäfte – insbesondere Retail-Bankgeschäfte – von offline zu online stellt einen irreversiblen Trend dar. Ein besserer sicherheitsrelevanter Rechtsrahmen und Regeln sowie wirksame Sicherheitsmaßnahmen sind besonders im Internet-Banking von zentraler Bedeutung.

Empfehlungen für ein modernes Banking in China

1. Die Erhöhung der Arbeitseffizienz – insbesondere für das Mengengeschäft – ist eine wichtige Aufgabe für chinesische Banken. Der Online-Kanal ist das wichtigste Instrument zur Realisierung einer hohen Geschäftseffizienz.
2. Die chinesischen Banken sollten der Generation Z Finanzprodukte mit relativ hoher Rentabilität und Flexibilität anbieten. Dabei ist eine umfassende Risikokontrolle sicherzustellen.
3. Die Banken sollten Zahlungsplattformen wie Alipay und WeChat besser nutzen und mehr Produkte und Dienstleistungen dazu anbieten. Es ist auch notwendig, dass die Bankenbranche ein Regulierungssystem für verschiedene Zahlungsplattformen ein-

richtet. Nur wenn der Betrieb solcher Plattformen geregelt wird, kann die Zahlungssicherheit gewährleistet werden.
4. Gleichzeitig sollte es Möglichkeiten geben, Kunden persönlich zu erreichen. Mobile Filialen sind ein Weg, Vertriebskanäle zu diversifizieren, besonders in ländlichen Gebieten Chinas.

Empfehlungen für ein modernes Banking in Deutschland

1. Der Kern aller Bankgeschäfte sind Vertrauen und Sicherheit. Die deutsche Generation Z ist bezüglich Sicherheit besonders sensibel, daher müssen Banken nicht nur die Sicherheit gewährleisten (das ist selbstverständlich), sondern auch die Sicherheit eines modernen Banking sowie Datenschutz mit in die Kommunikationsstrategie in ihre Agenda aufnehmen.
2. Um Sicherheit zu gewährleisten, muss über neue Wege nachgedacht werden: Beispielsweise kann mithilfe der Biometrie (z. B. mit biometrischer Gesichtsvermessung) Banking sicherer und bequemer werden.
3. Deutsche Banken sollten neue Technologien sowie KI-Technik, die virtuelle Bank und die virtuelle Karte nur vorsichtig anwenden. Viele Jugendliche haben dazu eine negative Haltung.
4. Deutsche Banken sollten die Perspektiven der bargeldlosen Zahlung in Deutschland sorgfältig prüfen. Gleichzeitig sollten neue Plattformen wie z. B. „Yomo (Sparkasse)" entwickelt werden. Die Banken sollten dem ausreichend Aufmerksamkeit schenken und Investitionen einplanen. Die Anwendung der Sprachsteuerung kann man auch als einen Entwicklungstrend des modernen Bankings in Deutschland sehen, um Voice-Banking zu realisieren. Auch bei zum Teil deutlichen Unterschieden bei Geldsystemen, Entwicklungsstatus und des kulturellen Hintergrunds sollte die Entwicklung der mobilen Geräte in China beobachtet und Anwendungsmöglichkeiten eruiert wenden.

Anhang

Fragen	Deutschland	China
1. Welche Faktoren sind für Sie am wichtigsten, wenn Sie eine Bank auswählen?		
A. räumliche Nähe zum Geldautomaten und zur Filiale	58 %	37 %
B. Sicherheit und Schutz der privaten Angelegenheiten	30 %	20 %
C. Der Ruf und das Rating der Bank	3 %	30 %
D. Freundlichkeit der Mitarbeiter und Umgebung der Bank	5 %	11 %
E. Sonstiges	4 %	2 %
2. Welche Funktion des Bankings ist wichtig für Sie?		
A. Zahlungsverkehr	94 %	85 %
B. Anlageleistung	4 %	10 %
C. Kreditgeschäft	2 %	2 %
D. Verbund- und Vermittlungsleistung	0	2 %
E. Sonstiges	0	1 %
3. Gehen Sie gerne zur Kasse oder nutzen Sie lieber den Geldautomaten zur Auszahlung?		
A. Kasse	4 %	6 %
B. Geldautomat	96 %	94 %
4. Welche Zahlungsinstrumente nutzen Sie gerne, wenn Sie einen Betrag von 5 Euro bis 50 Euro bezahlen?		
A. Barzahlung	48 %	5 %
B. Girocard	42 %	4 %
C. Kreditkarte	2 %	6 %
D. Internetverfahren(Deutschland)/ Alipay oder WeChat(China)	8 %	85 %
E. Überweisung	0	0
5. Welche Zahlungsinstrumente nutzen Sie gerne, wenn Sie über 100 Euro bezahlen?		
A. Barzahlung	14 %	3 %
B. Girocard	62 %	23 %
C. Kreditkarte	12 %	30 %
D. Internetverfahren(Deutschland)/	8 %	35 %

	Alipay oder WeChat(China)		
E.	Überweisung	4 %	9 %
6.	Wenn Sie Ihre Bankkarten beantragen, berücksichtigen Sie zuerst _____ ?		
A.	Kurze Zeit und wenige Schritte des Verfahrens	24 %	48 %
B.	Kostenlose Kartenbeantragung	50 %	21 %
C.	Zusätzliche Dienstleistung einer Bank	20 %	30 %
D.	Sonstiges	6 %	1 %
7.	Wenn Sie mit der Karte bezahlen, welche Sicherheitsmaßnahmen finden Sie besser?		
A.	Nur mit Unterschrift	2 %	1 %
B.	Nur mit PIN	52 %	14 %
C.	Mit Personalausweis und Unterschrift	20 %	10 %
D.	Mit Geheimzahl und Unterschrift	26 %	45 %
E.	Sonstiges (Deutschland) Fingerabdrücke oder Gesichtserkennung (China)	0	30 %
8.	Welche Anlageform benutzen Sie gerne?		
A.	Anlagen auf Konten und Sparbriefe, z. B. Sichteinlagen, Spareinlagen etc.	52 %	30 %
B.	Bausparverträge und Lebensversicherungen	34 %	16 %
C.	Wertpapiere und Finanzderivate, z. B. Aktien, Optionen etc.	14 %	52 %
D.	Sonstiges	0	2 %
9.	Was ist für Sie wichtig, wenn Sie Ihre Anlageform auswählen?		
A.	Rentabilität	24 %	35 %
B.	Sicherheit	62 %	28 %
C.	Flexibilität	14 %	36 %
D.	Sonstiges	0 %	1 %
10.	Wie wichtig sind Ihnen bei einer Bank die folgenden Aspekte?		
A.	Fachkompetenz	48 %	19 %
B.	Ausreichende Risikoprüfung	8 %	50 %
C.	Überdurchschnittliche Wertenwicklung Ihres Depots	12 %	8 %
D.	Vertrauensvolle, partnerschaftliche Zusammenarbeit mit festem	30 %	23 %

	Ansprechpartner		
E.	Sonstiges	2 %	0
11.	**Ab welchem Zinssatz für Kredite würden Sie keinen Kredit aufnehmen?**		
A.	Ab 2 % p.A.	14 %	21 %
B.	Ab 4 % p.A.	52 %	35 %
C.	Ab 6 % p.A.	24 %	29 %
D.	Mehr als 6 % p.A.	10 %	15 %
12.	**Welcher Vorteil ist ein Reiz für Sie, einen Kredit aufzunehmen?**		
A.	Einfache Rahmenbedingungen, keine großen Hürden	34 %	26 %
B.	Einfacheres Verfahren	12 %	15 %
C.	Geringe Sollzinsen für Kredite	54 %	58 %
D.	Sonstiges	0	1 %
13.	**Sollen Banken für die Beratung, Informationen und zusätzliche Dienstleistungen Geld kassieren?**		
	Ja	14 %	18 %
	Nein	86 %	82 %
14.	**Nutzen Sie gerne Online-Banking oder gehen Sie gerne in eine Filiale der Bank?**		
A.	Ich nutze sehr gerne Online-Banking und gehe selten in eine Filiale der Bank (direkt zu Frage 16)	86 %	66 %
B.	Ich gehe gerne in die Filiale der Bank, und ich nutze selten Online-Banking	6 %	29 %
C.	Ich nutze kein Online Banking, ich gehe zur Filiale der Bank	6 %	4 %
D.	Sonstiges	2 %	1 %
15.	**Warum nutzen Sie kein oder nur selten Online-Banking?**		
A.	Ich weiß nicht, wie Online-Banking genutzt wird	0	19 %
B.	Habe Angst wegen der Sicherheit	71 %	69 %
C.	Weiß nicht, dass es Online-Banking gibt	0	5 %
D.	Sonstiges	29 %	7 %
16.	**Es ist _____ für Sie, ganz ohne Bargeld, sondern über mobile Endgeräte (Smartphone, PC etc.) zu bezahlen.**		
A.	Akzeptabel und erwartungsvoll	56 %	60 %

B.	Nicht akzeptabel	18 %	8 %
C.	Egal	14 %	24 %
D.	Ich weiß es jetzt nicht	12 %	8 %
17.	Welche Angst haben Sie hinsichtlich der Entwicklung des Electronic-Bankings?		
A.	Ich habe Angst um die Sicherheit der persönlichen Daten und vor dem unbegrenzten Datenaustausch zwischen unterschiedlichen Unternehmen oder Organisationen	64 %	74 %
B.	Ich habe Angst wegen der fehlenden Standardisierung beim Mobile Banking bzw. beim Mobile-Payment.	18 %	19 %
C.	Ich habe Angst, dass ich keine Mitarbeiter ansprechen kann.	4 %	6 %
D.	Sonstiges	14 %	1 %
18.	Ich finde, dass Internet-Banking (E-Bank), Tele-Banking und Online-Banking der Entwicklungstrend des modernen Bankings der Zukunft sind, und ich nutze diese gerne.		
	Ja	88 %	84 %
	Nein	12 %	16 %
19.	Würden Sie in der Zukunft einen Roboter mit KI-Technik als Ihren Ansprechpartner in einer Bank akzeptieren?		
	Ja	24 %	65 %
	Nein	76 %	35 %
20.	Es ist günstig für Sie, wenn alle Bankleistungen elektronisch oder medial abgewickelt werden und Sie nur über PC oder Telefon mit Banken kommunizieren können; auch eine virtuelle Bank (Virtual Banking) wäre gut für Sie.		
	Ja	36 %	66 %
	Nein	64 %	34 %
21.	Es ist gut für Sie, wenn Ihre Bank die festen Filialen zu einer mobilen Anlage wandelt.		
	Ja	30 %	73 %
	Nein	70 %	27 %
22.	Wollen Sie mit der Entwicklung der Digitalisierung eine virtuelle Bankkarte (ohne reale Karte, sondern nur elektronische Daten) nutzen?		
	Ja	32 %	55 %
	Nein	68 %	45 %

23. Ich finde, dass freundliche Mitarbeiter einer Bank mit absolut klarer und verständlicher Beratung nötig sind, Multimedien haben nur Unterstützungsfunktion, aber können Mitarbeiter nicht ganz ersetzen.		
Ja	80 %	90 %
Nein	20 %	10 %
24. Wenn Sie alle Bankgeschäfte im Internet tätigen können, würden Sie dann nicht mehr in die Filiale einer Bank gehen?		
Ja	48 %	49 %
Nein	52 %	51 %

Literatur

Bacher, U. (2015). *Bankmanagement*. Konstanz: Hartung-Gorre.

Bartmann, D., Nirschl, M., & Peters, A. (2011). *Retail Banking – Zukunftsorientierte Strategien im Privatkundengeschäft*. Köln: Josef Eul.

Der Bank Blog (2017). Übersicht zu den zehn größten Banken weltweit. https://www.der-bank-blog.de/die-zehn-groessten-banken-weltweit/trends/28628/. Zugegriffen: 20. Febr. 2018.

Dönisch, A. (2017). In Deutschland gilt jetzt eine Obergrenze für Barzahlungen – unter einer Bedingung. http://www.businessinsider.de/in-deutschland-gilt-eine-obergrenze-fuer-barzahlungen-ab-10000-euro-2017-6. Zugegriffen: 10. Febr. 2018.

Dümmler, M., & Steinhoff, V. (2015). Kundenemanzipation – Folgen für den Multikanalvertrieb von Regionalinstituten. In H. Brock & I. Bieberstein (Hrsg.), *Multi- und Omnichannel-Management in Banken und Sparkassen* (S. 75–91). Wiesbaden: Springer Gabler.

Fan, Y., & Changjian, Z. (2013). *Retail Banking*. Beijing: Zhong Hua Gong Shang Lian He.

Güler, S. (2012). *Sicherheitsverfahren für Girokonten beim Massenverkehr im Internet-Banking – Sicherheit vs. Bedienerfreundlichkeit, ein Widerspruch?* Hamburg: Dr. Kovač.

Jungend und Finanzen (2017). Das Bankensystem in Deutschland. https://www.jugend-und-finanzen.de/Alle/Finanzthemen/Wirtschaft-und-Banken/Das-Bankensystem-in-Deutschland. Zugegriffen: 20. Febr. 2018.

Kern, H. J. (2015). Kundenzentrierung – Kundenmanagement im Kontext eines innovativen Multikanalvertriebs. In H. Brock & I. Bieberstein (Hrsg.), *Multi- und Omnichannel-Management in Banken und Sparkassen* (S. 227–238). Wiesbaden: Springer Gabler.

Mangelsdorf, M. (2015). *Von Babyboomer bis Generation Z – Der richtige Umgang mit unterschiedlichen Generationen im Unternehmen*. Offenbach: Gabel.

Scholz, C. (2014). *Generation Z*. Weinheim: Welly-VCH.

Statista (2017a). Marktanteile im Kreditgeschäft mit Privatpersonen in Deutschland im Jahr 2016 nach Bankengruppen. https://de.statista.com/statistik/daten/studie/192825/umfrage/kredite-an-inlaendische-privatpersonen-nach-bankengruppen/. Zugegriffen: 2. Febr. 2018.

Statista (2017b). Marktanteile an den Einlagen von Privatpersonen in Deutschland im Jahr 2016 nach Bankengruppen. https://de.statista.com/statistik/daten/studie/192825/umfrage/kredite-an-inlaendische-privatpersonen-nach-bankengruppen/. Zugegriffen: 2. Febr. 2018.

Statista (2017c). Marktanteile im Konsumentenkreditgeschäft in Deutschland im Jahr 2016 nach Bankengruppen. https://de.statista.com/statistik/daten/studie/447562/umfrage/marktanteile-an-konsumentenkrediten-in-deutschland-bankengruppen/. Zugegriffen: 2. Febr. 2018.

Statista (2017d). Marktanteile der Banken an den in Deutschland vergebenen Ratenkrediten im Jahr 2016. https://de.statista.com/statistik/daten/studie/436449/umfrage/marktanteile-deutscher-banken-an-vergebenen-ratenkrediten/. Zugegriffen: 2. Febr. 2018.

The Boston Consulting Group (2016). Der Bericht über globales Retail Banking. http://doc.mbalib.com/view/04c004882f8556d7b35e80725d41f8f7.html. Zugegriffen: 1. Febr. 2018.

Wang, Y. (2017). Die Bankenbranche beschleunigt die Transformation des Retail Banking. http://bank.hexun.com/2017-08-31/190661521.html. Zugegriffen: 1. Febr. 2018.

Ni Chai ist gebürtige Chinesin. Nach ihrem Bachelor-Basisstudium an der Shandong Agricultural University in China kam sie 2017 nach Deutschland, um in Essen an der FOM Hochschule für Oekonomie & Management ihren Chinesisch-Deutschen Doppel-Bachelor zu erwerben. Sie interessiert sich sehr für die Unterschiede in der wirtschaftlichen Entwicklung zwischen China und Deutschland, insbesondere im Bankensektor.

Sonderthema China: Ein länderspezifischer Vergleich der Markenführungsaktivitäten von chinesischen und deutschen Banken in den sozialen Medien

Die Entwicklung und Anwendung des PIA-Modells

Jun Huo und Marcel Seidel

8.1 Einführung

Banken perfektionieren die Funktionalität ihres Onlinebankings von Tag zu Tag. Sie vernachlässigen jedoch die Interaktion mit ihren Kunden in sozialen Medien. Das geht aus einem Vergleich der Interaktionsaktivitäten von ausgewählten Banken mittels eines neu entwickelten Bewertungsmodells hervor. Dieses Ergebnis ist vor allem insofern überraschend, als eine Bank – als eine Marke betrachtet – für die Markenkommunikation via soziale Medien aufgrund des hoch kognitiven Involvements der Kunden durchaus geeignet ist und dabei über ein vielfältiges Gestaltungspotenzial verfügt (vgl. Esch et al. 2012, S. 153).

Im Zeitalter der sozialen Medien übernehmen die Kunden die Rolle aktiver Sender markenbezogener Botschaften. Die markenführenden Unternehmen hingegen entwickeln sich zu Empfängern dieser Markenbotschaften (vgl. Langner und Fischer 2008, S. 16). Eine neue Sender-Empfänger-Struktur ist somit entstanden. Der Einfluss der Kunden auf die Markenkommunikation nimmt aufgrund der dynamischen Entwicklung der sozialen Medien kontinuierlich zu. Folglich droht den Unternehmen – Banken inklusive – der Kontrollverlust über die Führung ihrer Marken in den sozialen Medien (vgl. Hartmann 2011, S. 34 f.). Um diesem Verlust gegenzusteuern, müssen sich Unternehmen auf Anforderungen an die Interaktion mit Kunden in den sozialen Medien einlassen. Wie es Unternehmen durch Interaktionsaktivitäten gelingen kann, Kunden via soziale Medien nicht nur zu gewinnen, sondern auch langfristige Marke-Kunden-Beziehungen aufzubauen, zeigt die Marke Starbucks (vgl. Mertens und Caspari 2012, S. 123 ff.). Der Aufbau,

---

J. Huo (✉)
Stuttgart, Deutschland

M. Seidel
Leinfelden-Echterdingen, Deutschland
E-Mail: marcel.seidel@fom.de

© Springer Fachmedien Wiesbaden GmbH, ein Teil von Springer Nature 2019
M. Seidel (Hrsg.), *Banking & Innovation 2018/2019*, FOM-Edition,
https://doi.org/10.1007/978-3-658-23041-8_8

Erhalt und Ausbau stabiler Marke-Kunden-Beziehungen gelten nämlich als ein direktes und psychologisches Ziel der modernen identitätsbasierten Markenführung (vgl. Stichnoth 2008, S. 18 f.).

Aufgrund der starken wirtschaftlichen Entwicklung Chinas versuchen immer mehr deutsche Unternehmen, im dortigen Markt Fuß zu fassen. Mittlerweile sind bereits mehr als 5000 deutsche Unternehmen vor Ort aktiv. Für viele von ihnen hat sich der chinesische Markt zum elementaren Markt entwickelt (vgl. Deutsche Handelskammer in China 2015, S. 1, 10). Aber die Tatsache, dass in China die sozialen Medien, die in Deutschland weitverbreitet sind, quasi nicht existieren (vgl. Rottwilm 2016, S. 1), stellt für deutsche Unternehmen in China eine neue, herausfordernde Realität dar.

Vor diesem Hintergrund stellt sich eine zentrale Frage: Welche unterschiedlichen Interaktionsmaßnahmen in den chinesischen und deutschen sozialen Medien tragen eigentlich zur Stärkung der Marke-Kunden-Beziehung bei? Eine vergleichende Untersuchung in China und Deutschland ist genau dieser Frage nachgegangen. Im Zuge dieser Untersuchung wurden konkrete, für China bzw. Deutschland spezifische Interaktionsmaßnahmen aufgezeigt, die den Aufbau, Erhalt und Ausbau starker Marke-Kunden-Beziehungen via soziale Medien fördern. Anhand dieser Interaktionsmaßnahmen wurde zudem ein länderspezifisches und generell anwendbares Bewertungsmodell namens PIA-Modell (PIA: **P**rofil der **I**nteraktions**a**ktivitäten) entwickelt.

Das PIA-Modell stellt ein lösungsorientiertes Instrument dar, dessen Nutzen primär in der Wettbewerbsanalyse besteht. Mittels dieses Modells können markenführende Unternehmen das eigene Profil der Interaktionsaktivitäten in den chinesischen und/oder in den deutschen sozialen Medien sowie das Profil der Konkurrenten strukturiert erstellen, und diese Profile anschaulich vergleichen. Zugleich liefert dieses Modell konkrete länderspezifische Maßnahmen zur Behebung der festgestellten Defizite bei Interaktionsaktivitäten, um schließlich die Marke-Kunden-Beziehungen durch gezielte Interaktionsmaßnahmen zu stärken.

Der vorliegende Beitrag verfolgt zwei Ziele: Zunächst soll die Entwicklung des PIA-Modells auf Basis einer empirischen Untersuchung vorgestellt werden. Anschließend sollen die Anwendbarkeit und der Nutzen des Modells durch ein konkretes Anwendungsbeispiel verdeutlicht werden. Dabei werden die Interaktionsaktivitätsprofile von jeweils zwei ausgewählten Banken in China bzw. in Deutschland miteinander verglichen und Handlungsempfehlungen daraus abgeleitet.

8.2 Grundlagen zur Entwicklung des Bewertungsmodells

Als Fundament für das generell anwendbare Bewertungsmodell dient eine theoriebezogene Untersuchung auf Basis der quantitativen Empirie. Die zugrunde gelegten Forschungsfragen lauten:

- **Von Marken aktiv gestaltbare Maßnahmen:**
  - Welche Interaktionsmaßnahmen, die von Marken in sozialen Medien durchgeführt werden, weisen einen positiven Zusammenhang mit der Marke-Kunden-Beziehung auf, sodass sie sich dadurch als Kriterien eines Bewertungsmodells zur Erstellung von Interaktionsaktivitätsprofilen eignen?
  - Welche Unterschiede bestehen zwischen China und Deutschland bei diesen Interaktionsmaßnahmen?
- **Von Marken passiv gestaltbare Maßnahmen:**
  - Welche Gewohnheiten der Internetnutzer müssen bei der Konzeptualisierung des Bewertungsmodells berücksichtigt und als Kriterien des Modells eingesetzt werden?
  - Welche Unterschiede bestehen zwischen China und Deutschland bei diesen Internetgewohnheiten?

Im Folgenden werden der theoretische Bezugsrahmen, die Konzeptualisierung des Hypothesenmodells und die Untersuchung zur Überprüfung dieses generellen Modells erläutert.

8.2.1 Theoretischer Bezugsrahmen

Zunächst werden drei zentrale Begriffe thematisiert: Markenführung, soziale Medien und Interaktion.

8.2.1.1 Markenführung

Seit den 1990er Jahren hat der identitätsorientierte Markenführungsansatz zunehmend an Bedeutung gewonnen (vgl. Meffert und Burmann 2005, S. 28 f.). Das Modell der identitätsbasierten Markenführung von Meffert und Burmann zeichnet sich gegenüber den anderen Modellen durch ein ganzheitliches Markenverständnis aus. Nach diesem Markenverständnis wird eine Marke als ein ganzheitliches Bündel aus funktionalem und symbolischem Nutzen (ein Nutzenbündel) definiert. Die Gestaltung und Wahrnehmung dieses Nutzens sorgen letztlich dafür, dass sich ein bestimmtes Nutzenbündel aus Sicht relevanter Zielgruppen von anderen, vergleichbaren Nutzenbündeln nachhaltig unterscheidet. Dieses Markenverständnis ermöglicht, die Ursachenperspektive (Nutzen gestalten) und die Wirkungsperspektive (Nutzen wahrnehmen) einander gegenüberzustellen (s. Abb. 8.1). Verbunden werden die beiden Perspektiven durch die Markenberührungspunkte (Brand-Touchpoints), an denen Konsumenten den von der Marke gestalteten Nutzen wahrnehmen können (vgl. Burmann et al. 2015, S. 28 f.).

Die Ursachenperspektive auf der linken Seite befasst sich mit Merkmalen, die das Wesen einer Marke aus Sicht der internen Zielgruppen (Mitarbeiter, Führungskräfte usw.) nachhaltig prägen. Diese Merkmale fungieren zudem als Bestandteile der Markenidentität. Diese Identität entsteht durch einen selbstreflexiven Prozess innerhalb der internen Ziel-

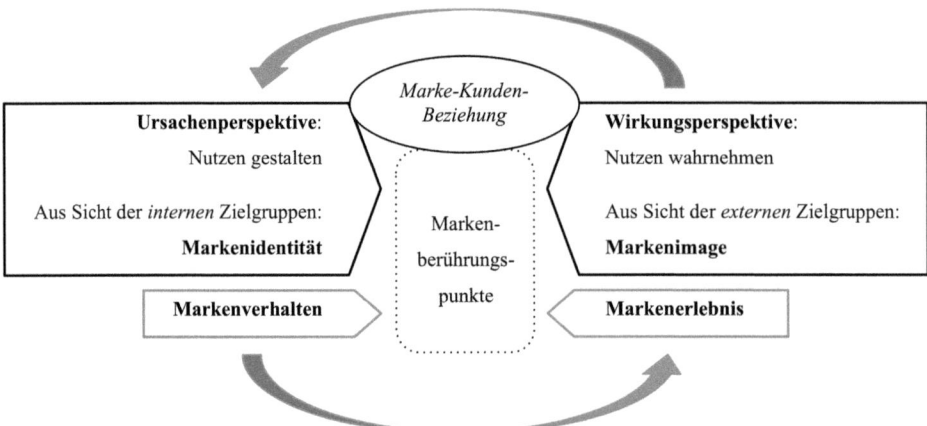

Abb. 8.1 Vereinfachte Darstellung des Modells der identitätsbasierten Markenführung von Meffert und Burmann. (Quelle: In Anlehnung an Burmann et al. 2015, S. 29 f.)

gruppen sowie durch deren Interaktionen mit den externen Zielgruppen (Kunden, Medien usw.). Auf der rechten Seite befindet sich die Wirkungsperspektive, die die Sicht der externen Zielgruppen als Markenimage ausdrückt. Das Markenimage verkörpert das Resultat aus der individuellen, subjektiven Wahrnehmung bzw. Bewertung aller markenbezogenen Informationen (Markenerlebnis). Dieses Image bringt schließlich den empfundenen Nutzen einer Marke zur Erfüllung der Kundenbedürfnisse zum Ausdruck (vgl. Burmann et al. 2003, S. 4 ff., 16 f.).

Außerdem befinden sich das Markenimage und die Markenidentität in einem kontinuierlichen und wechselseitigen Austauschprozess. Dies kann die Veränderung des Images und der Identität einer Marke bewirken (vgl. Burmann et al. 2003, S. 17). Wenn eine Marke die Übereinstimmung zwischen ihrem versprochenen Nutzen und ihrem tatsächlichen Verhalten gegenüber den Kunden (z. B. durch Produkte/Dienstleistungen, Mitarbeiterverhalten) an allen Markenberührungspunkten gewährleistet, dann kann eine intensive Interaktion der Marke das positive Markenerlebnis der Kunden verstärken. Dies erzeugt idealerweise eine hohe Stimmigkeit zwischen der Markenidentität und dem Markenimage, was schließlich dazu führt, das Vertrauen der Kunden in die Marke aufzubauen (vgl. Burmann und Meffert 2005, S. 65). Dieser Austauschprozess schlägt sich in der Stärkung der Marke-Kunden-Beziehung nieder. Insofern besteht das primäre Ziel einer Marke im Rahmen der identitätsbasierten Markenführung darin, diese Beziehungen aufzubauen, zu erhalten und/oder auszubauen (vgl. Burmann et al. 2012, S. 74).

Vor diesem Hintergrund lässt sich die Relevanz der Interaktion für die Vermittlung des Markenerlebnisses erkennen. Angesichts der immer weiter verbreiteten Nutzung der sozialen Medien stellt sich die Frage: Welche Kommunikationsinhalte können die sozialen Medien den Marken zur Interaktion mit Kunden bieten?

8.2.1.2 Soziale Medien

„Soziale Medien" werden als Sammelbegriff für die unterschiedlichen, auf dem Web 2.0 basierenden Plattformen verstanden, die den Internetnutzern ermöglichen, selbstproduzierte Inhalte zu veröffentlichen sowie diese untereinander auszutauschen (vgl. Kaplan und Haenlein 2010, S. 61).

Aus einer international vergleichenden Studie im Jahr 2017 geht hervor, dass 41 % der deutschen Bevölkerung die sozialen Medien nutzen, während 57 % der Chinesen in den sozialen Medien aktiv sind. Im Vergleich zum Vorjahr entspricht dies einem Zuwachs um 14 % bei den Deutschen und um 20 % bei den Chinesen. Im Durchschnitt liegt die tägliche Nutzung der sozialen Medien in China bei einer Stunde und 50 Minuten, in Deutschland hingegen bei einer Stunde und neun Minuten. Während die Deutschen am häufigsten YouTube, Facebook und WhatsApp nutzen, zählen WeChat, Youku und Weibo zu den meistgenutzten Plattformen Chinas (vgl. We are social und Hootsuite 2017a, S. 21 ff., 2017b, S. 79 ff.).[1]

Im markenbezogenen Kontext beschreibt die Kommunikation via soziale Medien auch die Zusammenarbeit zwischen einer Marke und Nutzern der sozialen Medien sowie deren Vernetzung miteinander. Dies geschieht nicht nur aktiv, sondern auch passiv und dient dazu, Informationen, Meinungen und Erfahrungen etc. auszutauschen sowie an der Erstellung von markenbezogenen Inhalten mitzuwirken (vgl. Bruhn 2015, S. 471 f.). Solche markenbezogenen Inhalte lassen sich wie folgt unterscheiden:

- Inhalt, den die internen Zielgruppen der Marke produziert und veröffentlicht haben, wird als Brand-Generated Content (BGC) bezeichnet. Solche Inhalte verfolgen kommerzielle Ziele, basieren auf Hintergrundwissen über die Marke und spiegeln die Markenidentität wider. Hierbei lässt sich BGC in der Praxis je nach Leistungsbezogenheit in zwei Gruppen unterteilen:
  1. Inhalte, die in einer direkten Verbindung zu den Produkten/Dienstleistungen der Marke stehen, werden als leistungsbezogene BGCs definiert. Diese sind Texte, Fotos oder Videos beispielsweise über Sonderangebote oder technische Details.
  2. Dagegen werden Inhalte, die sich nicht auf die Produkte/Dienstleistungen der Marke beziehen, als nicht-leistungsbezogene BGCs bezeichnet, wie z. B. gesponserte Veranstaltungen (vgl. Eilers 2014, S. 46 ff.).
- Im Gegensatz zum BGC wird der von den externen Zielgruppen erstellte Inhalt als User-Generated Content (UGC) aufgefasst. Im Kontext der Markenkommunikation via soziale Medien weisen solche von Internetnutzern generierten Inhalte zwecks der Einbindung dieser Nutzer in die Markenführungsaktivitäten einen hohen Stellenwert auf (vgl. Burmann et al. 2015, S. 217). Deshalb werden UGCs nur auf die Inhalte beschränkt, die in irgendeiner Art und Weise mit der Marke zusammenhängen. Hierbei wird von markenbezogenen UGCs gesprochen. Solche Inhalte, wie z. B. Kundenrezen-

---

[1] Die Existenz solcher China-eigenen, in Deutschland unbekannten Plattformen ist u. a. auf die Nichterreichbarkeit der weltweit populären sozialen Medien in China zurückzuführen. Der Funktionalität gemäß ist WeChat mit WhatsApp vergleichbar, Youku mit YouTube, Weibo mit Twitter.

sionen, verfolgen keine kommerziellen Ziele, bringen jedoch das Markenimage zum Ausdruck.
- Eng mit dem markenbezogenen UGC verbunden ist daher die sogenannte digitale Mundpropaganda, auch als Electronic Word-of-Mouth (eWOM) bekannt. Während der Schwerpunkt des UGCs auf der Erstellung von Inhalten liegt, konzentriert sich eWOM auf die Verbreitung von Inhalten (vgl. Eilers 2014, S. 43 ff.).

Es lässt sich festhalten, dass sich die sozialen Medien aufgrund der Möglichkeit eines ständigen Rollenwechsels zwischen Sender und Empfänger (Reziprozität) klar von den klassischen Medien abgrenzen (vgl. Tropp 2014, S. 48). In diesem Zusammenhang hat sich die Markenkommunikation allmählich vom einseitigen Transaktionsmodell zum netzwerkorientierten Interaktionsmodell gewandelt (vgl. Eilers 2014, S. 39 f.).

8.2.1.3 Interaktion

Gemäß dem Interaktionsmodell wird die markenbezogene Interaktion in den sozialen Medien wie folgt definiert: Kommunikation, die nicht nur zwischen einer Marke und Nutzern der sozialen Medien, sondern auch zwischen den Nutzern erfolgt – wobei diese Kommunikation durch markenbezogene Inhalte und Reziprozität gekennzeichnet ist (vgl. Eilers 2014, S. 54).

Wie in Abschn. 8.2.1.1 angedeutet, ist das Markenerlebnis der Kunden durch die markenbezogene Interaktion geprägt. Hierbei wird die Erlebnisqualität durch die Interaktionskompetenz der Marke determiniert. Die Interaktionskompetenz umfasst sieben Komponenten der Interaktion und teilt sie in drei Gruppen ein. Während Interaktionsgeschwindigkeit, -dauer und -häufigkeit zusammen die Interaktionsintensität bilden, lassen sich Interaktionskonsistenz, -relevanz und inhaltliche Gestaltungsmöglichkeit zur Interaktionsqualität zusammenfassen. Folglich bleibt die Interaktionsadäquanz[2] als eine alleinstehende Komponente (vgl. Burmann et al. 2010, S. 52, 58 ff.).

Hierbei wird vor allem die mediale Interaktionsintensität hervorgehoben. Diese bezeichnet die Wirkung der in der Öffentlichkeit stattfindenden Markenkommunikation auf das Markenimage. Diese Wirkung ist umso stärker, je häufiger und länger eine Marke in den Medien präsent ist. Im Kontext der sozialen Medien bedeutet dies, dass sowohl die Anzahl des BGCs als auch die Antworten auf den markenbezogenen UGC relevant sind. Die Interaktionsqualität hängt u. a. von der Fähigkeit und Bereitschaft der Mitarbeiter eines markenführenden Unternehmens ab, den Informationsaustausch mit Kunden in beiderseitigem Interesse zielführend zu praktizieren. Dies bedarf zum einen der Transparenz seitens der Marke, zum anderen der Informationsverfügbarkeit für Kunden, damit sie den Markennutzen möglichst realitätsnah beurteilen können. Im Zuge der sozialen Medien

---

[2] Die Interaktionskonsistenz betrifft die Verfügbarkeit der Informationen über aktuelle und vergangene Interaktionen zwischen einer Marke und ihren Kunden. Die Interaktionsrelevanz beschreibt den Mehrwert für Kunden durch die Interaktion mit einer Marke. Die Interaktionsadäquanz bezeichnet wiederum den Zusatznutzen für eine Marke durch die Interaktion mit ihren Kunden. Dies sind drei Komponenten des Interaktionsmanagements (vgl. Belz et al. 2008, S. 13 ff.).

stellt der markenbezogene UGC einen neuartigen und unabhängigen Informationszugang dar (vgl. Burmann et al. 2010, S. 59).

Damit ist deutlich geworden, dass die Qualität der Erlebnisse primär von der Interaktionskompetenz der Marke abhängig ist. Insbesondere die sozialen Erlebnisse, die u. a. das Gefühl der Gruppenzugehörigkeit vermitteln, sind vor allem auf eine starke Interaktionskompetenz der Marke angewiesen. Zudem liegt die Annahme nahe, dass eine hohe Interaktionskompetenz zu ökonomischen Vorteilen führen kann (vgl. Burmann et al. 2010, S. 37, 60, 66).

Mit diesem Abschnitt endet die theoretische Auseinandersetzung mit den zentralen Begriffen „Markenführung", „soziale Medien" und „Interaktion". Darauf aufbauend wurde das Hypothesenmodell konzeptualisiert. Dieses dient dazu, die zu untersuchenden Einfluss- und Zielgrößen zu identifizieren, Hypothesen zu deren Zusammenhängen aufzustellen und schließlich die Struktur dieser Zusammenhänge als ein leicht nachvollziehbares Hypothesenmodell übersichtlich und kompakt darzustellen.

8.2.2 Konzeptualisierung des generellen Hypothesenmodells

Die Konzeptualisierung zielt darauf ab, erstens die Marke-Kunden-Beziehung als Zielgröße und die Interaktionsmaßnahmen als Einflussgrößen zu plausibilisieren; zweitens die Interaktionsmaßnahmen zu kategorisieren und zu strukturieren; drittens die zugehörigen Hypothesen abzuleiten, um schließlich das Hypothesenmodell aufzustellen.

8.2.2.1 Marke-Kunden-Beziehung als Zielgröße

Vereinfacht wird die Marke-Kunden-Beziehung als die Verbundenheit eines Kunden mit einer Marke verstanden. Da diese Beziehung die Verbindung zwischen der Markenidentität und dem Markenimage herstellt, gilt der Aufbau starker Marke-Kunden-Beziehungen als ein direktes und psychologisches Ziel der identitätsbasierten Markenführung. Die Legitimation dafür, dass eine Marke überhaupt als ein Beziehungspartner zur interaktiven Kommunikation fähig ist, liefert Fournier in Bezug auf die Animismustheorie[3] (vgl. Stichnoth 2008, S. 18 f.).

In diesem Zusammenhang postuliert Wenske (2008, S. 73, 97, 275), dass die Marke-Kunden-Beziehung durch soziale Interaktionen entstehe, d. h. durch den Austausch von markenbezogenen Inhalten. Diese Definition zeigt auf, dass die Marke-Kunden-Beziehung als die Zielgröße der Interaktion fungiert. Zudem weisen Kunden, die eine enge Beziehung zur Marke haben, eine hohe Preisbereitschaft sowie eine starke Absicht zum Wiederkauf und zur Weiterempfehlung auf. Insofern spiegelt diese Beziehung den ökono-

---

[3] Die Animismustheorie besagt, dass Individuen die Neigung haben, den nicht lebenden Objekten – also auch Marken – menschliche Charakterzüge zuzuschreiben, um diese zu vermenschlichen und schließlich Interaktionen mit diesen Objekten zu ermöglichen (vgl. Eichen 2010, S. 47 f.).

mischen Erfolg der Marke wider. Somit stellt die Marke-Kunden-Beziehung (MKB) die am besten geeignete Zielgröße für die vorliegende Untersuchung dar.

8.2.2.2 Interaktionsmaßnahmen als Einflussgrößen

Die bereits angeführte Definition der Marke-Kunden-Beziehung nach Wenske bedeutet im Umkehrschluss, dass die Interaktion zwischen einer Marke und ihren Kunden in den sozialen Medien als Einflussgröße auf deren Beziehungen aufgefasst werden kann. In enger Anlehnung an Mertens und Caspari (2012, S. 120 ff.) lassen sich die Maßnahmen der Interaktion in der Praxis anhand von sechs Aspekten kategorisieren. Diese sechs Aspekte können wiederum in zwei Gruppen eingeteilt werden: von Marken aktiv gestaltbar und passiv gestaltbar. Abb. 8.2 fasst diese Aspekte in grafischer Form zusammen.

- **Von Marken aktiv gestaltbare Interaktionsmaßnahmen: Aspekt 1 bis Aspekt 4.** Dabei handelt es sich um Interaktionsmaßnahmen, die die Marke-Kunden-Beziehung hypothetisch direkt beeinflussen.
  - **Aspekt 1: Themen der Postings.** Die Postings thematisch zu optimieren, dient dazu, die Qualitätsansprüche der Internetnutzer an Postings der Marke zu erfüllen und folglich eine hohe Interaktionsqualität zu gewährleisten. Untersuchungen zeigen, dass Postings, die die folgenden acht Themen beinhalten, eine hohe Interaktionsrate erzielen und für Fans einen gelungenen Auftritt der Marke in den sozialen Medien darstellen. Dies erhöht wiederum die Interaktionsintensität und -qualität (vgl. Galloway 2011, S. 12; Schwaiger 2013, S. 64). Diese acht häufig angewendeten Themenbereiche sind:
    1. Informationen über Produkte/Dienstleistungen der Marke (Tm_MPi)
    2. Informationen über das Unternehmen, das hinter der Marke steht (Tm_iUn)
    3. Beantwortung der Fragen von Internetnutzern (Tm_FrK)
    4. Informationen über Events, Veranstaltungen (Tm_iEv)
    5. Kundenaufklärungen, praktische Tipps und Tricks (Tm_Kun)
    6. Informationen über die Konkurrenz der Marke (Tm_iKk)
    7. Informationen über Sonderangebote bzw. Rabattaktionen (Tm_Rab)
    8. Rein unterhaltsame, witzige Inhalte (Tm_Wiz)
  - **Aspekt 2: Gestaltung der Postings.** Mehr inhaltliche Gestaltungsmaßnahmen in die Postings zu integrieren, um Interaktionen anzuregen, gehört zur Interaktionskompetenz einer Marke. Mertens und Caspari (2012, S. 120 f.) zeigen auf, dass folgende Gestaltungsmaßnahmen die Interaktion fördern. Dies kann eine Untersuchung anhand einer Milliarde Facebook-Postings bestätigen (vgl. Rayson 2016). Insgesamt stehen der Marke acht häufig angewendete Gestaltungsmaßnahmen zur Verfügung:
    1. Fragen an Fans stellen (Gs_Fra)
    2. Auf markenbezogene UGCs reagieren, mit Fans im Gespräch bleiben (Gs_Kon)
    3. Interaktive Aktivitäten wie Abstimmungen, Gewinnspiele initiieren (Gs_Abs)
    4. Links in Postings einbauen (Gs_Lks)

5. Fotos/Bilder in Postings einbauen (Gs_Fot)
6. Videos in Postings einbauen (Gs_Vid)
7. Musik in Postings einbauen (Gs_Mus)
8. Fans zu bestimmten Aktionen klar und deutlich aufrufen (Gs_Auf)
- **Aspekt 3: Einbindung von Meinungsführern.** Es gibt sehr extrovertierte Internetnutzer, die dazu neigen, Produkte zu empfehlen. Diese Nutzer werden Meinungsführer oder Brand Advocates genannt. Ein Meinungsführer zeichnet sich durch sehr hohes Markenbewusstsein, seinen guten Ruf als Marktkenner und vor allem durch seine herausragende Vernetzung in den sozialen Medien aus. Durch ihre Empfehlungen in Form des markenbezogenen UGCs können Meinungsführer die eWOM auslösen und damit die Kaufentscheidungen bzw. die Marke-Kunden-Beziehung der anderen stark beeinflussen. Insofern können sie als Multiplikatoren zur Verbreitung von Markenbotschaften dienen (vgl. Yahoo 2007, S. 11 ff.; Kolo und Borgstedt 2014, S. 6 ff.). Deshalb lautet der 3. Aspekt der Interaktionsmaßnahmen: Einbindung von Meinungsführern in die Kommunikation via soziale Medien (Mfür).
- **Aspekt 4: Lokale oder globale Markenseite.** Die Marke, die lediglich durch eine globale Seite in den sozialen Medien repräsentiert wird, erzielt eine deutlich geringere Interaktionsrate als die Marke, die neben einer globalen Seite noch weitere lokale Seiten betreibt (vgl. Galloway 2011, S. 13). Daraus lässt sich der 4. Aspekt ableiten: Lokale (GL_Lk) bzw. globale Markenseite (GL_Gb) in den sozialen Medien.

- **Von Marken passiv gestaltbare Interaktionsmaßnahmen: Aspekt 5 und Aspekt 6.** Es existieren zwei weitere Einflussgrößen, die sich primär auf Internetgewohnheiten der Nutzer von sozialen Medien beziehen.
  - **Aspekt 5: Anzahl und Aufteilung der Postings.** Der ersten Einflussgröße liegen folgende zwei Fragestellungen zugrunde:
    1. Wie viele Postings sollte eine Marke in einem bestimmten Zeitraum, z. B. pro Tag oder pro Woche, veröffentlichen?
    2. Wie sollten die gesamten Postings (mit leistungsbezogenem BGC und nicht-leistungsbezogenem BGC) nach Inhalten aufgeteilt werden?

    Aus einer Untersuchung von Top-50-Facebook-Seiten der Marken ergibt sich, dass eine Marke im Durchschnitt 38 Facebook-Postings pro Monat veröffentlicht (vgl. Tobin 2011). Anhaltspunkte für die Aufteilung der Postings nach leistungsbezogenem und nicht-leistungsbezogenem BGC liefert die sogenannte 70/20/10-Regel für Facebook-Postings. Diese besagt, dass sich 20 % der eigenen Postings mit den Inhalten der anderen befassen sollten, während 70 % der Postings durch kreative Inhalte einen Mehrwert für den Markenaufbau erzeugen sollten. Für einen reinen Werbezweck sind nur 10 % der Postings vorgesehen (vgl. Matista 2013). Hieraus lässt sich ableiten, dass der Anteil der Postings mit leistungsbezogenem BGC bei 80 % liegt, der Anteil der Postings mit nicht-leistungsbezogenem BGC hingegen bei 20 %.

Daraus ergibt sich der 5. Aspekt: Anzahl und Aufteilung der Postings. Dieser Aspekt beinhaltet drei Punkte, die die Interaktionsintensität widerspiegeln:
1. Erwartete Anzahl der Postings pro Woche (Z_Insg) und davon
2. Anteil der Postings mit leistungsbezogenem BGC (Z_BgcL) bzw.
3. Anteil der Postings mit nicht-leistungsbezogenem BGC (Z_BgcN).

- **Aspekt 6: Zeitpunkt der Veröffentlichung**. Der zweiten Einflussgröße, die sich auf Gewohnheiten der Internetnutzer bezieht, liegt der sogenannte Feed-Algorithmus[4] zugrunde. Seit Bekanntgabe der Anwendung dieses Algorithmus bei Facebook und anderen sozialen Medien wurde deutlich, dass die auf der Hauptseite angezeigten Postings vom Algorithmus selektiert und auf den jeweiligen Nutzer zugeschnitten sind. Dabei gilt beispielsweise: Wenn ein Posting unmittelbar vor dem Einloggen des Nutzers veröffentlicht wurde, dann ist die Wahrscheinlichkeit hoch, dass dieses Posting auf der Hauptseite des Nutzers angezeigt wird (vgl. Erxleben 2016; Roth 2017). Insofern ist es weniger sinnvoll, wenn eine Marke Postings um 10:00 Uhr veröffentlicht, obwohl ihre Fans hauptsächlich nach 20:00 Uhr in den sozialen Medien aktiv sind. Aus einer Analyse anhand einer Milliarde Facebook-Postings ergaben sich folgende zwei Erkenntnisse (vgl. Rayson 2016):
  1. Die zwischen 22:00 und 23:00 Uhr veröffentlichten Postings erzielen die meisten Interaktionen.
  2. Der Sonntag ist der am besten geeignete Tag, an dem viele Interaktionen durchgeführt werden.

Somit begründet sich der 6. Aspekt: Zeitpunkt der Veröffentlichung. Dieser Aspekt umfasst zwei Punkte:
1. Optimales Zeitfenster für die Veröffentlichung der Postings (Zp_Zeit)
2. Optimaler Wochentag für die Veröffentlichung der Postings (Zp_Tag)

8.2.2.3 Hypothesen und Hypothesenmodell

Aus den bisherigen Ausführungen wurden zu jedem der sechs Aspekte von Interaktionsmaßnahmen plausible Hypothesen abgeleitet. Folgende sechs Hypothesen repräsentieren die gesamten 25 zu überprüfenden Hypothesen exemplarisch:

- **H1a:** Informationen über Produkte/Dienstleistungen der Marke üben einen positiven Einfluss auf die Marke-Kunden-Beziehung aus.
- **H2a:** Postings, in denen Fragen an Fans gestellt werden, üben einen positiven Einfluss auf die Marke-Kunden-Beziehung aus.
- **H3:** Postings, die den Bezug zu Meinungsführern aufweisen, üben einen positiven Einfluss auf die Marke-Kunden-Beziehung aus.

---

[4] Der Feed-Algorithmus, z. B. von Facebook, entscheidet anhand diverser Faktoren, welche Postings ein Nutzer auf seiner persönlichen Hauptseite angezeigt bekommt. Vereinfacht lassen sich dabei drei Hauptfaktoren identifizieren: 1. die Beziehung zwischen den Interaktionspartnern; 2. die Gewichtung beispielsweise nach Anzahl der Interaktionen; 3. der Veröffentlichungszeitpunkt eines Postings (vgl. Erxleben 2016; Roth 2017).

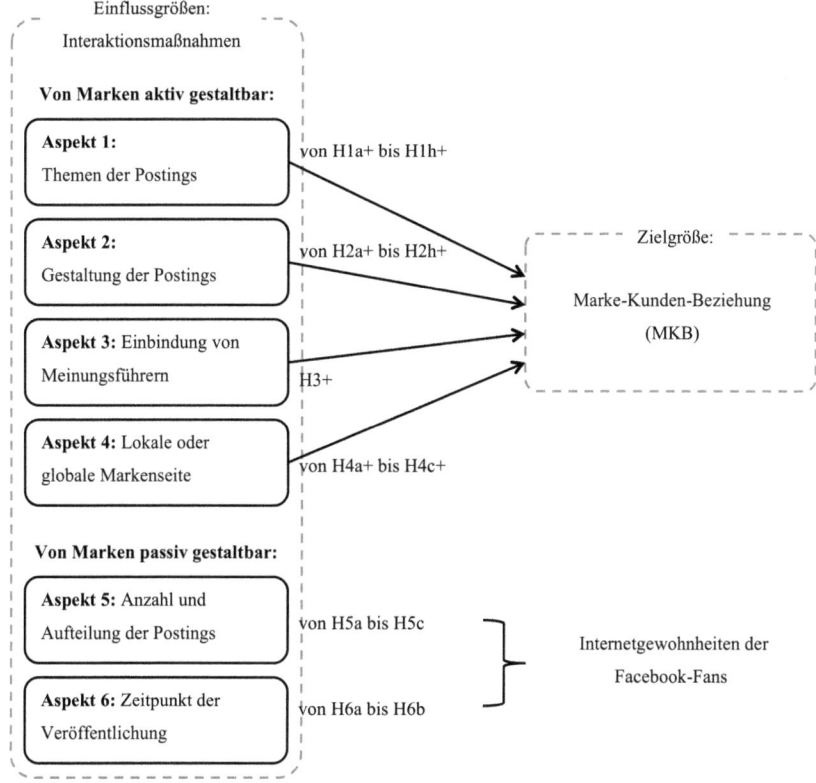

Abb. 8.2 Hypothesenmodell

- **H4a:** Eine lokale Markenseite übt einen positiven Einfluss auf die Marke-Kunden-Beziehung aus.
- **H5a:** Die am häufigsten favorisierte Veröffentlichungsanzahl von Facebook-Postings ist ein Posting pro Tag (bzw. sieben Postings pro Woche).
- **H6a:** Das Zeitfenster, in dem die Markenseite auf Facebook am häufigsten besucht wird, liegt zwischen 22:00 und 23:00 Uhr.

Damit endet die Konzeptualisierung, aus der das finale Hypothesenmodell abgeleitet wurde. Abb. 8.2 zeigt in grafischer Form zum einen dieses Hypothesenmodell, das als ein hypothetisches Bewertungsmodell dient, zum anderen die dazugehörigen Hypothesen.

Nach der Konzeptualisierung erfolgte die Operationalisierung des Hypothesenmodells. Dabei wurden den Einflussgrößen und der Zielgröße konkrete Messmethoden zugeordnet. Zudem fand die Auswahl der statistischen Verfahren zur Überprüfung der hypothetischen Zusammenhänge statt.

8.2.3 Empirische Überprüfung des generellen Hypothesenmodells

Das Hypothesenmodell empirisch zu untersuchen, stellt den nächsten Schritt der Entwicklung eines generell anwendbaren Bewertungsmodells dar. Grundlage dieses Modells war die theoriebasierte Aufstellung der in Abschn. 8.2.2 beschriebenen Kriterien. Um den Gesamtzusammenhang besser zu verstehen, wird zunächst die Vorgehensweise der Untersuchung erläutert. Anschließend werden die Ergebnisse präsentiert.

8.2.3.1 Untersuchungsdesign, Datenerhebung und -auswertung

Mit quantitativer Empirie sollen die vermuteten Zusammenhänge überprüft und analysiert werden. Insofern gilt diese Untersuchung als deskriptiv. Dazu war die Durchführung einer Primärerhebung von adäquaten Querschnittdaten aus China und Deutschland notwendig. Aus forschungsökonomischen Gründen wurde dabei eine standardisierte Online-Befragung mittels eines elektronischen Fragebogens eingesetzt. Die Befragten wurden über diverse Plattformen der sozialen Medien per Zufall rekrutiert.

Der Fragebogen besteht aus sechs Elementen, die nach der standardisierten Vorlage von Döring und Bortz (2016, S. 406 f.) gestaltet sind. Bis auf zwei Ausnahmen wurden alle Fragen bzw. Aussagen entweder in geschlossener oder skalierter Form gestellt bzw. getroffen. Dabei liegen der skalierten Form die standardisierten Likert-Skalen mit sieben steigenden Stufen zugrunde (von „1 = Stimme gar nicht zu", über „4 = Teils, teils" bis „7 = Stimme völlig zu"). Für die chinesischen Teilnehmer wurde der Fragebogen zusätzlich in die chinesische Sprache übersetzt. Nach der Fertigstellung des Fragebogens erfolgte ein Pretest, um den Fragebogen zu erproben.

Basierend auf der Grundlage des finalen Fragebogens wurde als Nächstes der elektronische Fragebogen mittels der Online-Umfragesoftware von sojump.com in China sowie von unipark.de in Deutschland erstellt und dort veröffentlicht. Die anschließende Datenerhebung fand in beiden Ländern parallel vom 11. April bis 30. April 2017 statt. In China füllten insgesamt 271 Teilnehmer den Online-Fragebogen komplett aus. In Deutschland waren es 207. Die Datensätze wurden anschließend um die sogenannten Durchklicker bereinigt, um eine hohe Datenqualität sicherzustellen. Dadurch ergab sich die endgültige Stichprobe für China von $n = 203$. Für Deutschland stand die endgültige Stichprobe von $n = 168$ für weitere Analysen zur Verfügung. Da die Marke-Kunden-Beziehung als eine latente Variable mittels acht Indikatoren in Form von Aussagen – in Anlehnung an Wenske (2008, S. 97, 212) – gemessen wurde, fand zusätzlich die Güteprüfung dieser Beziehung statt. Demnach gingen alle acht Indikatoren der Marke-Kunden-Beziehung in unveränderter Weise in die Regressionsanalyse ein.

8.2.3.2 Untersuchungsergebnisse

Als Nächstes wurden die Regressionsanalyse und die Kreuztabellierung durchgeführt. Im Folgenden werden die Ergebnisse exemplarisch erörtert. Abb. 8.3 fasst die Ergebnisse der Regressionsanalyse mit der chinesischen Stichprobe zusammen. Abb. 8.4 zeigt die Ergebnisse der deutschen Stichprobe.

8 Ein länderspezifischer Vergleich der Markenführungsaktivitäten

Hypoth.	Vermuteter Zusammenhang	Beta β =	Sig. p =	R² =	Ergebnis	Rangfolge
	Hypothesen zum Aspekt 1: Themen der Postings					
H1a:	Tm_MPi →(+) MKB	0,61	0,000	0,37	bestätigt ✓	4
H1b:	Tm_iUn →(+) MKB	0,52	0,000	0,27	bestätigt ✓	7
H1c:	Tm_FrK →(+) MKB	0,60	0,000	0,36	bestätigt ✓	5
H1d:	Tm_iEv →(+) MKB	0,72	0,000	0,52	bestätigt ✓	1
H1e:	Tm_Kun →(+) MKB	0,50	0,000	0,25	bestätigt ✓	8
H1f:	Tm_iKk →(+) MKB	0,56	0,000	0,31	bestätigt ✓	6
H1g:	Tm_Rab →(+) MKB	0,63	0,000	0,39	bestätigt ✓	2
H1h:	Tm_Wiz →(+) MKB	0,62	0,000	0,38	bestätigt ✓	3
	Hypothesen zum Aspekt 2: Gestaltung der Postings					
H2a:	Gs_Fra →(+) MKB	0,64	0,000	0,41	bestätigt ✓	5
H2b:	Gs_Kon →(+) MKB	0,64	0,000	0,40	bestätigt ✓	6
H2c:	Gs_Abs →(+) MKB	0,58	0,000	0,33	bestätigt ✓	8
H2d:	Gs_Lks →(+) MKB	0,59	0,000	0,34	bestätigt ✓	7
H2e:	Gs_Fot →(+) MKB	0,71	0,000	0,50	bestätigt ✓	1
H2f:	Gs_Vid →(+) MKB	0,65	0,000	0,42	bestätigt ✓	2
H2g:	Gs_Mus →(+) MKB	0,65	0,000	0,42	bestätigt ✓	2
H2h:	Gs_Auf →(+) MKB	0,65	0,000	0,42	bestätigt ✓	2
	Hypothese zum Aspekt 3: Einbindung von Meinungsführern					
H3:	Mfür →(+) MKB	0,70	0,000	0,48	bestätigt ✓	--
	Hypothesen zum Aspekt 4: lokale oder globale Markenseite					
H4a:	GL_Lk →(+) MKB	0,55	0,000	0,30	bestätigt ✓	--
H4b:	GL_Gb →(+) MKB	0,55	0,000	0,30	bestätigt ✓	--
H4c:	H4a stärker als H4b	--	--	--	abgelehnt ✗	--

Abb. 8.3 Ergebnisse der Regressionsanalyse mit der chinesischen Stichprobe

Hypoth.	Vermuteter Zusammenhang	Beta β =	Sig. p =	R² =	Ergebnis	Rang-folge
Hypothesen zum Aspekt 1: Themen der Postings					
H1a:	Tm_MPi →(+) MKB	0,41	0,000	0,16	bestätigt ✓	2
H1b:	Tm_iUn →(+) MKB	0,43	0,000	0,18	bestätigt ✓	1
H1c:	Tm_FrK →(+) MKB	0,18	0,022	0,03	bestätigt ✓	7
H1d:	Tm_iEv →(+) MKB	0,26	0,001	0,06	bestätigt ✓	3
H1e:	Tm_Kun →(+) MKB	0,21	0,006	0,04	bestätigt ✓	4
H1f:	Tm_iKk →(+) MKB	-0,13	0,094	0,01	abgelehnt ✗	--
H1g:	Tm_Rab →(+) MKB	0,19	0,011	0,03	bestätigt ✓	6
H1h:	Tm_Wiz →(+) MKB	0,20	0,011	0,03	bestätigt ✓	5
Hypothesen zum Aspekt 2: Gestaltung der Postings					
H2a:	Gs_Fra →(+) MKB	0,08	0,306	0,00	abgelehnt ✗	--
H2b:	Gs_Kon →(+) MKB	0,14	0,075	0,01	abgelehnt ✗	--
H2c:	Gs_Abs →(+) MKB	0,27	0,000	0,07	bestätigt ✓	3
H2d:	Gs_Lks →(+) MKB	0,35	0,000	0,11	bestätigt ✓	1
H2e:	Gs_Fot →(+) MKB	0,18	0,021	0,03	bestätigt ✓	5
H2f:	Gs_Vid →(+) MKB	0,23	0,003	0,05	bestätigt ✓	4
H2g:	Gs_Mus →(+) MKB	0,12	0,111	0,01	abgelehnt ✗	--
H2h:	Gs_Auf →(+) MKB	0,33	0,000	0,10	bestätigt ✓	2
Hypothese zum Aspekt 3: Einbindung von Meinungsführern					
H3:	Mfür →(+) MKB	0,16	0,043	0,02	bestätigt ✓	--
Hypothesen zum Aspekt 4: lokale oder globale Markenseite					
H4a:	GL_Lk →(+) MKB	0,07	0,363	0,00	abgelehnt ✗	--
H4b:	GL_Gb →(+) MKB	0,27	0,000	0,07	bestätigt ✓	--
H4c:	H4a stärker als H4b	--	--	--	abgelehnt ✗	--

Abb. 8.4 Ergebnisse der Regressionsanalyse mit der deutschen Stichprobe

Hypothese		China		Deutschland		Hypoth.
Hypothesen zum Aspekt 5 (nur in Bezug auf Facebook aufgestellt): Anzahl und Aufteilung der Postings						
H5a: (Z_Insg)	Jeden Tag ein Posting (sieben Postings pro Woche)	14 – 28 x pro Wo.	abgelehnt ✗	2 – 4 x pro Wo.	abgelehnt ✗	H5a
H5b: (Z_BgcL)	Acht von zehn Postings mit leistungsbezogenem BGC	6 von 10	abgelehnt ✗	8 von 10	bestätigt ✓	H5b
H5c: (Z_BgcN)	Zwei von zehn Postings mit *nicht-*leistungsbezogenem BGC	4 von 10	abgelehnt ✗	2 von 10	bestätigt ✓	H5c
Hypothesen zum Aspekt 6 (nur in Bezug auf Facebook aufgestellt): Zeitpunkt der Veröffentlichung						
H6a: (Zp_Zeit)	Zwischen 22:00 und 23:00 Uhr	20:00 – 23:00 Uhr	bestätigt ✓	17:00 – 20:00 Uhr	abgelehnt ✗	H6a
H6b: (Zp_Tag)	Sonntag	Samstag	abgelehnt ✗	Sonntag	bestätigt ✓	H6b

Abb. 8.5 Ergebnisse der Kreuztabellierung mit der chinesischen und der deutschen Stichprobe

Durch die Gegenüberstellung der beiden Tabellen ist ersichtlich, dass jedes Land individuelle Präferenzen bezüglich der Interaktionsmaßnahmen in den sozialen Medien hat. Die Chinesen bevorzugen beispielsweise Postings über Events ($R^2 = 0{,}52$) und Sonderangebote ($R^2 = 0{,}39$), während die Deutschen lieber mehr über das Unternehmen ($R^2 = 0{,}18$), über dessen Produkte ($R^2 = 0{,}16$) erfahren möchten. In der Gestaltung der Postings wollen die Chinesen mehr Bilder ($R^2 = 0{,}50$) und Videos ($R^2 = 0{,}42$) sehen. Die Deutschen hingegen wünschen sich mehr Verlinkungen zu weiteren Internetseiten ($R^2 = 0{,}11$) und klare Aufrufe zu bestimmten Aktionen ($R^2 = 0{,}10$). Sowohl die Chinesen als auch die Deutschen interagieren gerne mit Meinungsführern in den sozialen Medien. Hierbei sind die Chinesen jedoch wesentlich aktiver (China: $R^2 = 0{,}48$; Deutschland: $R^2 = 0{,}02$). Überraschenderweise präferieren die Deutschen die globale Fanseite einer Marke anstelle der lokalen, nur auf die deutschen Kunden ausgerichteten Fanseite. Bei den Chinesen gibt es hierzu keine Präferenz.

Die Überprüfung der fünf Hypothesen zum 5. und 6. Aspekt von Interaktionsmaßnahmen (Internetgewohnheiten der Nutzer von sozialen Medien) erfolgte durch die Kreuztabellierung. Abb. 8.5 veranschaulicht die unterschiedlichen Gewohnheiten der Nutzer in beiden Ländern. Hervorzuheben ist, dass die Chinesen von einer Marke bis zu vier Postings pro Tag erwarten. Das ist siebenmal so viel, wie die Deutschen von einer Marke erwarten. Im Umkehrschluss bedeutet dies, dass die Deutschen den sozialen Medien zurückhaltender gegenüberstehen als die Chinesen.

Diese Erkenntnisse dienen nicht nur zur Beantwortung der eingangs gestellten Forschungsfragen, sondern auch als Grundlage für die Ausarbeitung des Bewertungsmodells. Es wurde aufgezeigt, dass jedes Land individuelle Anforderungen an die Kriterien für die Bewertung von Interaktionsaktivitäten stellt. Folglich wurde für jedes Land ein eigenes Bewertungsmodell fertiggestellt, das auf die Ergebnisse der Stichprobe des jeweiligen Landes abgestimmt ist. Dabei wurden jene Interaktionsmaßnahmen als Kriterien des Bewertungsmodells eingesetzt, die entweder einen positiven Zusammenhang mit der Marke-Kunden-Beziehung aufweisen können (aktiv gestaltbare Maßnahmen: Aspekt 1 bis Aspekt 4) oder die untersuchten Gewohnheiten der Internetnutzer repräsentieren (passiv gestaltbare Maßnahmen: Aspekt 5 und Aspekt 6). Abschließend wurde die praktische Anwendbarkeit des grundlegenden Modells durch einen Praxistest am Beispiel von Automarken bestätigt.

Nach dieser generellen Betrachtung ist es möglich, das Modell auch in anderen Branchen anzuwenden. Das Bewertungsmodell wird im Folgenden für die Untersuchung in chinesischen und deutschen Banken verwendet.

8.3 Anwendung des Bewertungsmodells – Profilvergleich zwischen Banken

Um die Anwendbarkeit und den Nutzen des neu entwickelten, generell anwendbaren Bewertungsmodells zu verdeutlichen, werden nun mittels dieses Modells die Interaktionsaktivitäten ausgewählter Banken – zwei aus China und zwei aus Deutschland – beobachtet, ihr jeweiliges Profil erstellt und miteinander verglichen. Aus diesem Profilvergleich werden dann Handlungsempfehlungen abgeleitet.

8.3.1 Steckbrief des Profilvergleichs

Da dieser Profilvergleich lediglich als Anwendungsbeispiel dient, erfolgte die Auswahl der zu vergleichenden Banken willkürlich.

Stellvertretend für die chinesischen Banken wurden die Bank of China und die Citibank (China) genauer betrachtet. Als eine staatliche Bank mit über 100-jähriger Geschichte zählt die Bank of China zu den systemrelevanten Banken in China und weltweit (vgl. Bank of China o. J.). Außerdem ist sie zur vertrauenswürdigsten Bank Chinas gewählt worden (vgl. Brand Finance 2017). Beobachtet wurden ihre Interaktionsaktivitäten vom 20. November bis 3. Dezember 2017 (zwei Wochen) auf Weibo.

Bereits im Jahr 1902 begann die US-amerikanische Citibank mit ihren ersten Geschäften in China. Dort ist sie heute mit Filialen in 13 Städten eine führende ausländische Bank (vgl. Citigroup o. J.). Ihre Interaktionsaktivitäten wurden ebenfalls auf Weibo beobachtet, jedoch für einen längeren Zeitraum[5] vom 9. Oktober bis 3. Dezember 2017 (acht Wochen). Der Profilvergleich zwischen diesen beiden Banken in China erfolgt nach dem Motto: „chinesische gegen ausländische Bank".

Für Deutschland standen die Deutsche Bank und N26 auf dem Prüfstand. Die vor knapp 150 Jahren in Berlin gegründete Deutsche Bank ist – sowohl gemäß ihrer Bilanzsumme als auch der Anzahl der Geschäftsstellen – unangefochten die Nummer eins unter Deutschlands Geldhäusern (vgl. Kuck 2017, S. 14 ff.).

Im Kontrast dazu steht die im Jahr 2013 gegründete, erste mobile Bank Europas N26 mit über 500.000 Kunden. Von Anfang an hat sie sich auf das Smartphone-Banking fokussiert (vgl. N26 2017). Daher lautet das Motto des Profilvergleichs zwischen der Deutschen Bank und N26: „traditionelle gegen innovative Bank". Bei beiden Banken wurden ihre Interaktionsaktivitäten vom 6. November bis 3. Dezember 2017 (vier Wochen) auf Facebook beobachtet.

8.3.2 Vorgehen bei der Modellanwendung

Die Beobachtung erfolgte durch die Anwendung des ersten Teils des generellen Bewertungsmodells, nämlich des Beobachtungsbogens. Insgesamt besteht dieses Modell aus drei Teilen: Beobachtungsbogen, Normtabellen und Vorlage zur Erstellung des Aktivitätsprofils. Die Vorgehensweise zur Modellanwendung umfasst folgende vier Schritte:

---

[5] Der Grund dafür wird in Abschn. 8.3.3 erläutert.

1. Festlegung des Beobachtungszeitraums. Die Beobachtung erfolgt wochenweise.
2. Quantifizierung der Interaktionsaktivitäten anhand des Beobachtungsbogens. Entlang der länderspezifischen Kriterien werden die beobachteten Postings quantitativ dokumentiert. Anschließend wird die absolute Anzahl der Postings berechnet.
3. Ermittlung der Normwerte. Als Nächstes wird anhand der in den Normtabellen aufgezeigten Formeln die relative Anzahl berechnet. Dieser Anzahl entsprechend können dann die Normwerte aus den Normtabellen abgelesen werden.
4. Übertragung der Normwerte in die Vorlage. Die Normwerte aller einzelnen Kriterien werden in die entsprechenden Kästchen als Punkte eingetragen. Abschließend werden die Punkte miteinander verbunden.

Der Profilvergleich zwischen den ausgewählten Banken lief nach den genannten Schritten ab. Insgesamt waren vier Durchgänge nötig.

8.3.3 Ergebnisse und Handlungsempfehlungen

Im Folgenden werden die Ergebnisse des Profilvergleichs diskutiert. Hierzu ist anzumerken, dass Bereiche bzw. Werte, die den empirischen Erkenntnissen gemäß als empfehlenswert gelten, in den Abbildungen Abb. 8.6 und 8.7 durch Grauschattierung hervorgehoben sind.

Abb. 8.6 veranschaulicht den Vergleich der Aktivitätsprofile der Bank of China und der Citibank (China) auf Weibo. Somit ist ersichtlich, dass die Citibank in ihren Postings Veranstaltungen und Sonderangebote häufig thematisierte, während die Bank of China hauptsächlich über sich selbst berichtete. Mit unterhaltsamen Inhalten und eigenen Dienstleistungen haben sich beide Banken kaum befasst. Zur Gestaltung der Postings wurden Bilder bzw. deutlich formulierte Aufrufe bei der Citibank viel häufiger angewandt als bei der Bank of China. Stattdessen baute die Bank of China in jedes Posting Links ein, womit sie sich von der Citibank abhebt. Jedoch kann keine der beiden Banken eine enge Zusammenarbeit mit Meinungsführern aufweisen.

Bei beiden Banken weicht zudem der Anteil der Postings mit leistungsbezogenem BGC (ca. 36 %) vom empfehlenswerten Anteil (ca. 65 %) ab. Dies weist wiederum auf einen hohen Anteil von Postings mit nicht-leistungsbezogenem BGC (ca. 64 %) hin. Auch im Hinblick auf den Veröffentlichungszeitpunkt der Postings können Defizite bei beiden Banken festgestellt werden. Besonders auffällig ist, dass die Citibank im Durchschnitt weniger als ein Posting pro Woche veröffentlichte. Im Kontrast dazu steht die Bank of China mit 55 Postings pro Woche. Insofern wurde der Beobachtungszeitraum bei der Citibank auf acht Wochen verlängert, um dadurch mehr gepostete Inhalte zu erlangen.

Aus den aufgezeigten Vergleichsergebnissen lassen sich folgende Handlungsempfehlungen für die Bank of China und die Citibank (China) ableiten:

8 Ein länderspezifischer Vergleich der Markenführungsaktivitäten

Marke: Bank of China	Marke: Citibank (China)	
Plattform: Weibo	Plattform: Weibo	
Zeitraum: 20.11. – 3.12.2017	Zeitraum: 9.10. – 3.12.2017	
■ Bank of China ———	○ Citibank (China) - - - - -	❖ Überschneidung

Nr.	Kriterien	Normwert 0–10
Themen der Postings		
1.1	Infos über Events, Veranstaltungen	
1.2	Infos über Sonderangebote bzw. Rabatte	
1.3	Rein unterhaltsame, witzige Inhalte	
1.4	Infos über Produkte/Dienstleistungen	
1.5	Beantwortung der Fragen von Fans	
1.6	Infos über die Konkurrenz	
1.7	Infos über das Unternehmen	
1.8	Kundenaufklärungen, praktische Tipps usw.	
Gestaltung der Postings		
2.1	Fotos/Bilder/GIFs in Postings einbauen	
2.2	Videos in Postings einbauen	
2.3	Musik/Soundeffekte in Postings einbauen	
2.4	Aufrufe deutlich formulieren	
2.5	Fragen an Fans stellen	
2.6	Mit Fans im Gespräch bleiben	
2.7	Links/QR-Codes in Postings einbauen	
2.8	Abstimmungen, Gewinnspiele usw. initiieren	
Einbindung von Meinungsführern		
3.1	Meinungsführer in Postings einbinden	
BGC		
4.1	Anteil der Postings mit leistungsbez. BGC	
4.2	Anteil d. Postings mit **nicht**-leistungsbez. BGC	
Zeitpunkt der Veröffentlichung		
5.1	Zeitfenster der Postings	
5.2	Wochentag der Postings	
Anzahl der Postings		
6.1	Anzahl der Postings pro Woche	
6.2	Anzahl d. **nicht** zuordenbaren Postings pro Wo.	

Abb. 8.6 Vergleich der Aktivitätsprofile der Bank of China und der Citibank (China) auf Weibo – China

- Anstatt viel über das eigene Unternehmen zu berichten, sollte sich die Bank of China häufiger mit Themen wie Veranstaltungen oder Sonderangeboten befassen.
- Zudem sollte sie mehr Bilder und Videos in Postings einbauen. Auch klare Aufrufe zu bestimmten Aktionen sind empfehlenswert.
- Die Citibank sollte insbesondere die Anzahl ihrer Postings dringend auf mindestens ein Posting pro Tag erhöhen und gleichzeitig mehr adäquate Videos posten.
- Für beide Banken gilt es:
    1. eine enge Zusammenarbeit mit Meinungsführern aus dem Finanzbereich anzustreben,

2. den Anteil von Postings mit nicht-leistungsbezogenem BGC auf ca. 35 % zu reduzieren,
3. Postings zwischen 20:00 und 23:00 Uhr zu veröffentlichen, an Samstagen mehr zu posten als an sonstigen Wochentagen.

Nun wird der Profilvergleich zwischen der Deutschen Bank und N26 interpretiert. Abb. 8.7 stellt die Aktivitätsprofile der beiden Banken auf Facebook vergleichend dar. Es lässt sich dadurch erkennen, dass N26 sehr häufig eigene Dienstleistungen zum Thema machte, während sich die Deutsche Bank in ihren Postings gern mit Veranstaltungen befasste. Über das eigene Unternehmen wurde bei beiden Banken wenig bis gar nicht berichtet. Die Art und Weise, wie die beiden Banken ihre Postings gestalteten, ist ähnlich.

Erstaunlicherweise weicht der Anteil der Postings mit leistungsbezogenem BGC bei der Deutschen Bank (ca. 19 %) stark vom empfehlenswerten Anteil (ca. 75 %) ab. Dies ist

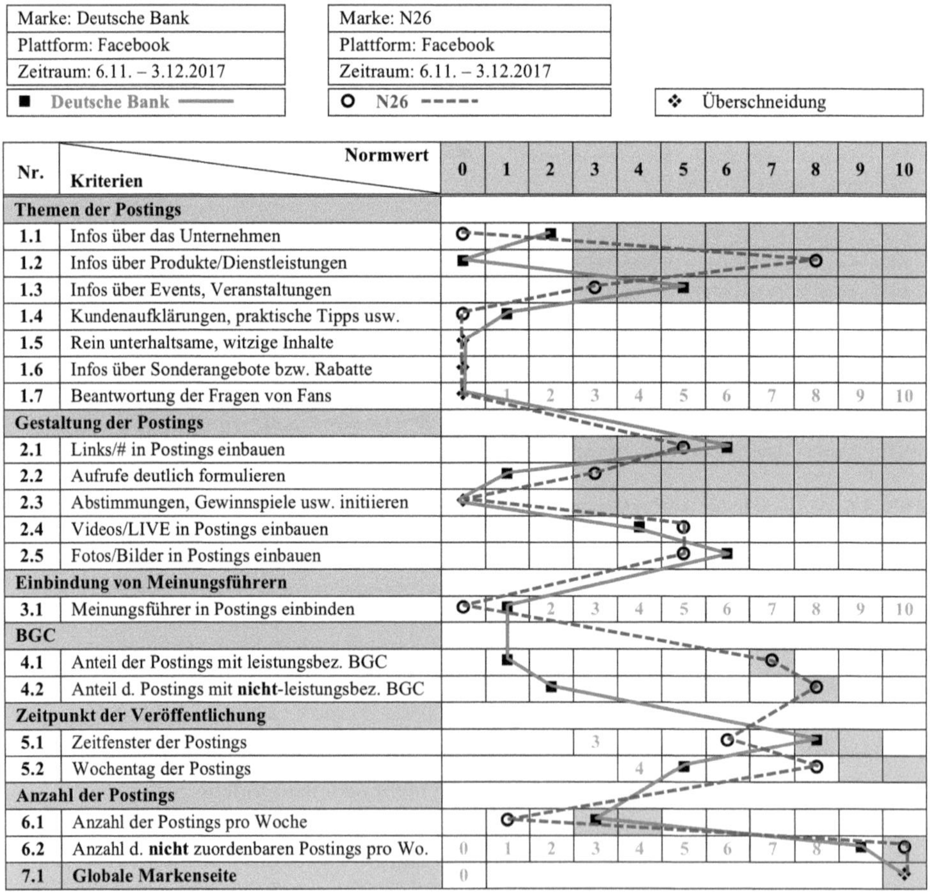

Abb. 8.7 Vergleich der Aktivitätsprofile der Deutschen Bank und N26 auf Facebook – Deutschland

auf einen sehr hohen Anteil von Postings mit nicht-leistungsbezogenem BGC (ca. 81 %) zurückzuführen. Im Hinblick auf den Veröffentlichungszeitpunkt und die Anzahl der Postings können Abweichungen bei N26 festgestellt werden.

Basierend auf den dargelegten Vergleichsergebnissen werden folgende Optimierungsmaßnahmen bei der Deutschen Bank und N26 empfohlen:

- Beide Banken sollten mehr informative Postings vor allem über das eigene Unternehmen veröffentlichen. Dabei könnten z. B. Angestellte, Tochter- bzw. Partnerunternehmen thematisiert werden.
- Zudem sollten beide Banken, insbesondere die Deutsche Bank, Aufrufe beispielsweise zur Teilnahme an bestimmten Aktionen wie Abstimmungen oder Gewinnspielen deutlich formulieren.
- Auch die Einbindung von Meinungsführern aus dem Finanzbereich in die Postings ist für beide Banken empfehlenswert.
- Eine dringende Aufgabe für die Deutsche Bank ist, den Anteil von Postings mit leistungsbezogenem BGC auf ca. 75 % zu erhöhen.
- N26 sollte insgesamt mehr Postings veröffentlichen, und zwar zum empfohlenen Zeitpunkt. Konkret heißt das:
  1. mindestens fünf bis sechs Postings pro Woche,
  2. zwischen 17:00 und 20:00 Uhr,
  3. idealerweise an Wochenenden.

8.4 Schlussbetrachtung

Der hier durchgeführte Profilvergleich zwischen den ausgewählten Banken zeigt auf, dass offenbar noch in vielen Banken, zumindest aber in den hier betrachteten Banken, ein dringender Handlungsbedarf besteht, mit ihren Kunden in den sozialen Medien erlebnisorientiert und informativ zu interagieren. Ihre Interaktionsaktivitäten hinsichtlich der Themen und Gestaltung der Postings sind oft einfallslos und entsprechen wenig den Kundenbedürfnissen. Auch der Veröffentlichungszeitpunkt und die Anzahl der Postings sind nicht auf die Gewohnheiten der Internetnutzer abgestimmt. Zugleich verdeutlicht dieser Profilvergleich, dass das hier entwickelte, generell anwendbare Bewertungsmodell namens PIA-Modell nicht nur zur Erstellung und zum Vergleich von Profilen der Interaktionsaktivitäten dient, sondern auch konkrete Maßnahmen zur Behebung der festgestellten Defizite bei Interaktionsaktivitäten liefert.

Besonders wichtig beim Vergleich solcher Profile ist es, diese richtig zu interpretieren. Das Interaktionsaktivitätsprofil soll als eine Art Persönlichkeit einer Bank bzw. einer Marke bezüglich ihrer Aktivitäten in den sozialen Medien aufgefasst werden. Das heißt, es gibt kein richtiges oder falsches Profil. Ein adäquates Interaktionsaktivitätsprofil, das auf Faktoren wie Markeneignung, Plattformen, Unternehmensressourcen, -strategie und -kultur abgestimmt ist, gilt als zweckmäßig. Insofern ist es wenig sinnvoll, starr nach einem Aktivitätsprofil zu streben, das bei jedem Kriterium den höchsten Normwert aufweist.

In diesem Zusammenhang wurden die Empfehlungen zu den Kriterien 1.1 bis 3.1 (s. Abb. 8.6) weit definiert und durch Grauschattierung gekennzeichnet. Die Reihenfolge dieser Kriterien entspricht der Reihenfolge ihrer Stärke bzw. Erklärungskraft für die Marke-Kunden-Beziehung.

- So kann davon ausgegangen werden, dass z. B. in China Inhalte zu Events die Marke-Kunden-Beziehung eher stärken als Inhalte mit Kundenaufklärungen.
- Während im Normalfall ein Posting nur ein Thema beinhaltet, ist es empfehlenswert, mehrere Gestaltungsmöglichkeiten in einem Posting sinnvoll zu kombinieren.
- Zudem sollten Marken, die vor allem auf dem chinesischen Markt aktiv sind, Meinungsführer für sich gewinnen. Diese sollten dann als Multiplikatoren zur Verbreitung von Markenbotschaften in die Postings eingebunden werden.
- Die Empfehlungen zu den Kriterien 4.1 bis 6.2 stimmen mit den festgestellten Gewohnheiten der chinesischen bzw. deutschen Internetnutzer überein. Damit kann überprüft werden, ob Markenführungsaktivitäten einer Marke in den sozialen Medien im Einklang mit Internetgewohnheiten der Fans stehen.

Insofern besteht der Nutzen des PIA-Modells darin, dass alle markenführenden Unternehmen – Banken eingeschlossen – nun über ein lösungsorientiertes Instrument verfügen, mit dem ihre eigenen Stärken bzw. Schwächen und die ihrer potenziellen Konkurrenten im Hinblick auf die Interaktionsaktivitäten in den sozialen Medien strukturiert und anschaulich aufgezeigt und bewertet werden können. Durch diese Wettbewerbsanalyse können unzureichende bzw. wenig vorteilhafte Maßnahmen dem Modell entsprechend optimiert oder gestoppt werden. Dank der länderspezifischen Konzeptionen ist das Modell zur separaten Anwendung in China und in Deutschland geeignet. Die im Modell empfohlenen Interaktionsmaßnahmen (Kriterien 1.1 bis 3.1), vor allem in einer kombinierten Form, können den Aufbau, Erhalt und Ausbau langfristiger und stabiler Marke-Kunden-Beziehungen fördern. Dies erfüllt die Zielsetzung der identitätsbasierten Markenführung.

Abschließend lässt sich festhalten, dass das hier entwickelte PIA-Modell die zentrale Implikation der vorangegangenen Untersuchung für die Praxis darstellt. Durch diese Untersuchung wurden zum einen länderspezifische Unterschiede zwischen China und Deutschland bezüglich der Interaktionsmaßnahmen und der Internetgewohnheiten empirisch belegt, zum anderen wurden interessante Anknüpfungspunkte für die zukünftige Forschung z. B. im Kontext der sozialen Medien oder zwischen den beiden Ländern aufgezeigt. Zudem verfügt das PIA-Modell über ein großes Potenzial, sich weiterzuentwickeln. Dieses generell anwendbare Bewertungsmodell könnte beispielsweise für verschiedene Branchen und Plattformen der sozialen Medien modifiziert werden. Dabei könnten Interaktionsaktivitäten z. B. im Zusammenhang mit Likes softwaregestützt analysiert und bewertet werden. Dies kann die Integration der sozialen Medien in die gesamte Markenkommunikation weiter erleichtern, um den eingangs erwähnten „drohenden Kontrollverlust" über die Markenführung in den sozialen Medien nachhaltig zu verhindern.

Literatur

Bank of China (o. J.). *Bank of China Overview.* http://www.bankofchina.com/en/aboutboc/ab1/200809/t20080901_1601737.html. Zugegriffen: 29. Dezember 2017.

Belz, C., Schögel, M., & Arndt, O. (2008). Grenzen technologie-gestützter Kundeninteraktion: Aktives Interaktionsmanagement als Erfolgsfaktor. In C. Belz, M. Schögel, O. Arndt & V. Walter (Hrsg.), *Interaktives Marketing – Neue Wege zum Dialog mit Kunden* (S. 3–20). Wiesbaden: Gabler, GWV.

Brand Finance (2017). Bank of China – the nation's most trusted bank. http://brandfinance.com/press-releases/bank-of-china--the-nations-most-trusted-bank/. Zugegriffen: 29. Dez. 2017.

Bruhn, M. (2015). *Kommunikationspolitik – Systematischer Einsatz der Kommunikation für Unternehmen* (8. Aufl.). München: Vahlen.

Burmann, C., & Meffert, H. (2005). Theoretisches Grundkonzept der identitätsorientierten Markenführung. In H. Meffert, C. Burmann & M. Koers (Hrsg.), *Markenmanagement: Identitätsorientierte Markenführung und praktische Umsetzung – Mit Best Practice-Fallstudien* (2. Aufl. S. 37–72). Wiesbaden: Gabler, GWV.

Burmann, C., Blinda, L., & Nitschke, A. (2003). *Konzeptionelle Grundlagen des identitätsbasierten Markenmanagements.* LiM-Arbeitspapier Nr. 1. Bremen: Lehrstuhl für innovatives Markenmanagement (LiM) der Universität Bremen.

Burmann, C., Eilers, D., & Hemmann, F. (2010). *Bedeutung der Brand Experience für die Markenführung im Internet.* LiM-Arbeitspapier Nr. 46. Bremen: Lehrstuhl für innovatives Markenmanagement (LiM) der Universität Bremen.

Burmann, C., Halaszovich, T., & Hemmann, F. (2012). *Identitätsbasierte Markenführung: Grundlagen – Strategie – Umsetzung – Controlling.* Wiesbaden: Springer.

Burmann, C., Halaszovich, T., Schade, M., & Hemmann, F. (2015). *Identitätsbasierte Markenführung: Grundlagen – Strategie – Umsetzung – Controlling* (2. Aufl.). Wiesbaden: Springer.

Citigroup (o. J.). Citibank (China) Co., Ltd. http://www.citi.com.cn/html/en/about_us/Our_business.html. Zugegriffen: 29. Dezember 2017.

Deutsche Handelskammer in China (2015). Deutsche Unternehmen in China – Geschäftsklima-Umfrage 2015. http://china.ahk.de/fileadmin/ahk_china/Marktinfo/Studies/2015_BCS_China_Report_DE.pdf. Zugegriffen: 11. Febr. 2017.

Döring, N., & Bortz, J. (2016). *Forschungsmethoden und Evaluation in den Sozial- und Humanwissenschaften* (5. Aufl.). Berlin, Heidelberg: Springer.

Eichen, F. (2010). *Messung und Steuerung der Markenbeziehungsqualität – Eine branchenübergreifende Studie im Konsumgütermarkt.* Wiesbaden: Gabler, GWV.

Eilers, D. (2014). *Wirkung von Social Media auf Marken – Eine ganzheitliche Abbildung der Markenführung in Social Media.* Wiesbaden: Springer.

Erxleben, C. (2016). Facebook-Algorithmus: Diese Faktoren beeinflussen das Newsfeed-Ranking. http://www.internetworld.de/social-media/algorithmus/facebook-algorithmus-faktoren-beeinflussen-newsfeed-ranking-1077354.html?ganzseitig=1. Zugegriffen: 5. Juni 2017.

Esch, F.-R., v. Einem, E., Gawlowski, D., Isenberg, M., & Rühl, V. (2012). Vom Konsumenten zum Markenbotschafter – Durch den gezielten Einsatz von Social Media die Konsumenten an die Marke binden. In M. Schulten, A. Mertens & A. Horx (Hrsg.), *Social Branding: Strategien – Praxisbeispiele – Perspektiven* (S. 147–165). Wiesbaden: Gabler, Springer.

Galloway, S. (2011). L2 Prestige 100 – Facebook IQ. https://www.slideshare.net/golgot12/l2-prestige100-facebook-iq-2011. Zugegriffen: 5. Juni 2017.

Hartmann, D. (2011). Live Communication und Social Media – die perfekte Symbiose. *Marketing Review St. Gallen, 28*(2), 34–39.

Kaplan, A. M., & Haenlein, M. (2010). Users of the world, unite! The challenges and opportunities of Social Media. *Business Horizons, 53*(1), 59–68.

Kolo, C., & Borgstedt, A.-L. (2014). Markenempfehlung in sozialen Medien – Internationale Studie zu generellen Einflussfaktoren und spezifischen Motiven im Plattformvergleich. https://www.territory-webguerillas.de/fileadmin/user_upload/PR_Material/201505_Macromedia_webguerillas_Markenempfehlung.pdf. Zugegriffen: 23. Febr. 2017.

Kuck, H. (2017). Die 100 größten deutschen Kreditinstitute. *die bank – Zeitschrift für Bankpolitik und Praxis, 8/2017*, 14–19.

Langner, T., & Fischer, A. (2008). Markenkommunikation 2.0 – Konsumenten formen Markenbotschaften. *Marketing Review St. Gallen, 25*(5), 16–21.

Matista, S. (2013). The 70/20/10 Facebook posting rule. http://www.pagemodo.com/blog/702010-facebook-posting-rule/. Zugegriffen: 5. Juni 2017.

Meffert, H., & Burmann, C. (2005). Wandel in der Markenführung – vom instrumentellen zum identitätsorientierten Markenverständnis. In H. Meffert, C. Burmann & M. Koers (Hrsg.), *Markenmanagement: Identitätsorientierte Markenführung und praktische Umsetzung – Mit Best Practice-Fallstudien* (2. Aufl. S. 19–36). Wiesbaden: Gabler, GWV.

Mertens, A., & Caspari, M. (2012). Social Brand Loyalty – Soziale Markenloyalität durch systematisches Interagieren mit Fans. In M. Schulten, A. Mertens & A. Horx (Hrsg.), *Social Branding: Strategien – Praxisbeispiele – Perspektiven* (S. 111–128). Wiesbaden: Gabler/Springer.

N26 (2017). Mobile Bank verzeichnet starkes organisches Wachstum – N26 steigert Kundenzahl auf über 500.000 Kunden. https://n26.com/content/uploads/2017/08/pm-500-k-mobile-bank-verzeichnet-starkes-organisches-wachstum.pdf. Zugegriffen: 30. Dez. 2017.

Rayson, S. (2016). How to improve Facebook engagement: insights from 1bn posts. http://buzzsumo.com/blog/how-to-improve-facebook-engagement-insights-from-1bn-posts/. Zugegriffen: 5. Juni 2017.

Roth, P. (2017). Der Facebook Newsfeed Algorithmus: die Faktoren für die organische Reichweite im Überblick. https://allfacebook.de/pages/facebook-newsfeed-algorithmus-faktoren. Zugegriffen: 5. Juni 2017.

Rottwilm, C. (2016). Social-Median-Zensur in Fernost – Chinas erfolgreiche Klone von Facebook, Google und Co. http://www.manager-magazin.de/unternehmen/artikel/zensur-in-china-die-erfolgreichen-klone-von-facebook-google-und-co-a-1094124.html. Zugegriffen: 5. Apr. 2017.

Schwaiger, M. (2013). Markenführung 2.0 – Ein Social Media User Kompass. http://www.imm.bwl.uni-muenchen.de/dateien/5_praxis/smuk/smuk_masterpraesentation.pdf. Zugegriffen: 23. Febr. 2017.

Stichnoth, F. (2008). *Virtuelle Brand Communities zur Markenprofilierung – Der Einsatz virtueller Brand Communities zur Stärkung der Marke-Kunden-Beziehung*. LiM-Arbeitspapier Nr. 35. Bremen: Lehrstuhl für innovatives Markenmanagement (LiM) der Universität Bremen.

Tobin, J. (2011). Analysis: How often brands post to Facebook, and the impressions they generate. https://www.ignitesocialmedia.com/social-media-measurement/analysis-how-often-brands-post-to-facebook-and-the-impressions-they-generate/. Zugegriffen: 7. Juni 2017.

Tropp, J. (2014). *Moderne Marketing-Kommunikation: System – Prozess – Management* (2. Aufl.). Wiesbaden: Springer.

We are social & Hootsuite (2017a). Digital in 2017: eastern Asia. https://www.slideshare.net/wearesocialsg/digital-in-2017-eastern-asia. Zugegriffen: 25. Mai 2017.

We are social & Hootsuite (2017b). Digital in 2017: Western Europe. https://www.slideshare.net/wearesocialsg/digital-in-2017-western-europe. Zugegriffen: 25. Mai 2017.

Wenske, A. V. (2008). *Management und Wirkungen von Marke-Kunden-Beziehungen im Konsumgüterbereich*. Wiesbaden: Gabler, GWV.

Yahoo (2007). Brand Advocates in Deutschland: Ihre besten Kunden – Wie das Internet Konsumenten Einfluss ermöglicht & Empfehlungsmarketing langfristig verändert. https://www.cpc-consulting.net/wp-content/uploads/2013/06/yahoo-brandadvocates-studie.pdf. Zugegriffen: 6. Juni 2017.

Jun Huo ist gebürtiger Chinese und lebt seit 2001 in Deutschland. An der FOM Hochschule für Oekonomie & Management in Stuttgart absolvierte er ein berufsbegleitendes Studium Betriebswirtschaft & Wirtschaftspsychologie (B.Sc.) mit der Vertiefung Führungspsychologie und Change-Management. Seitdem engagiert er sich intensiv für den wissenschaftlichen, wirtschaftlichen, aber auch kulturellen Austausch zwischen China und Deutschland. Dabei liegt sein Arbeitsschwerpunkt vor allem auf der vergleichenden Marktforschung, dem Social-Media-Marketing und dem Customer-Experience-Management. Aktuell absolviert er an der FOM in Stuttgart den Master-Studiengang Marketing & Communication.

Prof. Dr. Marcel Seidel lehrt an der FOM Hochschule für Oekonomie & Management, Stuttgart in den Themenfeldern Strategische Unternehmens- und Organisationsentwicklung, Human Resources und Marketing. Er ist gelernter Bankkaufmann und studierte Wirtschaftswissenschaften an der Universität Stuttgart. Nach mehreren beruflichen Stationen promovierte er 1996 zum Thema Fusionsmanagement in Banken. Er hat über 20 Jahre Erfahrung in der Organisations- und Strategieberatung. In dieser Zeit hat er zahlreiche Strategieprojekte erfolgreich begleitet. Er ist Co-Gründer und Partner der BIG – Banking Innovation Group GmbH. Seine Beratungsschwerpunkte sind Strategieentwicklung, Innovationsmanagement, strategisches Marketing und Veränderungsmanagement.

Teil II
Struktur

9 Vom CRM zum xRM im Retailgeschäft und von der Notwendigkeit zum Aufschluss an andere Dienstleistungsbranchen

Jörg A. Macht

9.1 Einführung

> Alexa, move my bank accounts to …

Per Sprachsteuerung via Alexa seine Bankgeschäfte z. B. über Amazon abwickeln, so der etwas provokante Untertitel der Studien von Bain und Company aus dem Jahr 2017 zum Thema Kundenloyalität im Retailgeschäft. Kundenorientierung heißt, den Kunden auf seinem Weg zu begleiten (vgl. Bain & Company 2017a, S. 1 f.). Dr. Hippner (Leußer et al. 2011, S. 17 f.) beschreibt CRM (Customer-Relationship-Management) als eine kundenorientierte Unternehmensstrategie mithilfe moderner Technologien, um langfristig profitable Kundenbeziehungen aufzubauen. Doch reicht die Definition CRM für die Zukunft aus? Wolfgang Schwetz (2014), Mitglied im CRM-Expertenrat und Herausgeber des CRM-Marktspiegels, beschrieb bereits in einem Artikel aus dem Jahre 2014, dass xRM (Any Relationship Management) die Zukunft des CRM sein wird.

Dabei steht das „x" im Namen für mathematische unbekannte Variablen und soll beschreiben, dass es beim xRM um Beziehungen jeglicher Art geht, die auf das Unternehmen Auswirkungen haben. Als mögliche Zielgruppen des xRM können nach Prof. Dr. Wall (Wall und Schröder 2009, S. 6) sowohl Stake- wie auch Shareholder dienen.

Mithilfe von CRM-gestützten Prozessen arbeiten viele Branchen bereits seit Jahren daran, ihre Kunden besser kennenzulernen. Aus einem Interview mit Prof. Dr. Haffner aus dem Jahr 2016 zum Thema CRM geht hervor, dass bereits im Jahr 1920 das Hotel Vier Jahreszeiten in Hamburg Kundenwünsche auf Karteikarten notierte, um dieses Wissen als Datenbank allen Mitarbeitern zur Verfügung zu stellen. Im Rahmen der Einführung von CRM-Systemen und Modellen versuchen die meisten Unternehmen, die Wünsche und Anforderungen ihrer Kunden einzubeziehen. Eine Trendstudie des Fraunhofer-Institut für

---

J. A. Macht (✉)
Rommerskirchen, Deutschland
E-Mail: joerg.macht@dentcon.de

© Springer Fachmedien Wiesbaden GmbH, ein Teil von Springer Nature 2019
M. Seidel (Hrsg.), *Banking & Innovation 2018/2019*, FOM-Edition,
https://doi.org/10.1007/978-3-658-23041-8_9

Arbeitswirtschaft und Organisation (Bauer 2015, S. 7) aus dem Jahr 2015 belegt, dass die Nutzung und Einführung neuer Kommunikationskanale zur Verbesserung der Kundenbeziehung meist ohne Einbeziehung der Kunden erfolgt. Dabei ist spätestens nach den Studien von Bain & Company (2012; 2017b) zum Thema, was Bankkunden wirklich wollen und der Ermittlung der Kundenloyalität im Retailgeschäft klar, dass eine organisatorische Veränderung in Richtung Kundenorientierung ohne Einbeziehung der Kunden keinen Erfolg hat.

Herausforderung für Banken im Bereich Retailgeschäft sind neben den bekannten Themen der zunehmenden Regulatorik und der anhaltenden niedrigen Zinsen zudem noch die Digitalisierung von Finanzdienstleistungen und die steigende Konkurrenz von FinTechs und oder anderen Tech-Konzernen, wie z. B. Amazon und Co. Eine Verbesserung der Kundenorientierung auf das Level anderer Branchen ist ein erster Schritt im erfolgreichen Kampf um den Kunden.

9.2 Kundenorientierung und warum es wichtig ist, seinen Kunden zu kennen

Die Ökonomie in der Bankenbranche befindet sich im Wandel. Insbesondere ist es eine Herausforderung geworden, die Kundenbeziehungen erfolgreich zu gestalten. Gründe dafür sind z. B. das Internet und die sozialen Medien (vgl. Mirwald 2017). Banken müssen sich von Produkt- und Kostenorientierung in Richtung Kundenorientierung bewegen (vgl. Baulig 2014). Es geht nicht mehr darum, ein Produkt zu entwickeln und dafür anschließend Maßnahmen für die Vermarktung zu überlegen, sondern die Banken müssen kundenorientiert agieren und Produkte entsprechend den Bedürfnissen des Kunden entwickeln. Hierbei hinkt der Retail-Bereich hinterher und bekommt laut der aktuellen Studie von Bain & Company, durch Amazon und PayPal starke Konkurrenz. Danach schenken Kunden den letztgenannten Unternehmen mehr Vertrauen als den Banken vor Ort (vgl. Bain & Company 2017a, S. 1).

Um diese Problematik zu beheben, bedarf es einer kundenorientierten Unternehmensphilosophie und der Analyse der Kundenbedürfnisse. Im Rahmen einer Fallstudie der Airline-Industrie wurde belegt: je mehr das erstellte Angebot sich an den Kundenbedürfnissen orientiert, desto größer ist das Interesse des Kunden an diesem (vgl. Hauschild et al. 2017, S. 620). Zuerst müssen allerdings die Bedürfnisse und Anforderungen der Kunden bekannt sein. Vor diesem Hintergrund bietet Customer-Relationship-Management (CRM) eine gute Grundlage zur Speicherung aller wesentlichen Informationen über den Kunden, um eine kunden- und beziehungsorientierte Ausrichtung des Unternehmens zu ermöglichen (vgl. Martin 2008, S. 28 f.; Sperl 2016, S. 46 f.). Anhand entsprechender CRM-Systeme, Segmentierungsvorgänge und Analysen können Kundenwünsche entdeckt werden, mit denen individualisierte Produkte angeboten werden können, die dem Interesse des Kunden entsprechen (vgl. Rapp 2005, S. 55 ff.; Schulze 2002, S. 15). Aufgrund dessen kann die Zufriedenheit gesteigert und die Chance auf die Bindung des Kunden erhöht werden, die wiederum unabdingbar für den ökonomischen Erfolg ist (vgl. Helmke et al. 2017, S. 7 f.). Diese positiv beeinflussten Kundenerwartungen können sich positiv auf den Kundennutzen auswirken und zu einer Steigerung der Kundenzufriedenheit führen (vgl. Meschke 2013, S. 135). Ist der Kunde erst einmal zufrieden, so steigt auch seine Weiterempfehlungsbereitschaft, was eine positive Auswirkung auf den Unternehmenswert hat (vgl. Howald 2007, S. 142; Strauss und Seidel 2007, S. 27 f.; Meffert und Bruhn 2012, S. 91).

Wird der Frage nachgegangen, warum es bedeutend ist, eine Kundenorientierung anzustreben und seine Kunden zu kennen, so können die Erkenntnisse der Studie von Oracle aus dem Jahr 2013 herangezogen werden. Danach ist ein Rückgang der jährlichen Umsätze um 18 % bei fehlender Kundenorientierung belegt (vgl. Oracle 2013, S. 27). Fehlt es dem Unternehmen an kundenorientierten Unternehmensmaßnahmen, führt dies nicht nur zu Kundenrückgang, sondern hat auch Auswirkungen auf den wirtschaftlichen Erfolg. Dementsprechend ist die Ausrichtung des Unternehmens auf die Kundenorientierung essentiell, um wettbewerbsfähig bleiben. Um Kundenzufriedenheit herzustellen, müssen Banken ihre Produkte und Leistungen an den Kundenbedürfnissen orientieren. Durch CRM können Banken ihre Vertriebsmaßnahmen optimal bedürfnisnah und individuell umsetzen (vgl. Krah 2013).

Darüber hinaus können CRM-Informationen wichtige Kundeninformationen enthalten. So kann beispielsweise festgestellt werden, welche Kunden profitabel für das Unternehmen sind und welche eher eine Belastung darstellen. Daraus können Rückschlüsse gezogen werden, wie die Geschäftsbeziehung der letztgenannten Kunden profitabler gestaltet werden kann (vgl. Howald 2007, S. 142) Außerdem können anhand des Kaufverhaltens und der Bedürfnisse Zukunftsprognosen erstellt werden. Dadurch können Leistungs- und Produktangebote schneller erstellt werden (vgl. Swift 2001, S. 39–42; Duscha 2007, S. 27).

Eine Studie der Beratungsgesellschaften Elaboratum GmbH und EGC Eurogroup Consulting GmbH aus dem Jahr 2015 berichtet darüber, dass 82 % der Kunden bei der Kommunikation mit ihrer Bank mehrere Kanäle nutzen. Zufriedenheit und Begeisterung dieser Kunden können erst dann erreicht werden, wenn die Bank ihre Kommunikationskanäle an die Wünsche der Kunden anpasst. In Zeiten der Digitalisierung kann beispielsweise Videoberatung ein Alleinstellungsmerkmal und eine Abgrenzung zur Konkurrenz darstellen. Mit der Weiterentwicklung des Multi-Channel-Ansatzes zum Omni-Channel-Ansatz können die Vertriebskanäle miteinander verbunden werden (vgl. Oberle et al. 2016, S. 4–8).

Durch die steigenden Ansprüche der Kunden und ihre Wechselbereitschaft (Bain & Company 2012, S. 13) ist eine Implementierung des CRM alleine nicht mehr ausreichend. Studien zeigen, dass sich Kunden über mangelnde mobile Tools beklagen, auch die Mitarbeiter sind mit den Schnittstellen der Kommunikationskanäle unzufrieden (vgl. Finextra & Pegasystems 2015, S. 4). Kunden wollen, dass ihre Transaktionen schneller und fehlerfrei über mehrere Kommunikationskanäle oder Länder durchgeführt werden (vgl. Finextra & Pegasystems 2015, S. 19). Um diesen Ansprüchen gerecht zu werden, bedarf es der

Nutzung von neuen Technologien und einer Erweiterung des Geschäftsnetzwerkes. Die Unternehmen müssen ihr CRM um das xRM erweitern, um die Kundenbedürfnisse zu erfüllen und Zufriedenheit hervorzurufen. Nicht nur die Kunden, sondern auch Dritte – wie Anbieter von Social-Media-Produkten bzw. Dienstleistungen – sollten in den Prozess integriert werden. Beispielsweise könnten Geschäftsbeziehungen über Social-Media-Kanäle (z. B. Facebook) aufgebaut oder erweitert werden (vgl. Mirwald 2017).

Insgesamt ist zu vermerken, dass eine CRM-gestützte kundenorientierte Unternehmensführung über Vorteile verfügt. Dabei geht es in erster Linie um die Zufriedenheit und Bindung des Kunden. Das bringt wiederum weitere Vorteile mit sich wie die Steigerung der Weiterempfehlungsrate, des Unternehmensumsatzes und des Unternehmenswertes.

9.3 Anforderungen der Zielgruppe im Retailgeschäft

Welche Anforderungen hat die Zielgruppe im Bereich Retail Banking? In einer Studie von PricewaterhouseCoopers aus dem Jahr 2016 wurden 1048 Bürger ab 18 Jahren zu ihrem Verhalten im Bereich Retail Banking befragt. Dabei gaben 83 % der Befragten an, dass sie ihrer Bank vertrauen. 61 % der Befragten nutzen bereits Dienstleistungen aus dem Bereich Mobile-Banking oder wollen sie in Zukunft nutzen. Auf die Frage, welche Angebote den Kunden bei einer Bank wichtig sind, wurden auf den ersten fünf Positionen folgende Punkte genannt (vgl. PricewaterhouseCoopers 2016):

- Persönlich bekannter Berater – 77 %
- Mehr aktive Beratung mit Hinweisen auf persönliche Angebote – 68 %
- Kundenservice rund um die Uhr – 64 %
- Mobile-Banking – 59 %
- Sichere Finanz-App – 52 %

Am wenigsten waren die Befragten an einem aktiven Austausch mit anderen Bankkunden interessiert. Unter Berücksichtigung dieser Ergebnisse und der Kundeneinteilung einer 2015 durchgeführten Studie der EurogroupConsulting, bei der 3200 Bankkunden befragt wurden, können über 80 % der Kunden in die in Tab. 9.1 genannten fünf Kundentypen eingeteilt werden.

Auf Grundlage dieser Kategorie könnte man mithilfe eines CRM-Systems die persönlichen Anforderungen des Kunden noch umfangreicher ermitteln und durch die zunehmende Digitalisierung die Produkte in Zukunft personalisiert anbieten. Dass der eingeschlagene Weg, Produkte und Dienstleistungen auf mehreren Kanälen anzubieten richtig ist, bestätigt ein Artikel der Zeitschrift Absatzwirtschaft aus dem Jahr 2015 (Rothhaar 2015). Demnach betreiben 82 % der Bankkunden beim Abschluss von Bankprodukten sogenanntes Channel Hopping. Dabei nutzt der Bankkunde mehrere Vertriebs- und Informationswege der Bank, um ein Geschäft abzuschließen. Der Vorteil ist zwar, dass die Banken mit dem Angebot an Cross-Channel-Banking die Kundenanforderung immer

Tab. 9.1 Mögliche Kundentypen im Bankgeschäft. (Quelle: In Anlehnung an EGC EurogroupConsulting AG 2015)

Kategorie	Merkmal	Verteilung 2015	Trend bis 2020
Nonliner	Klassischer Besuch in der Bankfiliale	15,8 %	9,2 %
Convenience-Nutzer	Beratung in der Filiale und Produktnutzung online	26,6 %	34,9 %
RoPo-Kunden	Informationssuche online und Vertragsabschluss in der Filiale	17,1 %	12,9 %
Filial-Showroomer	Ausschließlich Nutzung von Online-Kanälen. Zur Geschäftsbestätigung wird jedoch der Weg in die Filiale gesucht	15,3 %	11,5 %
Onliner	Gesamte Produktpalette wird online genutzt	25,2 %	31,6 %

besser bedienen können. Nachteil ist jedoch, dass die Banken Kunden immer weniger analysieren und verstehen können.

Werden die einzelnen Zielgruppen genauer angeschaut, wird nach einer von PricewaterhouseCoopers (2011) durchgeführten Studie zur Verbesserung der Kundenbeziehung festgestellt, dass Kunden die Bankfilialen nicht gerne besuchen, da diese als „langweilig", „bürokratisch" und „nicht einladend" bezeichnet werden. Eine Neuausrichtung der Anlaufpunkte für Kunden im Online- und Offlinebereich sollte hier stattfinden.

Leider besteht bei vielen Banken noch enormer Nachholbedarf bei der Einführung von CRM- oder xRM-Systemen, die grundlegende Informationen für die Neuausrichtung liefern könnten. Laut Messner (2005, S. 12) fehlt bei vielen Banken immer noch das Verständnis dafür, welchen Wirkungshebel ein solches System für die Bank haben kann. Ein erster Ansatz wäre hier die Segmentierung nicht nach der klassischen Vorgehensweise z. B. in Retail- und Privat-Banking vorzunehmen, sondern nach homogenen Gruppierungen, wie beispielsweise Produktbedürfnissen zu kategorisieren (vgl. Breisig et al. 2010, S. 31), um die Produkte der Bank besser auf den Kunden ausrichten zu können. Jedoch wirken sich nicht nur die persönlichen Anforderungen des Kunden auf die Bank aus, sondern auch weitere Umweltbedingungen, die letztlich einen Einfluss auf die Zielgruppenbearbeitung im Retailbanking haben. Nach Bernet und Schmid (1995, S. 73) zählen auch die Globalisierung, die Margenverknappung und der Konzentrationsprozess zu den Einflussfaktoren, denen sich die Banken stellen müssen. Dennoch wird es am Ende als wichtiges Instrument angesehen, dem Kunden das Gefühl zu geben, dass er individuell beraten und durch die Bank begleitet wird. Daher muss die Bank im Zuge der notwendigen Standardisierung des Retail-Geschäftes Prozesse entwickeln, die in allen Vertriebseinheiten einheitlich funktionieren, einer großen Kundengruppe zugänglich sind und dennoch die individuellen Anforderungen des Kunden berücksichtigen (vgl. Bartmann et al. 2011, S. 38).

9.4 Zusammenspiel der aktuellen Vertriebskanäle im Retailbanking

Um den Kunden auf seinem Weg zu begleiten, ist es wichtig, ein optimales Zusammenspiel der Vertriebskanäle zu gewährleisten. Zur Erhaltung der Wettbewerbsposition sind Banken bereits dazu übergegangen, neben der Kostenreduktion auch die Erlössituation zu verbessern. Im Rahmen des Retail Bankings werden aktuell der stationäre Vertrieb, der mobile Vertrieb und der mediale Vertrieb angewendet.

Der *stationäre Vertrieb* ist der klassische Vertrieb über die Bankfiliale. Dieser Vertriebskanal wird vorwiegend durch Regionalbanken präferiert. Der stetig steigende Umsatz der Direktbanken steht hier in direkter Konkurrenz, so erwartet eine IM-Trendstudie aus dem Jahr 2017 ein Kundenwachstum von 18,2 Mio. Kunden (2016) auf bis 22 Mio. Kunden (2020) (vgl. Investors Marketing AG 2017). Im Zuge dieser Entwicklung ist von einem weiteren Abbau der klassischen Bankfiliale auszugehen, dies belegt auch ein KfW Research aus dem Jahr 2017 (vgl. Schwartz et al. 2017, S. 1), wonach die Zahl der Bankfilialen in der Zeit von 2000 bis 2015 bundesweit um ca. 27 % zurückging mit einem gleichbleibenden Trend. Galt dieser Vertriebskanal lange Zeit als bevorzugter Kundenkontakt, nutzt die präferierte Zielgruppe ihn heute deutlich geringer (vgl. Keck und Mertens 2016, S. 196). Auf Grundlage eines Versuchs, diesem Trend gerecht zu werden, gibt es sogenannte Full-Service-Filialen, welche das Angebot von herkömmlichen Filialen erweitern (vgl. Schaefer 2014, S. 9). Full-Service-Filialen sind vor allem in Ballungsgebieten anzutreffen. In Full-Service-Filialen können Kunden meist auch Serviceleistungen durch Verbundpartner in Anspruch nehmen.

Als extremste Ausprägung gilt die sogenannte Flagship-Filiale als eine Vorzeige- bzw. Musterfiliale. Diese besitzt neben den Leistungen der Full-Service-Filialen auch bankfremde Produkte. So finden z. B. Kunden einer Filiale der Deutschen Bank in Berlin neben Bankprodukten auch eine Kinderbetreuung sowie ein Café vor (vgl. Hermes 2009, S. 32). Flagship-Filialen ähneln aufgrund ihrer Aufmachung häufig einer Lounge und verstärken diesen Eindruck durch offene, einladende Strukturen (vgl. Kirchberg 2011, S. 42).

Das passende Gegenstück bildet die SB-Filiale einer Bank. Sie bietet einen 24-Stunden-Service und ermöglicht einfache Geschäfte wie z. B. Bargeldbeschaffung, Transaktionsdienste sowie die Möglichkeit der Informationsbeschaffung zu Produkten der Bank. Im Jahre 2015 gab es in Deutschland 31.605 SB-Terminals mit steigender Tendenz (vgl. Leichsenring 2016). Ein großer Vorteil der SB-Center im Vergleich zur klassischen Filiale sind die relativ geringen Investitionskosten in Höhe von ca. 20.000 € pro SB-Center (vgl. Preißler 2011, S. 28).

Als *mobiler Vertrieb* einer Bank werden sowohl Außendienstmitarbeiter wie auch mobile Bankfilialen, die z. B. per Bus, Lkw oder Pkw betrieben werden, bezeichnet. Beispielsweise kommt zu einem festen Termin in der Woche der Bank-Truck vorbei, und die Kunden können dort ihre Bankgeschäfte erledigen. Die Banken kommen mit dieser Vertriebsform neben dem Kostendruck noch dem demografischen Wandel der Bevölkerung entgegen. Die ersten mobilen Filialen gab es bereits in den 1970er Jahren, und sie waren lange Zeit fast vollständig vom Markt verschwunden (vgl. Kunz 2014). Die aktuellen mobilen Filialen sind ausgestattet wie stationäre Filialen und kosten die Bank in der Anschaffung bis zu 400.000 € pro Filiale (vgl. Löffler und Schmitz 2012, S. 708). Da die laufenden Kosten jedoch geringer sind und mehrere Standorte bedient werden können, rentiert sich die Investition. Als Ergänzung zu den mobilen Filialen besuchen Außendienstmitarbeiter die Kunden persönlich und zu Zeiten, an denen es die Kunden wünschen.

Als letzter und zukunftsträchtigster Bereich ist der *mediale Vertrieb* zu nennen. Zum medialen Vertrieb zählen das Onlinebanking, das Telefonbanking und die Präsenz der Banken in den sozialen Medien der entsprechenden Zielgruppen. Der Vorteil dieses Vertriebsweges liegt darin, dass die Zielgruppe selbst entscheiden kann, wann sie sich über eine Leistung informiert oder diese abrufen möchte.

Im Bereich des medialen Vertriebs wird zwischen Online-Banking und Mobile-Banking unterschieden. Dabei beschreibt das Online-Banking das Erledigen von Bankgeschäften am Personal Computer von zu Hause. Das Online-Banking hat sich immer weiterentwickelt und bietet der Zielgruppe neben den klassischen Transaktionen mittlerweile ein breites Leistungsspektrum an, welches sonst durch die Filialen abgedeckt wurde. Doch nicht nur das Leistungsspektrum hat sich weiterentwickelt – so kann die Zielgruppe z. B. mittels Text- oder Videochat Kontakt mit dem Berater der Bank aufnehmen und so komplexere Beratungsthemen bequem erledigen. Auch die Legitimation von Geschäften über eine Bildaufnahme wurde durch die Bundesanstalt für Finanzdienstleistungsaufsicht 2014 attestiert und unter bestimmten Voraussetzungen freigegeben (vgl. Bundesanstalt für Finanzdienstleistungsaufsicht, Verdachtsmeldung 2014).

Der Bereich des Online-Bankings ist für die Banken ein nicht zu vernachlässigender Vertriebskanal, laut einem Artikel des Manager Magazins nutzten 2016 53 % der Deutschen das Online-Banking, damit liegen die Deutschen vier Prozent über dem EU-Durchschnitt mit steigender Tendenz (vgl. Manager Magazin 2017).

Im Gegensatz zum Online-Banking nimmt die Zielgruppe zur Kontaktaufnahme, Informationsbeschaffung oder zur Erledigung von Geschäften ein mobiles Endgerät hinzu. Laut einer Studie der Bitkom aus dem Jahr 2017 nutzten 2016 bereits 74 % der Deutschen ein Smartphone, im Jahr 2015 waren es 65 % (vgl. Amstreiter 2017). Um diesem steigenden Markt und der Zielgruppe gerecht zu werden, entwickeln Banken Apps, um ihre Leistungen anzubieten. Ein Artikel aus der „Zeit" belegt den enorm interessanten und notwendigen Markt für die Bank. So wurde alleine im Jahr 2015 vier Millionen Mal eine Banking-App heruntergeladen. Diese wurde dann 800.000 Mal pro Tag mit steigender Tendenz aufgerufen (vgl. Becker 2015, S. 42). Der Bereich Mobile-Banking ist für die Zielgruppe äußerst attraktiv, denn hier kann sie zeitlich und örtlich unabhängig agieren. Erreichen Banken damit ihre Kunden, werden die Bedürfnisse der Zielgruppe nach Bequemlichkeit und ständiger Erreichbarkeit der Bank erfüllt. Für den Bereich des Telefonbankings halten Banken ihren Kunden die Möglichkeit vor, sich via Telefon mit ihnen in Verbindung zu setzen. Hier bieten einige Banken sogar eine 24-Stunden-Hotline an (vgl. Bieberstein 2015, S. 5).

Ein immer wichtiger werdender und nicht zu unterschätzender Vertriebskanal sind die sozialen Netzwerke, in denen sich die Zielgruppe bewegt. Dabei nutzen laut einer Online-Studie von ARD/ZDF aus dem Jahr 2018 58 % der Gesamtbevölkerung WhatsApp und 34 % Facebook (vgl. ARD/ZDF-Onlinestudien o. J.). Ziel dieses Vertriebskanals ist nicht der direkte Vertragsabschluss, sondern vielmehr der Dialog mit dem Kunden (Hamm 2011, S. 29). Neben dem reinen Informationscharakter bieten soziale Medien eine gute Möglichkeit, Produkte, Leistungen oder sogar das ganze Institut, Kollegen und Freunden weiterzuempfehlen (vgl. Wagner et al. 2014, S. 2). Trotz der Wichtigkeit dieses Kanals betrachten die meisten Kunden die Social-Media-Auftritte ihrer Bank laut Wagner et al. (2014, S. 4) als nicht gelungen.

Das Zusammenspiel der einzelnen Vertriebskanäle wird als Omni-Channel-Vertrieb bezeichnet. Beim Omni-Channel-Banking soll die Zielgruppe die Bank auf allen Kanälen vernetzt erreichen können (vgl. Leichsenring 2015). Aufgrund der neuen Möglichkeiten gerade im Bereich Social Media ist es wichtig, alle Kommunikationskanäle im Sinne des xRM zu verbinden und auszuwerten. Durch diese Verbindung ist es möglich, sowohl die Kunden wie auch die Interessenten, Empfehler und Mitarbeiter zu kategorisieren und für eine aktive Kundenbindung einzusetzen.

9.5 Bedrohung durch FinTechs und Tech-Konzerne

Neben den Herausforderungen der neuen Medien und der Einbindung aller Vertriebskanäle ins CRM bzw. xRM gibt es für die Banken jedoch eine weitere Herausforderung, die es zu bewältigen gilt. FinTech-Unternehmen sind auf dem Vormarsch – in einer Studie des Bundesministeriums für Finanzen wurden FinTechs in der Zeit von 2007 bis 2015 analysiert und eine Prognose für 2020 aufgestellt (vgl. Dorfleitner et al. 2016, S. 1). Alleine im Jahr 2015 gab es in Deutschland 433 FinTech-Unternehmen mit stark steigender Tendenz. 2015 nutzten bereits 1,2 Mio. Deutsche Produkte oder Dienstleistungen dieser Unternehmer (vgl. Dorfleitner et al. 2016, S. 15). Das Gesamtmarktvolumen im Jahr 2013 betrug etwa 58 Mrd. €, die Studie geht davon aus, dass dieses Gesamtvolumen bereits bis zum Jahr 2020 auf ca. 97 Mrd. € ansteigen wird. Generell stehen FinTechs nicht in Konkurrenz zu den bestehenden Banken. Die Deutsche Bundesbank definiert die Leistungen von FinTech-Unternehmen, also Financial-Technology-Dienstleistungsunternehmen, als technisch getriebene Finanzinnovationen handelt. Dabei kann es sich um Leistungen für den Zahlungsverkehr oder für die Kreditvergabe handeln (Deutsche Bundesbank o. J.). Die Herausforderung für bestehende Banken in Bezug auf FinTechs besteht darin, dass viele Start-ups Teile aus der Wertschöpfungskette bestehender Banken analysieren und diese dann automatisieren oder neu kombinieren. Zudem ermöglichen FinTechs dem Kunden, ihre Bankgeschäfte komfortabler zu gestalten, die Serviceorientierung und die Transparenz zu erhöhen sowie die Abwicklung zu beschleunigen (vgl. Statista 2018). FinTechs sind eine neue Wettbewerbsgruppe für die Banken und stellen mit neuen Innovation und technisch basierten Lösungen eine Gefahr dar (vgl. Dombret 2016). Dies verdeutlicht auch der Rückgang der Bankfilialen. Die Studie des KfW Research zeigt, dass sich der Rückgang, auf das Jahr betrachtet, besonders ab dem Jahr 2014 fast verdoppelt hat; von zwei Prozent auf drei bis vier Prozent (vgl. Schwartz et al. 2017, S. 1).

Abb. 9.1 zeigt die Ergebnisse der Studie des FinTech-Reports. Laut dieser Studie erbringen die FinTechs im Jahr 2018 ein Gesamttransaktionsvolumen von 3.854.714 Mio. €. Das Wachstum soll sich bis zum Jahr 2022 fast verdoppeln, auf 7.220.623 Mio. €. Den bedeutendsten Marktanteil, mit ca. 76,7 %, machen 2018 die Digital Payments aus. Der Kunde kann für seine Einkäufe im Internet innerhalb des Digital Payments zwischen unterschiedlichen Bezahlmethoden wählen. Dazu zählen beispielsweise Amazon Payments, Klarna, PayPal oder Google wallet (vgl. Statista 2018).

Was FinTechs und Tech-Konzerne für Banken so gefährlich macht, sind deren Möglichkeit, Kundeninformationen zu sammeln, sowie deren umfangreiche Kundendatenbanken, die jederzeit zu Verfügung stehen (vgl. Rüesch 2016). Dadurch können Prozesse schneller optimiert und Leistungen und Produkte im Interesse des Kunden angeboten werden. Privatkundenbanken haben damit zu kämpfen, dass den Mitarbeitern für eine individuelle Beratung in der Filiale oft Kundeninformationen fehlen. Die Emirates Bank hat dieses

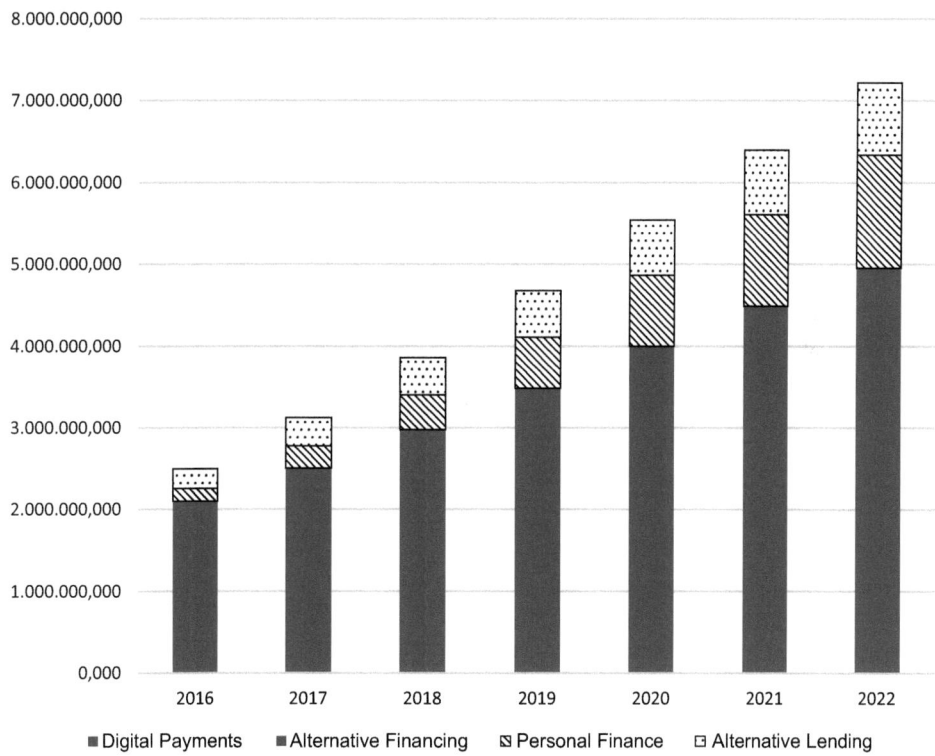

Abb. 9.1 Transaktionsvolumen der FinTechs weltweit in Millionen Euro. (Quelle: In Anlehnung an Statista 2018)

Hindernis frühzeitig erkannt und eine Lösung entwickelt: den RFID-Chip. Mit dem RFID-Chip werden alle Kundeninformationen direkt auf der Kundenkarte gespeichert. Möchte der Kunde in der Filiale beraten werden, werden dem Mitarbeiter dank dieser Technologie alle Kundeninformationen angezeigt (vgl. PricewaterhouseCoopers 2011, S. 14). Da viele Kunden mit den angebotenen digitalen Kanälen der Banken unzufrieden sind und 52 % der Verbraucher es in Erwägung ziehen, eine Kreditkarte und/oder ein Bankkonto (32 %) bei einem Technologieunternehmen (FinTech/Tech-Konzern) zu beantragen (s. Abb. 9.2), sollten die Banken ernsthaft ihre aktuellen Produkte und Services überdenken (vgl. Bain & Company 2017a, S. 3–16).

Nicht nur auf der Kundenebene, sondern auch auf der Mitarbeiterebene können die FinTechs und Tech-Konzerne den Banken das Überleben erschweren. Jüngere Mitarbeitergruppen betrachten die klassischen Karrierewege kritisch und wollen eine Arbeitsatmosphäre, die einerseits herausfordernd ist und andererseits ihren Werten und Prinzipien entgegenkommt (vgl. Bain & Company 2017b)

FinTechs stellen nicht nur eine Bedrohung der Banken dar, sondern können auch als Chance zur Optimierung bzw. als Anstoß, die aktuelle Unternehmensstruktur zu überdenken, gesehen werden. Kooperationen mit FinTechs können zum Erfolg der Banken und deren Weiterentwicklung beitragen. Eine Grundlage dafür wäre die Denkweise eines Finanzprodukteanbieters, loszulassen und sich in Richtung einer Bank mit dem Angebot von „erweiterten Lösungen" zu bewegen (Accenture 2016, S. 6). Im Rahmen einer Studie des Bundesministeriums für Finanzen geben 87 % der Banken an, bereits mit einem FinTech-Unternehmen zu kooperieren (vgl. Dorfleitner et al. 2016, S. 52).

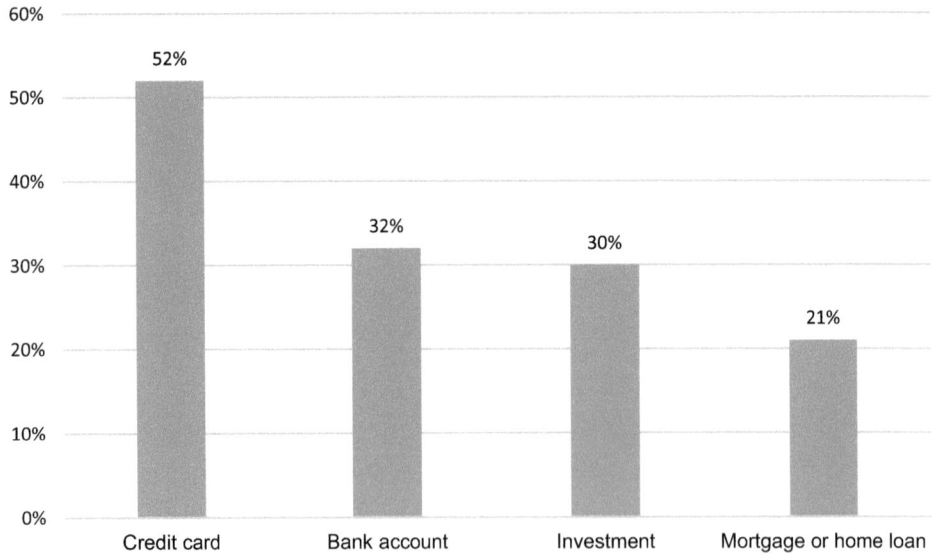

Abb. 9.2 Anteil der befragten Verbraucher, die Produkte von Technologieunternehmen kaufen würden. (Quelle: Bain & Company 2017a, S. 12)

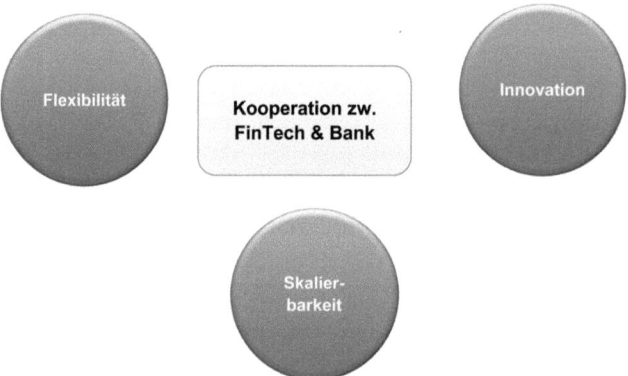

Abb. 9.3 Folgen einer Kooperation

Abb. 9.3 zeigt die Folgen eine Kooperation einer Bank mit einem FinTech. Ausgehend von einer solchen Zusammenarbeit werden Innovation, Flexibilität und Skalierbarkeit miteinander verbunden. Auf diese Weise wird den Banken ermöglicht, z. B. auf Marktveränderungen oder Kundenanforderungen schneller zu reagieren (vgl. Accenture 2016, S. 6).

Auch wenn die Ergebnisse zeigen, dass die Mehrzahl der Kunden sich vorstellen könnte, bei einem Technologieunternehmen ein Produkt zu erwerben, ist es 97 % der Kunden wichtig, von ihrer Bank beraten zu werden. Mithilfe der Digitalisierung kann z. B. der Anspruch anytime – anywhere realisiert werden (vgl. Oberle et al. 2016, S. 16). Die Wünsche der Kunden nach digitaler Revolution und persönlicher Beratung können durch die Kooperation mit einem FinTech-Unternehmen vereint werden und innovative Lösungen erbringen. Obwohl die Anzahl von Kooperationen bereits hoch ist, existiert ein Wettbewerb zwischen den Retail-Bereichen der Banken und Technologieunternehmen. Dies ist besonders im Bereich des Crowdlendings der Fall. FinTech-Unternehmen ergänzen die Finanzleistungen der Banken, indem sie aufgrund der Digitalisierung und geringeren Kosten den Kunden Kredite im kleineren vierstelligen Bereich anbieten können, was den Banken durch ihre Kostenstruktur verwehrt bleibt (vgl. Oberle et al. 2016, S. 86).

9.6 Ausrichtung in der Zukunft

Neue Kundenanforderungen und neue Mitbewerber zwingen die Banken zum Umdenken, sodass sie ihre technische Struktur und Geschäftswelt den Veränderungen anpassen müssen. Bankgeschäfte werden zunehmend digital abgeschlossen. Da immer mehr Kunden den FinTechs vertrauen und ihre Transkationen zunehmend dort durchführen, geraten die Banken unter Druck. Um der Kundenabwanderung entgegenzuwirken, bedarf es eines Umdenkens der bisherigen Strategie. Die Aufgabe der Retail-Bereiche besteht nun darin, sich mehr in Richtung Kundenorientierung zu bewegen. CRM kann in die Vertriebskanäle eingebunden werden, um den Kunden kennenzulernen und dadurch bessere und individuellere Produkte für den Kunden zu entwickeln. Eine Erweiterung des CRMs durch xRM stellt eine Weiterentwicklung dar, mit der die Banken ihre Beziehungen auf der 360-Grad-Ebene Richtung xRM organisieren und verbessern können. Dadurch können die Banken ihr Netzwerk erweitern und z. B. mithilfe neuer Kooperationspartner innovative Leistungsangebote entwickeln. In Zeiten der zunehmenden Digitalisierung und der Erkenntnis, dass die meisten Kunden mehrere Kanäle der Banken nutzen, sollten diese sich darum bemühen, ihre digitalen Kanäle auszubauen. Die Kanäle sollen im Sinne des Omni-Channels vernetzt und ausgebaut werden. Mithilfe des xRMs können auch die Beziehungen zu den Mitarbeitern intensiviert und optimiert werden. So sollen Mitarbeiteranforderungen wie beispielsweise Karrierewünsche erkannt und realisiert werden.

Vor dem Hintergrund der verstärkten Nutzung der FinTechs und Technikkonzerne sollten die Banken ihre eigene Situation einschätzen und daraus Strategien entwickeln, um mit der Konkurrenz mitzuhalten und sich ggf. von dieser durch innovative Leistungsangebote abzugrenzen. Eine mögliche Lösung wäre eine Kooperation mit einem FinTech-Unternehmen, was die Deutsche Bank mit dem Unternehmen Gini (vgl. Accenture 2016, S. 5) vormacht. Daher ist auch ein Zusammenschluss mit einem App-Entwickler-Unternehmen, um eigene innovative Leistungsangebote zu entwickeln, eine Möglichkeit zur Verbindung der jeweiligen Stärken von Banken und FinTechs. Die Emirate Bank gibt hierzu ein Beispiel. Sie hat sich mit einem Telekommunikationsunternehmen zusammengeschlossen, um den Kunden die Bezahlung über Mobiltelefone zu ermöglichen (vgl. PricewaterhouseCoopers 2011, S. 14). Außerdem kann auch eine Zusammenarbeit mit Social-Media-Plattformen wie Facebook im Retailgeschäft relevante Informationen über den Kunden liefern.

9.7 Zusammenfassung

Zusammenfassend ist festzuhalten, dass dem Retailbereich klassischer Banken eine große Konkurrenz gegenübersteht – FinTech und Tech-Konzerne, die den Banken in mehreren Bereichen überlegen sind. Da sich Kundenanforderungen und Wünsche im Netzwerk einer Bank mit der Zeit verändern, sollten Banken sich weiterentwickeln und über eventuelle Kooperationen mit Technologieunternehmen nachdenken. Als relevantes Instrument zur Betrachtung aller Netzwerkbeziehungen und deren Optimierung sollten Banken das xRM einsetzen, um so den Kunden, den Geschäftspartnern und den Mitarbeitern auf allen Ebenen gerecht zu werden.

Literatur

Accenture (2016). Kooperation statt Konfrontation: Wie können sich die Banken langfristig im FinTech Wettbewerb behaupten? https://www.accenture.com/t00010101T000000__w__/de-de/_

acnmedia/PDF-31/Accenture-FS-ASG-FinTech-Kooperation-Final.pdf. Zugegriffen: 6. März 2018.

Ametsreiter, H. (2017). Bitkom Studie – Smartphone Markt Konjunktur und Trends. https://www.bitkom.org/Presse/Anhaenge-an-PIs/2017/02-Februar/Bitkom-Pressekonferenz-Smartphone-Markt-Konjunktur-und-Trends-22-02-2017-Praesentation.pdf. Zugegriffen: 4. März 2018.

ARD/ZDF-Onlinestudien 2016–2017 (o. J.). WhatsApp/Onlinecommunities: Nutzung von WhatsApp und Onlinecommunities 2016 und 2017. http://www.ard-zdf-onlinestudie.de/whatsapponlinecommunities/. Zugegriffen: 6. März 2018.

Bain & Company (2012). Studie. Was Bankkunden wirklich wollen. http://www.bain.de/Images/Studie_Banking_ES.pdf. Zugegriffen: 3. März 2018.

Bain & Company (2017a). Evolving the customer experience in banking. http://www.bain.de/Images/BAIN_REPORT_Evolving_the_Customer_Experience_in_Banking.pdf. Zugegriffen: 2. März 2018.

Bain & Company (2017b). Bain-Studie zur Kundenloyalität im Retail-Banking: Millionen deutsche Bankkunden gehen fremd – und die Tech-Giganten locke. http://www.bain.de/press/press-archive/Kundenloyalitaet_im_retail_banking_2017.aspx. Zugegriffen: 6. März 2018.

Bartmann, D., Nirschl, M., & Peters, A. (2011). *Retail Banking – Zukunftsorientierte Strategien im Privatkundengeschäft*. Bd. 38.

Bauer, W. (Hrsg.). (2015). *Trendstudie Bank & Zukunft 2015 Aufbruch zu neuen Kundenerlebnissen und Services in der digitalen Ökonomie*. Stuttgart: Fraunhofer IRB.

Baulig, B. (2014). Wie Banken ihre Kundenorientierung verbessern können. https://www.springerprofessional.de/online-banking/mobile-banking/wie-banken-ihre-kundenorientierung-verbessern-koennen/6605314

Becker, E. (2015). Die Zeit läuft. *BI*, *7*, 42–43.

Bernet, B., & Schmid, P. (Hrsg.). (1995). *Retail banking*. Bd. 73.

Bieberstein, I. (2015). Theorie – Besonderheiten der Distribution von Finanzdienstleistungen. In H. Brock & I. Bieberstein (Hrsg.), *Multi- und Omnichannel-Management in Banken und Sparkassen: Wege in eine erfolgreiche Zukunft* (S. 3–28). Wiesbaden: Springer Gabler.

Breisig, T., König, S., Rehling, M., & Ebeling, M. (2010). *Sie müssen es nicht verstehen, Sie müssen nur verkaufen. Vertriebssteuerung in Banken*.

Bundesanstalt für Finanzdienstleistungsaufsicht (2014). Verdachtsmeldung. https://www.bafin.de/SharedDocs/Veroeffentlichungen/DE/Rundschreiben/rs_1401_gw_verwaltungspraxis_vm.html. Zugegriffen: 04. Oktober 2018.

Deutsche Bundesbank (o. J.). FinTechs – Finanztechnologie Unternehmen. https://www.bundesbank.de/Redaktion/DE/Standardartikel/Aufgaben/Bankenaufsicht/fintechs.html. Zugegriffen: 4. März 2018.

Dombret, A. (2016). Konsequenzen der Digitalisierung für Banken und die Bankenaufsicht. https://www.bundesbank.de/Redaktion/DE/Reden/2016/2016_06_08_dombret.html. Zugegriffen: 04. Oktober 2018.

Dorfleitner, G., Hornuf, L., Schmitt, M., & Weber, M. (2016). FinTech-Markt in Deutschland, Bundesministeriums der Finanzen. http://www.bundesfinanzministerium.de/Content/DE/Standardartikel/Themen/Internationales_Finanzmarkt/2016-11-21-Gutachten-Langfassung.pdf?__blob=publicationFile&v=1. Zugegriffen: 4. März 2018.

Duscha, A. (2007). Einsatz von CRM-Systemen in KMU: Statusquo und Unternehmenserfahrungen, Köln: E-Commerce-Center Handel. http://docplayer.org/3104181-Einsatz-von-crm-systemen-in-kmu.html. Zugegriffen: 2. März 2018.

EurogroupConsulting, E. G. C. A. G. (2015). *Kundentypen im Cross-Channel-Banking*

Finextra & Pegasystems (2015). *Corporate banking customer satisfaction: opportunities for better meeting client needs across sales, onboarding, due diligence and customer service*

Hamm, M. (2011). Facebook wird zum Verkaufskanal. *Banken + Partner, 6*, 28–30.

Hauschild, U., Hilverkus, S., & Koch, A. (2017). Fallstudie Miles & More: Profitable Kundenbindung in der Airline Industrie. In M. Bruhn & C. Homburg (Hrsg.), *Handbuch Kundenbindungsmanagement: Strategien und Instrumente für ein erfolgreiches CRM* (9. Aufl. S. 610–623). Wiesbaden: Gabler.

Helmke, S., Uebel, M., & Dangelmaier, W. (2017). Grundlagen und Ziele des CRM-Ansatzes. In S. Helmke, M. Uebel & W. Dangelmaier (Hrsg.), *Effektives Customer Relationship Management: Instrumente-Einführungskonzepte-Organisation* (6. Aufl. S. 3–22). Wiesbaden: Springer Gabler.

Hermes, V. (2009). Bank der Zukunft designt Beratung. *Ansatzwirtschaft, 10/2009*, 32–36.

Howald, B. (2007). *Kundenwert im Private Banking: Eine Analyse der Einflussfaktoren und der Wirkungszusammenhänge*. Bern, Stuttgart, Wien: Haupt.

Investors Marketing AG (2017). IM-Trendstudie 2017. http://www.investors-marketing.de/data/immc/media/doc/IM-Trendstudie-2017_Expose_final.pdf. Zugegriffen: 6. März 2018.

Keck, M., & Mertens, S. (2016). Einfluss der Digitalisierung auf die Bankfiliale – neue Technologie für mehr Kundennähe. In A. Liebetrau & M. Seidel (Hrsg.), *Banking & Innovation 2016* (S. 195–200).

Kirchberg, R. (2011). Mehr Raum für Beratung: Das neue Filialkonzept der Deutschen Bank. *Bank und Markt, 11*, 41–43.

Krah, E. S. (2013). CRM: Wie Banken profitieren. https://www.springerprofessional.de/bankvertrieb/crm-wie-banken-profitieren/6605326. Zugegriffen: 2. März 2018.

Kunz, A. (2014). Sparkasse schickt Busse in die menschenleere Provinz. https://www.welt.de/wirtschaft/article130011096/Sparkasse-schickt-Busse-in-die-menschenleere-Provinz.html. Zugegriffen: 6. März 2018.

Leichsenring, H. J. (2015). Omnikanal-Vertrieb – Modewort oder realistisches Ziel?, *Der Bank Blog*. https://www.der-bank-blog.de/omnikanal-vertrieb-modewort-oder-realistisches-ziel/retail-banking/17447/. Zugegriffen: 3. März 2018.

Leichsenring, H. J. (2016). https://www.der-bank-blog.de/analyse-sb-geraete-deutsche-banken/retail-banking/21454/. Zugegriffen: 04. Oktober 2018.

Leußer, W., Hippner, H., & Wilde, K. D. (2011). CRM-Grundlagen, Konzepte und Prozesse. In H. Hippner & B. K. D. Hubrich Wilde (Hrsg.), *Grundlagen des CRM: Strategie, Geschäftsprozesse und IT-Unterstützung* (3. Aufl. S. 15–55). Wiesbaden: Gabler.

Löffler, T., & Schmitz, D. (2012). Fahrbare Geschäftsstellen. *BBL, 12*, 708.

Manager Magazin (2017). 53 Prozent der Deutschen erledigen Bankgeschäfte. http://www.manager-magazin.de/finanzen/boerse/online-banking-deutsche-nutzen-es-staerker-als-viele-europaeer-a-1141933.html. Zugegriffen: 3. März 2018.

Martin, W. (2008). CRM – Das Thema für mein Unternehmen. In M. Hubschneider & K. Sibold (Hrsg.), *CRM-Erfolgsfaktor Kundenorientierung* (2. Aufl. S. 27–32). Planegg/München: Haufe.

Meffert, H., & Bruhn, M. (2012). *Dienstleistungsmarketing: Planung-Umsetzung-Kontrolle* (6. Aufl.). Wiesbaden: Springer Gabler.

Meschke, M. (2013). *Steuerung in Dienstleistungsnetzwerken*. Wiesbaden: Springer Gabler.

Messner, W. (2005). *CRM bei Banken – Ein Vorgehensmodell zur Erarbeitung einer Strategie-Prozess- und Systemarchitektur*. Bd. 12.

Mirwald, T. (2017). xRM als zentraler Info- und Prozess-Hub. http://www.midrange.de/xrm-als-zentraler-info-und-prozess-hub/. Zugegriffen: 2. März 2018.

Oberle, S., Hein, H., & Lahmann, M. (2016). Bankberatung der Zukunft: Die Chancen der Digitalisierung im Retail Banking nutzen. https://www.soprasteria.de/docs/librariesprovider33/Studien/bankberatung-der-zukunft-2016.pdf?sfvrsn=4. Zugegriffen: 2. März 2018.

Oracle (2013). Global insights on the succeeding in the customer experience era. http://www.oracle.com/us/global-cx-study-2240276.pdf. Zugegriffen: 2. März 2018.

Preißler, S. (2011). Was ein Geldautomat die Banken kostet, *Hamburger Abendblatt*, 2011, S. 28. https://www.abendblatt.de/wirtschaft/article107927133/Was-ein-Geldautomat-die-Banken-kostet.html

PricewaterhouseCoopers (2011). Effektives Kundenmanagement im Retail Banking. https://www.pwc.de/de/finanzdienstleistungen/banken/assets/pwc_effektives_kundenmanagement.pdf. Zugegriffen: 5. März 2018.

PricewaterhouseCoopers (2016). Privatkundengeschäft der Zukunft. https://www.pwc.de/de/finanzdienstleistungen/banken/assets/pwc-befragung-privatkundengeschaeft-der%20-zukunft.pdf. Zugegriffen: 3. März 2018.

Rapp, R. (2005). *Customer Relationship Management: Das Konzept zur Revolutionierung der Kundenbeziehungen* (5. Aufl.). Frankfurt am Main: Campus.

Rothhaar, M. (2015). Meine Bank und ich: Durch Cross-Channel-Banking zu einer erfolgreichen Kundenansprache, Absatzwirtschaft. http://www.absatzwirtschaft.de/meine-bank-und-ich-durch-cross-channel-banking-zu-einer-erfolgreichen-kundenansprache-70305/. Zugegriffen: 4. März 2018.

Rüesch, S. (2016). Sind FinTech-Unternehmen eine reale Bedrohung für Banken?: Aufbrechen der Wertschöpfungskette und die Folgen. https://www.der-bank-blog.de/bedrohung-fintech-unternehmen/digital-banking/21300/. Zugegriffen: 5. März 2018.

Schaefer, E. (2014). Heute garantiert nur steter Wandel das Überleben. *BöZ, 2014*(208), 8–9.

Schulze, J. (2002). *CRM erfolgreich einführen*. Berlin, Heidelberg: Springer.

Schwartz, M., Dapp, T. F., Beck, G. W., & Khussainova, A. (2017). *Deutschland Banken schalten bei Filialschließungen einen Gang höher – Herkulesaufgabe Digitalisierung*. KfW Research Studie Fokus Volkswirtschaft, 2017, Nr.181.

Schwetz, W. (2014). CRM goes any-relationship-management, Computerwoche. https://www.computerwoche.de/a/xrm-das-crm-der-dritten-dimension,2515917. Zugegriffen: 2. März 2018.

Sperl, F. (2016). *Customer Relationship Management: Profitabilitätsorientierte Bindung von Wohnungsmietern*. Wiesbaden: Springer Gabler.

Statista (2018). FinTech. https://de.statista.com/download/outlook/whitepaper/Fullpage/1/295/100/1_295_100.pdf. Zugegriffen: 5. März 2018.

Strauss, B., & Seidel, W. (2007). *Beschwerdemanagement, Unzufriedene Kunden als profitable Zielgruppe* (4. Aufl.). München: Hanser.

Swift, R. S. (2001). *Accelerating customer relationships: using CRM and relationship technologies*. Upper Saddle River: Prentice Hall PTR.

Wagner, B., Gellrich, T., Weghöft, L., & Grella, J. (2014). Crowdbanking – Die Revolution der Bankenwelt bis 2020, *Goetzpartners*, 01/2014. https://www.goetzpartners.com/uploads/tx_gp/2014_goetzpartners_Crowdbanking_Die_Revolution_der_Bankenwelt_bis_2020.pdf. Zugegriffen: 6. März 2018.

Wall, F., & Schröder, R. (Hrsg.). (2009). *Controlling zwischen Shareholder Value und Stakeholder Value – Neue Anforderungen, Konzepte und Instrumente*. Oldenbourg Wissenschaftsverlag.

Jörg A. Macht studierte nach seiner Ausbildung zum Bürokaufmann Betriebswirtschaftslehre mit dem Abschluss Diplom-Kaufmann (FH). Im Zuge seiner beruflichen Laufbahn war er Vorstandsvorsitzender einer Aktiengesellschaft und Partner einer Unternehmensberatung. Im Rahmen seiner aktuellen beruflichen Tätigkeit als Geschäftsführer der DentCon GmbH begleitet er mit seinem Unternehmen Ärzte bei Erstellung von Abrechnungen und im Bereich der Finanzierung von Wachstumsprojekten innerhalb der Praxis. Neben der Tätigkeit als Geschäftsführer unterrichtet er unter anderem an der FOM Hochschule für Oekonomie und Management in Köln sowie an weiteren Hochschulen und Trainingsinstituten in Deutschland und China.

Teil III
Kultur

Soft Skills und digitaler Wandel – Erfolgsstrategien aus dem Spitzensport zum Generieren von innovativen Geschäftskonzepten im Bankenbereich

10

Maren Müller

10.1 Einleitung

„Wer still steht, verliert", so eine Erkenntnis aus dem Spitzensport. Laut Experten gilt: Wer eine Trainingsmethode verschläft, braucht zwei Olympiazyklen, um wieder an die Weltspitze aufschließen zu können. Bei einem Wirtschaftsunternehmen könnte dies das „Aus" bedeuten. Welche Banken werden von der Bildfläche verschwinden, welche werden am Markt erfolgreich bestehen bleiben oder sich sogar hervortun? Was sind die Voraussetzungen, um ein zukunftsfähiges Geschäftskonzept zu generieren? Welche Rahmenbedingungen müssen geschaffen werden?

In diesem Beitrag werden Erfolgsstrategien aus dem Spitzensport aufgezeigt, die Banken helfen könnten, innovative Geschäftskonzepte zu generieren. Es wird erarbeitet, inwieweit diese Erfolgsstrategien auf Banken transferiert und von diesen genutzt werden können.

10.1.1 Problemstellung

Laut mehreren Studien wie beispielsweise dem Bankenreport Deutschland 2030 von Oliver Wyman (2018), der Trendstudie Bank & Zukunft vom Fraunhofer Institut (Praeg und Schmidt 2016), den Statistiken des Bankenverbands zu den Beschäftigten im Bankensektor (Bundesverband deutscher Banken 2017a, 2017b) und dem KfW Research Report (Beck et al. 2017) wird es einen Umbruch im Bankensektor geben. Der Umbruch wird hauptsächlich getrieben sein durch die Zunahme der Digitalisierung, die Regulatorik (vgl.

M. Müller (✉)
Stuttgart, Deutschland
E-Mail: maren.mueller@athletenwerk.com

© Springer Fachmedien Wiesbaden GmbH, ein Teil von Springer Nature 2019
M. Seidel (Hrsg.), *Banking & Innovation 2018/2019*, FOM-Edition,
https://doi.org/10.1007/978-3-658-23041-8_10

Oliver Wyman 2018, S. 4) und die anhaltende Niedrigzinsphase (vgl. Praeg und Schmidt 2016, S. 5).

Letztlich werden nur die Banken am Markt und im globalen Wettbewerb bestehen können, die ein zukunftsfähiges Konzept haben. Zukunftsfähig ist eine Bank dann, wenn sie die Bedürfnisse ihrer Kunden erkennen und nachhaltig befriedigen kann, und zwar besser als ein potenzieller Wettbewerber. Laut dem Fraunhofer Institut benötigen die Banken „neue Angebote mit erweitertem Nutzen für Kunden" (Praeg und Schmidt 2016, S. 7), oder anders ausgedrückt: innovative Geschäftskonzepte, die sowohl einen hohen Kundennutzen und damit eine hohe Kundenzufriedenheit sicherstellen als auch im Hinblick auf die gegebenen Ressourcen und Regulatorik umsetzbar sind.

10.1.2 Ziel

Aufgrund des zunehmenden Wettbewerbs durch digitale Anbieter (FinTechs), die weltweite Vernetzung und die damit verbundene Komplexität und Anpassungsgeschwindigkeit suchen Unternehmen zunehmend nach Lösungen und bewährten Best Practices aus anderen Bereichen. Wissen aus anderen Bereichen anzuzapfen und auf die eigenen Spezifika zu transferieren, wird ein zunehmend wichtiger Faktor, wenn es um nachhaltige Wettbewerbsfähigkeit und die Entwicklung von innovativen Geschäftskonzepten geht.

Warum eignet sich der Spitzensport für genau diese Betrachtung? Der Spitzensport ist vielen Unternehmen insbesondere im Bereich Führung und auch Selbststeuerung voraus. Aufgrund von ständigen Wettbewerben haben Spitzensportler und Spitzenteams die Möglichkeit, sich untereinander zu messen. Ist ein Team besser als das andere, werden die neuen Trainingsmethoden oder auch Technologien von den konkurrierenden Teams adaptiert. So entstehen kurze Innovationszyklen, permanente Weiterentwicklung, schnelle Adaptionen und zuletzt praxiserprobte Best Practices.

Eine besondere Herausforderung des interdisziplinären Transfers ist es jedoch, die für den Bankensektor typischen Merkmale, Prämissen und Rahmenbedingungen abzugleichen und abzugrenzen. Nur so können aus dem Spitzensport relevante Ableitungen für Banken getroffen werden.

10.2 Banking

10.2.1 Banken im Spannungsfeld – Umwelt und Ressourcen

Um für den Bankensektor spezifische und relevante Ableitungen zu treffen und die entsprechenden Erfolgsstrategien aus dem Spitzensport für das Generieren von Innovationen für den Bankenbereich herausfiltern zu können, ist es elementar, die Besonderheiten, Rahmenbedingungen und Prämissen im Bankensektor zu beleuchten. Aus diesem Grund wird ein Blick auf externe und interne Faktoren geworfen, die einen Einfluss auf die Wettbewerbsfähigkeit einer Bank haben. Eine Bank, wie auch jedes sonstige Unternehmen, bewegt sich in dem Spannungsfeld zwischen Umwelt und den Ressourcen des Unternehmens. Die Umwelt untergliedert sich in beeinflussbare und nicht beeinflussbare Faktoren. Ein beeinflussbarer Faktor könnte die Bedrohung der Wettbewerbsfähigkeit sein, beispielsweise durch den Eintritt einer neuen Bank oder auch durch ein Substitutionsprodukt.[1] Hierfür ist es entscheidend, über ein Alleinstellungsmerkmal zu verfügen, um sich von der Konkurrenz zu differenzieren. Nicht beeinflussbare Faktoren sind die, auf die Unternehmen keinen Einfluss haben. Nicht beeinflussbare Faktoren sind beispielsweise Gesetzesänderungen oder auch gesamtwirtschaftliche Entwicklungen wie Inflation oder die Höhe des Leitzinses.[2]

Um zielführende Entscheidungen treffen zu können, bedient sich der Spitzensport – genauso wie erfolgreiche Unternehmen – einer intensiven Ist-Analyse gefolgt von der Antizipation der Zukunft. Antizipation bedeutet, sich Informationen zu beschaffen und abzuleiten, wie sich der Markt zukünftig entwickeln wird.

Die derzeitige Ausgangssituation ist, dass sich die Digitalisierung der Banken bereits in der zunehmenden Anzahl der Online-Girokonten zeigt (35,4 Mio. im Jahr 2007, 62,8 Mio. im Jahr 2016) (vgl. Bundesverband Deutscher Banken 2017a, S. 14). Experten wie beispielsweise Professor Andreas Buschmeier rechnen damit, dass in Deutschland bis zum Jahr 2030 60 bis 70 % der Arbeitsplätze im Bankensektor wegfallen werden (vgl. Baumgartner 2017).

Insbesondere die Digitalisierung und Automatisierung werden Unternehmen weltweit grundlegend verändern. In Japan gelten beispielsweise 55 % der Tätigkeiten als automatisierbar. Auch in China besteht das Potenzial, über die Hälfte der Tätigkeiten (51 %) zu automatisieren. Die Möglichkeiten der Vereinigten Staaten zur Automatisierung (46 %) liegen mit den europäischen „Big Five" gleichauf (vgl. Bughin et al. 2017, S. 9).

Eine Studie des McKinsey Global Institutes zeigt, welches grundsätzliche Potenzial für Automatisierung der deutsche Markt bietet. Hierbei wird zwischen sieben Tätigkeitsfeldern unterschieden. Beispielsweise werden 22 % der Arbeitszeit demnach für Tätigkeiten der Datenerfassung aufgewendet, wobei diese Aufgaben ein Automatisierungspotenzial von 64 % bieten. 54 % der Arbeitsstunden in Deutschland entfallen auf Tätigkeiten der Datenerfassung und -verarbeitung, sowie vorhersehbare körperliche Tätigkeiten, also jene Tätigkeiten, welche als leicht automatisierbar gelten (vgl. Baur et al. 2017, S. 20).

Die Digitalisierung verändert nicht nur die Aufgaben und Prozesse in den Banken, sondern sie erfordert auch eine veränderte Sicht auf das Marktumfeld und die Produktangebote der Institute selbst. Für Finanzinstitute ist anzunehmen, dass der Wettbewerb weiter zunehmen wird. Die zunehmende Globalisierung und Digitalisierung sorgen dafür, dass auch ausländische Banken und FinTechs die bestehenden Geschäftsmodelle der Traditionsbanken angreifen (vgl. Oliver Wyman 2018, S. 4). Tatsächlich halten über 70 % der in der Umfrage der Deutschen Bundesbank befragten deutschen Kreditinstitute den

---

[1] Analog zu Porters „Five Forces".
[2] Analog zur PESTEL-Analyse.

Wettbewerbsdruck für höher als vor zehn Jahren. So befindet sich nach eigener Aussage jedes zehnte Kreditinstitut im Sommer 2017 im Fusionsprozess oder plant diesen konkret (Deutsche Bundesbank 2017). Der „Aufbau neuer Geschäftsmodelle im Kontext der Digitalisierung" (Praeg und Schmidt 2016, S. 5) gilt daher den Teilnehmern der Trendstudie Bank & Zukunft 2016 als eine der Herausforderungen des Umfragejahres.

Ausgehend davon (vgl. auch „The Future of Employment", Frey und Osborne 2013, S. 37) ergeben sich für die Bankenbranche unterschiedliche Automatisierungspotenziale. In Bereichen wie der Dateneingabe, Kreditsachbearbeitung und -analyse, Buchhaltung und Aufgaben von Kassierern bestehen hohe Chancen der Digitalisierung. Auch die Aufgaben von Volkswirten, persönlichen Finanzberatern und Tätigkeiten in der Verwaltung weisen Automatisierungspotenzial auf. Das geringste Potenzial zur Automatisierung besteht in den Tätigkeiten des Bankmanagements sowie in der Finanzanalyse (vgl. Schueffel 2016; Buschmeier 2016).

10.2.2 Kundenbedürfnisse und Besonderheiten im Finanzdienstleistungssektor

Um in diesem dynamischen Marktumfeld bestehen zu können, benötigen Banken „neue Angebote mit erweitertem Nutzen für Kunden" (Praeg und Schmidt 2016, S. 7) oder anders ausgedrückt: innovative Geschäftskonzepte, die einen hohen Kundennutzen bieten und damit eine hohe Kundenzufriedenheit sicherstellen.

Gemeinhin gilt: „Der Köder muss dem Fisch schmecken." Ein potenzieller Kunde entscheidet sich für die Bank, die seine Bedürfnisse – insbesondere im Vergleich zu einem anderen Anbieter – besser befriedigt. Zufriedenere Kunde sind tendenziell auch loyale Kunden. Laut einer Umfrage von Bain & Company (Sinn et al. 2012, S. 16) sind die folgenden Kriterien Loyalitätstreiber:

1. Qualität der Beratung
2. Preis
3. Service
4. Image

Laut der Studie von Bain & Company (Sinn et al. 2012, S. 19) haben Kunden unterschiedliche Bedürfnisse im Hinblick auf Bankendienstleistungen. So unterscheidet die Studie zwischen Kunden, die weniger als 50.000 € Eigenkapital haben, Kunden, die zwischen 50.000 und 250.000 € Eigenkapitel haben, und Kunden, die über mehr als 250.000 € Eigenkapital verfügen. Auch zeigt die Studie, dass die Erwartungen der Kunden unterschiedlich sind im Hinblick auf das Bankensegment. So fällt z. B. auf, dass Kunden einer Direktbank mit Eigenkapital unter 50.000 € der Preis sehr wichtig ist, während der Preis für vermögende Kunden einer Sparkasse bzw. einer Genossenschaft eher eine untergeordnete Rolle spielt.

Deutlich wird auch, dass vermögenden Kunden die Faktoren Kompetenz, Individualität und Vertrauen sehr wichtig sind sowie die Intensität der Ansprache, ganz gleich ob sie Kunde einer Direktbank, einer Sparkasse oder einer Großbank sind.

Es zeigt sich also, dass der Erfolg einer Bank, nämlich ihre Kunden zufriedenzustellen und somit entsprechend Wechselbarrieren aufzubauen, von der Ausrichtung innerhalb des jeweiligen Bankensegments abhängt und auch vom Vermögen der Kunden. Offensichtlich wird, dass nicht alle Kunden über alle Bankensegmente hinweg mit den gleichen Faktoren zufriedengestellt werden können. Entscheidende Fragen für eine erfolgreiche Ausrichtung und Fokussierung einer Bank sind: In welcher Liga spiele ich? Wer sind meine Player und was ist wichtig für diese?

Klar ist auch, dass eine gleichzeitige Befriedigung aller genannten Faktoren weder möglich noch erwünscht und somit auch nicht erfolgversprechend ist.

Laut der Lünendonk Trendstudie „Zukunft der Banken 2020" werden in Zukunft folgende Faktoren wichtig sein, um sich von Wettbewerbern zu differenzieren (vgl. Zillmann 2012, S. 13):

Während Online-Banking und mobile Apps bisher eine mittlere Bedeutung hatten, wird dieses Merkmal zunehmend wichtig für die Wettbewerbsfähigkeit. Genauso die Faktoren Veränderungs- und Anpassungsfähigkeit sowie Performance der Geschäftsprozesse und die Geschwindigkeit davon.

Letztlich wird die Bank zukunftsfähig sein, die die Bedürfnisse ihrer Kunden erkennt, versteht und befriedigt und sich gegebenenfalls bei Änderungen dieser – möglicherweise auch bedingt durch verbesserte Produkte und Dienstleistungen bei Wettbewerbern – schneller anpassen kann.

Wie kann nun sichergestellt werden, dass eine Bank, insbesondere deren Mitarbeiter, die Bedürfnisse ihrer Kunden rechtzeitig erkennt, versteht und – insbesondere im Spannungsfeld zwischen Markt, Umwelt, gegebenen Ressourcen und der Regulatorik – auch so befriedigen kann, um profitabel zu bleiben?

Im Folgenden wird aufgezeigt, welche Erkenntnisse hierfür aus dem Spitzensport herangezogen werden können.

10.3 Banking und Spitzensport

10.3.1 Abgrenzung und Ableitung

Der Spitzensport wie auch Banken bewegen sich im Spannungsfeld zwischen Umwelt und den eigenen Ressourcen. So gibt es im Umfeld eines Spitzensportlers beeinflussbare Faktoren wie Technologie, Ausrüstung, Sponsoren oder auch Trainer. Und es gibt nicht beeinflussbare Faktoren wie beispielsweise die Regeln oder das Wetter, denen der Spitzensportler ausgesetzt ist und denen er sich anpassen muss. Die Umwelt bzw. der Rahmen, in der sich der Spitzensportler zurechtfinden muss, ist immer im Wechselspiel mit den eigenen Ressourcen wie körperliche, koordinative und mentale Skills. Spitzensportler richten ihre Trainingseinheiten zur Optimierung ihrer spezifischen Skills nach diesen Rahmenbedingungen aus. So ist z. B. im Tennissport zu beobachten, dass sich das Spiel insbesondere in Wimbledon von Serve-and-Volley zu Grundlinienduellen hin entwickelt hat. Dies hat hauptsächlich mit Änderungen der Vorgaben des Tennisballs zu tun. Einige Top-Tennisspieler trainieren kaum noch Volleys, weil sie diese Skills nicht mehr – oder nur selten – benötigen.

Das Ziel bei Banken wie auch im Spitzensport ist es, besser zu sein als die Konkurrenz. Im besten Fall, um nicht nur wettbewerbsfähig, sondern auch führend zu sein. Wie in Abschn. 10.2.1 bereits beschrieben, ist bei Banken die derzeitige Besonderheit, dass sie sich in einem starken Wandel hin zur Digitalisierung und Automatisierung befinden. Experten sagen in Prognosen voraus, dass bis zum Jahr 2030 60 bis 70 % der Arbeitsplätze im Bankensektor verschwinden werden (vgl. Baumgartner 2017). Eine geringere Anzahl an Mitarbeitern soll im Zusammenspiel mit Algorithmen innovative Geschäftskonzepte entwickeln, um wettbewerbsfähige Produkte und Dienstleistungen mit erweitertem Kundennutzen zu liefern. Auch ist es laut dem Fraunhofer Institut (Praeg und Schmidt 2016, S. 5) eine der großen Herausforderungen von Banken bzw. ihrer Mitarbeiter, „neue Geschäftsmodelle im Kontext der Digitalisierung" aufzubauen.[3] Hinzu kommt, dass – wie in Abschn. 10.2.2 bereits aufgezeigt – Kunden sehr unterschiedliche Erwartungen und Präferenzen haben. So spielt u. a. das Vermögen des Kunden eine wichtige Rolle. Diese ohnehin hohe Anforderung an eine differenzierte Zielgruppenansprache zeigt, dass zukünftig eine geringere Anzahl an Bankangestellten zunehmend komplexer werdende Herausforderungen meistern muss. Die Basis dafür wird eine höhere Leistungsbereitschaft und Leistungsfähigkeit der Bankenmitarbeiter als bisher sein. Um dies zu gewährleisten, wird dem Bankmanagement eine wesentliche Rolle zukommen. Das Bankmanagement muss seine Mitarbeiter befähigen und dafür günstige Rahmenbedingungen schaffen. Es wird somit deutlich, dass die Qualifizierung und Qualität nicht nur der Bankmitarbeiter, sondern auch insbesondere des Bankmanagements an Bedeutung gewinnen wird.

Daraus ergibt sich, dass für das Generieren von innovativen Geschäftskonzepten im Bankenbereich zur Sicherstellung von nachhaltigem Erfolg folgende Faktoren elementar sind:

- Leistungsbereitschaft, Leistungsfähigkeit und Kompetenz der Bankenmitarbeiter
- Führungskompetenz des Bankmanagements

Insbesondere was die Leistungsbereitschaft, Leistungsfähigkeit und Kompetenz eines Bankenmitarbeiters anbelangt, kann diese im Spitzensport unter dem Begriff „Selbststeuerung" zusammengefasst werden. Spitzenathleten sind Meister der Selbststeuerung – sie wissen, wie sie die für sie wichtigen Informationen filtern und gezielt einsetzen. Selbstgesteuerte Spitzenathleten sind in der Lage, ihre Leistung dann abzurufen, wenn es darauf

---

[3] Ein Beleg hierfür ist die enorme Zunahme an Online-Girokonten, deren Anzahl sich in den letzten zehn Jahren fast verdoppelt hat laut Fraunhofer Institut.

ankommt, und auch Rückschlüsse aus den eigenen Handlungen zu ziehen. Ein Spitzentrainer auf der anderen Seite muss seine Athleten befähigen, sich selbst optimal zu steuern, und dafür günstige Rahmenbedingungen schaffen.

Warum ist das so wichtig? Ein hoher Grad an Selbststeuerung und wirkungsvoller Führung ist die Voraussetzung für kontinuierliche Weiterentwicklung, schnelle Adaption, Antizipation und damit einhergehend das Generieren von Innovationen. Innovationen sind im Spitzensport ein kontinuierlicher Prozess, da die Konkurrenten durch das ständige Aufeinandertreffen bei einer Vielzahl an Wettkämpfen genau studieren, was der Beste macht, und von ihm lernen. Im Spitzensport wird versucht, immer wieder neue Reize zu setzen. Trainingsmethoden werden deshalb kontinuierlich fortentwickelt. Gemeinhin gilt im Spitzensport: Wer eine Trainingsmethode verschläft, braucht zwei Olympiazyklen, um wieder an die Weltspitze aufschließen zu können. Deshalb wird es entscheidend sein, das Bankenpersonal so zu trainieren und Reize zu setzen, dass die Geschäftsprozesse stetig verbessert werden und dass sie veränderungs- und anpassungsfähig sind – vor allem auch schnell. Die zunehmende Bedeutung der Veränderungs- und Anpassungsfähigkeit, der Performance, der Optimierung der Geschäftsprozesse und der Geschwindigkeit wird auch in der Lünendonk-Trendstudie „Zukunft der Banken 2020" (vgl. Zillmann 2012, S. 13) herausgestellt.

Welche der Best Practices aus dem Spitzensport sind nun relevant für den Bankensektor, um diese Skills zu entwickeln? Welche Sportart eignet sich für den Transfer auf Banken?

Während es in vielen traditionellen Sportarten, wie beispielsweise beim Fußball, nur selten Regeländerungen gibt, sieht sich die Formel 1, ähnlich wie derzeit der Bankensektor, mit immer wieder neuen Regeländerungen konfrontiert. Die Fahrer, die Teams und die Teamchefs müssen sich jedes Jahr neu auf die geänderten Regularien und Rahmenbedingungen einstellen. Die vielen Regeländerungen in der Formel 1 sind dadurch bedingt, dass der Sport insbesondere für die Zuschauer attraktiv bleiben soll. Denn die Zuschauer sind letztlich die Konsumenten, die die Einnahmen sichern.

Was machen nun die besten Rennställe und die besten Fahrer anders als die anderen? Warum können manche Rennställe schneller innovativ sein und sich immer wieder ändernden Gegebenheiten besser anpassen? In der Formel 1 spielen dafür insbesondere vier Felder eine besondere Rolle:

- Datenanalyse und Technologie
- Organisation und Planung
- Kommunikation und HR
- Finanzielle Ressourcen

Je mehr Know-how und je stärker die Ausprägung der Skills in diesen vier Bereichen, desto besser kann sich der Rennstall auf die sich ständig ändernden Bedingungen mit hohem Wettbewerbsdruck und Anforderungen an das Personal einstellen. Im Folgenden wird beleuchtet, wieso diese Bereiche erfolgskritisch sind und was davon auf Banken transferiert werden kann.

10.3.2 Best Practices und Transfer

Die Formel 1 eignet sich besonders gut, um Best Practices für den Bankenbereich abzubilden. Die Formel 1 – ähnlich wie Banken – steht vor der Herausforderung, sich in einer ständig ändernden Umwelt zurechtfinden zu müssen. Es gibt ein enges Zusammenspiel zwischen Technologie und Mensch; in beiden Fällen spielt die Weiterentwicklung sowohl der Technologie als auch der involvierten Personen, die die Technologie bedienen, auswerten, gezielt einsetzen und weiterentwickeln, eine entscheidende Rolle für den Erfolg.

Im Folgenden wird nun beschrieben, wie Exzellenz in der Formel 1 in den vier genannten Bereichen – Datenanalyse und Technologie, Organisation und Planung, Kommunikation und Planung sowie finanzielle Ausstattung – aussieht:

- **Datenanalyse und Technologie**
  - Daten werden während eines Rennens fortlaufend generiert und ausgewertet. Teamchef, Fahrer und Experten treffen innerhalb kürzester Zeit Ableitungen und leiten die Erkenntnisse an die Spezialisten weiter. Die Spezialisten – wie Fahrer, Techniker und Mechaniker – setzen die Erkenntnisse sofort um. Die Daten des Rennens werden gesammelt, gefiltert und nochmals im Dialog mit dem Teamchef, dem Fahrer, den Technikern und Mechanikern nach dem Rennen analysiert und ausgetauscht. Dabei spielt das Rückkoppeln des subjektiven Eindrucks des Fahrers eine entscheidende Rolle, die auch abweichen kann von den objektiven Daten. Dies ist einer der wichtigsten Punkte für die Analyse und Weiterentwicklung. Aus diesem Grund ist der Dialog der Beteiligten unter Einbeziehung der Daten elementar. In der Formel 1 werden Daten fortlaufend analysiert, ausgewertet, rückgekoppelt und Anpassungen vorgenommen. Größere Anpassungen bzw. Innovationen werden in den Testphasen nach der Saison vorgenommen.
  - Manche Rennställe entwickeln ihre Technologie kontinuierlich fort. Andere Teams agieren erst, wenn ein Problem vorliegt. Es hat sich gezeigt, dass die Teams, die ihre Technologie kontinuierlich weiterentwickeln, erfolgreicher und vor allem dauerhaft erfolgreicher sind.
  - Erfolgreiche Fahrer und Teams lernen kontinuierlich. Sie lernen von den anderen Fahrern und Teams im Hinblick auf Fahrstil, Trainingsmethoden und Technologie. Sie schauen, ob es etwas Innovatives gibt, auch bei vermeintlich schlechteren Fahrern, die aber partiell etwas anders oder besser machen. Sie behalten die Konkurrenz im Auge und lernen von ihr.
- **Organisation und Planung**
  - Damit sich der Fahrer und die Teambeteiligten auf ihre Kernaufgabe konzentrieren können und die Koordination der Aufgaben untereinander gewährleistet ist, gibt

es detaillierte Tagespläne, die heruntergebrochen sind bis z. T. auf Fünf-Minuten-Taktungen während Rennwochenenden. Das Organisationsteam übernimmt die Koordination und hält insbesondere dem Fahrer den Rücken frei, sodass dieser seine administrativen Pflichtaufgaben wie PR-, Sponsorentermine und Reisetätigkeiten höchst effizient abwickeln kann. So kann sich insbesondere der Fahrer Freiräume schaffen für seine Kernaufgabe, nämlich seine Kompetenz beim Fahren weiterzuentwickeln und erfolgreich Rennen zu fahren.
  – Das gesamte Jahr ist detailliert geplant. Trainingseinheiten, Testphasen, Reiseplanungen und Wettkämpfe, aber auch Regenerationsphasen für alle Beteiligten werden konkret geplant und aufeinander abgestimmt.
- **Kommunikation und HR**
  – Die Rollen und Verantwortlichkeiten der Teammitglieder sind klar verteilt. Ebenso klar und transparent ist die Kommunikation des Teamchefs. Der Teamchef sorgt dafür, dass Informationen so gefiltert werden, dass die wichtigen und relevanten Informationen bei den Fachleuten zur Erfüllung ihrer Aufgaben ankommen. Je besser auch der Informationsfluss untereinander, desto größer die Innovation und Optimierung der Prozesse. Der Informationsfluss im Team ist besser, je besser die Stimmung im Team ist. Aus diesem Grund wird großen Wert auf das Teamgefüge gelegt.
  – Die Teammitglieder sind Spezialisten. Ein gutes Teamgefüge und das charakterliche Zusammenpassen der Teammitglieder sind Voraussetzungen für ein funktionierendes Team, insbesondere in einem so dynamischen Umfeld. In einem funktionierenden Formel-1-Team ist die Bereitschaft der Teammitglieder vorhanden, sich eigenständig weiterzuentwickeln. Es ist auch die Bereitschaft der Teammitglieder vorhanden, Überstunden zu leisten, wenn erforderlich. Und es zeigt sich, dass die Eigenverantwortung sowohl für den Kompetenzbereich als auch für die eigene körperliche und geistige Leistungsfähigkeit eine wichtige Rolle für den Erfolg spielt.
  – Es liegt ein hoher Grad an Integration und Corporate Identity vor. Die Teammitglieder identifizieren sich mit ihrem Rennstall, weisen eine hohe Motivation und Begeisterung auf. Insbesondere der Formel-1-Sport bedeutet für viele Verzicht auf ein stetes Privatleben, da sie ca. 250 Tage im Jahr auf allen Kontinenten dieser Erde unterwegs sind.
- **Finanzielle Ressourcen**
  – Letztlich ist in der Formel 1 die finanzielle Ausstattung ein wichtiger Faktor für eine dauerhaft erfolgreiche Positionierung. Auch bei großen Budgets der Rennställe muss darauf geachtet werden, die finanziellen Ressourcen gezielt einzusetzen und auch zukunftsweisend zu investieren. Finanzielle Ressourcen sind ein wichtiger Faktor, jedoch sind eine hohe Anpassungsfähigkeit und das Generieren von Innovationen nur mit der kontinuierlichen Weiterentwicklung der vorgenannten Fähigkeiten möglich.

Wenn es um die Entwicklung von zukunftsfähigen und innovativen Geschäftskonzepten im Bankenbereich geht, kann der Formel-1-Sport ein Wegweiser sein. Besonderes

Augenmerk sollte dann gerichtet werden auf die Entwicklung von Exzellenz in den Bereichen Datenanalyse und Technologie, Organisation und Planung, Kommunikation und HR sowie finanzielle Ressourcen. Das bedeutet für Banken im Detail, dass sie die Erkenntnisse aus der Formel 1 wie folgt für sich nutzen können:

- Sicherstellen von Datengenerierung und Exzellenz bei der Analyse der Daten. Hier ist insbesondere das Zusammenspiel zwischen Technologie und Experte von hoher Bedeutung zur Rückkoppelung von Erkenntnissen und Implementierung von Anpassungen
- Kontinuierliche Weiterentwicklung der eingesetzten Technologien für Innovationen sowie kontinuierliches Lernen von den Besten und der Konkurrenz
- Detaillierte Organisation, Planung, Koordinierung der Aufgaben und Abstimmung der Kompetenzbereiche ganzheitlich
- Klare Verantwortlichkeiten und Kompetenzen der Beteiligten
- Klare Kommunikation und gezielte Information durch den „Teamchef"
- Fördern des Informationsflusses unter den Beteiligten sowie gezielte Zusammensetzung der Teammitglieder für ein gutes Teamgefüge
- Eine gute Stimmung im Team fördert den Informationsfluss und sollte aktiv erarbeitet werden
- Förderung der Corporate Identity bzw. des Employer Brandings zur Steigerung der Begeisterung, Motivation und Identifikation der Mitarbeiter mit ihrer Bank
- Rahmenbedingungen schaffen für eine hohe Leistungsbereitschaft und eine gesunde körperliche und geistige Leistungsfähigkeit (Ausgleich und Regeneration aktiv einplanen)
- Finanzielle Mittel fokussiert einsetzen, um – mit den Erkenntnissen aus der Datenanalyse und der Rückkoppelung mit Kunden – Produkte und Dienstleistungen mit erweitertem Kundennutzen zu entwickeln.

10.4 Fazit und Ausblick

Welche Banken zukünftig das Rennen machen werden, hängt laut der Lünendonk-Trendstudie „Zukunft der Banken 2020" (vgl. Zillmann 2012, S. 13) von der Veränderungs- und Anpassungsfähigkeit sowie der Performance der Geschäftsprozesse und der Geschwindigkeit davon ab. Entscheidend ist jedoch, die Fähigkeiten zu entwickeln, die dafür förderlich sind, innovative Produkte zu entwickeln, die die Bedürfnisse der Kunden besser befriedigen als die eines potenziellen Wettbewerbers. Auch müssen die Bedürfnisse der Kunden mit den entsprechenden Produkten und Dienstleistungen in der Art befriedigt werden, dass auch ein wirtschaftlicher Nutzen für die jeweilige Bank daraus entsteht. Denn letztlich werden die Banken zukunftsfähig sein, die wirtschaftlich gesund sind. Das werden die Banken sein, die die Bedürfnisse ihrer Kunden erkennen, verstehen und aus diesen Erkenntnissen passende Produkte und Dienstleistungen entwickeln und anbieten.

Der Bankenbereich befindet sich derzeit im Umbruch. Das Umfeld – gegeben durch strenge regulatorische Auflagen, ständige Änderungen sowie einen hohen globalen Wettbewerbsdruck durch die Digitalisierung – ist extrem dynamisch. Bankmitarbeiter und Bankmanagement werden in der Zukunft komplexere Aufgaben zu lösen haben als bisher. Hinzu kommt, dass aufgrund der Automatisierungsprozesse ein Rückgang der Anzahl an Bankmitarbeiter um bis zu 70 % bis zum Jahr 2030 vorausgesagt wird (vgl. Baumgartner 2017).

Um Lösungen zu finden, nutzen zunehmend mehr Unternehmen Erkenntnisse aus anderen Bereichen. Insbesondere Best Practices aus dem Spitzensport können als Wegweiser genutzt werden, da sie sozusagen in einem „Labor" bereits praxiserprobt sind.

Aufgrund der Analyse und der Besonderheiten des Umfelds, des Marktes und der Ressourcen kann abgeleitet werden, dass Best Practices aus der Formel 1 wichtige Hinweise für das Generieren von innovativen Geschäftskonzepten für Banken geben können.

Die Analyse des Bankenmarktes sowie das Aufzeigen und der Transfer aus der Formel 1 haben gezeigt, dass insbesondere Exzellenz in den vier Bereichen Datenanalyse und Technologie, Organisation und Zeitplanung, Kommunikation und HR sowie die fokussierte Nutzung von finanziellen Ressourcen entscheidend sein können. Insbesondere wird deutlich, dass den involvierten Personen – Bankmitarbeiter und Bankmanagement – eine zentrale Rolle zukommt im Hinblick auf Qualifikation und Qualität. So wird es entscheidend sein, dass sich die Bankmitarbeiter selbst steuern können und vom Bankmanagement in die Lage versetzt werden, sich selbst zu steuern, um eigenverantwortlich in ihrem Kompetenzbereich zu arbeiten und sich weiterzuentwickeln. Das Zusammenspiel zwischen Mensch und Technologie – Daten auswerten, filtern, rückkoppeln und anpassen –, die Qualität sowie Geschwindigkeit davon, werden erfolgskritisch sein. So können die Erkenntnisse dazu aus der Formel 1 genutzt werden, um die Grundlage dafür zu bieten, dass Bankmitarbeiter Produkte und Dienstleistungen entwickeln, die die Bedürfnisse der Kunden besser bedienen als die eines potenziellen Wettbewerbers.

Die Herausforderung wird jedoch sein, die Motivation für einen kontinuierlichen Veränderungs- und Entwicklungsprozess (analog zu „gezielter Leistungsentwicklung" im Spitzensport) bei den Mitarbeitern aufrechtzuerhalten. Insbesondere der Perspektivwechsel in den Spitzensport hilft, Muster aufzubrechen, Stagnationen zu beheben und für eine dauerhafte Motivation, Leistungsbereitschaft und Leistungsfähigkeit zu sorgen. Banken müssen dafür Sorge tragen, dass die Mitarbeiter sich diese Soft Skills aneignen, verinnerlichen und immer wieder weiterentwickeln.

Literatur

Baumgartner, T. (2017). Zwei Drittel der Bankjobs fallen weg. http://www.fnp.de/nachrichten/wirtschaft/Zwei-Drittel-der-Bankjobs-fallen-weg;art686,2452854. Zugegriffen: 28. Febr. 2018.

Baur, C., Bughin, J., Forman, S., Mattern, F., Mischke, J., & Windhagen, E. (2017). Das digitale Wirtschaftswunder – Wunsch oder Wirklichkeit? https://www.mckinsey.de/files/mgi_das_digitale-wirtschaftswunder.pdf. Zugegriffen: 28. Febr. 2018.

Beck, G. W., Dapp, T. F., Khussainova, A., & Schwartz, M. (2017). Deutschlands Banken schalten bei Filialschließung einen Gang höher – Herkulesaufgabe Digitalisierung. https://www.kfw.de/PDF/Download-Center/Konzernthemen/Research/PDF-Dokumente-Fokus-Volkswirtschaft/Fokus-2017/Fokus-Nr.-181-Oktober-2017-Bankfilialen.pdf. Zugegriffen: 28. Febr. 2018.

Bughin, J., Chui, M., Dewhurst, M., George, K., Manyika, J., Miremadi, M., & Willmott, P. (2017). A Future that works: automation, employment, and productivity. https://www.mckinsey.com/~/media/McKinsey/Global%20Themes/Digital%20Disruption/Harnessing%20automation%20for%20a%20future%20that%20works/A-future-that-works-Full-report-MGI-January-2017.ashx. Zugegriffen: 28. Febr. 2018.

Bundesverband deutscher Banken (2017a). Zahlen, Daten, Fakten der Kreditwirtschaft. https://bankenverband.de/media/publikationen/16112017_Zahlen_und_Fakten_web.pdf. Zugegriffen: 28. Febr. 2018.

Bundesverband deutscher Banken (2017b). Zahlen, Daten, Fakten. https://bankenverband.de/statistik/banken-deutschland/beschaeftigte/#chart-11. Zugegriffen: 28. Febr. 2018.

Buschmeier, A. (2016). 50 % der Bankarbeitsplätze in Deutschland werden wegfallen. https://www.der-bank-blog.de/weniger-bankarbeitsplaetze-durch-digitalisierung/strategie/24326/. Zugegriffen: 28. Febr. 2018.

Deutsche Bundesbank (2017). Ergebnisse der Niedrigzinsumfrage 2017. https://www.bundesbank.de/Redaktion/DE/Pressemitteilungen/BBK/2017/2017_08_30_pressegespraech.html. Zugegriffen: 28. Febr. 2018.

Frey, C. B., & Osborne, M. A. (2013). The future of employment. https://www.oxfordmartin.ox.ac.uk/downloads/academic/The_Future_of_Employment.pdf. Zugegriffen: 28. Febr. 2018.

Praeg, C.-P., & Schmidt, C. (2016). Trendstudie Bank & Zukunft 2016. https://www.iao.fraunhofer.de/images/iao-news/bank-und-zukunft-2016-summary.pdf. Zugegriffen: 28. Febr. 2018.

Schueffel, P. (2016). Is your banking job gone soon? https://www.linkedin.com/pulse/your-banking-job-gone-soon-patrick-schueffel. Zugegriffen: 28. Febr. 2018.

Sinn, W., Vater, D., Lubig, D., & Kasch, M. (2012). Was Bankkunden wirklich wollen. In Bain & Company. http://www.bain.de/Images/Studie_Banking_ES.pdf. Zugegriffen: 28. Febr. 2018.

Wyman, O. (Hrsg.). (2018). Bankenreport Deutschland 2030. http://www.oliverwyman.de/content/dam/oliver-wyman/v2-de/publications/2018/Feb/2018_Bankenreport_Deutschland_OliverWyman.pdf. Zugegriffen: 28. Febr. 2018.

Zillmann, M. (2012). Zukunft der Banken 2020. https://www.de.cgi.com/sites/default/files/files_de/white-papers/LUE_Bankenstudie_f221012.pdf. Zugegriffen: 28. Febr. 2018.

Dr. Maren Müller hat sich darauf spezialisiert, Erfolgsstrategien aus dem Spitzensport auf Unternehmen und deren Führungskräfte zu transferieren. Im Jahr 2010 hat sie AthletenWerk gegründet und arbeitet seither intensiv mit weltweit erfolgreichen Spitzensportlern und Spitzentrainern zusammen u. a. in der eigens für den Wissenstransfer gegründeten AthletenWerk Akademie. Zuvorhat sie mit zahlreichen mittelständischen und Start-up-Unternehmen zusammengearbeitet. Sie hat Wirtschaftswissenschaften in den USA an der Pepperdine University und in Italien an der SDA Bocconi studiert. Ihre Promotion schrieb sie im Fach Sportökonomie zum Thema „Warum manche Fitnessclub-Mitglieder ihre Mitgliedschaft nur wenig nutzen".

Effizientere Geldpolitik durch bessere Kommunikation?

Eine Analyse des Kommunikationsprozesses zwischen Notenbank und Finanzmarktteilnehmern

Winand Dittrich und Monika Wohlmann

11.1 Einführung

Seit dem Ausbruch der globalen Finanzkrise hat sich das Umfeld der Geldpolitik massiv verändert. Die Leitzinsen – das bis dato wichtigste Instrument der Geldpolitik – wurden an die Nullzinsgrenze herangeführt und damit der Spielraum für Zinssenkungen ausgeschöpft. Um die geldpolitischen Rahmenbedingungen weiter zu lockern, nahm neben der Schaffung „unkonventioneller" Instrumente wie z. B. der Ankaufprogramme von Wertpapieren auch die Kommunikation der Geldpolitik eine immer größere Rolle ein, wie auch EZB-Präsident Mario Draghi in seinem Vortrag im April 2014 betonte (Draghi 2014). Neben Transparenz und Rechenschaftspflicht kann Kommunikation auch die Effektivität der Geldpolitik erhöhen, indem durch eine geschickte Erwartungssteuerung ein weiterer expansiver Effekt erzielt werden kann, gerade wenn Leitzinsen nicht weiter gesenkt werden können. Diese Form der Erwartungsteuerung hat sich unter dem Namen „Forward Guidance" in den vergangenen Jahren etabliert und wird mittlerweile von allen großen Notenbanken praktiziert (Contessi und Li 2013, S. 2 f.; Blinder et al. 2017, S. 733 f.).

Typischerweise ist die Vorgehensweise der Zentralbank durch die Annahme rational handelnder Akteure am Markt gekennzeichnet und fest im Ansatz der Informationstheorie verankert. Die Informationstheorie geht von einem symmetrischen Informationsaustausch zwischen Sender und Empfänger aus. Es ist die Aufgabe des Senders, dem Empfänger alle notwendigen Informationen zur Verfügung zu stellen. Die Bereitschaft, Fähigkeit und

---

W. Dittrich
FOM KCI Forschung
Frankfurt, Deutschland
E-Mail: winand.dittrich@fom.de

M. Wohlmann (✉)
FOM Hochschule Düsseldorf
Düsseldorf, Deutschland
E-Mail: monika.wohlmann@fom.de

Kompetenz des Empfängers, die übermittelte Information adäquat zu verstehen und normgerecht einzusetzen, wird dabei vorausgesetzt. Letzteres ist jedoch nicht selbstverständlich angesichts des besonderen Charakters der herausgegebenen Information durch die Zentralbank einerseits und der Diversität der Rezipienten oder der Übertragungskanäle für die Finanzmarktteilnehmer andererseits.

Der vorliegende Beitrag analysiert den Kommunikationsprozess der Zentralbank mit den Märkten mit dem Ziel, wichtige Einflussfaktoren, die die Effektivität und Effizienz der Kommunikation stören können, zu identifizieren. Zunächst werden Erwartungssteuerung und allgemeiner Kommunikationsprozess näher beschrieben, um darauf aufbauend im folgenden Abschnitt die Einflussfaktoren auf den Kommunikationsprozess ausgehend von der Zentralbank als Sender über die Informationskanäle bis hin zum Empfänger zu analysieren.

11.2 Kommunikation und Erwartungssteuerung

11.2.1 Die Bedeutung und Wirkung der Erwartungssteuerung

Im Juli 2013 hat die Europäische Zentralbank offiziell die Forward Guidance eingeführt. Doch warum ist sie der Meinung, dass die bisherigen impliziten Hinweise auf die zukünftige Ausrichtung der Geldpolitik nicht mehr ausreichen, um die Erwartungsbildung ausreichend stark zu beeinflussen, und dass es klarerer Worte bedarf? Die Europäische Zentralbank nennt hierfür im Wesentlichen zwei Gründe, die beide mit der Finanzmarktkrise zusammenhängen (European Central Bank 2014, S. 66 f.):

Zum einen wurden die Leitzinsen im Zuge der Finanzmarktkrise bis an ihr unterstes Niveau heran gesenkt, gleichzeitig bestand aber immer noch weiterer Lockerungsbedarf. Hier stellt die Beeinflussung der Erwartungen ein zusätzliches Instrument dar, um die monetären Rahmenbedingungen expansiv zu gestalten, da sie Druck auf die langfristigen Zinsen ausübt (European Central Bank 2014, S. 67; Moessner et al. 2017, S. 683). So kann auch der Gefahr einer Deflation vorgebeugt werden, indem die Notenbank mithilfe der Forward Guidance die Wirtschaftsakteure überzeugen kann, dass die geldpolitischen Rahmenbedingungen auf längere Zeit expansiv bleiben (Gersbach und Hahn 2008, S. 3).

Zum anderen war im Zuge der Finanzmarktkrise und der gestiegenen Unsicherheit eine erhöhte Volatilität der Zinssätze zu beobachten. Während in normalen Zeiten die Finanzmarktteilnehmer aufgrund ihrer historischen Erfahrungen in Kombination mit den von der Notenbank veröffentlichten Einschätzungen in der Lage sind, die zukünftige Zinsentwicklung abzuschätzen, führt die größere Unsicherheit in turbulenten Zeiten zu stärkeren Reaktionen auf Ereignisse und Veröffentlichungen der Notenbank, was eine höhere Volatilität an den Finanzmärkten nach sich zieht. Um die Volatilität einzudämmen und die Unsicherheit über den geldpolitischen Kurs zu vermindern, muss die Notenbank die Marktteilnehmer informieren, wie die Reaktionsfunktion der Geldpolitik unter diesen außergewöhnlichen Umständen aussehen wird. Dies kann sie in Form der Forward Guidance tun. Nach Berechnungen der Europäischen Zentralbank hat sich die Volatilität in der Tat nach Einführung der Forward Guidance reduziert (European Central Bank 2014, S. 69 ff.; Woodford 2013).

Die langfristigen Zinsen spielen eine größere Rolle für die wirtschaftliche Entwicklung als die kurzfristigen Zinsen, da wichtige Ausgabenaggregate wie Investitionen und die Anschaffung dauerhafter Konsumgüter durch die Entwicklung der langfristigen Kreditzinsen beeinflusst werden (Praet 2013). Daher ist der Einfluss auf die langfristige Zinsentwicklung von entscheidender Bedeutung für die Notenbank zur Wahrung der Preisstabilität, und der Beeinflussung der Erwartungen kommt damit eine wichtige Rolle zu. Den Zins, den die Notenbank direkt beeinflussen kann, nämlich den Hauptrefinanzierungssatz, zu dem Geschäftsbanken sich Geld bei der Notenbank leihen, hat Blinder (1999) als „an interest rate that is relevant to virtually no economically interesting transactions" bezeichnet. Die indirekte Beeinflussung des langfristigen Zinsniveaus ist daher viel wichtiger, und hier spielt die Erwartungssteuerung hinein.

Außerdem ist davon auszugehen, dass die privaten Wirtschaftsakteure erwartete zukünftige Entwicklungen in ihr Kalkül einbeziehen. Dadurch haben Erwartungen über zukünftige Marktbedingungen Einfluss auf aktuelles Handeln (Woodford 2003, S. 15): Die Notenbank kann damit das aktuelle Wirtschaftsgeschehen beeinflussen, indem sie die Erwartungen über die zukünftigen Marktbedingungen beeinflusst.

$$R_t = \alpha_n + (1/n)\,(r_t + r^e_{t+1} + r^e_{t+2} + \ldots + r^e_{t+n-1}) + \varepsilon_t \qquad (11.1)$$

R bezeichnet den lang- und r den kurzfristigen Zinssatz, α ist die Liquiditätsprämie für die längerfristige Bindung und ε eine Zufallsgröße (Blinder et al. 2008, S. 913). Aus der Gleichung wird damit deutlich, dass der langfristige Zins vom aktuellen kurzfristigen Zins und den für die Zukunft erwarteten kurzfristigen Zinsen beeinflusst wird.

11.2.2 Die Kommunikation von geldpolitischen Entscheidungen

Die Kommunikation zwischen Zentralbank und Finanzmarktteilnehmern spielt dabei eine entscheidende Rolle und bestimmt die Effektivität der Erwartungssteuerung und damit die Effizienz der Geldpolitik. Abb. 11.1 illustriert die Rückwirkungen zwischen den geldpolitischen Entscheidungen und den daraufhin getätigten Finanzgeschäften. Dieses Modell stellt eine Weiterentwicklung der Modelle von Winkler (2000), de Haan et al. (2005), Hayo und Neuenkirch (2015) und Hüning (2016) dar.

Die Ziele der Notenbank werden mit den aktuellen makroökonomischen Daten verglichen, und der Grad der Zielerreichung wird geprüft. Dementsprechend wird die geldpolitische Strategie entwickelt. Diese Strategie wird dann in den geldpolitischen Entscheidungen umgesetzt, die vom jeweils zuständigen Gremium der Notenbank – für die Europäische Zentralbank ist es der EZB-Rat – getroffen werden. Die geldpolitischen Entscheidungen beinhalten dabei nicht nur konkrete Maßnahmen – z. B. Leitzinsänderungen

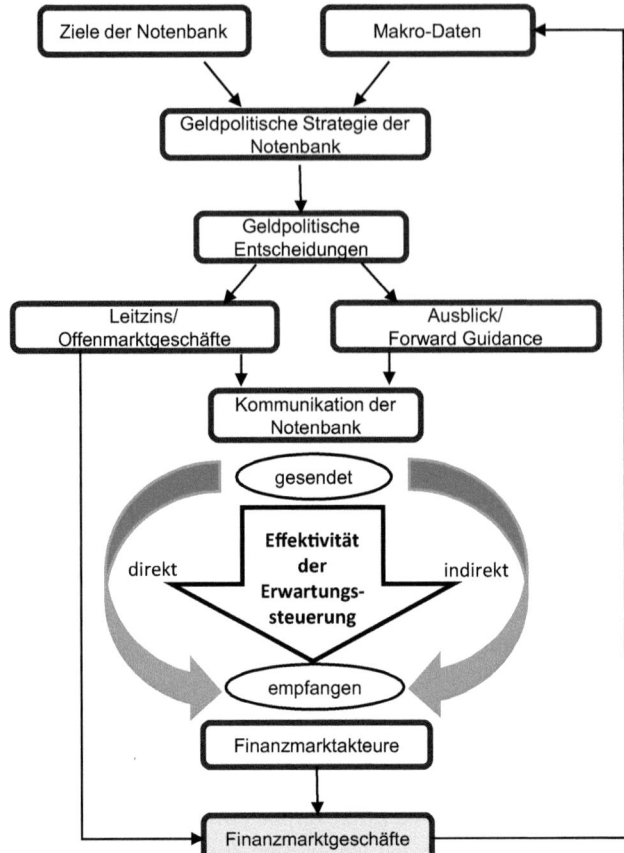

Abb. 11.1 Der Weg der geldpolitischen Kommunikation

oder die Erweiterung von Wertpapierankaufprogrammen –, sondern auch „weiche Faktoren" wie die Hinweise auf die zukünftige Ausrichtung der Geldpolitik in Form der Forward Guidance. Die geldpolitischen Entscheidungen werden über verschiedene Kanäle von den Notenbanken kommuniziert. Nicht immer aber erreichen sie die Finanzmarktakteure auf dem direkten Weg, häufig sind auch Informationsvermittler in Form von News-Diensten, Journalisten oder Analysten dazwischengeschaltet. Die geldpolitischen Maßnahmen der Notenbank (z. B. Leitzinssenkung) sowie die von den Finanzmarktakteuren empfangenen Informationen über die zukünftige Geldpolitik finden dann ihren Niederschlag in den Geschäften, die am Finanzmarkt getätigt werden. Wurden beispielweise die Leitzinsen gesenkt und ein Hinweis auf weitere Lockerungen gegeben, so werden sich die Finanzmarktdaten aller Voraussicht nach anders entwickeln, als wenn auf eine Leitzinssenkung hin ein Ende der Lockerung signalisiert wird.

Da die Finanzmarktakteure nicht nur von der Notenbank direkt mit Informationen versorgt werden, sondern auch über zahlreiche andere Kanäle Informationen über die Geldpolitik aufnehmen, gilt es, hier noch einmal den Kommunikationsprozess zwischen Sender und Empfänger näher zu beleuchten. Schließlich hängt die Effektivität der Erwartungssteuerung maßgeblich davon ab, dass die Informationen des Senders unverfälscht vom Empfänger aufgenommen werden.

Bei Berücksichtigung des Faktors Mensch in diesen Prozessen wird deutlich, dass es nicht allein um eine unverfälschte Weiterleitung von Information gehen kann. Es ist allgemein bekannt, dass jeden Tag Millionen von Menschen auf der ganzen Welt ihren Finanzberatern oder Aktienhändlern Anweisungen geben, durch den Ankauf oder Verkauf von Wertpapieren oder Aktien den Markt auszustechen. Die Tatsache, dass man nicht beständig und in allen Bereichen den Markt übertrumpfen kann, wird dabei vollkommen außer Acht gelassen. Daher kann ein solches Marktverhalten auch als irrational bezeichnet werden. Nicht nur die Verfälschung von Informationen scheint ein großes Problem zu sein, sondern auch die begrenzte Rationalität der Marktteilnehmer. Daher kann das informationstheoretische Modell der Kommunikation im Sinne einer rationalen Informationsübertragung nicht die Komplexität der Kommunikation abbilden. Aus diesem Grund werden die Kommunikationsschritte zwischen Notenbank und Finanzmarktakteuren näher beleuchtet und in einem neuen Modell veranschaulicht.

11.3 Modell zur geldpolitischen Kommunikation

Wie Psychologen immer wieder feststellen, werden bekanntgegebene oder gesendete Informationen oft selektiv aufgenommen, dann schlecht verarbeitet, nur ungenügend für das eigene Handeln genutzt oder auch kaum beim Lernen beachtet. Beim Informationstransfer zwischen der Zentralbank und den Finanzmarktakteuren können im Einzelnen drei Bereiche modellhaft herausgestellt werden:

1. die Effektivität der Kommunikation, z. B. der Verständnisgrad der Botschaft,
2. die Art des Wissenstransfers, z. B. direkter oder indirekter Transfer,
3. die Einflussfaktoren auf den Informationstransfer, z. B. persönliche, organisationelle oder auch finanzpolitische, technische Faktoren.

Der Kommunikationsprozess wird daher im Folgenden in drei Phasen unterteilt (s. Abb. 11.2): In der ersten Phase stellt sich schon für den Sender der Kommunikation, die Notenbank, die Schwierigkeit, was und wie sie über die zukünftige Ausrichtung der Geldpolitik kommunizieren soll. Diese Auswahl bestimmt maßgeblich die Effektivität der Kommunikation. In der zweiten Phase geht es um die Art des Wissenstransfers, also ob die Kommunikation direkt oder indirekt erfolgt. Im Falle der indirekten Kommunikation ist dies mit Risiken z. B. der Informationsverfälschung verbunden. Die dritte Phase der Kommunikation beschreibt die eigentliche Informationsaufnahme durch den Empfänger.

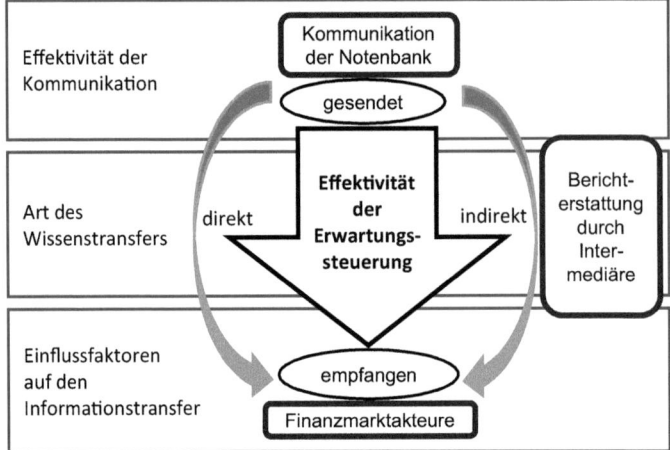

Abb. 11.2 Die Phasen des Kommunikationsprozesses

Hier werden die zur Verfügung gestellten Informationen vor der Aufnahme nochmals gefiltert.[1]

11.3.1 Erste Phase: Informationsauswahl durch die Notenbank und Effektivität der Kommunikation

11.3.1.1 Ziele der Notenbank

Die Informationen, die eine Notenbank offenlegt, wird sie unter verschiedenen Gesichtspunkten auswählen (s. Abb. 11.3): Zum einen sollen öffentliche Institutionen transparent sein, was durch die Rechenschaftspflicht gegenüber der Öffentlichkeit begründet wird. Die Informationen, die die Notenbank offenlegt, müssen damit Rechenschaft über ihre Tätigkeit ablegen und darlegen, dass sie diese ordnungsgemäß durchgeführt hat und ihren Aufgaben gerecht wird. Die Rechenschaftspflicht gilt für alle öffentlichen Institutionen gleichermaßen.

Für Notenbanken im Speziellen ist ein zweiter Aspekt für die Bereitstellung von Informationen wichtig, nämlich – wie bereits angesprochen – die Möglichkeit, durch Erwartungssteuerung die Effizienz der Geldpolitik zu erhöhen. Unter diesem speziellen Aspekt soll die Kommunikation im Folgenden weiter untersucht werden. In der Praxis zeigt sich, dass die zukunftsgerichteten Hinweise in den Pressemitteilungen im Vergleich zu früher deutlich an Bedeutung gewonnen haben (Ehrmann und Talmi 2017, S. 11).

Als dritter Gesichtspunkt der Transparenz wird außerdem der Punkt Glaubwürdigkeit genannt. Öffentliche Institutionen müssen glaubwürdig sein, um ihre Aufgaben gut er-

---

[1] Auch Dräger et al. (2016) unterscheiden in drei Kommunikationskanäle: den „sender channel", den „transmission channel" (die Medien) und den „receiver channel".

11 Effizientere Geldpolitik durch bessere Kommunikation?

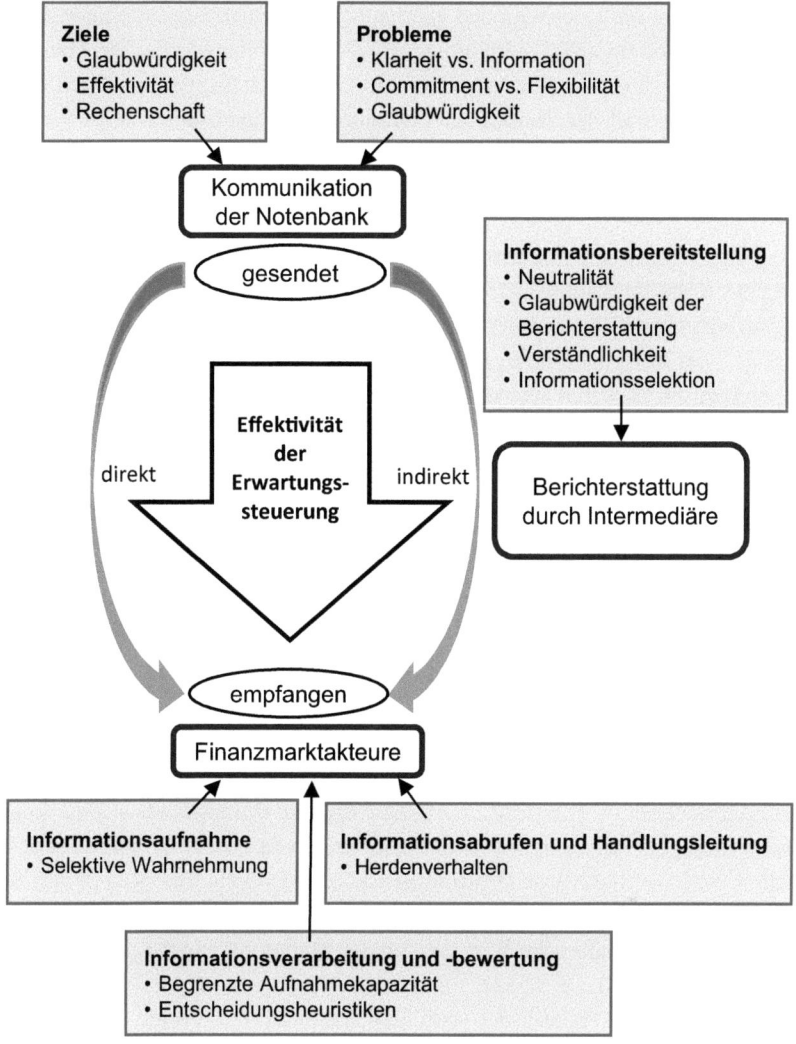

Abb. 11.3 Der Kommunikationsprozess zwischen Notenbank und Finanzmarktakteuren

füllen zu können. Besonders auch in der Unternehmenskommunikation stehen Werte wie Glaubwürdigkeit heutzutage deutlich im Vordergrund (Baetge und Kirchhoff 1997, S. 17). Sowohl auf den Webseiten der Unternehmensberater als auch in der fachlichen Diskussion wird darauf hingewiesen, wie gefährlich es sein kann, die Pflege der Glaubwürdigkeit zu vernachlässigen (Odenbach 2005, S. 194). Die Glaubwürdigkeit der Kommunikationsteilnehmer ist, auch wenn es zunächst verwirrend klingen mag, sowohl Voraussetzung als auch Folge von Vertrauen. Vertrauen kann einerseits als Ergebnis einer glaubwürdigen Kommunikation gesehen werden, demnach scheint Glaubwürdigkeit die Vorstufe von Vertrauen zu sein. Andererseits kann nicht ausgeschlossen werden, dass Vertrauen bereits vorhanden sein muss, um Informationen überhaupt als glaubwürdig annehmen zu können. Man könnte also von einer Art symbiotischem Zusammenhang zwischen Glaubwürdigkeit und Vertrauen sprechen (Derieth 1995, S. 196). Gleichzeitig lässt sich der Punkt Glaubwürdigkeit im Fall der Zentralbankkommunikation auch unter den Gesichtspunkt der Effizienz der Geldpolitik subsummieren, denn Glaubwürdigkeit ist wichtig, um die Wirksamkeit der Geldpolitik zu erhöhen (s. auch Belke 2017, S. 45).

11.3.1.2 Determinanten der Informationsauswahl

Zu Beginn des Kommunikationsprozesses zwischen Notenbank und Marktteilnehmern erfolgt die Informationsselektion durch die Notenbank. Dass diese von Bedeutung ist, wird besonders an zwei Beispielen missglückter Kommunikation deutlich: Die unter dem Begriff „Taper Tantrum" bekannt gewordene Äußerung der US-Notenbank im Mai 2013, ihre Anleihekäufe zu reduzieren, hatte die Märkte überrascht und daraufhin zu heftigen Kursausschlägen geführt. Die Bank of England führte im August 2013 eine Schwelle für die Arbeitslosenquote in ihre Forward Guidance ein, die sie bereits im Februar wieder fallen ließ, als sich die Arbeitslosenquote schneller als erwartet der Schwelle genähert hatte.

Unter dem Aspekt *Klarheit vs. Information* stellt sich die Frage, ob die Notenbank lieber klar und deutlich (und einfach) kommunizieren oder detaillierte und komplexe Informationen offenlegen sollte, die dann aber von der eigentlichen Botschaft ablenken und leichter missverstanden werden können.

Um die beschriebenen positiven Effekte der Erwartungssteuerung realisieren zu können, ist es notwendig, dass die zukunftsgerichteten Hinweise richtig verstanden werden. Unsicherheit über die Interpretation der Hinweise führt zu Unsicherheit über die Wirkung der Erwartungssteuerung (Woodford 2013). Vor diesem Hintergrund ist eine klare Botschaft zu bevorzugen. Allerdings werden bei einer klaren Botschaft Informationsdetails vorenthalten, was wohlfahrtsmindernd wirken könnte (Morris und Shin 2007, S. 595). Empirische Studien weisen aber darauf hin, dass zu viele Informationen nicht unbedingt mehr Nutzen bringen, sondern die Wirksamkeit der Kommunikation sogar verringern können (Morris und Shin 2002, S. 1532).

Erkenntnisse aus der Theorie der „Rational Inattention" belegen, dass es aus Sicht mancher Marktteilnehmer sinnvoll ist, Informationen nur „quer zu lesen". Diese Marktteilnehmer bilden sich dann nach dem Überfliegen der Informationen eine eigene Zusammenfassung. Daher erscheint es hier sinnvoll, dass die Notenbank ihnen mit einer Zusammenfassung der wichtigsten Punkte zuvorkommt und damit mögliche Fehler in der Informationsverarbeitung ausschließt. Vertreter der Rational-Inattention-Theorie empfehlen deshalb eine kurze Zusammenfassung der wichtigsten Inhalte und anschließend eine ausführliche Darstellung mit mehr Details, die sich dann an Interessierte richtet (Sims 2010, S. 177 f.). Im Zuge der Forward Guidance hat sich in der Praxis der Notenbanken die Formulierung einer klaren Botschaft durchgesetzt. Auf die kurz zusammengefassten zukunftsgerichteten Hinweise folgen in der Regel detaillierte Informationen in der Pressemitteilung zu den geldpolitischen Beschlüssen.

Die Bevorzugung einer klaren und einfachen Botschaft gegenüber der Offenlegung von komplexeren Informationen und Abwägungen birgt aber Risiken in Bezug auf den zweiten Aspekt, der unter dem Stichwort „*Commitment vs. Flexibilität*" subsummiert wird. Die Kommunikation der Zentralbank soll eine Orientierung bezüglich der zukünftigen Ausrichtung der Geldpolitik darstellen, die nur unter bestimmten, vorab definierten Umständen gilt. Keinesfalls handelt es sich hier um ein bindendes Versprechen (commitment), das in jedem Falle eintreten wird. Es bleibt jedoch im Ermessensspielraum der Notenbank, zu entscheiden, wann sich die Rahmenbedingungen stark genug verändert haben, um von der angekündigten Ausrichtung abzuweichen. Nicht umsonst wiederholt z. B. die schwedische Zentralbank in ihrem Monatsbericht immer wieder: „This repo-rate path is a forecast, not a promise." (Sveriges Riksbank 2018, S. 3)

Auf der anderen Seite könnten sich auch die Zentralbanker selbst stärker an ihre Vorgaben gebunden fühlen, als es die zugrunde liegende wirtschaftliche Entwicklung notwendig machen würde (Blinder et al. 2008, S. 918). Um möglichst glaubwürdig zu wirken, könnten sie eine Tendenz entwickeln, im Zweifelsfall zugunsten der bereits veröffentlichten Orientierung zu entscheiden: Wenn die Forward Guidance beispielsweise eine Beibehaltung des niedrigen Zinsniveaus – unter bestimmten Bedingungen – in Aussicht gestellt hat, könnte die Tendenz bestehen, sich gegen eine – noch nicht angekündigte – Zinsanhebung zu entscheiden, auch wenn die Änderung der wirtschaftlichen Bedingungen eine solche erlauben würde. Die geldpolitischen Entscheidungen würden dann immer einer bestimmten Neigung („bias") unterliegen, und aus der Forward Guidance könnte damit eine sich selbst erfüllende Prophezeiung („self-fulfilling prophecy") werden.

Eine wichtige Voraussetzung für die Wirksamkeit der Forward Guidance ist deren *Glaubwürdigkeit*. Die Finanzmarktteilnehmer müssen davon überzeugt sein, dass die Notenbank die angegebene Orientierung auch umsetzen wird, sofern die Bedingungen erfüllt sind. Denn nur dann werden sie ihre Erwartungen entsprechend anpassen, und die erwartete Entwicklung wird im aktuellen langfristigen Zinsniveau antizipiert.

Wurde die wirtschaftliche Entwicklung von der Notenbank aber falsch eingeschätzt oder kommt es aufgrund von exogenen Schocks öfters zu Veränderungen der wirtschaftlichen Rahmenbedingungen, so kann dies eine häufige Neuausrichtung der geldpolitischen Orientierung nach sich ziehen. Wenngleich die Neuausrichtung dann sachlich zu begründen ist, können die häufigen Änderungen doch die Glaubwürdigkeit der Zentralbank in Mitleidenschaft ziehen. Denn bei nachlassender Glaubwürdigkeit der Notenbank werden die Wirtschaftssubjekte ihre Entscheidungen auch nicht mehr so stark an den Hinweisen der Notenbank orientieren, und die erwünschten Effekte der Forward Guidance treten damit nicht mehr ein (s. auch Coeuré 2013; Issing 2005). Gleichzeitig lässt sich aber auch durch gute Kommunikation mit den Märkten Glaubwürdigkeit schaffen, und durch eine glaubwürdige Politik eröffnet sich der Notenbank ein größerer Handlungsspielraum und damit wieder mehr Flexibilität in der Ausrichtung der Geldpolitik (Dincer und Eichengreen 2014, S. 192). Zu beachten ist auch, dass es langwierig ist, eine einmal verspielte Glaubwürdigkeit wieder aufzubauen (Bordo und Siklos 2017, S. 33).

Auch *kommunikationsspezifische Hindernisse* können bereits an dieser Stelle auftreten:

- Der Kommunikator hat keine klare Vorstellung von der zu sendenden Mitteilung.
- Der Kommunikator hat eine klare Vorstellung, aber Schwierigkeiten, die Vorstellung in einer klaren Mitteilung verständlich zu übertragen, z. B. findet er die richtigen Worte nicht.

Bei der schriftlichen Kommunikation der Zentralbank dürften diese Probleme eher nicht auftreten, bei der Beantwortung von Journalistenfragen in der Pressekonferenz ist es jedoch nicht auszuschließen.

Die Auswahl der Informationen, die die Notenbank bereitstellt, befindet sich damit im Spannungsfeld zwischen Klarheit, Flexibilität und Glaubwürdigkeit. Des Weiteren muss die Notenbank bei ihrer Informationsbereitstellung auch die Kommunikationswege berücksichtigen, um einschätzen zu können, ob die von ihr bereitgestellten Informationen die anvisierten Empfänger erreichen werden. Daher werden im Folgenden die Kommunikationskanäle näher untersucht.

11.3.2 Zweite Phase: Art des Wissenstransfers

Die Kommunikation der Notenbank richtet sich an verschiedene Zielgruppen: Finanzmarktteilnehmer, institutionelle Akteure und die breite Öffentlichkeit (Bini Smaghi 2007). Da sich der vorliegende Beitrag auf die Zentralbankkommunikation zur Erhöhung der Effizienz der Geldpolitik konzentriert, wird im Folgenden nur auf die Zielgruppe der Finanzmarktteilnehmer Bezug genommen, und deren Kommunikationskanäle werden untersucht.

11.3.2.1 Direkt
Im Idealfall gelangt die Kommunikation auf direktem Wege von der Notenbank zu den Adressaten. Dies könnte in Form von Pressemitteilungen oder einer Pressekonferenz erfolgen. Hierbei eingeschlossen sind auch Live-Übertragungen der Pressekonferenz auf den verschiedenen TV-Kanälen oder kurze Ticker-Meldungen, die nur Fakten wiedergeben. Der Vorteil der direkten Kommunikation liegt auf der Hand, da hier keine Gefahr besteht, dass durch Mittler Informationen verfälscht oder selektiv weitergegeben werden.

Wenngleich die Notenbanken viele Informationen direkt über ihre Homepage bereitstellen, haben sie keinen Einfluss auf die Informationsauswahl der Marktteilnehmer, die in der Regel nur einen kleinen Teil der möglichen Informationen über den direkten Kommunikationskanal beziehen.

11.3.2.2 Indirekt
Die indirekten Kommunikationswege zwischen Notenbank und Finanzmarktakteuren spielen eine mindestens genauso große Rolle wie der direkte Weg. Empirische Studi-

en zeigen, dass bei Zinsentscheidungen direkte und indirekte Kommunikationswege in etwa gleicher Intensität genutzt werden, bei allgemeinen Informationen zur Geldpolitik überwiegt sogar die indirekte Kommunikation (Hayo und Neuenkirch 2015, S. 29). Außerdem ergänzen sich verschiedene Kanäle gegenseitig, sodass die komplementäre Nutzung sinnvoll ist (Dräger et al. 2016, S. 100; Coenen et al. 2017, S. 6).

Als indirekte Kommunikationskanäle sind neben dem Live-Ticker vor allem TV-Kanäle, Informationen per E-Mail oder Internet sowie die Printmedien (Tagespresse oder Zeitschriften) zu nennen. Die Intermediäre selektieren die Informationen vor, um der begrenzten Informationsaufnahmekapazität der Empfänger Rechnung zu tragen (Dräger et al. 2016, S. 96).

Neben dem Informationskanal variiert auch die Art der aufgenommenen Information: Neben der weitgehend objektiven Übermittlung von Fakten spielt auch die Kommentierung bei der indirekten Kommunikation eine große Rolle. An dieser Stelle findet somit nicht nur eine Informationsselektion, sondern ggf. auch eine Interpretation oder Ergänzung der von der Notenbank bereitgestellten Informationen statt.

Selektion und Ergänzung können den ursprünglichen Aussagegehalt der Zentralbankkommunikation verändern. So ließen sich systematische Verzerrungen in der Berichterstattung erkennen: Es zeigte sich, dass die Berichterstattung notenbankfreundlicher ausfiel, wenn die geldpolitische Entscheidung umfassend erklärt wurde. Überraschende Entscheidungen wurden in der Presse dagegen negativer aufgenommen. Des Weiteren waren die herrschenden ökonomischen Rahmenbedingungen für den Tenor der Berichterstattung mitentscheidend: Lag die Inflationsrate bereits über ihrer Zielgröße, so wurde über Zentralbankentscheidungen negativer in der Presse berichtet (Berger et al. 2011, S. 691).

Die Berichterstattung der Intermediäre muss daher nochmal kritisch dahingehend geprüft werden, inwiefern sie auf den Inhalt der von der Zentralbank gesendeten Informationen Einfluss nimmt. Hierbei spiel die *Neutralität* des Intermediärs eine Rolle: Gibt er die Information sachlich weiter oder hat er ein Interesse daran, den Inhalt der Kommunikation in eine bestimmte Richtung zu lenken? So könnte der Kommentar von Finanzinstituten mit Geschäftsinteressen verbunden sein, um z. B. die Kunden in Reaktion auf geldpolitische Entscheidungen zur Umschichtung ihrer Portfolien zu bewegen. In diesem Fall wäre der Intermediär nicht mehr neutral, sondern hätte einen Hang, die von der Zentralbank gesendeten Informationen im Sinne seiner Geschäftsinteressen auszulegen. Auch ein Intermediär ohne Interesse an Folgegeschäften kann ein Interesse haben, Informationen nicht ausgewogen und sachlich weiterzugeben, denn wie Velthuis (2015) und Doyle (2006) belegen, steht bei Journalisten und Medien nicht die neutrale Informationsübermittlung im Fokus, sondern bei der Informationsauswahl müssen kommerzielle Interessen berücksichtigt werden. Eine plakative Formulierung („whatever it takes" (Draghi 2012)) verkauft sich besser als der komplexe Satz „The Governing Council, [...], may undertake outright open market operations of a size adequate to reach its objective" (Draghi und Constâncio 2012) aus der dazugehörigen Pressemitteilung. Die kommerziellen Interessen können auch dazu führen, dass der Inhalt der Berichterstattung sich zunehmend an den Wünschen des Lesers orientiert, sodass neben reinen Informationen auch das Storytelling eine immer größere Rolle spielt (Mullainathan und Shleifer 2005, S. 1031). Neben der Berichterstattung gewinnen Interpretation und Unterhaltung einen größeren Stellenwert, womit die Gefahr der Informationsverzerrung zunimmt.

Die kommerziellen Interessen der Informationsvermittler können sich auch statt im Inhalt im Timing der Informationen widerspiegeln. So wurden in den USA freitags deutlich mehr Nachrichten zur Geldpolitik in den Nachrichtendiensten veröffentlicht als an jedem anderen Werktag (Neuenkirch 2014, S. 3125). Ebenso wurde auf die Berichterstattung von Zentralbankkommuniqués verzichtet, wenn am gleichen Tag wichtige volkswirtschaftliche Indikatoren veröffentlicht wurden (Neuenkirch 2014, S. 3125).

Neben der Neutralität des Mittlers spielt die *Verständlichkeit* der Berichterstattung eine Rolle. Zunächst ist anzunehmen, dass der Empfänger das Medium auswählt, das seinem Kenntnisstand am besten entspricht und das damit für ihn verständlich berichtet. Zu beachten ist allerdings, dass vom Arbeitgeber häufig Medien zentral bereitgestellt werden, an deren Nutzung der Mitarbeiter dann gebunden ist. In diesem Fall kann das Problem der Verständlichkeit zum Tragen kommen. Des Weiteren können sprachliche Verständnisprobleme auftreten: Die Pressekonferenzen finden in der Regel auf Englisch statt. Nicht jeder Finanzmarktakteur ist gleichermaßen mit den Feinheiten der englischen Sprache vertraut.

Die *Glaubwürdigkeit* des Informationsvermittlers spielt insofern eine Rolle, als sie die Akzeptanz der vermittelten Informationen erhöht oder senkt und auch die Aufmerksamkeit, mit der diese Informationen verfolgt werden, beeinflusst. Im Zweifelsfall wird ein unglaubwürdiger Intermediär gar nicht als Informationskanal genutzt werden. So bestätigen auch Studien, dass die genutzten Informationsmedien im Allgemeinen als glaubwürdig eingestuft werden (Hayo und Neuenkirch 2015, S. 31). Empfänger nehmen Information eher auf, wenn sie den Glaubwürdigkeitsfaktor Sachlichkeit in der Kommunikation erkennen.

Aber nicht nur die dem Finanzmarktakteur zur Verfügung stehenden Informationen sind entscheidend, sondern auch seine individuelle Aufnahmekapazität spielt eine Rolle.

11.3.3 Dritte Phase: Informationsaufnahme durch den Empfänger und Einflussfaktoren auf den Informationstransfer

Auf dieser Stufe werden die Informationen, die nun objektiv dem Empfänger zur Verfügung stehen, nochmals von diesem subjektiv gefiltert. Hierbei spielen sowohl emotionale als auch kognitive Faktoren eine Rolle, die bestimmen, in welchem Umfang der Finanzmarktteilnehmern Informationen aufnimmt und wie er sie gegebenenfalls interpretiert. Zusätzlich sollten auch kommunikationsspezifische Hindernisse berücksichtigt werden.

11.3.3.1 Kommunikationsspezifische Hindernisse
Hindernisse können sehr kommunikationsspezifisch sein und lassen sich u. a. folgenden Situationen zuordnen, die alle auch im Finanzmarkt zu finden sind:

- Der Empfänger verarbeitet die Information nur sehr oberflächlich oder zu kurz und entwickelt voreilige Meinungen oder verhält sich defensiv. Die Qualität der Mitteilung leidet daher erheblich und führt zu Fehlverhalten auf Seiten des Empfängers. Solche unvollständige Verarbeitung ist oftmals mit persönlicher Betroffenheit oder dem Bezugspunkt „Ego" des Empfängers eng verbunden.
- Eine ungeeignete Umgebung kann die beabsichtigte Wirkung der Kommunikation erheblich einschränken. Zum Beispiel ist Baulärm während einer Pressekonferenz kein geeigneter Verstärker der Mitteilung.
- Gerüchte entstehen fast immer als Ersatz für eine formale Kommunikation oder klare Mitteilung. Auch wenn oftmals durchaus richtige Information gestreut werden kann, sind Gerüchte häufig falsche Informationen und können einer effektiven Kommunikation beträchtlichen Schaden zufügen.

11.3.3.2 Informationsaufnahme: Wahrnehmung

Der Beginn des Informationsprozesses wird durch die Wahrnehmung gekennzeichnet. Die Marktteilnehmer nehmen sowohl äußere Ereignisse als auch innere Signale wahr. Als äußere Ereignisse können u. a. Pressemitteilungen der Europäischen Zentralbank verstanden werden, als innere Signale werden hingegen vor allem auch die Emotionen und Erwartungen der Marktteilnehmer verstanden. Das Verhältnis von inneren und äußeren Informationsquellen kann beispielhaft wie folgt beschrieben werden.

- Je höher die Investition des Finanzmarktteilnehmers, desto höhere Bedeutung wird der Notenbank-Information zugemessen.
- Je unzuverlässiger die innere Information des Finanzmarktteilnehmers, desto höher der Bedarf nach äußerer Information durch die Notenbank.
- Je günstiger die Kosten-Nutzen-Erwägung bei der Informationsbeschaffung, desto stärker ist die Nachfrage nach äußerer Information.

Unabhängig von kommunikationsspezifischen Hindernissen entstehen des Öfteren auch Schwierigkeiten im Informationstransfer durch selektive Wahrnehmung oder auch schlichtweg fehlerhafte Wahrnehmung. Diese Art von Schwierigkeiten entspricht dem landläufig oft gehörten oder benutzten Ausdruck wie „Kommunikationsprobleme". Beispielsweise wird die Kommunikation zwischen Projektmitgliedern aus der Marketing- und der Finanzabteilung oftmals als schwieriger empfunden als zwischen Mitgliedern einer Abteilung untereinander. Das Thema „Kommunikationsprobleme" trifft ebenfalls auf die Kommunikation zwischen Insidern oder der zwischen Insidern und Outsidern zu. Im vorliegenden Fall handelt es sich um eine Kommunikation zwischen Insidern (der Notenbank) und Outsidern (den Finanzmarktteilnehmern), bei der die Notenbank darüber hinaus entscheidet, in welchem Umfang sie Einblick in ihre Entscheidungsfindung gewährt.

11.3.3.3 Informationsverarbeitung und -bewertung

Die begrenzte Aufnahmekapazität und auch die Filterung werden wesentlich durch das Zusammenspiel von kognitiven und emotionalen Prozessen bedingt. Sowohl bei einer überwältigenden Vielzahl von Informationen als auch bei dem Mangel an Information oder bei einer fehlenden Einschätzung von Wahrscheinlichkeiten, bei Unsicherheit oder auch Ungewissheit werden Verhaltensautomatismen aktiviert, die den Entscheidungsprozess antreiben. Diese Automatismen werden auch als Entscheidungsheuristiken bezeichnet. Heuristiken erhöhen also die Wahrscheinlichkeit der Entscheidungsfindung, wenn Informationen entweder nicht oder zumindest nicht ausreichend vorhanden sind. Als Vorteil kann angesehen werden, dass die Entscheidungsvorbereitung mittels Heuristiken enorm effizient, gerade auch und insbesondere unter Einbeziehung emotionaler Faktoren, gestaltet werden kann. Beispielsweise werden objektive Wahrscheinlichkeiten häufig unterbewertet, was zum sogenannten Basisratenfehler führen kann, und unabhängig davon auch subjektive Präferenzen überbewertet, was zum Überoptimismus beiträgt. Neben den eindeutigen Vorteilen wird in diesen Beispielen auch bereits die Problematik solcher Entscheidungsautomatismen deutlich. Diese Prozesse können auch zu Verzerrungen und Fehlurteilen beitragen, man spricht auch von Biases. So wird in der geldpolitischen Entscheidung zunächst die Bestätigung der eigenen Erwartung gesucht, und gegenteilige Aussagen werden subjektiv weniger berücksichtigt.

Eine durch kognitive und emotionale Faktoren begrenzte Aufnahmekapazität führt dazu, dass ein Mehr an Informationen nicht unbedingt zu höherer Transparenz und einer besseren Erwartungssteuerung der Finanzmarktakteure durch die Notenbank führt. Die Informationsaufnahme und -verarbeitungskapazität der Adressaten bestimmt maßgeblich mit, wie erfolgreich die Erwartungssteuerung ausfällt. Wenn die veröffentlichten Informationen unterschiedlich interpretiert werden, können mehr Informationen die Effektivität der Erwartungssteuerung sogar vermindern (Gaballo 2016, S. 43 f.; Tutino 2016, S. 4). Tatsächlich zeigte sich, dass Finanzmarktteilnehmer eher an den Kernaussagen als an Informationsdetails interessiert waren, sodass der Grenznutzen zusätzlicher Informationen abnimmt (Hayo und Neuenkirch 2016, S. 6 f.).

Aus diesen Gründen kann man von begrenzter Rationalität auch in der Kommunikation ausgehen. Kommunikation setzt immer Entscheidungen sowohl auf Seiten des Senders als auch auf Seiten des Empfängers voraus. Kommunikationshindernisse lassen sich also aus der Art und Weise des grundsätzlichen Zusammenspiels von kognitiven und emotionalen Prozessen bei der Informationsaufnahme und -verarbeitung der Marktteilnehmer ableiten.

11.3.3.4 Informationsabrufe und Handlungsleitung

Die Aufgabe der Marktteilnehmer ist die Aussonderung der wichtigen Informationen aus der unüberschaubaren Vielzahl von Informationen sowie die Gewichtung der Informationsquellen. Zwei wichtige Aspekte sollen hier kurz angeführt werden:

1. Der narrative Charakter der Information und
2. die Informationsverzerrungen aufgrund von Entscheidungsheuristiken.

Der *narrative Charakter* von Kommunikation wird fälschlicherweise oft vollständig mit dem fiktionalen Charakter von Geschichten verglichen, auch wenn einzelne fiktionale Elemente in den Geschichten angelegt sein können. Dies ist immer dann der Fall, wenn Aussagen über zukünftige Finanztrends oder geldpolitische Entscheidungen getroffen werden. Zentralbankinformationen beziehen sich zunächst auf den Austausch von Fakten und entwickeln aus den Fakten eine plausible Geschichte, ein Narrativ. Für die Handlungsleitung des Intermediärs ist die Trennlinie zwischen faktischen und fiktionalen Aussagen ein zentraler Faktor zum besseren Verständnis des Informationsgehalts der Aussagen der Notenbank. Diese Trennung kann umso besser erfolgen, je mehr Wissen der Intermediär in die Kommunikation einbringen kann. Je informierter der Intermediär, desto besser können die Transparenz, die Verständlichkeit und die Glaubwürdigkeit der Informationen eingeordnet werden. Wissen auf beiden Seiten kann zu unterschiedlichen Strategien zur Optimierung der Kommunikation beitragen. Aus der Gedächtnisforschung ist bekannt, dass autobiografische Erinnerungen in Form von solchen Geschichten organisiert und repräsentiert werden, sodass der räumliche, zeitliche und thematische Zusammenhang erhalten bleibt (Greuel 2001, S. 329). Beim Abrufen von Information helfen die thematische Ordnung, die Handlungsbezogenheit (Plot) und die personale Zuordnung, also alles, was narrative Geschichten ausmacht. Erste Big-Data-Analysen zeigen, dass in der Tat auch Veröffentlichungen der Europäischen Zentralbank eine narrative Struktur aufweisen können (Buchkremer et al. 2018).

Entscheidungsheuristiken können als mentale Regeln verstanden werden, die den Individuen als Entscheidungshilfen dienen können. Vor dem Hintergrund, dass Menschen nur begrenzte zeitliche und kognitive Ressourcen zur Verfügung stehen, haben sich meist unbewusste Entscheidungsregeln zur schnellen Handlungsleitung ausgebildet. Mit relativ geringem Ressourcenaufwand können so schnelle und zumeist passende Entscheidungen getroffen werden. Allerdings sind diese Entscheidungsregeln im Zusammenhang mit Finanzmarktgeschäften zu hinterfragen. Bei der Komplexität, die sich durch all die Kommunikationsmöglichkeiten auf dem Finanzmarkt ergibt, erstaunt ein häufig auftretender Effekt: Entscheidungen der Marktteilnehmer korrelieren zeitweise sehr stark. Als Ursache für ein solch korrelierendes Entscheidungsverhalten können einerseits Heuristiken angeführt werden sowie andererseits das Phänomen des Herdenverhaltens – ein weiterer Entscheidungsautomatismus, der zu einem hohen Grad von selektiver Wahrnehmung führt, nämlich immer im Sinne des anderen Marktteilnehmers, und unser Kommunikationsverhalten somit prägen kann.

Jeder kennt wohl den Herdentrieb. Wenn eine genügend große Anzahl von Menschen eine bestimmte Entscheidung trifft, sind vielfach andere versucht, die gleiche Entscheidung zu treffen. Nicht zuletzt auf dem Finanzmarkt kann oftmals beobachtet werden, dass Anfänger oder Laien die Wellenbewegungen des Aktienkurses für ihre Kaufentscheidungen 1:1 umsetzen. Wenn eine Vielzahl von Anlegern eine einzelne Aktie kauft oder verkauft, kann dies massive Folgekäufe oder -verkäufe nach sich ziehen. Ein anderes Phänomen ist die Versuchung, bei sinkenden Kursen das Wertpapier im Portfolio zu halten. Das Nicht-Verkaufen wird durch die Erwartung gespeist, dass das Wertpapier schon wieder im Wert steigen wird, d. h. Verluste aussitzen. Es wird gänzlich vergessen, dass auch ein viel drastischerer Verlust die Folge sein kann. Das Phänomen wird in der Verhaltensökonomie auch als Verlustaversion bezeichnet.

Als typische Heuristiken zum besseren Verständnis der Kommunikation und zum Verständnis von Denkfehlern können folgende Phänomene hier kurz angeführt werden (Thaler 2018, 5 ff.):

1. **Ankertendenz**
   Wir orientieren uns oftmals an Zahlen oder Erfahrungen, die wir kennen. So können, oftmals unbewusst, mentale Ankerreize gesetzt werden. Diese Ankerreize dienen dann bei der Entscheidungsfindung als Orientierung. Zum Beispiel 245 € vorher (Anker), jetzt nur 189 € (Reduzierung positiv).
2. **Verfügbarkeit**
   Wir treffen unsere Entscheidung oftmals auf der Grundlage von der Information, die gut verfügbar für uns ist. Gut verfügbar kann bedeuten, dass die Information leicht erinnerbar ist, sie uns schnell und mühelos einfällt oder auch oftmals gehört bzw. gelesen haben. Dies betrifft die Bewertung aller Informationen, auch von finanziellen Informationen.
3. **Autoritätsgläubigkeit**
   Wir nehmen die Informationen von Experten oder Autoritäten besonders wichtig. Sicherlich können auch Experten irren, und man sollte nicht blind der Meinung eines Finanzexperten folgen.
4. **Repräsentativität**
   Wenn wir die Wahrscheinlichkeit oder Güte von Informationen danach bewerten, wie genau sie bestimmten repräsentativen Vorbildern oder Prototypen entsprechen, dann wird nicht mehr die Information selbst oder eine andere Zusatzinformation, sondern nur ihre Ähnlichkeit mit vorgegebenen Vorstellungen bewertet. Viele unserer Alltagsentscheidungen werden so beeinflusst. Passen die vorgegebene Vorstellung und die neue Information zusammen, so hat das allzu oft mehr Gewicht als statistische oder logische Überlegungen.
5. **Bestätigungstendenz**
   Ein Hindernis bei der Bewertung von Informationen ist unser dauerhaftes Streben nach Information, welche unsere bisherigen Vorstellungen und Einstellungen bestätigen.

Aus den Anforderungen zum gemeinsamen Verständnis der narrativen Geschichte und dem Charakter der Heuristiken beim Intermediär kann ein besonderer Anspruch auf Seiten des Senders etabliert werden. Jede Mitteilung der Zentralbank muss auf einem mentalen Modell der Kommunikationswirkung selbst und auch des Intermediärs aufbauen. Vor der Kommunikation wird eine Einschätzung des Publikums und des Wissens der Finanzmarktteilnehmer vorgenommen. Mit anderen Worten: Es wird ein mentales Modell für das Verständnis oder der „common ground" der Verständigung erstellt. Es kann vermutet werden, dass beide Seiten versuchen werden, die Kosten oder den Aufwand zur Verständigung so gering wie möglich zu halten. Hieraus ergibt sich bereits ein Dilemma. Wenn alle

Finanzmarktteilnehmer versuchen, ihre Kosten der Kommunikation zu minimieren und die eigene Interpretation zu bevorzugen, dann steigt gleichzeitig die Wahrscheinlichkeit eines Missverständnisses. Aus diesem Grund kann die Zentralbank nicht davon ausgehen, alleine ein angemessenes mentales Modell der Kommunikation jederzeit verfügbar zu haben.

Dieses Dilemma führt nun dazu, dass sich die Zentralbank als Sender nicht zuallererst auf die Finanzmarktteilnehmer als Publikum einstellt, sondern zunächst den eigenen Standpunkt möglichst überzeugend darlegen wird. Erst nach Beobachtung der Folgen auf dem Finanzmarkt wird die Notenbank ihre Mitteilungen anpassen und entsprechende neue Äußerungen tätigen. Es kommt also zu einem kontinuierlichen Informationsaustausch zwischen Zentralbank und Finanzmarktteilnehmern. Das Instrument Forward Guidance ist ein Versuch, dieses ständige Hin und Her zu durchbrechen und die Sicherheit für die Finanzentwicklung durch Kommunikation zu erhöhen.

11.4 Fazit

Die Steuerung der Erwartungen der Marktteilnehmer über die zukünftige Geldpolitik ist ein zentrales Element, um die Effizienz der Geldpolitik zu erhöhen. Damit diese Steuerung wirksam funktioniert, sind aber zahlreiche Hürden zu überwinden. Zum einen muss die Zentralbank auswählen, welche Information sie weitergeben möchte. Hier bewegt sie sich im Spannungsfeld zwischen Glaubwürdigkeit, Flexibilität und Klarheit. Zum anderen ist keineswegs sichergestellt, dass die gesendeten Informationen unverfälscht beim Empfänger ankommen. Bei der indirekten Übertragung, also durch einen Informationsvermittler wie die Presse oder News-Dienste, nimmt der Intermediär eine Art Filterfunktion ein und selektiert Informationen oder reichert diese gegebenenfalls mit Kommentaren an. Bei der Informationsaufnahme spielt dann der Empfänger selbst eine tragende Rolle. Die eigene Aufnahmekapazität ist begrenzt, und häufig werden Verhaltensautomatismen und Entscheidungsheuristiken aktiviert. Somit kann man auch in der Kommunikation nur von begrenzter Rationalität ausgehen. Deshalb ist es nicht allein entscheidend, welche Informationen die Zentralbank bereitstellt, sondern auch, inwiefern diese beim Empfänger ankommen und von ihm aufgenommen werden. An dieser Stelle besteht weiterer Forschungsbedarf, und der Faktor Mensch spielt damit auch für die Effektivität und Effizienz der Geldpolitik eine wichtige Rolle.

Literatur

Baetge, J., & Kirchhoff, K. R. (Hrsg.). (1997). *Der Geschäftsbericht. Die Visitenkarte des Unternehmens*. Wien: Redline Wirtschaftsverlag.

Belke, A. (2017). *Central bank communication. Managing expectations through the monetary dialogue*. Ruhr economic papers no. 692. Essen: RWI – Leibniz-Institut für Wirtschaftsforschung.

Berger, H., Ehrmann, M., & Fratzscher, M. (2011). Monetary policy in the media. *Journal of Money, Credit and Banking, 43*(4), 689–709.

Bini Smaghi, L. (2007). *The value of central bank communication. Financial market speech series Landesbank Hessen-Thüringen*. Brussels: Landesbank Hessen-Thüringen.

Blinder, A. (1999). *Central banking in theory and practice*. Cambridge, London: MIT Press.

Blinder, A. S., Ehrmann, M., Fratzscher, M., de Haan, J., & Jansen, D.-J. (2008). Central bank communication and monetary policy: a survey of theory and evidence. *Journal of Economic Literature, 46*, 910–945.

Blinder, A. S., Ehrmann, M., de Haan, J., & Jansen, D.-J. (2017). Necessity as the mother of invention. monetary policy after the crisis. *Economic Policy, 32*(92), 707–755.

Bordo, M. D., & Siklos, P. L. (2017). Central bank credibility before and after the crisis. *Open Economies Review, 28*(1), 19–45.

Buchkremer, R., Wohlmann, M., & Dittrich, W. (2018). Big Data-Analysen in der Zentralbankkommunikation. Unveröffentlichtes Manuskript.

Coenen, G., Ehrmann, M., Gaballo, G., Hoffmann, P., Nakov, A., Nardelli, S., Persson, E., & Strasser, G. (2017). *Communication of monetary policy in unconventional times*. CFS Working Paper Series no. 578. Frankfurt am Main: Center for Financial Studies (CFS), Goethe University Frankfurt.

Coeuré, B. (2013). *The usefulness of forward guidance*. New York: Money Marketeers Club of New York.

Contessi, S., & Li, L. (2013). Forward Guidance 101B: A Roadmap of the International Experience. *Federal Reserve Bank of St. Louis, Economic Synopses, 28/2013*, 1–4.

Derieth, A. (1995). *Unternehmenskommunikation. Eine theoretische und empirische Analyse zur Kommunikationsqualität von Wirtschaftsorganisationen*. Wiesbaden: Gabler.

Dincer, N. N., & Eichengreen, B. (2014). Central bank transparency and independence. Updates and new measures. *International Journal of Central Banking, 10*(1), 189–253.

Doyle, G. (2006). Financial news journalism: a post-Enron analysis of approaches towards economic and financial news production in the UK. *Journalism: Theory, Practice and Criticsm, 7*(4), 433–452.

Dräger, L., Lamla, M. J., & Pfajfar, D. (2016). Are survey expectations theory-consistent? The role of central bank communication and news. *European Economic Review, 85*, 84–111.

Draghi, M. (2012). *Verbatim of the remarks made by Mario Draghi*. Global Investment Conference, London, 26.07.2012.

Draghi, M. (2014). *Monetary policy communication in turbulent times*. Conference De Nederlandsche Bank 200 years: Central banking, Amsterdam, 24.04.2014.

Draghi, M., & Constâncio, V. (2012). *Introductory statement to the press conference (with Q&A)*. Monetary policy press conference, Frankfurt am Main, 02.08.2012.

Ehrmann, M., & Talmi, J. (2017). *Starting from a blank page? Semantic similarity in central bank communication and market volatility*. Frankfurt am Main. ECB Working Paper no. 2023.

European Central Bank (2014). The ECB's forward guidance. *ECB Monthly Bulletin, 4*, 65–73.

Gaballo, G. (2016). Rational inattention to news. The perils of forward guidance. *American Economic Journal: Macroeconomics, 8*(1), 42–97.

Gersbach, H., & Hahn, V. (2008). *Forward guidance for monetary policy: is it desirable?* Economics Working Paper Series no. April 2008. Zurich: Center of Economic Research at ETH Zurich.

Greuel, L. (2001). *Wirklichkeit-Erinnerung-Aussage*. Weinheim: Beltz.

de Haan, J., Eijffinger, S., & Waller, S. (2005). *The European Central Bank: credibility, transparency, and centralization*. Cambridge: MIT Press.

Hayo, B., & Neuenkirch, M. (2015). Self-monitoring or reliance on media reporting. How do financial market participants process central bank news? *Journal of Banking & Finance, 59*, 27–37.

Hayo, B., & Neuenkirch, M. (2016). *Central banks' predictability. An assessment by financial market participants*. Research Papers in Economics no. 2/16. Trier: Universität Trier.

Hüning, H. (2016). Herausforderungen der geldpolitischen Kommunikation. *Wirtschaftsdienst, 96*(1), 55–59.

Issing, O. (2005). Communication, transparency, accountability: monetary policy in the twenty-first century. *Federal Reserve Bank of St. Louis Review, 1*, 65–83.

Moessner, R., Jansen, D.-J., & de Haan, J. (2017). Communication about future policy rates in theory. A survey. *Journal of Economic Surveys, 31*(3), 678–711.

Morris, S., & Shin, H. S. (2002). Social value of public information. *American Economic Review, 92*(5), 1521–1534.

Morris, S., & Shin, H. S. (2007). Optimal Communication. *Journal of the European Association, 5*(2-3), 594–602.

Mullainathan, S., & Shleifer, A. (2005). The market for news. *American Economic Review, 95*(4), 1031–1053.

Neuenkirch, M. (2014). Federal Reserve communications and newswire coverage. *Applied Economics, 46*(25), 3119–3129.

Odenbach, M. (2005). Glaubwürdigkeit in der PR. In Jahren erarbeitet, in Sekunden zerstört Fünf Thesen aus der Sicht eines PR-Praktikers. In B. Dernbach & M. Meyer (Hrsg.), *Vertrauen und Glaubwürdigkeit* (S. 194–213). Wiesbaden: VS.

Praet, P. (2013). Forward guidance and the ECB. https://voxeu.org/article/forward-guidance-and-ecb. Zugegriffen: 22.02.2018.

Sims, C. A. (2010). Rational inattention and monetary economics. In B. M. Friedman & M. Woodford (Hrsg.), *Handbook of monetary economics* (Bd. 3, S. 155–181). Amsterdam u.a.: Elsevier.

Sveriges Riksbank (2018). *Monetary policy report*. Stockholm: Sveriges Riksbank.

Thaler, R. (2018). *Misbehaving. Was uns die Verhaltensökonomie über unsere Entscheidungen verrät*. München: Siedler.

Tutino, A. (2016). Central bank communication must overcome the public's limited attention Span. *Economic Letter Dallas Fed, 11*(6), 1–4.

Velthuis, O. (2015). Making monetary markets transparent. The European Central Bank's communication policy and its interactions with the media. *Economy and Society, 44*(2), 316–340.

Winkler, B. (2000). *Which kind of transparency? On the need for clarity in monetary policy-making*. ECB Working Paper no. 26. Frankfurt am Main: European Central Bank.

Woodford, M. (2003). *Interest and prices*. Princeton: Princeton University Press.

Woodford, M. (2013). *"Fedspeak": does it matter how central bankers explain themselves?* Discussion Paper Series no. 1314–13. New York: Columbia University Department of Economics.

Prof. Dr. Winand Dittrich lehrt an der FOM. Zudem ist er wissenschaftlicher Leiter des Bereichs Verhaltensoekonomie am KCI KompetenzCentrum für interdisziplinäre Wirtschaftsforschung & Verhaltensoekonomie. Nach einem natur- und sozialwissenschaftlichen Studium lehrte und forschte Winand Dittrich an mehreren Universitäten und Kliniken im In- und Ausland. Er publizierte über 60 anerkannte Fachartikel in internationalen Zeitschriften zu Themen wie Entscheidungsverhalten und Fokussierung, emotionale Intelligenz und Handlungssteuerung sowie ein Buch zur Anwendung der Neurowissenschaften in Bildungseinrichtungen. Neben einer Tätigkeit im Hochschulmanagement ist Winand Dittrich auch als Unternehmensberater tätig. Im Fokus seiner Tätigkeit steht Wirtschaftspsychologie, Marketing, Gesundheitsmanagement und Coaching.

Prof. Dr. Monika Wohlmann ist seit Oktober 2014 hauptberuflich Lehrende der FOM Hochschule am Hochschulzentrum Düsseldorf. Nach dem Studium der Betriebswirtschaftslehre an der Universität Passau und Málaga und einem weiteren Auslandsaufenthalt in Bratislava und Prag promovierte sie im Fach Volkswirtschaftslehre am Ibero-Amerika-Institut der Universität Göttingen. In diesem Zusammenhang war sie zweimal zu Forschungsaufenthalten bei der argentinischen Zentralbank in Buenos Aires. Langjährige Berufserfahrung als Volkswirtin bringt sie durch ihre Tätigkeit bei der WestLB in Düsseldorf mit. Dort war sie in verschiedenen Funktionen tätig; ihre Aufgaben reichten dabei vom volkswirtschaftlichen Research über das Länderrating bis hin zum Treasury-Controlling.

Working Out Loud – Die menschliche Seite der digitalen Transformation

12

Barbara Schmidt

12.1 Digitale Transformation – eines der Schlagwörter des 21. Jahrhunderts

Ich möchte diesen Beitrag mit einem Zitat von Christian Sewing, dem Vorstandsvorsitzen-denden der Deutschen Bank beginnen. In seiner Keynote beim HORIZONT Award zum Thema Digitale Transformation am 16. Januar 2018 sagte er Folgendes:

> Wir leben in einer Welt, die sich so radikal und schnell verändert, dass wir nicht einmal mehr die Vorstellungskraft haben, wie genau sie in fünf oder geschweige denn in zehn Jahren aussehen wird. Wir glauben, es vielleicht zu wissen, werden aber immer wieder aufs Neue überrascht. Ein solches Ausmaß an Disruption werden wir immer wieder in naher und ferner Zukunft erleben (Sewing 2018).

Die rasend schnellen Entwicklungen und Innovationen in Sachen Digitalisierung führen dabei nicht nur zu Veränderungen im Technologiebereich, sondern sie haben auch ganzheitliche gesellschaftliche Auswirkungen. Vergleichbar sind diese Auswirkungen mit den gesellschaftlichen Veränderungen durch die Industrielle Revolution in Europa Mitte des 19. Jahrhunderts.

Wie Christoph Kübel, Geschäftsführer und Arbeitsdirektor der Robert Bosch GmbH es im Februar 2018 in einem Interview ausdrückte: „Der Digitale Wandel ist auch ein kultureller Wandel" (Robert Bosch GmbH 2018). Das gesamte Interview ist im Presseportal der Robert Bosch GmbH zu finden.

Etwas, was im Rausch dieses digitalen Wandels, dieser Verbesserungen unseres Lebensstandards durch technologische Entwicklungen dabei oft übersehen wird, sind die Auswirkungen auf den Menschen, wenn es um direkte Veränderungen unseres Lebens geht. Und in diesem Zusammenhang die Veränderung unseres Arbeitslebens.

B. Schmidt (✉)
Frankfurt, Deutschland

Die Ansicht, dass die digitale Transformation neue Arbeitsformen in den Unternehmen schafft, ist dabei nicht neu. Es stellt sich allerdings die Frage, wie diese neuen Formen aussehen sollen und aussehen werde.

Flache Hierarchien, verbunden mit weniger Titeln und Posten, dafür aber mehr Schnelligkeit bei Entscheidungen. Wir benötigen mehr Mut zum Testen, Ausprobieren und auch zum Fehler machen. Das Ganze gepaart mit Kommunikation über Silos und Bereiche hinweg, dem Teilen von Wissen und erneutem Nutzen von existierenden Inhalten. Das ist die Theorie.

Die Umsetzung in der Praxis sieht dabei oft ganz anders aus, wenn der Faktor Mensch vergessen und nicht vernünftig einbezogen wird. Aber warum ist das so? Warum können wir als Individuen nicht einfach mitmachen?

Digitale Transformation wird von vielen Arbeitnehmern instinktiv als Bedrohung empfunden. Es sind zukünftig andere Fähigkeiten gefragt als heute, persönliche Veränderungen sind notwendig. Aber noch immer stellt sich bei vielen die Frage: „Warum sollte ich mich auf eine Bedrohung einlassen? Was habe ich davon? Was bringt es mir?"

Um dabei eines vorweg zu nehmen: Es stellt sich nicht mehr die Frage, *ob* eine Anpassung an neue Arbeitsweisen notwendig ist, sondern *wie* diese Anpassung vollzogen wird. Anstatt ängstlich zurückzuweichen, sollten wir sie offensiv angehen, um über die Veränderungen mit zu entscheiden. Wir können entweder die Treiber sein oder die Getriebenen.

Ich nenne eine solche Anpassung immer eine Reise – und mein Ziel ist es, möglichst viele Menschen auf ihrer Reise durch die digitale Transformation zu begleiten. Und auf dieser Reise gibt es die unterschiedlichsten Herausforderungen. Im Rahmen dieses Beitrags konzentriere ich mich auf die mir wichtigste: den Faktor Mensch, der die menschliche Seite der digitalen Transformation darstellt.

Die Herausforderungen sind dabei vielfältig.

- Angst und Unsicherheit
- Erarbeiten von digitaler Kompetenz (digital literacy)
- Antrainiertes Siloverhalten
- Fehlende Motivation für die Veränderung

Die erste, die dabei in den Sinn kommt, ist die Unsicherheit bezüglich dieser neuen Arbeitswelt. Flache Hierarchien? Mut zum Testen und Ausprobieren? Ist dieses Verhalten überhaupt erlaubt? Wird es von Unternehmensseite nicht sogar unterdrückt? Gibt es eine Unternehmenskultur, in der es erlaubt ist, Fehler zu machen? Denn das setzt den Mut zum Testen und Ausprobieren voraus. Wie wird mit dieser Unsicherheit, ja in einigen Fällen sogar Angst umgegangen?

Wichtig ist, diese Ängste anzuerkennen und zuzulassen, um sie dann gemeinsam als Unternehmen und Mitarbeiter anzugehen. Lernen ist und bleibt eine lebenslange Aufgabe. Das war schon immer so, das ist nicht neu. Aber in den heutigen Zeiten ist die Problemstellung eine andere. Denn wir wissen noch gar nicht, welche Fähigkeiten wir in der nahen oder ferneren Zukunft benötigen. Es geht also weniger darum, fachliche Fähigkeiten aufzubauen, als vielmehr darum zu lernen, wie man lernt. Wie man der Zukunft positiv und nicht ängstlich begegnet. Des Weiteren gibt es oft einen Bruch zwischen dem, was unternehmensstrategisch gefordert wird, z. B. lebenslanges Lernen, und der Umsetzung in Unternehmen.

Und genau bei diesen Herausforderungen und Problemstellungen setzt Working Out Loud an.

12.2 Was ist Working Out Loud?

Working Out Loud (WOL) basiert auf dem gleichnamigen Buch von John Stepper (2015). Veröffentlicht 2015, zieht es seitdem mehr und mehr seine Kreise und setzt sich auch immer mehr in Unternehmen durch, in denen Mitarbeiter die Vorteile von WOL verstanden haben. Hier eine Definition des Autors selbst:

> Working Out Loud ist ein Weg, um Beziehungen aufzubauen, die dir auf verschiedene Weise helfen können, ein Ziel zu erreichen, eine Fertigkeit zu entwickeln oder ein neues Thema zu erforschen. Anstatt sich zu vernetzen, um etwas zu bekommen, investierst du in Beziehungen, indem du im Laufe der Zeit Beiträge leistest, einschließlich deiner Arbeit und Erfahrungen, die du sichtbar machst.
>
> Wenn du „Working Out Loud" anwendest, bauen deine Beiträge im Laufe der Zeit Vertrauen auf und vertiefen ein Gefühl der Verbundenheit, wodurch sich die Chancen für Zusammenarbeit und Miteinander erhöhen. Du bist effektiver, weil du Zugang zu mehr Menschen, Wissen und Möglichkeiten hast, die dir helfen können. Außerdem fühlst du dich besser, weil dir dein größeres Netzwerk mit sinnvollen Beziehungen ein stärkeres Gefühl von Kontrolle, Kompetenz und Verbindung gibt. [...] All dies führt zu mehr Motivation für den Einzelnen und zu mehr Agilität, Innovation und Kooperation für ein Unternehmen (Stepper 2018).

12.2.1 WOL – Die Kultur

Working Out Loud kann zweigeteilt gesehen werden. Auf der seinen Seite steht eine Haltung, die der Überzeugung unterliegt, dass transparentes und offenes sowie vernetztes Miteinander in der Arbeitswelt zielführender und erfolgreicher ist als das abgeschottete Denken und Arbeiten in klassischen Silostrukturen, die in vielen Unternehmen noch immer vorherrschen.

Bei Working Out Loud geht es um das vertrauensvolle Miteinander in belastbaren Beziehungen und Netzwerken. Dabei zieht Working Out Loud rein auf die intrinsische Motivation ab. Also darauf, was der ganz spezielle, persönliche Treiber jedes einzelnen Menschen darstellt – im Gegensatz zur extrinsischen Motivation, die in den meisten hierarchischen Unternehmensstrukturen leider noch eingesetzt wird.

Extrinsische Motivation ist eine durch äußere Reize hervorgerufene Form der Motivation. Extrinsische Motivationsquellen können z. B. der Wunsch nach Belohnung oder das Vermeiden einer Bestrafung sein. Im Unterschied zur intrinsischen Motivation werden Aufgaben also nicht um ihrer selbst Willen oder aus eigenem Antrieb durchgeführt, sondern in der Aussicht auf Geld, Anerkennung oder der Vermeidung von Strafe (vgl. McClelland 1987).

Die extrinsische Motivation wird in Unternehmen oft durch monetäre Vorteile, wie Bonus, Beförderungen oder Gehaltserhöhungen, dargestellt. Dabei gibt es diverse Studien, die aufzeigen, dass psychologisch gesehen die extrinsische Motivation nur temporäre Anreize gibt und langfristig gesehen sogar eher im Gegenteil zu einer Verschlechterung der Arbeitsqualität führen kann (vgl. Judge et al. 2002).

Wenn Unternehmen ihre Mitarbeiter allerdings nachhaltig und langfristig motivieren wollen, müssen sie verstehen, was die Mitarbeiter wirklich antreibt und was sie wertschätzen. Die Antwort ist so logisch wie simpel: Jeder Mitarbeiter muss individuell betrachtet werden. Das ist für jedes Unternehmen sowohl eine zeitliche als auch eine logistische Herausforderung.

Working Out Loud setzt dabei genau an dem Punkt der Skala an und platziert das Individuum mit persönlich wichtigen Zielen sowie der ganz eigenen Motivation im Mittelpunkt.

Wie funktioniert aber dieses offene, vernetzte und vertrauensvolle Arbeiten? Hier kommt der zweite Aspekt von Working Out Loud ins Spiel.

12.2.2 Die Methode von Working Out Loud

Denn neben der allgemeinen Haltungsfrage bietet Working Out Loud eine ganz konkrete Methode, mit der man diese Haltung, diese innere Einstellung erlernen kann. Es handelt sich dabei um eine sogenannte Circle-Methode.

Diese Circle setzen sich aus drei bis fünf Personen zusammen, die sich alle ein eigenes, persönlich wichtiges Ziel setzen und sich in der Gruppe bei der Erreichen desselben unterstützen. Pro Circle existieren also drei bis fünf Ziele.

Dabei ist es wichtig, dass dieser Circle als vertrauter und geschützter Raum definiert wird und dass sich die Teilnehmer auf Augenhöhe begegnen. Bei dieser Methode, die auf zwölf Wochen ausgelegt ist und pro Woche von dedizierten Circle Guides mit einer Struktur und praktischen Übungen begleitet wird, gibt es keinen Anführer, keinen Teamchef (vgl. Stepper 2018). Der Erfolg von Working Out Loud als Arbeits- und Lernmethode basiert zu einem großen Teil darauf, dass alle Circle-Mitglieder denselben Wert haben.[1]

Wie aber hilft die auf den ersten Blick sehr „analoge" Methode von Working Out Loud dabei, die Herausforderungen der Digitalisierung zu meistern? Und wieso ist die Vernetzung von Mitarbeitern die Antwort, wenn doch Digitalisierung das Problem ist?

---

[1] Weiterführende Informationen zu der Methode Working Out Loud finden sich auf www.workingoutloud.com.

12.3 Herausforderungen der digitalen Transformation

Zur Erinnerung hier nochmal die im Vorwege aus meiner Sicht drängendsten Herausforderungen, die im Rahmen der digitalen Transformation von Mitarbeitern und Unternehmen anzugehen sind:

- Angst und Unsicherheit
- Erarbeiten von digitaler Kompetenz (digital literacy)
- Antrainiertes Siloverhalten
- Fehlende Motivation für die Veränderung

12.3.1 Angst und Unsicherheit

Angst in Unternehmen ist auch heute noch ein Tabuthema. Manager kennen keine Angst. Das heißt, sie dürfen keine Angst kennen. Denn Angst oder Unsicherheit wird auch heute oft noch mit Schwäche gleichgesetzt. Je höher ein Mensch in einer Hierarchie ist, desto unwahrscheinlicher, dass Ängste offen geäußert werden. Diese mangelnde Kultur des Eingestehens der Schwäche zieht sich dann durch das gesamte Unternehmen. Angst befeuert dabei den Widerstand. Der Mitarbeiter geht dabei erst einmal als Schutzmechanismus in die Defensive. Es nützt dabei dann wenig, mit diesem defensiven Verhalten der Mitarbeiter, was Veränderungen angeht, zu hadern, denn das ist die natürlichste Reaktion der Welt. Auf Veränderungen skeptisch bis ängstlich zu reagieren, ist ein biologisches Grundmuster im menschlichen Verhalten. Das bedeutet allerdings für die Praxis, dass Veränderungsprozesse so gestaltet werden müssen, dass Ängste wahrgenommen und respektiert werden. Dazu gehört, dass Ängste nicht im Sinne der Unternehmenspolitik unnötig angeheizt, sondern dass sensibel mit ihnen umgegangen wird. Wo greift jetzt Working Out Loud in diesen Prozess ein?

Wir kommen wieder zurück zu dem Begriff „geschützter Raum". Dadurch, dass die Methode der WOL-Circles auf kleinen Gruppen aufbaut, wird es den Teilnehmern ermöglicht, ihre Ängste und Unsicherheiten in einer kleinen, vertrauten Gruppe zu äußern, und zwar ohne Bewertung und ohne sofortigen Anspruch auf Lösungsmöglichkeiten.

In diesem geschützten Raum üben die Mitglieder des Circles ihre Kommunikationsfähigkeiten und arbeiten an ihrer digitalen Kompetenz. Gleichzeitig werden sie sich ihrer eigenen Fähigkeiten und dessen, was sie zu bieten haben, bewusst. Sie vertiefen ihr Netzwerk und machen es belastbarer, lösen sich so im Unternehmen aus der direkten Abhängigkeit der eigenen Berichtslinie. So können sie Ängste abbauen, weil sich ihnen mehrere Optionen bieten, die sie vorher in der puren Silostruktur nicht wahrgenommen haben. Ängste und Unsicherheiten werden durch das Bewusstsein der eigenen Fähigkeiten gemindert. Working Out Loud bietet durch die Selbstreflexion während des zwölfwöchigen Circles den perfekten Resonanzboden für diese Form von Selbstbewusstsein.

12.3.2 Erarbeiten von digitaler Kompetenz (digital literacy)

Digital Literacy wird im Deutschen häufig als Internetnutzungskompetenz definiert und umfasst im Curriculum des EU-Projekts Digital Literacy 2.0 (Offizielles Acronym:DLit2.0) die folgenden fünf Kategorien (vgl. Stiftung Digitale Chancen 2015):

1. E-Citizenship
2. Kollaboration
3. Soziale Netzwerke
4. Kommunikation
5. Grundkenntnisse

Diese fünf Kategorien sind eins zu eins auch auf unsere Arbeitswelt anzuwenden. Im Rahmen der Studie zu dem genannten Projekt „Digital Literacy 2.0" gaben die Befragten bezogen auf die Arbeitswelt ihre digitalen Schwächen offen zu. 39 % der Beschäftigten in der EU fehlen digitale Erfahrungen, weitere 14 % besitzen dabei sogar keinerlei digitalen Kenntnisse. Der Grund dafür ist so einfach wie logisch: Digitale Fähigkeiten waren in der Vergangenheit nicht notwendig, um im Arbeitsleben bestehen zu können.

Wie bereits erwähnt, bietet Working Out Loud in der Circle-Methode dedizierte praktische Übungen, die das Erreichen des Ziels jedes Einzelnen unterstützen sollen (vgl. Stepper 2018).

Als Beispiel möchte ich hier einige Übungen aufzeigen, die dabei helfen, die eigenen digitalen Fähigkeiten zu erreichen beziehungsweise auszubauen. Und vollkommen ohne den Anspruch, die eigenen digitalen Fähigkeiten zu verbessern – das ist sozusagen ein Nebenprodukt der Arbeit in einem Working Out Loud Circle.

12.3.2.1 Woche 1 – Erstellen der ersten Beziehungsliste

Hierbei geht es darum, eine Liste von Personen zu erstellen, die mit dem eigenen, selbstgesetzten Ziel in einem Zusammenhang stehen können. Für die Suche nach diesen Personen bietet sich sowohl das Internet als auch das Intranet eines Unternehmens an. Positiver Nebeneffekt: Man lernt die Grundkenntnisse über Suchfunktionen sowie die Strukturen von sozialen Netzwerken (extern oder intern) kennen.

12.3.2.2 Woche 3 – Nutzung bestehender Netzwerke

Die Übung dabei besagt: „Spiele Internet- oder Intranetdetektiv und finde mindestens fünf Organisationen, Onlinegruppen oder Gemeinschaften, die wichtig für Dein Ziel sind." (vgl. Stepper 2018). Auch hier geht es wieder um die Suche nach und das Finden von Personen beziehungsweise Inhalten, die für den Einzelnen für die Zielerreichung wichtig sind.

Die Schritte sind dabei so klein, dass sie vollkommen selbstverständlich wahrgenommen werden, ohne sich der Herausforderung dabei vollkommen bewusst zu sein. Denn im Gegensatz zum klassischen Lernen in Unternehmen gibt es kein Richtig oder Falsch.

Man macht einen Entwicklungsschritt nach dem anderen und stellt fest, wie viel einfaches digitales Know-how man dazulernt und wie sehr einen das bereichert.

12.3.3 Antrainiertes Siloverhalten

Wir kennen sie alle, die klassische Unternehmensstruktur, in die die meisten Unternehmen unterteilt sind (vgl. Abb. 12.1).

Hierbei sind die Unternehmensbereiche nebeneinander aufgebaut und von Teams unterlegt. Diese Struktur zeichnet sich als Hierarchiebaum in sogenannten Silos ab, in der von oben nach unten und auch von unten nach oben kommuniziert wird. Das allerdings aus der Erfahrung her schon weniger.

Auf offizieller Ebene mag auch zwischen den Silos kommuniziert werden, aber nur sehr schwer. Daher durchdringt allerdings selten bis gar nicht die Kommunikation auf Arbeitsebene die Silos und richtet sich direkt an Nachbarbereiche oder Nachbarteams.

Dieses Verhalten ist ein direktes Ergebnis dieses strukturellen Aufbaus von Unternehmen in den letzten Jahrzehnten. Unterstützt von Bereichszielen und -vorgaben, aufgrund derer sich jeder Bereich auf seine eigene Leistung und Zielerreichung konzentriert und konzentrieren muss. Aufgrund dieser Ausgangslage bezeichne ich dieses Verhalten als antrainiertes Siloverhalten.

Es gibt allerdings gute Nachrichten: Alles, was in der Vergangenheit *antrainiert* werden konnte, kann auch wieder *abtrainiert* werden. Wenn wir uns allerdings klassische Veränderungsmethoden anschauen, sind diese selten erfolgreich, da sie von den Umsetzenden oft nicht als nachhaltig empfunden werden. Und weil sie nicht auf die intrinsische

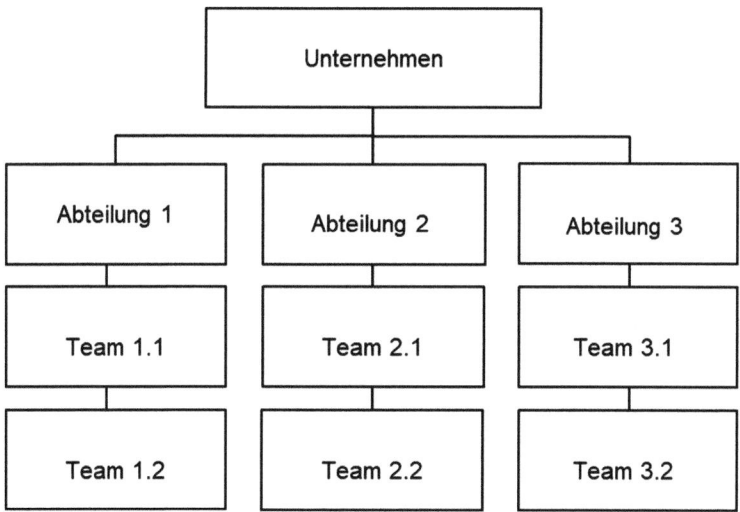

Abb. 12.1 Klassische Unternehmensstruktur

Motivation von Mitarbeitern abzielen, sondern auf das Vermitteln der Veränderung im Unternehmen.

Da Working Out Loud eine dieser Limitierungen direkt angeht, indem es an der intrinsischen Motivation der Mitarbeiter ansetzt, kann man mit WOL diesem Siloverhalten entgegen wirken. Wie in Abschn. 12.2 erläutert, geht es bei Working Out Loud darum, eine transparente, offene und vernetzte Arbeitsweise zu entwickeln. Durch die speziellen Übungen der WOL Circles hat jeder Teilnehmer die Möglichkeit, dies im kleinen und geschützten Kreis zu lernen, und zwar durch kleine Schritte, welche für mich die Erfolgsgarantie von Working Out Loud sind. Indem man sein Netzwerk für die Erreichung des persönlichen Zieles erweitert, entfernt man sich automatisch von der Silostruktur und bewegt sich auf die Organisation der Community zu. Das heißt also auf die Experten zu einem Thema, egal welcher Herkunft, welcher Abteilungen, sogar egal, welchen Unternehmens. Man konzentriert sich darauf, ein Teil einer Expertenrunde zu werden, anstatt sich in seiner Hierarchiestruktur nach oben zu bewegen.

Für diese Herausforderungen empfehle ich nach den Übungen der ersten Wochen besonders die Woche 6 des WOL Circles mit dem übergreifenden Thema „Werde sichtbar" (vgl. Stepper 2018).

12.3.4 Fehlende Motivation für Veränderungen

Als letzte Herausforderung in Zeiten des digitalen Wandels bleibt die generelle fehlende Motivation für Veränderungen, die einigen Menschen innewohnt. Diese muss gar nicht von Angst oder sonstigen drastischen äußeren Einflüssen geprägt sein. Nein, oft liegt es daran, dass der Sinn einer Veränderung nicht gesehen wird (die berühmte Frage: Was habe ich davon?). Oder dass sie angesichts des hohen Arbeitspensums aus dem Tagesgeschäft als unzumutbare Zusatzbelastung angesehen wird. Wer also kein Problem hat oder – in diesem Fall – wahrnimmt, benötigt auch keine Lösungen. Sofern also die Notwendigkeit für eine Veränderung nicht ersichtlich ist, beginnt Veränderungsmotivation damit, die Mitarbeiter über alle Hierarchien und Geschäftsbereiche hinweg davon zu überzeugen, dass ein Handlungsbedarf besteht (vgl. Kotter 2012). Dieses Erkennen dieses Handlungsbedarfs hat Winfried Berner (2005) in seiner Stufenpyramide der Veränderungsmotivation als absolute Basis für den Erfolg von Veränderungen definiert.

Schlagen wir wieder den Bogen zu Working Out Loud. Wie kann WOL diese allgemeine fehlende Motivation für Veränderungen angehen? Beginnen wir mit dem, was Working Out Loud in diesem Zusammenhang *nicht* sein sollte: Eine Methode, in deren Rahmen man Veränderungsprozesse durchdekliniert und an die Belegschaft bringt. Die Veränderung an sich sollte also kein diktiertes Ziel im Rahmen eines WOL Circles sein. *Wobei als Grundsatz gilt, dass es in einem WOL Circle nie ein diktiertes Ziel geben sollte.*

Wobei WOL aber in diesem Fall helfen kann, ist die Fähigkeit, sich auf Veränderungen einzulassen. Durch die vertraute und offene Zusammenarbeit im WOL Circle und das damit verbundene Erlernen der in Abschn. 12.2.2 erläuterten Kultur, hilft WOL dabei,

Veränderungen anzunehmen, ohne gleich in die verständliche Abwehrhaltung zu gehen. Das bedeutet zu diesem Zeitpunkt noch nicht, dass jeder Veränderungsprozess gleich enthusiastisch begleitet wird.

Allerdings wird durch das Erkennen des Handlungsbedarfs die erwähnte Basis gelegt, von der man sich in der Veränderungsmotivation weiter vorarbeiten kann (vgl. Berner 2005).

12.4 Zusammenfassung

Zusammenfassend lässt sich sagen, dass Working Out Loud ein wichtiger Bestandteil des viel zitierten „neuen Arbeiten" sein kann und auch sein sollte. Sowohl die Methode als auch die veränderte (Lern-)Kultur setzt an so vielen Herausforderungen an, derer wir uns in Bezug auf die Zukunft der Arbeit stellen müssen. Wobei ich sagen möchte: „Die Zukunft ist schon da." Wir können an die Aufgaben, die vor uns liegen, nicht nur mit dem Produktportfolio an Lern- und Weiterentwicklungsformen herangehen, die wir immer benutzt haben. Neue Technologien und damit verbunden die neue Form der Kommunikation und des Arbeitens benötigen auch neue Lösungen. Und Working Out Loud kann eine sehr gute Lösung für einige der Herausforderungen sein.

Ich habe den Beitrag mit einem Zitat von Christian Sewing begonnen und möchte ihn gerne auch mit einem weiteren Zitat aus derselben Rede von ihm schließen. Die Aussage ist zwar provokativ und mag auch von einigen wieder als Bedrohung wahrgenommen werden, aber das macht sie nicht weniger realistisch: Während seiner Keynote beim HORIZONT Award am 16. Januar 2018 sagte er Folgendes:

Wer einfach weitermacht wie bisher, wird keine Zukunft mehr haben (Sewing 2018).

Literatur

Berner, W. (2005). Die Umsetzungsberatung, Stufenpyramide der Veränderungsmotivation. https://www.umsetzungsberatung.de/veraenderungsstrategie/change-motivation.php. Zugegriffen: 5. März 2018.
Judge, T. A., Heller, D., & Mount, M. K. (2002). Five-factor model of personality and job satisfaction: a meta analysis. *Journal of Applied Psychology*, 87(3), 530–541.
Kotter, J. P. (2012). *Leading change*. Boston, Mass. USA: HBR.
McClelland, D. (1987). *Human motivation*. Cambridge, UK: Cambridge University Press.
Robert Bosch GmbH (2018). Bosch Presse Portal. http://www.bosch-presse.de/pressportal/de/de/zukunft-der-arbeit-effektiver-durch-virtuelle-expertennetzwerke-135872.html. Zugegriffen: 27. Febr. 2018.
Sewing, C. (16. Januar 2018). stellvertretender Vorsitzender Deutsche Bank AG. *Key Note HORIZONT Award*. Frankfurt.
Stepper, J. (2015). *Working out loud*. New York: Ikigai Press.

Stepper, J. (2018). Working Out Loud, WOL Circle Guides V 4.51 German. www.workingoutloud.com/circle-guides. Zugegriffen: 4. März 2018.

Stiftung Digitale Chancen (2015). Digital Literacy 2020, Curriculum zum Thema Medienkompetenz. www.digital-literacy2020.eu. Zugegriffen: 4. März 2018.

Barbara Schmidt arbeitet seit 2001 bei der Deutschen Bank und verantwortet dort derzeit „Communication & People Engagement" in einem Teilbereich der Infrastrukturfunktion (Group CIO). Zudem ist sie Mitbegründerin der konzernübergreifenden Working Out Loud Community of Practice (WOLCoP), die sich aus Mitarbeitern der Unternehmen Audi, BMW, Bosch, Continental, Daimler, Deutsche Bank, Deutsche Telekom und Siemens zusammensetzt. 2017 gewann die WOLCoP den HR Excellence Award der Quadriga in der Kategorie Mitarbeiterengagement und Kollaboration.

Teil IV
Technik

Passive Anlagestrategien und Digitalisierung in der Vermögensverwaltung

13

Maximilian Müller und Marion Pester

13.1 Einleitung

Für viele Banken und Finanzunternehmen war die Vermögensverwaltung bisher ein Garant für stabile und nachhaltige Erträge und damit eine tragende Säule des Geschäftsmodells. Vor allem aufgrund der zunehmenden Regulierung und des damit verbundenen Kostenanstiegs auf der einen sowie des Margendrucks durch erhöhte Preissensibilität bei den Kunden auf der anderen Seite ist die Profitabilität in der Vermögensverwaltung in den letzten Jahren deutlich zurückgegangen (McKinsey 2016; zeb 2016). Zudem resultieren aus dem Trend zu passiven Anlagestrategien und der fortschreitenden Digitalisierung von Dienstleistungen weitere Herausforderungen, die den Margenrückgang in allen Kundensegmenten des Privatkundengeschäfts (zeb 2017) beschleunigen.

Der anhaltende Trend zu passiven Anlagestrategien verändert die Ausgangssituation für die Vermögensverwaltung nachhaltig. In der Vergangenheit hat nur ein kleiner Teil aktiv gemanagter Verwaltungsmandate und Fonds sein Ziel erreicht, die zugehörigen Benchmarks nach Kosten und Steuern über einen längeren Zeitraum zu schlagen. Der passive Stil folgt der Idee, dass mit der Anlage genau die dem zugrunde liegenden Index entsprechende Rendite erzielt werden soll. Sowohl das Angebot an passiven Anlagevehikeln als auch das Volumen der in solchen passiven Finanzprodukten angelegten Gelder sind in den letzten Jahren stark gestiegen. Es ist davon auszugehen, dass sich dieser Trend fortsetzt. Das Geschäft mit Vermögensverwaltungsmandaten und aktiv gemanagten Fonds ermöglichte

---

M. Müller
Reichenau, Deutschland
E-Mail: mlxi@zhaw.ch

M. Pester (✉)
Zürich, Schweiz
E-Mail: pesr@zhaw.ch

© Springer Fachmedien Wiesbaden GmbH, ein Teil von Springer Nature 2019
M. Seidel (Hrsg.), *Banking & Innovation 2018/2019*, FOM-Edition,
https://doi.org/10.1007/978-3-658-23041-8_13

den Anbietern allerdings höhere Bruttomargen als das Umsetzen von passiven Anlagestrategien.

Neben dem Trend zu passiven Anlagestrategien verändert zudem die Digitalisierung, ausgelöst durch den rasanten Fortschritt im Bereich der Informationstechnologie, die Rahmenbedingungen und Berufsbilder in etablierten Branchen weitreichend. Auch im Bereich der Vermögensverwaltung sind Entwicklungen erkennbar, den Kundenberater bzw. die Kundenberaterin und/oder den Portfoliomanager bzw. die Portfoliomanagerin durch Algorithmen zu ergänzen oder zu ersetzen. Häufig werben digitale Angebote mit niedrigen Kosten im Vergleich zur traditionellen Vermögensverwaltung und wenden sich insbesondere auch an Kunden mit vergleichsweise geringen finanziellen Möglichkeiten, denen bisher ein solcher Zugang verwehrt war. Da sich das Angebot dieser sogenannten Robo-Advisors aktuell ausweitet, erhöht sich zusätzlich der Margendruck aufgrund der neuen Wettbewerber und kostenintensiven Investitionen in digitale Angebote traditioneller Vermögensverwalter.

Die Anteile des passiv und digital verwalteten Vermögens sind im deutschsprachigen Raum Europas trotz der hohen Zuwachsraten aktuell noch vergleichsweise gering. Für traditionelle Vermögensverwalter und in der Vermögensverwaltung tätige Banken stellt sich die Frage, ob – und wenn ja, wie – aktuelle Geschäftsmodelle anzupassen sind, um auch in Zukunft Leistungen in der Vermögensverwaltung profitabel anbieten zu können. Ziel des vorliegenden Beitrags ist es, einen systematischen Überblick über verschiedene Angebote der digitalen Vermögensverwaltung in Deutschland zu geben und interessierten Marktteilnehmern damit Anregungen für Überlegungen hinsichtlich der strategischen Positionierung des eigenen Angebots zur Verfügung zu stellen. Darüber hinaus sollen Handlungsoptionen aufgezeigt werden, die aus Sicht der Autoren eine Differenzierung des traditionellen Angebots gegenüber den neuen Anbietern ermöglichen. Um diese Ziele zu erreichen, werden zunächst die Entwicklungen bezogen auf aktives und passives Management aufgezeigt und kategorisiert. In einem nächsten Schritt werden die Angebote in Deutschland tätiger Robo-Advisors anhand verschiedener Merkmale charakterisiert und gewürdigt. Ein besonderer Fokus liegt dabei auf der Anlagephilosophie und den für den Kunden entstehenden Kosten.

13.2 Aktive versus passive Investmentphilosophie – Einordnung, zentrale Unterschiede und Marktentwicklung

13.2.1 Aktive und passive Vermögensverwaltung

Der klassische Beratungsprozess im Rahmen einer Vermögensverwaltung erfasst die Einkommens- und Vermögensverhältnisse der Anleger sowie deren Erfahrungen und Kenntnisse und bildet sie ab, ermittelt ihren Anlagehorizont, ihre Risikofähigkeit und Risikobereitschaft sowie Renditeerwartungen. Von diesem „Kundenprofiling" ausgehend können dann die für den Anleger geeigneten Anlageklassen und deren anzustrebende Anteile am gesamten Portfolio im Rahmen der Anlagestrategie festgelegt werden. Ob und in welchem Ausmaß dabei aktiv und/oder passiv gemanagte Kollektivanlagen im Portfolio zum Einsatz kommen bzw. ob das Portfolio insgesamt aktiv oder passiv verwaltet wird, ist von der Investmentphilosophie des Vermögensverwalters bzw. von der Mentalität des Anlegers abhängig. Die Präferenzen des Anlegers dürften hierbei vor allem von seiner Kostensensitivität und seinem Vertrauen in die Kompetenz des aktiven Portfolioverwalters bzw. der Bankenbranche insgesamt abhängig sein.

Die Frage, ob Kapitalmärkte effizient oder ineffizient sind, ist wissenschaftlich strittig. In der Praxis bilden sich diese unterschiedlichen Einschätzungen in den angewandten Anlagestilen ebenfalls ab.

So suchen aktiv gemanagte Mandate auf Basis einer bestimmten Investmentphilosophie, eine höhere Rendite als der Durchschnitt der übrigen Marktteilnehmer zu erzielen. Dahinter steckt zum einen die Annahme, dass gewisse zeitlich begrenzte Marktineffizienzen in effizienten Märkten identifiziert werden können bzw. dass periphere Märkte ineffizient sein können (Shiller 2003; Saha und Rinaudo 2017, S. 195 f.; Pedersen 2015, S. 3 ff.). Zum anderen sollen durch Über- oder Untergewichtung einzelner Anlageklassen die Korrelationseffekte in konkreten Marktphasen optimal genutzt und damit risikoadjustiert eine höhere Performance erzielt werden.

Demgegenüber liegt passiven Anlagestrategien die Überzeugung zugrunde, dass alle verfügbaren Informationen in den Marktpreisen bereits berücksichtigt sind und die Märkte damit eine faire Bewertung sicherstellen. Folgt man der 1970 von Eugene Fama[1] (Fama 1970, S. 383 ff.) aufgestellten Markteffizienzhypothese, sind Marktteilnehmer nicht in der Lage, langfristig systematisch überdurchschnittliche Gewinne zu erzielen. Dementsprechend wird beim passiven Vermögensmanagement dieser Versuch auch gar nicht erst unternommen (Bodie et al. 2005, S. 378). Mit dem Ziel, die Marktrendite zu erreichen, bildet die passive Anlagestrategie die ausgewählten Märkte gesamthaft ab.

Betrachtet man Investmentphilosophien in der Vermögensverwaltung, greift eine Unterscheidung von aktiv und passiv verwaltetem Vermögen allerdings zu kurz. Dies liegt u. a. daran, dass die Entscheidung für aktive oder passive Strategien sowohl bei den eingesetzten Finanzinstrumenten als auch hinsichtlich des gesamten Anlageprozesses getroffen werden kann. Die Kombinationsmöglichkeiten führen dann zu Investmentansätzen, die einen unterschiedlichen Grad an aktivem Management aufweisen.

13.2.1.1 Aktives und passives Management auf Portfolioebene

Folgt das Portfoliomanagement einem aktiven Ansatz, wird eine konkrete Zusammenstellung einzelner als vorteilhaft identifizierter Anlagen für das Portfolio ausgewählt. Typischerweise ändert sich im Zeitverlauf die Einschätzung bezüglich der Vorteilhaftigkeit einzelner Titel. Die geänderten Einschätzungen führen dann wiederkehrend zu Anpas-

---

[1] Eugene Fama wurde 2013 zusammen mit Robert Shiller und Lars Peter Hansen mit dem Alfred-Nobel-Gedächtnispreis für Wirtschaftswissenschaften ausgezeichnet. Damit wurden Vertreter beider Schulen gleichzeitig gewürdigt.

sungen des Portfolios durch Kauf und Verkauf einzelner Instrumente (Stock Picking). Ebenso erfolgen im aktiven Management typischerweise eine von der Marktentwicklung abhängige taktische Asset-Allokation sowie eine regelmäßige Risikobewertung und -budgetierung. Auch hier führen neue Markteinschätzungen zu Anpassungen des Portfolios.

Beim passiven Portfoliomanagement hingegen wird versucht, die im Rahmen der strategischen Asset-Allokation festgelegten Anteile der Asset-Klassen durch entsprechende Indizes abzubilden. Das einmal zusammengestellte Depot wird in dieser Form gehalten und nur periodisch zur Wiederherstellung der ursprünglichen Portfoliostruktur angepasst. Dieses Rebalancing ist ein strikt mechanischer und regelbasierter Vorgang zu im Vorfeld festgelegten Zeitpunkten. Darüber hinaus erfolgt keine Anpassung.

13.2.1.2 Aktives und passives Management auf Titelebene

Um titelspezifische Risiken und die Schwankungsanfälligkeit eines Portfolios zu reduzieren, sollten die enthaltenen Finanzinstrumente unabhängig vom gewählten Ansatz eine gewisse Streuung aufweisen und damit einen entsprechenden Diversifikationsgrad erreichen (Malkiel 2015, S. 201). Insbesondere für kleinere Vermögen wird eine solche Diversifikation in der Regel über Kollektivanlagen abgebildet, die ihrerseits das investierte Kapital auf verschiedene Anlagen verteilen. Zudem wird ein Vermögensverwalter in der Regel nicht sämtliche Märkte mit spezifischem Know-how abdecken können. Auch in einem solchen Fall werden Kollektivanlagen anstelle von Direktanlagen eingesetzt.

In diesem Zusammenhang wird zwischen aktiven und passiven Fonds unterschieden. Bei aktiven Fonds investiert der Fondsmanager das von den Anlegern zur Verfügung gestellte Kapital im Rahmen der Fondsregularien in einzelne als vorteilhaft identifizierte Kapitalanlagen, die dann analog dem beschriebenen aktiven Portfolio- bzw. Fondsmanagementprozess verwaltet werden. Auch auf dieser Ebene ist es das Ziel, gegenüber der zugrunde liegenden Benchmark eine Überrendite zu erwirtschaften. Zu den aktiv gemanagten Anlageprodukten gehören vor allem klassische Investmentfonds.

Passive Anlageprodukte, sogenannte Indexfonds, bilden hingegen die Entwicklung eines Marktindexes ab. Da sowohl die Auswahl der Wertpapiere als auch deren Gewichtung vom Index vorgegeben sind, kann auf einen Fondsmanager, der das Portfolio aktiv verwaltet, verzichtet werden. In den allermeisten Fällen handelt es sich dabei um Exchange Traded Funds (ETFs), d. h. um börsengehandelte Indexfonds.

In der Praxis bestehen bei der Umsetzung der Strategie im Portfolio zahlreiche Mischmodelle, die sowohl Einzeltitel als auch aktiv und passiv gemanagte Fonds einsetzen. So können etwa Core Investments in der klassischen Vermögensverwaltung mittels kostengünstiger, passiver Marktindizes abgebildet werden, während die aktiv gemanagten Assets im Portfolio in der Regel einzeltitelbasiert sind. Bei Fonds, die zwar den Anspruch erheben, einen aktiven Managementansatz zu verfolgen, dabei allerdings dauerhaft niedrige Tracking Errors ausweisen, wird von verkappten Indexfonds gesprochen (Anhorn et al. 2018, S. 18).

13.2.2 Aktive und passive Investmentansätze

Die bestehenden Mandatsstrukturen sollen im Folgenden dadurch charakterisiert werden, welche Ansätze hinsichtlich aktivem oder passivem Management sowohl auf Portfolioebene als auch auf Ebene der Finanzinstrumente eingesetzt werden.

Der Investmentansatz im ersten Quadranten oben links in Abb. 13.1, Modell A, enthält zwei aktiv gemanagte Komponenten (aktiv/aktiv). In einem aktiv verwalteten Portfolio werden aktiv gemanagte Fonds bzw. Direktanlagen eingesetzt. Hierbei wird vom Vermögensverwalter und auch vom Fondsmanager aktiv der Versuch unternommen, den Markt zu schlagen. Die folgenden zwei Investmentansätze setzen sich jeweils aus einer aktiven und einer passiven Komponente zusammen. So wird bei Modell B (aktiv/passiv) ein aktives Portfoliomanagement mit passiven Kollektivanlagen umgesetzt. In diesem Falle verfolgt nur der Vermögensverwalter das Ziel, den Markt zu schlagen, während die eingesetzten Anlageprodukte lediglich spezifische Märkte abbilden. Denkbar ist mit Modell C ein dritter Investmentansatz (passiv/aktiv), bei dem in eine einmal festgelegte Portfoliostruktur investiert wird, die durch aktiv gemanagte Investmentfonds oder die Selektion von Direktanlagen abgebildet wird. Eine ausschließlich passive Vermögensanlage stellt Modell D (passiv/passiv) dar; in diesem Fall wird das Portfolio passiv verwaltet und in der Regel komplett durch ETFs abgebildet.

Je nach gewähltem Investmentansatz unterscheiden sich die Rolle und der Aufgabenumfang des Vermögensverwalters. Bei der aktiven Vermögensverwaltung (Modell A und B) agiert der Verwalter in seiner Rolle als professioneller Kompetenzträger, der davon ausgeht, den Markt schlagen zu können. Dementsprechend werden Ressourcen dafür eingesetzt, detaillierte Marktinformationen zu erhalten und zu analysieren. Auf Basis von Research können dann Investitionsentscheidungen getroffen werden (taktische Asset-Allokation und Stock Picking). Der Einsatz eines systematischen Risikomanagements zur Überwachung und Steuerung des Portfolios ist dabei ebenso unverzichtbar wie ein detailliertes Kundenreporting. Dieser Vorgang ist mit entsprechenden Kosten verbunden, die dem Kunden als Vermögensverwaltungsgebühr (Transaktionskosten, Management Fees verbunden mit einer Gewinnmarge) in Rechnung gestellt werden.

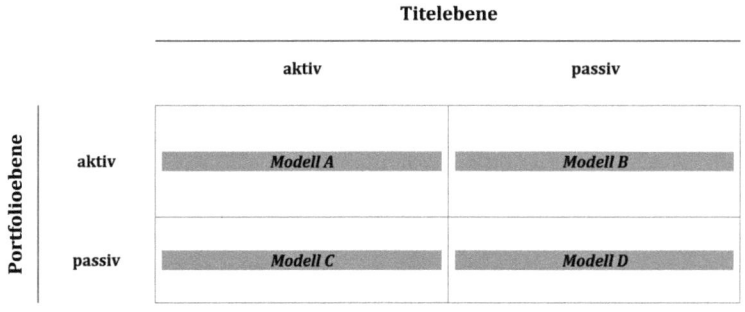

Abb. 13.1 Aktives und passives Management auf Portfolio- und Titelebene

Werden auch aktiv gemanagte Fonds bei der Titelauswahl berücksichtigt (Modell A), erhielt der Vermögensverwalter in der Vergangenheit regelmäßig Provisionszahlungen seitens der Fondsgesellschaft. Mit MiFID II unterliegt der Einbehalt von monetären Zuwendungen in der Finanzportfolioverwaltung, d.h. in der Vermögensverwaltung, allerdings gemäß § 64 Ziff. 7 WpHG einem strikten Verbot. Wählt der Vermögensverwalter aktiv gemanagte Fonds des vermögensverwaltenden Instituts, nimmt er zusätzlich zwei weitere Rollen ein: als Vermittler der hauseigenen Fonds, indem er die entsprechenden Investmentanteile für die Depots seiner Kunden erwirbt, und – institutionell betrachtet – als Manager der Fonds. Damit erhöhte sich vor MiFID II die Rentabilität des Mandats für den Anbieter mindestens um die im Fonds eingepreiste Managementvergütung. War der Vermögensverwalter in der Lage, auch eine Verbesserung seiner Dienstleistungsqualität auf Ebene des Kunden zu begründen und zu dokumentieren, konnte zusätzlich eine Vertriebsfolgeprovision einbehalten werden. Auch dies entfällt mit der Umsetzung von MiFID II. Finanzportfolioverwalter dürfen nur noch nicht-monetäre Zuwendungen in genau beschriebenem Umfang einbehalten sowie dem Kunden – stark reglementiert – geringfügige Analysegebühren gemäß § 7 WpDVerOV in Rechnung stellen (WpDVerOV 2017).

Mit MiFID II sollen die bisherige Intransparenz in den Gebührenstrukturen reduziert und die Neutralität und Unabhängigkeit der Vermögensverwalter bei der Auswahl der Finanzinstrumente gesetzlich abgesichert werden. Ziel des Regulators ist, wesentliche Fehlanreize zu reduzieren. Inwiefern die Vorgaben für die Weitergabe von Research-Kosten dabei praktikabel sind und welche Implikationen das Gesetz für Vermögensverwalter in Konzernstrukturen mit eigenen Fondsgesellschaften haben wird, bleibt abzuwarten. Die Ertragspotenziale für den Vermögensverwalter durch versteckte Gebühren werden in jedem Fall deutlich eingeschränkt, die regulatorisch bedingten administrativen Aufwände steigen dagegen weiter.

Bei der rein passiven Vermögensverwaltung (Modell D) versteht sich der Anbieter als Dienstleister, der dafür sorgt, das Vermögen des Kunden entsprechend der bei Abschluss des Mandats definierten Vermögensallokation in kostengünstige und die ausgewählten Märkte abbildende Finanzinstrumente zu investieren. Weil die Kosten der Informationsbeschaffung und -verarbeitung gering sind, werden dem Kunden primär die für die Administration und Transaktionen anfallenden Kosten in Rechnung gestellt. Damit dieser Investmentansatz rentabel angeboten werden kann, muss bei den verwalteten Vermögen ein gewisses Volumen erreicht werden, denn nur so können die bestehenden Fixkosten auch bei einer vergleichsweise kleinen Marge überkompensiert werden.

Ob bei einem passiv verwalteten Mandat, das aber aktiv gemanagte Fonds oder Direktanlagen enthält (Modell C), von Vermögensverwaltung im engeren Sinne gesprochen werden kann, ist fraglich. Circa 80 % der Performance werden nicht durch die Titelselektion, sondern durch die strategische und taktische Asset-Allokation generiert. Ein Mandat, das an der taktischen Allokation „spart", aber teure Finanzinstrumente einsetzt und die taktische Asset-Allokation mittels rein mechanischen Rebalancings umsetzt oder durch Einsatz von Mischfonds auf die Produktebene delegiert, könnte eher als „verkapptes Advisory-Mandat" bezeichnet werden.

13.2.3 Passive Strategien auf dem Vormarsch

Das Angebot an passiven Strategien mit regelbasiertem, mechanischem Rebalancing hat in den vergangenen Jahren stark zugenommen. Vor allem in den neuen Angeboten der digitalen Vermögensverwaltung kommen passive Allokationsstrategien zum Einsatz. Dies gilt ebenso für passive Finanzinstrumente. Auch hier hat sich die Situation in den letzten Jahren stark verändert. Konnte früher vor allem bei kleineren Vermögen eine angemessene Streuung nur durch eine Investition in aktive Investmentfonds erreicht werden, steht heute eine breite Palette passiver Fonds zur Auswahl.

Diese Entwicklung begann Mitte der 1970er Jahre mit der Auflegung des ersten Indexfonds auf den US-amerikanischen Aktienindex S&P 500 für Privatanleger durch John Bogle (Bodie et al. 2005, S. 378). Diese Produktinnovation ermöglichte als erste die kostengünstige Abbildung des Gesamtmarktes, war allerdings noch nicht direkt an der Börse handelbar. Mit der Einführung der Exchange Traded Funds (ETFs) im Jahre 1993 konnten passive Fonds auch direkt an der Börse gehandelt werden. Seit dem Jahr 2000 ist der ETF-Handel auch an europäischen Börsen möglich und das Anlagevolumen von ETFs seitdem signifikant gestiegen. 2003 lag das weltweit in ETFs angelegte Vermögen noch knapp über 200 Mrd. USD. 2009 wurde die Grenze von 1000 Mrd. USD überschritten, und 2016 betrug das weltweit in ETFs gehaltene Vermögen bereits deutlich über 3000 Mrd. USD (Statista 2016). Vorreiter dieses global ungebrochenen Trends sind institutionelle Anleger und der US-amerikanische Markt.

Die Beliebtheit von ETFs bei Anlegern ist auf mehrere Gründe zurückzuführen. Sowohl aktive als auch passive Fonds sind konkursfeste Sondervermögen. Da ETFs zumeist kostengünstiger ausgestaltet sind, fallen bei einer Investition in Fonds weitaus geringere Kosten beim Anleger an (Bodie et al. 2005, S. 121). Durch den Kauf an der Börse existieren bei der Anschaffung keine Aufschläge. Auch die laufenden Kosten sind für den Anleger bei ETFs wesentlich geringer als bei klassischen Investmentfonds. Neben den durchschnittlichen Kosten- und in breiten Märkten meist auch Renditevorteilen sind ETFs in der Regel sehr transparent. Durch die Replikation eines gegebenen Finanzmarktindexes und die laufende Berechnung des Marktwertes eines Fondsvermögens ist der Anleger jederzeit über die Wertentwicklung informiert. Aufgrund der Handelbarkeit an den Börsen sind ETFs zudem schneller und flexibler handelbar als klassische Investmentfonds.

Am Beispiel des US-amerikanischen Marktes kann die Entwicklung dieses Segments exemplarisch aufgezeigt werden. In den USA sind die Kosten eines aktiv gemanagten Aktienfonds rund viermal höher als die eines Aktien-ETFs (Wigglesworth 2017). 45 % der Investments in Aktien entfallen mittlerweile auf ETFs und Indexfonds. Zudem hat die Konzentration der Anbieter stark zugenommen. Die drei größten passiven Vermögensverwalter halten in den USA bereits über 70 % des Marktes (De Planta 2017, S. 15).

Allerdings können ETFs für den Anleger auch Risiken bergen, die nicht auf den ersten Blick erkennbar sind. So spielt grundsätzlich die Liquidität eines Fonds bei der Preisbildung eine große Rolle. Bei ETFs, die kleine oder exotische Märkte abbilden, können Preisverzerrungen nicht ausgeschlossen werden. Zudem hat in den letzten Jahren die Vielfalt und Komplexität von ETF-Konstruktionen erheblich zugenommen. So sind neben den physisch replizierenden Fonds mit einer 100-prozentigen Nachbildung des Vergleichsindexes, der sogenannten Vollreplikation, vermehrt synthetisch replizierende ETFs am Markt vertreten. Diese halten nicht die Werte, die dem Index zugrunde liegen, sondern nutzen Derivate mit den entsprechenden Kontrahenten- und Liquiditätsrisiken. Auch kann das Underlying des Collaterals bei synthetischen ETFs vollständig von den im Index befindlichen Titeln und deren Korrelationen abweichen (Financial Stability Board 2011; Morningstar 2010). In Krisenszenarien könnten bei einer notwendig werdenden Verwertung der Titel daraus dann erhebliche Wertabschläge resultieren. Eine weitere Entwicklung findet im Bereich der Indexkonstruktionen statt. Bereits seit einigen Jahren werden sogenannte Faktor-ETFs angeboten. Diese bilden ebenfalls einen Index ab, allerdings nicht einen klassischen mit einer Gewichtung nach Marktkapitalisierung, sondern einen Index mit alternativer Gewichtung oder mit einer Exponierung auf bestimmte Renditefaktoren, um eine entsprechende Überrendite zu erzielen. Ob Faktor-ETFs zu Recht als passive Instrumente bezeichnet werden können, weil sie traditionellen passiven Strategien ähneln, indem sie regelbasiert, systematisch und transparent sind, ist allerdings fraglich. 2016 waren weltweit bereits mehr als 400 Mrd. USD in diese sogenannten Smart-Beta-ETFs investiert und damit mehr als zehn Prozent des gesamten ETF-Marktvolumens. Auch eines der am schnellsten wachsenden Segmente des ETF-Marktes, gehebelte ETFs, hat keinen passiven Charakter. ETFs mit Hebelwirkung und inverse ETFs sind eher kurzfristig und spekulativ ausgerichtet. Zusätzlich hat sich ein – bisher überschaubarer – Markt für aktiv verwaltete ETFs entwickelt. Der Fondsmanager überprüft und optimiert hier fortlaufend die Einzeltitelebene im Fonds mit dem Ziel, eine Überrendite gegenüber der Benchmark zu realisieren. Aktive ETFs unterscheiden sich von klassischen Investmentfonds im Wesentlichen nur durch die Vorteile des Börsenhandels.

Schließlich sei noch auf die an den Börsen gehandelten Exchange Traded Commodities (ETCs) hingewiesen. Diese sind kein Sondervermögen, das im Falle einer Insolvenz des Emittenten geschützt ist, sondern eine Schuldverschreibung des ETC-Anbieters mit dem entsprechenden Kontrahentenrisiko.

Mit den steigenden Volumina indexierter Anlagen hat auch der Markt für Indexanbieter an Attraktivität gewonnen. Denn für die Auflage börsengehandelter Indexfonds werden von Indexanbietern in der Regel Lizenzgebühren verlangt. Zunehmend ist zu beobachten, dass „für jede Anlageidee [...] ein Index kreiert [wird], auf den Produkte aufgelegt werden" (Gabriel 2018). ETFs auf solch spezifische Indizes decken dann bewusst nicht mehr breite Märkte ab und sind qua Konstruktion keine passiven Instrumente, sondern eine aktive Wette, z. B. auf eine Branche oder ein regionales Marktsegment.

Grundsätzlich gilt: Bei allen nicht-klassischen bzw. nicht physisch replizierten ETFs sind die Kosten bzw. die Risiken höher als bei klassischen ETFs.

13.3 Robo-Advisor – Einordnung, zentrale Unterschiede und Marktentwicklung

Im Zuge der voranschreitenden Digitalisierung können Finanzgeschäfte zunehmend online und teilweise ganz ohne persönliche Beratung abgeschlossen werden. Dies gilt auch für den Bereich der Vermögensverwaltung. Während die Möglichkeit des Onlinezugriffs auf das Wertpapierdepot und das Aufgeben von Börsenaufträgen mit wenigen Mausklicks nun seit Langem zum Standardangebot von Finanzdienstleistern gehören, haben sich mit den sogenannten Robo-Advisors erst in jüngerer Zeit digitale Lösungen entwickelt, die in der Verwaltung des Portfolios und/oder der Beratung auf Automation setzen (Bloch und Vins 2016, S. 177). Bei den bisher angebotenen Robo-Advisors steht vor allem die Zusammenstellung eines Ausgangsportfolios mit anschließender Verwaltung im Mittelpunkt. Diese basieren wie die traditionelle Vermögensverwaltung auf einem im Vorfeld durchgeführten Kundenprofiling, bei dem die relevanten Kriterien abgefragt oder mithilfe von einfachen Tests digital ermittelt werden (von Nitzsch und Braun 2017, S. 51).

Die Geschichte der digitalen Vermögensverwaltung ist noch relativ jung. 2008 starteten die ersten Robo-Advisors in den USA (Sirioni 2016, S. 22). Ende 2017 verwalten die beiden Pioniere Betterment und Wealthfront zusammengenommen rund 20 Mrd. USD. Zum gleichen Zeitpunkt verwaltet Vanguard Personal Advisor weltweit mit 93 Mrd. USD das größte Volumen. Der Anteil des bei Robo-Advisors angelegten Vermögens am Gesamtmarkt ist damit vergleichsweise noch sehr gering. Die Wachstumsraten lassen aber ahnen, welche Bedeutung die digitalen Vermögensverwalter in Zukunft haben können. In den letzten Jahren ist das von Robo-Advisors verwaltete Vermögen stetig angewachsen. Ende 2016 betrug es weltweit bereits deutlich über 115 Mrd. USD (Statista 2016). Vorreiter dieses ungebrochenen Trends sind genau wie bei den ETFs die USA. Mit einem verwalteten Vermögen von 101 Mrd. USD im Jahr 2016 liegt der Anteil am weltweiten durch Robo-Advisors verwalteten Vermögen bei 88 %. In Deutschland startete der erste Robo-Advisor erst im Jahre 2013 (Schneider 2018). Per Ende 2017 waren allerdings bereits 41 Robo-Advisors in Deutschland aktiv und damit mehr als in jedem anderen europäischen Land. Deutschland ist mit einem von Robo-Advisors in 2017 verwalteten Vermögen von mehr als drei Mrd. USD nach den USA, China und UK weltweit auf Rang vier der Märkte für Robo-Advisory (Fintechnews 2018).

13.3.1 Aktive und passive Anlagestile

Obwohl die Idee der digitalen Geldanlage ursprünglich eng mit der des passiven Investierens verbunden war, können Robo-Advisors auch aktive Anlagestrategien umsetzen. Nachfolgend sollen am deutschen Markt tätige Anbieter nach ihrer Investmentphilosophie grob systematisiert und geordnet werden. Dies erfolgt wieder mit separater Betrachtung der Portfolio- und Titelebene. Die zugrunde liegenden Informationen entstammen den Homepages der Anbieter und eigenen Recherchen (vgl. Anhang).

Echte passive Ansätze (Modell D: passiv/passiv in Abb. 13.2) sind bei den deutschen Robo-Advisors nicht mehrheitlich vertreten. Beispielhaft für einen rein passiven Ansatz kann etwa *Growney* genannt werden. Hier wird ein Gesamtportfolio aus passiven Aktien- und Anleihenfonds zusammengesetzt. Die Asset-Klassen werden nur aufgrund eines mechanischen Rebalancings angepasst. Ähnlich geht *Vaamo* vor. Auch hier kommt Modell D zum Tragen. Es kommen nur physisch replizierende, thesaurierende Fonds mit mindestens 100 Mio. € Anlagevolumen zum Einsatz.

Einen passiv/aktiven Ansatz (Modell C) verfolgen die beiden Anbieter aus den deutschen Verbundgruppen. *Bevestor* und *MeinInvest* setzen auf Titelebene aktiv gemanagte Investmentfonds, z. T. mit offenem Fondsuniversum, ein. Auf Portfolioebene erfolgt lediglich ein Rebalancing. Einen eigenen Akzent setzt der Robo-Advisor *Solidvest*, der in Direktanlagen im Aktien- und Anleihenbereich investiert und damit das Portfolio auf Titelebene klassisch aktiv verwaltet. Hinzu kommt ein – bei Bedarf tägliches – Rebalancing auf Portfolioebene.

Zahlreiche weitere Robo-Advisors werben mit einem aktiven Management auf Portfolioebene, konzentrieren ihre Aktivitäten allerdings primär auf ein aktives Risikomanagement und sollen im Folgenden als semi-passiv (Modell DD) bezeichnet werden. Einen solchen Ansatz verfolgt z. B. der deutsche Marktführer *Scalable Capital*, bei welchem ein aus ETFs zusammengesetztes Portfolio aufgrund der sich verändernden Risikoein-

		Titelebene	
		aktiv	passiv
Portfolioebene	aktiv	**Modell A** – Visualvest – Baloise Monviso – Sutor Bank – ComInvest – Investify – Liqid Select – Warburg Navigator – Werthstein – Truevest – Quirion – Bevestor Select – Fundamental Capital	**Modell B** – Ginmon – maxblue – Fintego – Easyfolio flex – Whitebox
	semi-passiv		**Modell DD** – Scalable Capital – Liqid Global – Easyfolio
	passiv	**Modell C** – Bevestor Relax – MeinInvest – Solidvest	**Modell D** – Growney – Vaamo – Wüstenrot ETF

Abb. 13.2 Aktive und passive Investmentansätze von Robo-Advisors

schätzungen überwacht und ggf. umgeschichtet wird. Auch *LIQID Global* kann als semipassiv bezeichnet werden. Dieses Angebot setzt auf Titelebene ausschließlich auf Indexfonds (ETF). Bei Marktschwankungen wird das Portfolio automatisch dem ursprünglichen Risikoprofil des Anlegers angepasst, d. h. es erfolgt ein tägliches Rebalancing. Zusätzlich werden aber die Aktienmärkte nach ihrer regionalen Wirtschaftskraft gewichtet, sodass ein aktives Element auf Portfolioebene eingesetzt wird. Auch *Easyfolio* soll diesem Modell zugeordnet werden, da sein Robo-Advisor im Rahmen eines Dachfondsmanagements aktiv Gewichtungen der physisch replizierenden ETFs nach dem Bruttoinlandprodukt des jeweiligen Landes bzw. der Region vornimmt.

Aktiv/passiv (Modell B) gemanagte Mandate finden sich ebenfalls bei den Robo-Advisors: *Ginmon* managt aktiv und setzt mit physisch replizierenden ETFs passive Finanzinstrumente ein. Auch *maxblue Robin* und *Fintego* arbeiten mit passiven Finanzinstrumenten, setzen aber nicht nur physisch, sondern auch synthetisch replizierende ETFs ein, da im Portfolio nicht nur traditionelle Asset-Klassen Eingang finden. Auch *Whitebox* soll diesem Modell zugeordnet werden. *Whitebox* kombiniert mit seinen Partnern Morningstar Investment Management/Ibbotson aktive und passive Ansätze zwecks Erreichung besserer risikoadjustierter Renditen. Während eine aktive taktische Asset-Allokation und ein aktives Risikomanagement erfolgen, wird auf eine explizite Titelselektion verzichtet.

Auch aktiv/aktive Ansätze (Modell A), die am ehesten mit einer klassischen Vermögensverwaltung verglichen werden können, finden sich bei zahlreichen Robo-Advisors. So verfolgt etwa *Visual Invest* einen solchen Ansatz. Entsprechend werden aufgrund von Marktentwicklungen die Gewichtung der einzelnen Anlageklassen angepasst und die Einzelfonds selektiert und überwacht. Dies gilt auch für *Baloise Monviso* und *Liqid Select*. Zum Einsatz kommen hier auf Titelebene ETFs und aktiv gemanagte Fonds sowohl physischer als auch synthetischer Natur. Auch *Sutor Bank* bietet eine taktische Asset-Allokation in ihrer ETF-Vermögensverwaltung, die nicht nur klassische ETFs, sondern auch Faktor-ETFs einsetzt, an. *Truevest* wiederum setzt die Portfoliostrategie auf Einzeltitelebene mit Dachfonds, aktiven Strategiefonds und ETCs um. *Quirion* steuert auf Ebene der taktischen Asset-Allokation die Aktien-/Anleihenquote und setzt auf Titelebene neben klassischen ETFs aktive Faktor-ETFs und Real Estate Investment Trusts (Reits) ein. Und schließlich sei *Fundamental Capital* erwähnt, der auf einen quantitativen Ansatz aus dem institutionellen Geschäft setzt und mit aktiv gemanagten Aktienportfolios vor allem Direktanlagen auf Titelebene nutzt.

Insgesamt ist eine große Vielfalt an Kombinationsmöglichkeiten von aktiven und passiven Strategien und deren konkreten Ausprägungen festzustellen. Überraschenderweise sind echte passiv/passive Ansätze selten, während sich aktiv/aktive und aktiv/passive Ansätze vergleichsweise häufig finden.

13.3.2 Preismodelle

Betrachtet man in einem zweiten Schritt die Konditionen der verschiedenen Robo-Advisors, so setzt sich der heterogene Eindruck fort.

Im passiv/passiven Ansatz (Modell D) haben die von den Anbietern eingesetzten ETFs mit 0,25 bis 0,29 % p. a. eine vergleichsweise niedrige Total Expense Ratio (TER). Die Preisspannen für das Rebalancing und die Administration liegen zwischen 0,39 und 0,99 % p. a. – abhängig vom Volumen des Anlagebetrags.

Die semi-passiv/passiven Modelle (DD) mit aktivem Risikomanagement setzen ETFs mit einer TER von 0,17 bis 0,25 % p. a. ein. Und auch mit den Kosten für das semi-passive Management auf Portfolioebene in Höhe von 0,25 bis 0,75 % p. a. haben sich diese Robo-Advisors etwas günstiger als die passiv/passiven Angebote im Markt positioniert. *Liqid* setzt dabei eine Mindestanlagesumme von 100.000 € voraus und bietet volumenabhängige Staffelpreise, *scalable* verlangt einen Mindestanlagebetrag von 10.000 €; der hier ausgewiesene Preis auf Portfolioebene in Höhe von 0,75 % p. a. ist volumenunabhängig.

Die Angebote in Modell C (passiv/aktiv) liegen auf Ebene der passiven Portfoliosteuerung zwischen 0,48 und 1,40 % p. a., auf Titelebene zwischen 0 und 1,44 % p. a. Mit *Bevestor*, dem Angebot der Fondsgesellschaft der Sparkassen-Gruppe, wird eine passive fondsgebundene Vermögensverwaltung angeboten, deren jährliche Verwaltung bei 0,9 % liegt, die eingepreisten Fonds Fees werden mit 1,23 bis 1,29 % p. a. angegeben. *Mein-Invest*, das Robo-Angebot der Fondstochter des genossenschaftlichen FinanzVerbundes, setzt ebenfalls auf eine passiv gemanagte Fondsvermögensverwaltung: Auf Titelebene sind 0,91 bis 1,44 % p. a. eingepreist, der Preis auf Portfolioebene ist VR-Banken-individuell. *Solidvest* berechnet volumenabhängig einen Preis von 1,1 bis 1,4 % p. a. auf Portfolioebene plus Performance Fee; Kosten auf Titelebene entstehen nicht.

Die aktiv/aktiv (Modell A) gemanagten digitalen Vermögensverwaltungen weisen Preisspannen von 0,35 bis 1,95 % p. a. auf Portfolioebene und 0 bis 1,75 % p. a. auf Titelebene auf. Überdurchschnittlich häufig fehlen in dieser Gruppe Angaben zu den eingepreisten Kosten der Finanzinstrumente. *Quirion* ist mit 0,22 bis 0,28 % p. a. auf Titelebene und 0,48 % p. a. auf Portfolioebene preislich am unteren Ende der Skala in Modell A positioniert. Am oberen Ende der Preisangaben finden sich auf Portfolioebene mit 1,45 bis 1,95 % p. a. *Truevest* für ein Anlagevolumen ab 10.000 € und *Warburg Navigator* mit 1,2 % p. a. für ein Anlagevolumen ab 20.000 €. Bei *Truevest* werden zu den Kosten auf Titelebene keine Angaben gemacht, bei *Warburg Navigator* belaufen sich die Kosten auf ca. 0,4 % p. a.

Die aktiv/passiven Ansätze (Modell B) bewegen sich zwischen 0,35 und 1,86 % p. a. für die Portfoliosteuerung und für die Titelebene zwischen 0,2 und 0,39 % p. a. *Gimnon* beispielsweise verlangt bei einer Mindestanlage von lediglich 1000 € volumenunabhängig 0,39 % p. a. auf Portfolioebene; hinzu kommen zehn Prozent Erfolgsbeteiligung (High Water Mark). *Whitebox* weist überhaupt keinen Mindestanlagebetrag aus. Bis 30.000 € bewegt sich der jährliche Preis auf Portfolioebene mit 0,95 % im mittleren Preissegment der Robo-Advisors dieses Modells. Am obersten Ende der Skala findet sich mit *Easyfolio flex* der preisliche Ausreißer mit 1,86 % p. a.

Grundsätzlich lassen sich damit die Preismodelle der Robo-Advisors zwei Gruppen zuordnen. Auf der einen Seite finden sich in allen Modellen A bis D Konstruktionen, die als einfach und transparent bezeichnet werden können. Bei diesen Robo-Advisors haben sich

Pauschalpreise durchgesetzt und auch die durchschnittlichen TERs der eingesetzten Finanzinstrumente werden offen ausgewiesen, sodass bezüglich der Kosten für den Anleger eine hohe Übersichtlichkeit und Transparenz bestehen. Über den – teilweise volumenabhängigen – Portfoliopreis und die Produktkosten hinausgehende Spezifika finden sich in diesen Preismodellen nicht.

Auffällig ist die Häufung abweichender Preismodelle bei Robo-Advisors in den Modellen A, B und C, die damit einer zweiten Gruppe zuzuordnen sind. *Easyfolio Flex* etwa erhebt zusätzlich zu einer Management Fee einen signifikanten Ausgabeausschlag für den eingesetzten Dachfonds, *Ginmon*, *Fundamental Capital* und *Solidvest* arbeiten mit einem zusätzlichen erfolgsabhängigen Vergütungsanteil auf Portfolioebene, und *Truevest* berechnet additiv zu einem überdurchschnittlich hohen Pauschalpreis einen Einstiegspreis und Transaktionspauschalen. Zusätzlich ist die Transparenz der Preise bei mehreren Anbietern in Modell A angesichts der zum Teil nicht vollständigen oder nicht veröffentlichten Angaben zu den Kosten auf Titelebene eingeschränkt. Nur ein Anbieter stellt explizit auf ein ergänzendes persönliches Betreuungsangebot für das Robo-Advisory ab: So wird seitens *Quirion* ergänzend ein hybrides Modell angeboten, d. h. der Preis für die Portfolioebene erhöht sich von 0,48 auf 0,88 % p. a., sofern dem Kunden ein Berater zur Verfügung stehen soll.

Mit den komplexeren Preismodellen gehen in der Regel und nicht überraschend auch höhere absolute Preise einher. Höhere absolute Preise finden sich regelmäßig auch, wenn die Portfolio- und/oder Titelebene aktiv gemanagt werden, d. h. in den Modellen A, B und C. Auffällig sind hier die erheblichen Spannbreiten zwischen den Angeboten – auch innerhalb der Modelle. Nur ein kleiner Teil der Preisunterschiede lässt sich dabei anhand der verschiedenen Mindestanlagesummen erklären.

13.3.3 Unternehmerische Herkunft

Neben klassischen Start-ups gehören gerade auf dem deutschen Markt viele bisher bereits in der traditionellen Vermögensverwaltung tätige Unternehmen zu den Anbietern. So werden Robo-Advisors häufig von Banken, Fondsgesellschaften und Family Offices in Ergänzung zu bestehenden Vertriebskanälen und Dienstleistungen angeboten. Dies trifft auf die beiden Großbanken ebenso zu wie auf die Verbundgruppen der Sparkassen und Genossenschaftsbanken. Zudem haben vereinzelt Privatbanken und Vermögensverwalter entsprechende Unternehmen gegründet.

Häufig nutzen traditionelle Finanzdienstleister dabei die technischen Kompetenzen von FinTech-Unternehmen. So ist *Visualvest* nicht nur ein eigenständiges Start-up, sondern arbeitet als technischer Provider auch mit der Union Investment für deren Robo-Advisor *MeinInvest* zusammen. Eine vergleichbare Konstellation in der Zusammenarbeit haben *Investify* und Haspa gewählt.

Den umgekehrten Weg findet man bei der klassischen Privatbank Sutor Bank. Neben einem eigenen Robo-Advisor-Angebot, dessen technische Basis eine eigenentwickelte

Anlageplattform ist, bietet sie seit 2016 FinTech-Unternehmen eine Partnerschaft an, indem sie ihnen sowohl ihre Anlageplattform als auch ihr Core-Banking-System per API zugänglich macht. Mit *Growney* wurde für diese Form der Zusammenarbeit auch ein erster Robo-Advisor gewonnen.

Zusätzlich sind zahlreiche Vertriebskooperationen zwischen Start-ups, technischen Providern und bereits etablierten Marktteilnehmern zu beobachten. So ist etwa der deutsche Marktführer *Scalable Capital*, an dem der weltgrößte Asset-Manager Blackrock beteiligt ist, eine Partnerschaft mit der Direktbank ING-DiBa eingegangen. Als ein weiteres Beispiel für einen Robo-Advisor, der als eigenständiges Start-up nun über die Kooperation mit Banken seinen Vertriebskanal erweitert, kann *Whitebox* genannt werden. 2017 wurde seine Zusammenarbeit mit der Volkswagen Bank kommuniziert.

13.3.4 Gesamtbetrachtung

Die Leistungsangebote der Robo-Advisors und ihre Positionierungen im deutschen Markt sind bemerkenswert vielfältig. Gemeinsam ist ihnen, dass sie alle das Etikett „transparent, preiswert und innovativ" für sich beanspruchen, und zwar ganz unabhängig davon, wie komplex ihr Angebot ist oder wie hoch ihre Preise sind. Es ist augenfällig, dass der Markt für Robo-Advisors in Deutschland noch jung und in der Entstehungsphase ist. Die Entwicklung in den USA zeigt mit ein paar Jahren Vorsprung allerdings die Wachstumschancen in den passiven Ansätzen auf.

Die exemplarisch herausgegriffenen Angebote von Robo-Advisors zeigen, dass sich mit der digitalen Vermögensverwaltung bezüglich des Anlagestils sämtliche Kombinationen auf Portfolio- und Titelebene umsetzen lassen. Im Durchschnitt setzen Robo-Advisors derzeit auf Titelebene im Vergleich zur traditionellen Vermögensverwaltung noch wesentlich häufiger klassische ETFs als aktiv gemanagte Fonds oder Direktanlagen ein. Auf Portfolioebene dagegen ist die Anzahl der Anbieter, die mit einem aktiven Portfoliomanagement eine Dienstleistung anbieten, die ein klassisches Merkmal traditioneller Vermögensverwalter ist, stark gestiegen. Überraschenderweise dominieren sie mittlerweile anzahlmäßig sogar den Markt im Robo-Advisory. Diese Anbieter haben sich in den Modellen A und B positioniert, d. h., sie bieten ein aktiv gemanagtes Portfolio an – mit oder ohne aktiv gemanagte Finanzinstrumente. Die eingesetzten aktiv gemanagten Finanzinstrumente sind dabei sehr heterogen. Neben klassischen Investmentfonds finden sich Faktor-ETFs, ETCs, gehebelte ETFs und Reits. Die Art der Replikation der ETFs wird in der Regel nur von denjenigen Anbietern betont und offengelegt, die einen Vorteil darin sehen, physisch replizierende ETFs einzusetzen. Diese Anbieter finden sich vor allem in den Modellen DD und D und damit in den passiven oder semi-passiven Ansätzen. Nur vereinzelt werden auch Direktanlagen für die Umsetzung einer aktiven Titelstrategie genutzt (Modell A und C).

Die Angebote der Robo-Advisors sind mit steigendem aktivem Managementanteil zunehmend erklärungsbedürftig. Auch wenn viele Anbieter ihre Investmentansätze bereits auf ihren Homepages detailliert beschreiben oder auf Anforderung ihre Whitepaper zur Verfügung stellen, ist das Finanzwissen, dass ein Interessent aufweisen muss, um diese Informationen angemessen verarbeiten zu können, erheblich. Ein fachlicher Vergleich der unterschiedlichen Angebote, der Voraussetzung für die Einschätzung des Preis-Leistungs-Verhältnisses der Angebote sein dürfte, wird für einen Durchschnittsanleger deshalb nicht möglich sein.

Alle Robo-Advisors erheben den Anspruch transparenter Preise. Dass dies nicht durchgängig der Fall ist, zeigt die Marktanalyse. Noch relevanter aber ist, dass auch die teilweise durchaus bestehende Preistransparenz offenbar nicht unmittelbar zu niedrigen Preisen führt. In einigen Fällen addieren sich die Gesamtkosten für den Anleger auf deutlich über zwei Prozent p. a. Ebenso sind die Spannbreiten der angebotenen Preise erheblich, auch innerhalb der Modelle. Und beim Vergleich der Modelle DD und D wurde deutlich, dass mit einem expliziten Zusatzangebot nicht immer ein höherer Preis einhergehen muss. Aber regelmäßig finden sich überschaubare, wenig kostenintensive Dienstleistungen in einem bemerkenswert hohen Preissegment wieder. Dies alles deutet auf einen geringen Grad an Markttransparenz hin, in einem Markt, der bei interessierten Anlegern exzessiv mit Transparenz wirbt. Ein Erklärungsansatz könnte darin bestehen, dass mit den Robo-Advisors ein Angebot geschaffen wurde, das eine Vermögensverwaltung nun auch Kleinstanlegern einfach zugänglich macht und die Preissensitivität der an digitaler Vermögensverwaltung Interessierten von den Anbietern zunächst getestet wird. Signifikant preiswerter als traditionelle Fondsvermögensverwaltungen sind für kleine Anlagesummen dabei die Modelle, die auf der Titelebene überwiegend passive Instrumente einsetzen.

13.4 Fazit

Die Angebote und Leistungen der Robo-Advisors haben sich in den vergangenen Jahren sprunghaft diversifiziert. Welche Modelle sich im Markt durchsetzen werden, ist noch nicht abschließend erkennbar. Es ist allerdings davon auszugehen, dass das Wachstum im Bereich der vollständig digitalisierten Vermögensverwaltung stetig zunehmen wird. Zudem werden es vor allem eher jüngere Marktteilnehmer sein, die die digitalen Angebote nutzen. Auf lange Sicht besteht für die traditionellen Anbieter also die Gefahr, signifikante Marktanteile zu verlieren, sollten bisher traditionell betreute Vermögen in Zukunft immer häufiger digital verwaltet werden. Einige traditionelle Anbieter haben auf diese Herausforderung bereits mit einem eigenen Robo-Angebot reagiert, andere suchen in Ergänzung ihres traditionellen Angebots technische oder vertriebliche Kooperationen mit eigenständigen Robo-Advisor-Unternehmen.

Am stärksten unterscheiden sich Robo-Advisors mit passivem oder semi-passivem Ansatz auf Portfolioebene und dem ausschließlichen Einsatz von passiven Finanzinstrumenten auf Titelebene (Modelle DD und D) von traditionellen Vermögensverwaltungsangeboten. Diese Ansätze schließen eine Lücke im Markt, indem sie für kleine und mittlere Anlagevolumina ein effizientes Angebot schaffen. Für Anbieter klassischer Vermögensverwaltungen entspräche ein Markteintritt in dieses Segment einer Diversifikationsstrategie, da sie zum einen mit der Ansprache kleiner Anlagevolumina neue Kundensegmente erschließen könnten, zum anderen mit Modell D oder DD allen interessierten Anlegern ein grundsätzlich neues Leistungsangebot offerierten. Ob traditionelle Anbieter diesen Schritt gehen wollen, dürfte primär von unternehmensindividuellen, strategischen Überlegungen abhängig sein.

Sobald Robo-Advisors aktive Elemente in ihren Anlageprozess integrieren, nimmt das Profil der Robo-Advisors an Unschärfe zu. Die Preise liegen für höhere Anlagevolumina nicht mehr signifikant niedriger als bei einer klassischen Vermögensverwaltung und auch dem Anspruch nach Transparenz wird häufig nicht ausreichend nachgekommen. Da sich in den Modellen A und B vereinzelt aber auch Angebote mit attraktivem Preis-Leistungs-Verhältnis für kleinere und mittlere Anlagevolumina finden, wird dies den Preisdruck im Markt insgesamt weiter erhöhen. Traditionelle Vermögensverwalter erhalten damit Konkurrenz in ihrem ureigensten Gebiet, der professionellen aktiven Vermögensverwaltung. Auf persönliche Beratungsangebote scheinen die neuen Wettbewerber dabei verzichten zu können. Und genau hier kann eine Differenzierungsstrategie ansetzen. Traditionelle Vermögensverwalter sollten sich auf ihre Stärken in der persönlichen Kundenbeziehung besinnen und an der Rückgewinnung verlorengegangenen Kundenvertrauens arbeiten, insbesondere bei den jüngeren Kundengruppen mit erhöhtem Anspruch an Transparenz und faire Preis-Leistungs-Verhältnisse (Pester 2017). Nur wenn es den bisherigen Anbietern gelingt, ihren Mehrwert in der Beratung aufzuzeigen und zugleich auf Titelebene niedrige Kosten der eingesetzten Finanzinstrumente als Hygienefaktor zu begreifen, bleibt für sie eine attraktive Marktpositionierung in der Vermögensverwaltung möglich.

Anhang

Auszug Marktanalyse Robo-Advisors 1. Qu. 2018

Anbieter	Eingesetzte Finanzinstrumente	Preis Portfolioebene	Kosten Titel	Herkunft
Baloise Monviso	ETFs und aktiv gemanagte Fonds	0,89 %	Ca. 0,55 %	Tochter Baloise und Deutsche Asset Management
Bevestor Relax	Aktiv gemanagte Fonds	0,90 %	Ca. 1,23 %–1,29 %	Enkelin Sparkasse
Bevestor Select	ETFs und aktiv gemanagte Fonds	0,8 %–1 %	Ca. 0,38 %–0,64 %	Enkelin Sparkasse
ComInvest	ETFs und aktiv gemanagte Fonds	0,95 %	Keine Angaben	Tochter Commerzbank
Easyfolio Flex	ETFs im Dachfonds	1,86 % + 3 % Ausgabeaufschlag	Keine Angaben	Hauck & Aufhäuser Privatbankiers
Easyfolio 30, 50, 70	ETFs	0,70–0,71 % + Depotkosten	Ca. 0,25 %	Hauck & Aufhäuser Privatbankiers
Fintego	ETFs	0,45 %–0,95 %	Ca. 0,25 %	Commerzbank beteiligt
Fundamental Capital	Einzeltitel Aktien, Short ETFs, Cash	1 % + 12 % Performance Fee	Keine (Direktinvestments)	Eigenständiges Start-up
Ginmon	ETFs	0,39 % + 10 % Erfolgsbeteiligung	0,29 %–0,39 %	Eigenständiges Start-up
Growney	ETFs	0,39 %–0,99 %	Max. 0,27 %	Eigenständiges Start-up
Investify	ETFs und aktiv gemanagte Fonds	1 %	Ca. 0,25 %	Kooperation Haspa
Liqid Global	ETFs	0,25 %–0,5 %	Ca. 0,17 %	Quandt Family Office
Liqid Select	ETFs und aktiv gemanagte Fonds	0,6 %–0,9 %	Ca. 0,91 %	Quandt Family Office
maxblue Robin	ETFs	0,8 %–1 %	Ca. 0,25 %	Tochter Deutsche Bank
MeinInvest	Aktiv gemanagte Fonds	Anbieterabhängig	0,91 %–1,44 %	VR-Banken (Produktprovider Union Investment)

Anbieter	Eingesetzte Finanzinstrumente	Preis Portfolioebene	Kosten Titel	Herkunft
Quirion	ETFs, indexnahe Fonds, Faktor-ETFs, Reits	0,48 %; 0,88 % mit Coach	0,22 %–0,28 %	Tochter Quirin Privatbank
Scalable Capital	ETFs	0,75 %	Ca. 0,25 %	Eigenständiges Start-up, Blackrock (Ishares ETF) gehört zu Investoren
Sina (aktuell im Umbau)	ETFs	1 %	0,30 %	Santander Kooperation mit Vaamo
Solidvest	Aktien und Anleihen	1,10 %–1,40 % + 10 % Erfolgsbeteiligung	Keine (Direktinvestments)	Tochter DJE Kapital AG
Sutor Bank	ETFs, Faktor-ETFs	0,70 %	0,2 %–0,7 %	Onlinefiliale der Sutorbank
Truevest	Aktiv gemanagte Fonds, ETCs und ETFs	1,49 %–1,95 % + Transaktionspauschale und Einstiegsgebühr	Keine Angaben	Tochter Finlab AG
Vaamo	ETFs	0,49 %–0,79 %	Ca. 0,29 %	Eigenständiges Start-up
Visualvest	ETFs und aktiv gemanagte Fonds, je nach Anlagestrategie	0,60 %	0,27 %–1,79 %	Eigenständiges Start-up
Warburg Navigator	ETFs und aktiv gemanagte Fonds	1,20 %	ca. 0,4 %	M.M. Warburg & Co.
Werthstein	ETFs, aktiv gemanagte Fonds und Einzeltitel	0,35 %–0,85 %	Keine Angaben	Eigenständiges Start-up
Whitebox	ETFs	0,35 %–0,95 %	ca. 0,2 %	Eigenständiges Start-up
Wüstenrot ETF Managed Depot	ETFs	0,45 %–0,95 %	0,25 %	Wüstenrot

Literatur

Anhorn, R., Meier, P., & Schaier, A. (2018). *Asset Management in der Schweiz. SML Essentials.* Zürich: vdf Hochschulverlag ETH Zürich.

Bloch, T., & Vins, O. (2016). Robo-Advice – die Zukunft der Geldanlage. In O. Everling & R. Lempka (Hrsg.), *Finanzdienstleister der nächsten Generation – Megatrend Digitalisierung: Strategien und Geschäftsmodelle* (S. 171–186). Frankfurt: Frankfurt School Verlag.

Bodie, Z., Kane, A., & Marcus, A. (2005). *Investments* (6. Aufl.). Singapore: McGraw-Hill.

Fama, E. F. (1970). Efficient capital markets: a review of theory and empirical work. *The Journal of Finance, 25*(2), 383–417.

Financial Stability Board (2011). Potential financial stability issues arising from recent trends in Exchange-Traded Funds (ETFs). http://www.fsb.org/wp-content/uploads/r_110412b.pdf. Zugegriffen: 14. März 2018.

Fintechnews (2018). Robo-Advisory Market in Germany. http://fintechnews.ch/roboadvisor_onlinewealth/robo-advisory-market-in-germany/16815/.Zugegriffen. Zugegriffen: 23. März 2018.

Gabriel, C. (2018). Wie die Indexanbieter kassieren, kassieren und kassieren. In: NZZ v. 29.3.2018. https://www.nzz.ch/finanzen/fonds/wie-die-indexanbieter-kassieren-kassieren-und-kassieren-ld.1369812. Zugegriffen: 30. März 2018.

Malkiel, B. (2015). *A random walk down wall street – the time-tested strategy for successful investing.* New York: W.W. Norton.

McKinsey (2016). Private Banking Survey. Private Banking: Erträge der Vermögenden steigen, die der Banken nicht. https://www.mckinsey.de/files/160805_pm_pb_survey_2016.pdf. Zugegriffen: 11. März 2018.

Morningstar (2010). Synthetic ETFs: how protected are you? http://www.morningstar.co.uk/uk/news/66410/Synthetic-ETFs-How-Protected-Are-You.aspx. Zugegriffen: 11. März 2018.

von Nitzsch, R., & Braun, D. (2017). Digitale Vermögensanlage: Auf dem Weg zu individuellen und intelligenten Lösungen. In M. Seidel (Hrsg.), *Banking & Innovation 2017* (S. 49–62). Wiesbaden: Springer.

Pedersen, L. H. (2015). *Efficiently inefficient: how smart money invests and market prices are determined.* Princeton: Princeton University Press.

Pester, M. (2017). Vertrauen und Kontrolle. *Schweizer Bank, 17*(9), 28–29.

De Planta, R. (2017). Popularität passiver Anlagestrategien bedrohlich für freien Wettbewerb. *Absolut Report, 3/2017,* 15.

Saha, A., & Rinaudo, A. (2017). Actively managed versus passive mutual funds: a race of two portfolios. *Journal of Financial Transformation, 46,* 193–206.

Schneider, K. (2018). Die automatisierte Vermögensverwaltung hat für Anleger noch ihre Tücken. In: Handelsblatt v. 15.2.2018. http://www.handelsblatt.com/my/finanzen/anlagestrategie/trends/robo-advisor-die-automatisierte-vermoegensverwaltung-hat-fuer-anleger-noch-ihre-tuecken/20965770. Zugegriffen: 16. Febr. 2018.

Shiller, R. J. (2003). From efficient markets theory to behavioral finance. *Journal of Economic Perspectives, 17*(1), 83–104.

Sirioni, P. (2016). *FinTech Innovation – From Robo-Advisors to Goal Based Investing and Gamification.* Chichester: Wiley.

Statista (2016). Robo-Advice. https://de.statista.com/statistik/studie/id/48179/dokument/robo-advice/. Zugegriffen: 15. Juni 2018.

Wigglesworth, R. (2017). ETFs are eating the US stock market. In: Financial Times v. 24.1.2017. https://www.ft.com/content/6dabad28-e19c-11e6-9645-c9357a75844a. Zugegriffen: 2. März 2018.

WpDVerOV (2017). Verordnung zur Konkretisierung der Verhaltensregeln und Organisationsanforderungen für Wertpapierdienstleistungsunternehmen (WpDVerOV). 17. Okt. 2017 BGBl. I S. 3566 (Nr. 69), in Kraft seit 3. Jan. 2018.

zeb (2016). Private Banking Studie Deutschland. https://bankinghub.de/banking/research-markets/private-banking-studie-deutschland. Zugegriffen: 11. März 2018.

zeb (2017). ZEB. Privatkundenstudie 2017 – Keine Trendwende im deutschen Privatkundengeschäft in Sicht. https://www.zeb.de/printpdf/43824. Zugegriffen: 11. März 2018.

Dr. Maximilian Müller ist Leiter Lehre für die Abteilung Banking, Finance, Insurance und Studiengangleiter des Bachelors in Betriebsökonomie an der ZHAW School of Management and Law. Er ist Dozent sowie Prüfungsexperte für Financial Accounting an der ZHAW und bei der EXPERT SUISSE im Rahmen der Wirtschaftsprüferausbildung. Während des Studiums und Doktorats an der Universität Zürich war er Assistent und Lehrbeauftragter am Institut für Rechnungswesen und Controlling.

Dr. Marion Pester leitet das Institut für Wealth & Asset Management an der Zürcher Hochschule für angewandte Wissenschaften. Sie hat an den Universitäten Frankfurt am Main und Köln Betriebswirtschaftslehre studiert und an der Universität zu Köln promoviert. Mehr als 20 Jahre war sie verantwortlich in der DZ Bank-Gruppe tätig, davon neun Jahre als Geschäftsleitungsmitglied und CEO der Schweizer Privatbanktochter. Ihre fachlichen Schwerpunkte liegen in den Bereichen Privatkunden, Wealth Management, Sourcing/Digitalisierung und Corporate Governance.

How banks can shape their Management Control System to achieve more innovation: a case study

14

Sven Olaf Schmitz and Thomas Heupel

14.1 Introduction

Traditionally, almost all organizations strive to be innovative in order to ensure their future profitability (Dunk 2011). Innovation is essential for a company's survival in a globalized economy. But among many other factors, innovation first of all requires an environment of trust and autonomy within an organization (Marginson and Ogden 2005). To develop innovation, employees have to be creative which means they have to be able to combine existing ideas in completely new ways (Amabile 1998). Research suggests that management control systems (MCS) have a significant impact on innovation as they provide an environment in which employees and managers come together to discuss and create new ideas, process and products (Bisbe and Otley 2004; Dunk 2011; Rocksness and Shields 1988). Moreover, research suggests that only those organizations with a MCS which includes flat hierarchies and allows a high amount of autonomy and self-control will attract those knowledge-workers that are needed to develop new ideas and utilize them for new product innovations (Gooderham et al. 2013).

The requirements for a MCS design that promotes innovation may become problematic in the context of banking. Banking MCS need to ensure compliance with various regulatory requirements and are typically not designed to engender autonomy, trust, self-control, flat hierarchies, or an environment for creative thinking. Moreover, even in organizations

---

This paper presents an extract of the author's PhD thesis: "15 years of Beyond Budgeting – Chances and limitations of a Beyond Budgeting application in the cooperative banking group Volksbanken Raiffeisenbanken".

S. O. Schmitz (✉)
Hennef, Germany

T. Heupel
FOM Hochschule Essen
Essen, Germany
e-mail: thomas.heupel@fom.de

facing much less regulatory pressure, the predominant MCS is entirely based on a system of budgetary control (Libby and Lindsay 2010). It therefore seems logical that highly regulated organizations are not pioneers in developing new MCS designs. But this reliance on proven structures might be harmful especially for banks. Some authors criticize the system of budgetary control because it supports a command and control management style with a strong emphasis on hierarchies and less room for autonomy and self-control (Bogsnes 2009; Hope et al. 2011; Kaplan and Norton 1996). Such systems are seen to destroy trust as they put a lot of emphasis on external control and leave less room for autonomous work (Bogsnes 2013). But trust and autonomy are essential for the willingness to share information within an organization and may be regarded as a precondition of innovation (Cabrera et al. 2006). Moreover, research suggests that banks with a strong emphasis on budgetary control are less profitable compared to their benchmarks (Bjørnenak 2013) and that this emphasis on command and control management leaves managers in comfort zones (Bourmistrov and Kaarbøe 2013) which may be detrimental to the development of new ideas (Amabile 1998).

The necessity to rely on a proven MCS to ensure compliance with European regulations on the one hand and the incapacity of command and control management to support innovation and efficiency on the other results in a dilemma. This may lead to a situation where traditional banks fail to create the structures needed to compete with new market players from other branches who have learned to evoke an innovative environment and rely on a different, more advantageous MCS design in terms of innovation.

To answer the question as to how banks can shape their MCS to allow more autonomy and self-control in order to evoke a climate of trust and creativity, this article will analyze different case studies focusing on a bank which relies on an alternative MCS approach – Svenska Handelsbanken AB. The aim of this analysis is to reveal how banks can overcome the dilemma of simultaneously controlling regulatory compliance and engendering an optimal climate for innovation.

This article illustrates the approach of Beyond Budgeting (BB) as an alternative management control system (MCS) that is based on Theory Y^1 assumptions within a highly regulated European retail bank. In this context, the case of Svenska Handelsbanken is beneficial for three reasons. First, the bank has consistently and successfully implemented its alternative MCS approach since the early 1970s (Olesen 2013) and therefore can serve as a stabile research object with long-term experience in the use of a decentralized MCS. The second reason is that Svenska Handelsbanken has been the most important and inspiring case study for the development of BB (Daum and Hope 2004). And the third reason is that Svenska Handelsbanken not only operates its business in Sweden and other Scandinavian countries but also in other European markets such as the UK, the Netherlands and has recently begun operating in Germany (Kroner 2011). Thus, it can be assumed that the Svenska Handelsbanken model operates within the same market conditions and to some extent even the same market as German banks. As Svenska Handelsbanken is a branch

---

[1] See (McGregor 1960) for a detailed presentation of Theory Y and Theory X.

centered retail bank, it may have some structural similarities with the German cooperative banking group and saving banks.

The following best practice case study is based on literature review and illustrates SHB's unique MCS which is the basis for its continuous success within an unstable environment.

14.2 History

Svenska Handelsbanken AB (SHB) is one of the largest Scandinavian banks, encompassing a network of approximately 782 branches with more than 11,000 employees in 24 countries. SHB is a full service (universal) bank, operating nationwide branch networks in Sweden, Finland, Denmark, Norway, the United Kingdom, and the Netherlands. These six countries are also considered home markets by SHB (Olesen 2013).

Founded under the name "Stockholm Handelsbanken" in Stockholm in 1871, it mainly served local merchants who simultaneous owned the banks' shares (similar to a cooperative model). Due to internal growth and several acquisitions and mergers, the bank became a country-wide institution which finally took on the name of one of its acquisitions, Svenska Handelsbanken. During the 1930s depression, SHB had to assume ownership for some of its borrowers. In 1945, parts of this portfolio were transferred into a separate fund named "Industrivärden" which finally became one of the largest shareholders of SHB, owning more than 10 % of the SHB shares today (Kroner 2011; Svenska Handelsbanken 2016). From the 1960s, SHB's overall goal was to become the largest bank in Scandinavia. The strategy to reach that goal was to maximize the business volume. This strategy of growth was supported by a functional and strongly centralized organizational structure which relied on budgets to plan, coordinate and manage the organizational capital. As a result of this management system, SHB ran into serious problems as the high degree of bureaucracy, marketing expenditures and unprofitable accounts provoked a significant increase in costs, putting the bank under massive economical pressure (Lindsay and Libby 2007). SHB was also perceived to be unresponsive by its clients as credit decisions took an average of two months (Kroner 2011). In the late 1960s, SHB had to face large financial losses (Lindsay and Libby 2007) and got into conflict with Swedish authorities (Wallander 1999). Thus, in 1970, SHB finally decided to appoint Jan Wallander as the new CEO, who was to basically transform the bank (Daum and Francke 2005). At that time, SHB's system of budgetary control was exceptional as most banks in Sweden were managed without budgets. Wallander had practical experience in managing a bank without any budgets from his former job at Sundsvallsbanken, a local bank in northern Sweden. But he also had experience in the field of budgeting as he had been intensively involved in the development of planning and forecasting practices during his time at "The Industrial Institute of Social and Economic Research". During that time, he became skeptical regarding budgeting and forecasting. From his point of view, budgeting is inefficient and redundant within a stable environment as budgeted figures are not fundamentally changed and therefore only express the same organizational activities as budgeted in previous periods, while under dynamic environmental conditions, forecasts as the basis of budgets usually turn out to be wrong or outdated. Budget figures are therefore based on wrong assumptions of the future and are therefore not only expensive but potentially harmful to the organization. From Wallander's perspective, budgets are a negotiated, biased and artificial assumption of market development which has nothing to do with the real market situation (Wallander 1999).

As a consequence of these experiences and attitudes towards budgeting, Wallander decided that SHB should be controlled without any budgets. However, the abolishment of budgeting was just one of several fundamental changes that Wallander carried out when he was appointed CEO (Daum and Francke 2005). First, he changed SHB's overall goal from being the largest bank to being the most profitable bank (in terms of ROCE) in Scandinavia. The new strategy to reach that goal included a radical decentralization of the organization in order to establish a better customer service and achieve lower costs than SHB's competitors (Daum and Francke 2005; Lindsay and Libby 2007).

Since 1971, SHB has continuously reached its goals to be more profitable than its peers (in terms of cost-income ratio and ROCE) (Olesen 2013) and to have the most satisfied customers (Cäker and Siverbo 2014). Moreover, the bank outperformed its peers in nearly every banking specific KPI and is one of the most successful and risk-averse banks in Europe (Daum and Francke 2005; Lindsay and Libby 2007). As this consistent success appears to be remarkable and unique in European banking, the characteristics of SHB's MCS shall be outlined in the following:

14.3 Radical Decentralization

SHB's organizational structure has only three hierarchical layers: the board in Stockholm, the regional manager, and the branch manager. In its home market in Sweden, SHB operates approximately 450 branches that are managed by only 6 regional banks. With 60 to 90 branches per regional bank, SHB's structure therefore appears to be extremely flat in comparison to other European banks (Cäker and Siverbo 2014). With so many branches to care for, the regional manager is unable to micromanage each of his/her branches. Moreover, the regional head offices and the central departments are regarded as service suppliers that need to support the branches. This is remarkable as in most other banks branches are seen to support the headquarters (Olesen 2013). SHB also regards and manages its branches as profit centers and its central departments (e. g. legal, human resources and IT) as cost centers. The bank tries to have as many profit centers in relation to cost centers as possible. Also, all cost centers have been eliminated, transferred to regional levels (in order to give regional banks and branches direct control over costs) or significantly reduced since the 1970s. One example is that central advertising costs are almost non-existent as the bank is focused on regional marketing only. All central functions (cost centers) must justify their internal prices and service levels towards the branches. This intensive dialog regarding central costs has shaped an extremely cost-conscious organization. The result is that SHB appears to be a lean, unbureaucratic and outstandingly profitable bank with significantly lower costs than its peers (Pfläging 2006; Olesen 2013.).

SHB's management model relies on a "radical decentralization" of the organization. The basic idea is that "the branch is the bank", meaning that customers should have a valuable relationship with their personal bank consultant. Due to this relationship, the branch is the expert on how an individual customer should be served. Thus, SHB tries to give branch staff as much room for customer related decisions as possible (Kroner 2011). SHB's radical decentralization is based on the maxim that each employee is not only allowed but also expected to take full responsibility for all activities that he/she executes (Cäker and Siverbo 2014).

This radical decentralization of responsibility and decision making shifts a lot of those functions which are normally fulfilled by central departments of an organization down to each branch. This includes crucial activities, notably pricing, marketing, credit decisions and customer segmentation (Cäker and Siverbo 2014; Daum and Francke 2005; Kroner 2011; Lindsay and Libby 2007):

- **Pricing**: although the bank's center in Stockholm does recommend a price for each product, the branch has full authority to offer individual prices to each of its customers. The focus in pricing is on the margin of each individual customer relation and not on products. There is therefore a high level of controllability of the overall margin for each branch.
- **Customer segmentation**: as each region has its very own local conditions, they also have very different types of customers. Thus, each branch can make its own customer segmentation depending on the structure of existing and potential customers. Each branch creates its own subgroups and defines the degree of service that should be invested into the different segments.
- **Range of products**: as SHB has transformed from a product driven bank into a customer driven bank, product managers cannot define sales targets for their products. Moreover, branches decide on their own if they want to offer a product to their clients or not. As a result, branches specify their own product range according to the needs of their customers. A client can expect to be offered a value adding product that fits his/her needs instead of being offered a targeted product (as is customary in most other banks). This not only helps SHB to continuously achieve best customer ratings, it has also been economically healthy for the bank as branch teams are focused on customer profitability and not on product targets. This is important because SHB claims to be the most profitable bank in its markets. This goal has been continuously realized by consistently focusing on customer satisfaction and profitability.
- **Staffing**: the branch manager is also free to decide how many employees to hire for his/her branch. So, the branch itself has full control over its direct costs but is also held responsible for its cost-income ratio (CI).

- **Marketing**: with only a few exceptions such as online campaigns, marketing is predominantly planned and executed by the branches. Although this cautious central marketing function causes a low trans-regional or nationwide visibility of SHB, it enables the bank to cut costs and gives branches the possibility to decide how much and in which way to invest into marketing. This focus on local marketing lowers overhead costs so that marketing costs are influenceable for each branch.
- **Credit decisions**: a bank with a local network of branches only adds value to its customers if customers can expect a fair and fast decision that takes into account his/her relationship with the bank. To ensure that customers receive a loan decision within a maximum of 24 h, more than 50 % of SHB employees have lending authority. Small credit amounts (57 % of credit decisions) can be approved by the branch but are closely monitored. Medium credit amounts (35 % of credit decisions) must be approved by the next hierarchical layer, the regional bank. And large credit amounts (8 % of credit decisions) are approved by the headquarters in Stockholm, some even by the board. However, although relevant credit sums must be approved by one further hierarchical layer, the bank consultant at the branch always has the final right to refuse a credit. This has been very healthy for the bank, as this policy ensures a much lower number of loan defaults than in other European banks.

The functions executed by each branch which are presented above are very far-reaching in comparison to other European banks.

However, this radical decentralization, in combination with local responsibility in terms of performance (i. e. CI), enables branch managers and their teams to run their branch just like their own independent bank and therefore evokes a lot of entrepreneurial potential. *This model is based on trust, respect and fairness which are deeply embedded into SHB's MCS* (Cäker and Siverbo 2014; Olesen 2013).

However, there are also functions that are standardized and carried out within central departments in order to achieve maximum efficiency. Some functions that can be standardized without having a negative impact on clients or costs such as product development, branch equipment, IT systems, auditing and credit policy and processes have therefore been centralized. SHB does not simply decentralize all its functions as the term radical decentralization may imply. Instead it has developed a *differentiated approach of decentralization and centralization according to economic sense regarding the individual function* (Lindsay and Libby 2007).

14.4 SHB's MCS

14.4.1 Strategic planning

When rebuilding the organizations in the 1970s, Wallander placed high emphasis on his belief that strategy formulation constitutes only about 10 % whereas the execution of strategy is about 90 % of successful strategic planning (Lindsay and Libby 2007). In one of his publications he states: "Your movement forward is the result of thousands of small decisions taken by different people in the company. How successful you will be depends on how well they are all aware of and loyal to your ideas and your business concept" (Wallander 1999). Although SHB forgoes formalized planning in general, senior managers do have frequent, regular, informal meetings to discuss all strategic matters and significant operational issues. These meetings include not only the board but also regional managers and product area managers to enable a strategic dialog. All results of these meetings are noted and reported to everyone within the organization. A similar meeting is held between regional managers and branch managers to maintain an organization-wide dialog and to include a market view into the strategic ideas (Lindsay and Libby 2007). However, regional and branch managers are free to develop their own regional strategy and marketing plans within clear strategic boundaries (e. g. focus on client profitability rather than size or product sales). The strategic dialog is moderated by the CEO and there is no interposed central department for strategy development in order to avoid a separation between thinkers and doers (Martin 2010) as is prevalent in most organizations (Neilson et al. 2008). Moreover, branch managers are given a major voice in the process of strategy development and formulation. An example for this dialogical development of strategies is the development of the telephone banking business segment at SHB. The bank refused to create a central call center. Instead it developed a decentral approach towards this new business segment. Every regional bank has its own call center which can act according to local demands. And every branch is free to decide whether it wants to buy in or not (Hope and Fraser 1998, p. 10). A similar development has been realized in the field of online banking. While a central platform is provided by a central department, each branch has its own website and can design its individualized web presence (within the central platform). This combination of central supply and local individualization is not only highly efficient but also enables a possibility of decentralization towards customers' demands. Similar approaches have been developed for back offices, marketing and many other aspects (Kroner 2011). Another important fact is that the CEO spends a considerable amount of his time (approximately 45 days a year) on visiting and carrying out discussions with branch teams and other profit center teams (Pfläging 2006). Summing up, strategy development is mainly carried out by the branch instead of the central departments in Stockholm (Hope and Fraser 1998, p. 10).

14.4.2 Operational planning

As branch managers are encouraged to run their branch like an independent business and there are no top-down budgets or plans, operational planning takes place in each branch. Each branch is therefore expected to develop and discuss its own operational plans. Operational planning is also a dialogic process where branch employees discuss which activities and parameters are needed in order to succeed in the next period (Lindsay and Libby 2007):

- Identification of customers who are desirable and customers that need to be rejected
- Identification of products that are demanded by customers and products that might add value to customers
- Price setting (including possible discounts)
- Development of action plans/work programs
- Identification of individual responsibilities for the execution of the planned activities

Operational planning at branch level is not part of a formalized planning process (which does not exist at SHB) but branches make and review their own plans continuously in order to improve and learn. Thus, branch employees are also free to decide whether they want to use forecasts and other support tools or not (Pfläging 2006). As SHB encourages its employees to connect with each other in networks, knowledge and best practices can easily be shared between the different branches. In addition, help and support is also offered by the experts and managers at the regional bank who simultaneously monitor profitability, costs and rules for major deviations (Cäker and Siverbo 2014).

14.4.3 Target setting

SHB relies heavily on relative goals and especially benchmarks. SHB's overall goal is to continuously outperform its peers in terms of ROCE (Daum and Francke 2005). Building on their operational plans, branch teams set their own goals. This is an important feature of SHB's MCS as branches hold the major responsibility for the bank's earnings. This maximum participation in target setting ensures full ownership and maximum commitment regarding goals. Therefore, everyone at SHB is involved in the process of goal setting, and everyone is given a voice. SHB also encourages its employees to set ambitious goals as it regards itself as a high performance organization (Lindsay and Libby 2007). It is also clear to all employees that SHB places high emphasis on CI and customer satisfaction at the branch level and ROCE on the regional level. And as all branches and regions are benchmarked with each other, employees are not encouraged to set unambitious goals (Cäker and Siverbo 2014; Daum and Francke 2005). Furthermore, the CEO discusses and challenges plans and goals with the regions and even with some branches in order to maintain this high performance culture and to support employees in developing ambitious stretch goals (Lindsay and Libby 2007).

14.4.4 Coordination

One of SHB's main objectives is to serve its clients with a fast response and an individualized customer solution. This fast market response can only by realized if central suppliers support and assist the local branches and regard them as their "clients" (Lindsay and Libby 2007). Thus, SHB tries to locate most support functions (e. g. legal and human resources) at the regional banks and not at the headquarters in Stockholm to enable a fast and direct exchange between branch staff and suppliers. But not all support services can be positioned at regional level. Some functions such as the IT infrastructure are organized in central departments in Stockholm due to efficiency reasons. However, these centralized services suppliers (regarded as cost centers) are advised to sell their services to the rest of the organization. Moreover, branches and regional banks (buyers) are free to compare prices and service standards against external suppliers and buy in from outside of the organization. **Activities outside the profit centers are thus coordinated through internal markets** (Hope and Fraser 1998). The internal market causes a consistent downside pressure on costs and a high pressure on responsiveness, ensuring all organizational activities are oriented towards SHB's clients (Lindsay and Libby 2007).

14.4.5 Resource allocation

Even though SHB has rejected the use of budgets, absolute targets and detailed forecasts since the early 1970s, the bank has continuously achieved a better CI than its competitors for more than 40 years (Olesen 2013). But how can resources be allocated so efficiently and successfully without the use of budgets or other fixed contracts?

As explained above, all services that the branches may buy in to serve their customers' demands are part of an internal market at SHB. The branches can buy in any service that they need to please their customers. The use of these support services can be allocated to the profit centers based on internal transfer prices (e. g. hours of legal services used). In the event that charging on a transfer basis is not possible, services are charged on an agreed basis (e. g. weighted settlement rate) (Lindsay and Libby 2007). SHB has more than 2,000 transfer prices (Pfläging 2006). One main principle in SHB's internal market approach is that central service suppliers are not forced to make any profit but only to cover their own expenses (Daum and Francke 2005). Every year, a committee moderated by the CEO negotiates the "services agreements", including offered services, service levels and transfer prices. This committee comprises representatives of branches and regional banks (buyers) and representatives of each cost center. Regional banks and branches have every right to question and challenge these negotiated transfer prices. If profit centers are not convinced by the negotiated transfer prices they are also free to buy in their support services from external suppliers outside the organization (Hope and Fraser 1998; Lindsay and Libby 2007). In return for this cost pressure on internal service suppliers, one main aspect in the evaluation of branches is the CI in comparison to other branches (benchmarking). This benchmarking ensures that branches use services (incur costs) only for the purpose of pleasing their customers, which in turn increases incomes. As branch managers are also fully responsible for most direct costs (e. g. branch staff loans and marketing costs) the attitude of branch managers and teams towards costs ultimately defines SHB's overall results (Daum and Francke 2005).

There are just a few exceptions where SHB has to determine a certain amount of resources that need to be invested. A good example is the investment into the IT infrastructure. But in contrast to budgeting, these investment decisions are not part of an annual planning cycle but can be made and changed whenever necessary. These investments are closely monitored regarding their costs. Moreover, all costs are visible for everyone within SHB. Thus, as there is full transparency over the costs within the organization, every employee is able to challenge these (Hope and Fraser 1998).

Summing it up, SHB's approach towards resource allocation makes the bank very responsive to its customers and able to swiftly adapt to any market demand. At the same time, its high pressure on indirect and direct costs makes it significantly more profitable than its competitors. Managing resources within a universal bank without the use of budgets thus appears to be more efficient in comparison to other European banks using budgets. Moreover, this high performance has been continuously achieved for more than 40 years (Hope and Fraser 1998; Daum and Francke 2005; Olesen 2013).

14.4.6 Cultural control

According to Schein, organizational culture can be defined as: (a) a pattern of basic assumptions, (b) invented, discovered, or developed by a given group, (c) as it learns to cope with its problems of external adaptation and internal integration, (d) that has worked well enough to be considered valid and, therefore (e) is to be taught to new members as the (f) correct way to perceive, think, and feel in relation to those problems (Schein 1990). Cultural control (also referred to as social control) is based on shared values, ideas, attitudes, beliefs, traditions, norms, and ways of working. Cultural control works effectively when employees are emotionally and socially aligned to one another. This alignment evokes a high level of group pressure to stay within the shared norms and values. In some organizations, cultural control is even more effective than legal contracts (Merchant and Van der Stede 2012).

At SHB, employees are given huge freedom to make customer-related and work-related decisions. To ensure that employees act within the best interest of SHB, the bank relies strongly on social control especially on organizational culture based on shared values and core ideas. These values and core ideas are written down in a small book called "*The Handelsbanken Way*". The book was originally written by Jan Wallander and is updated by each new CEO. Upon joining SHB, every new employee receives a copy of the book. The book is also intended to be continuously discussed within the organization (Daum and Francke 2005; Cäker and Siverbo 2014). The Handelsbanken Way highlights some **core ideas** that are crucial for daily business in SHB (Cäker and Siverbo 2014):

- Decisions should always be made under the guiding principle of long-term profitability
- All decisions must take customers' interests into account

- As SHB is risk-averse, risks should be reduced by working with financially sound customers who have some potential for the future
- All undertaken actions should be cost-conscious

SHB also emphasizes clear **core values** to its employees which help to enable an optimized balance between freedom and control (Hope et al. 2011):

- Profits come from customers, not from products
- Clients at SHB receive professional and honest banking advice that offers as much value as possible
- Managers and their teams have huge responsibilities, but they are also fully accountable for the outcomes of their decisions, actions, and results
- Everyone within SHB and the organization as a whole should be honest and open
- Everyone at SHB is cost-conscious in order to find and eliminate unnecessary expenses
- SHB recruits the right employees that fit into its culture in order to develop, promote and retain them for their entire working life
- As SHB is different from most other banks, it is not useful to copy from those other banks

Furthermore, SHB also communicates exactly which actions and behavior the bank will not accept from its employees. There are also various instructions and a well-developed follow-up structure including internal auditing, compliance experts and other specialists at regional banks. A good example is the credit approval process. As in SHB most loan decisions are made at the branch level, it is crucial to maintain full compliance with governmental credit regulations. Thus, SHB has developed a mandatory loan approval process for each type of credit. Overall, SHB employees regard their bank as rule driven and highly regulated (Cäker and Siverbo 2014). Moreover, as SHB is risk-averse, its own regulations usually surpass governmental regulation especially in terms of equity ratio (Kroner 2011). These clear boundaries are important as they enable SHB to give its employees a huge degree of freedom by simultaneously maintaining employee compliance with rules and regulations. Wallander makes this point very clear: "When you wish to elucidate your ideas and your concept to the people in your company I have found that in most cases the essential thing is to clarify what you do not want to do, what kind of actions you do not contemplate. That clarifies the limitations within which you act and it will help to give a clearer picture of what you want to do. To explain the 'noes' is the hard part, because it makes it necessary for you to make choices, which is always difficult" (Wallander 1999).

But SHB does much more to shape an organizational culture that is able to function as a strong element of (social) control. SHB uses different *organizational characteristics* to shape its unique culture:

1. **Training**: training is almost without exception carried out internally. This has two basic advantages. First, internal training is more adjusted to the processes of SHB.

These courses therefore enable the integration of cases from practice which promote learning by doing and offer the opportunity to discuss real cases and issues from SHB's operations. Second, regular internal training brings employees from different branches together and makes them discuss real work issues. So, training also promotes personnel networks across different branches. This is very beneficial for SHB as issues will be discussed within these networks after the training sessions, thus enabling the sharing of ideas and best practices across branches and making branches cooperate as one single bank. SHB's intention is to make all employees within the bank feel responsible for helping everyone else. SHB also encourages its employees to connect with their peers in other branches and regions within unofficial groups in order to share ideas and knowledge (Cäker and Siverbo 2014).

2. **Recruitment**: as SHB gives its employees many more responsibilities and expects them to continuously improve and learn, the recruitment of employees that fit SHB's requirements and culture is crucial. SHB wants its employees to stay with the bank for their whole professional career. The bank tries to hire university graduates as they are eager for responsibility and are more open to SHB's culture than professionals who have already been influenced by other systems. Although branch managers formulate their requirements regarding new employees and participate in the recruitment process, personnel experts at the regional bank make the final decision about whom to hire as SHB wants its employees to be hired by SHB and not by the branch alone (Cäker and Siverbo 2014).

3. **Career planning and promotion**: SHB tries to prevent external recruitment for expert and leading positions. The great majority of managers have therefore already been with the bank for several years. This is also true for the board in Stockholm. SHB's intention is to reward good performance by offering job opportunities. Moreover, promotion fully replaces financial rewards at SHB (Kroner 2011). Another advantage of this promotion strategy is that senior managers and experts know the daily business very well and are thus able to make strategic decisions that integrate market knowledge. A result of this strategy is that employees stay with the company for an average of 25 years. SHB wants no employee to be forgotten within this career planning process. Rewarding good work with promotions might not only address extrinsic motivation but also intrinsic motivation as an expert or manager position offers room for self-realization. Moreover, managers at SHB feel responsible for developing their employees regarding their professional skills and objectives. Promoting employees (also by continuously coaching them) provides intrinsic motivation for managers at SHB. This process also ensures that employees in support functions know about clients' business and demands within the branches and are therefore able to support their colleagues in the best possible way (Cäker and Siverbo 2014).

4. **Profit sharing**: even though SHB doesn't offer any financial rewards or bonuses, it does offer a profit sharing scheme to all its employees. SHB rejects classical financial bonuses as they often drive unethical behavior. But whenever the bank reaches its goal to be more profitable than its competitors in terms of ROCE, SHB pays a fixed profit

share amount for each of its employees to its profit sharing fund "Oktogen Foundation" (Olesen 2013). The Oktogen fund is part of SHB's pension scheme as disbursements can only be advised from the age of 60. The fund invests 70% of its capital into SHB shares, making it one of SHB's biggest shareholders. Employees are thus motivated to focus on SHB's long-term profitability as it improves their own retirement situation. It also makes it unfavorable to engage in unethical behavior. However, supporting each other and continuously learning is encouraged as this helps employees to enhance their pension (Pfläging 2006; Lindsay and Libby 2007). Everyone at SHB receives the same amount independent of his/her position at SHB, i.e. a branch employee receives the same amount as the CEO. And there are also no extra bonus payments for the board. The fund is definitely intended to give all employees the feeling of **being a valued part of the group.** This evokes a strong feeling of being part of a family (Daum and Francke 2005; Olesen 2013). Another advantage is that the Oktogen fund and the Industrivärden fund are by far the two biggest shareholders of SHB, holding more than 20% of SHB's shares (Handelsbanken 2015). This ownership may also grant SHB a backing for its long-term focus and management concept and makes it quite independent from shareholder pressure (Kroner 2011).

5. **League tables and peer pressure**: league tables help to benchmark and compare the performance of different but comparable units. SHB uses league tables and benchmarks to compare branches, regions, and support service departments. All league tables and benchmarks are visible to everyone within the organization. Information is not restricted to respective hierarchy levels and team performance is visible to all. Thus, no manager or employee wants to see his/her own team at the bottom of a league table for too long. This creates strong group pressure and replaces hierarchical pressure to some extent. But league tables also enable employees to see which teams are successful and to exchange knowledge and best practices with those successful teams. Clear rules (e.g. clear allocation of customers) and the organizational profit sharing scheme prevents competition between teams. As the profit sharing scheme is based on the overall success of SHB (in terms of ROCE), successful teams benefit from sharing their knowledge and everyone is willing to help and support each other. As the system regulates itself, budgets or fixed performance contracts would just interrupt this process of continuously improving the organization by learning from each other. This self-regulation makes the system very efficient as it adapts on its own (Lindsay and Libby 2007; Pfläging 2006).

The presented core ideas, values, boundaries, and organizational characteristics enable both maximum freedom and empowerment but also a high level of compliance and control. And as the system is self-regulating and doesn't seem to drive unethical behavior, it is also very efficient. These characteristics of SHB's organizational model create strong social control which seem to provide a good basis for results and actions control. The **interplay of this social control with results control and actions control** will be discussed in the following.

14.4.7 Results control

Results control is the most commonly used type of hierarchical control, which aims to influence employees' behavior. Usually, this is realized by measuring an employee's individual performance according to a previously defined target (budget) and identifying the individual target attainment. According to this individual target achievement, the employee may receive a bonus (e. g. a reward payment) or a punishment (e. g. the denial of promotion). Results control may evoke unethical behavior within the organization (Merchant and Van der Stede 2012).

However, SHB has replaced budget related results control through internal and external benchmarking. Performance is therefore also measured continuously in SHB, but the measurement focus relies on a team basis and instead of fixed performance contracts. SHB always evaluates performance relatively, in comparison to internal or external benchmarks (Daum and Francke 2005). It is important to point out that the absence of budgets does not drive managers and employees to fall into comfort zones. Contrary to this assumption, SHB creates a high-performance culture by making benchmarks visible to everyone within the organization. Due to the combination of organization-wide transparency and clear accountabilities there is no chance to engage in unethical behavior or any possibility to hide from performance problems (Olesen 2013; Lindsay and Libby 2007).

SHB uses clearly communicated KPIs that remain stable over several years. Thus, there is a high stability and consistency in SHB's performance measurement and evaluation system. As explained above, SHB's organizational structure includes three types of teams (branches, regional banks, and support services). Thus, the bank uses different KPIs to measure the performance of these different types of teams:

1. **Branches**: at the branch level, SHB emphasizes *CI and customer satisfaction*. Other KPIs (e. g. customer profitability) may be added or removed according to the perceived usefulness at the regional level. Branch results become visible and comparable on the basis of a regional league table including all branches in one region. Even though branches in all regions measure and benchmark several different KPIs, most attention is paid to CI and customer satisfaction (Cäker and Siverbo 2014).
2. **Regional banks**: the regional banks are part of an organization-wide benchmark based on league tables. SHB's emphasis is here not only on CI but also on *ROCE* as this KPI is the most important one for SHB's overall success (Daum and Francke 2005; Lindsay and Libby 2007).
3. **Support services teams**: contrary to profit centers, the support services teams' performance is measured on the basis of *external benchmarks* with external competitors. On this level, *labor costs per hour*, prices and qualifications are compared to external suppliers (Daum and Francke 2005).

As explained above, these visible comparisons on the basis of league tables cause strong group pressure. That leads to a situation where performance is not primarily discussed by the next hierarchical layer but by the organization (group) as a whole. Employees and managers discuss their league table results within their formal and informal working groups and discuss solutions for those branches and regions that are at the end of the table (Cäker and Siverbo 2014). Moreover, the organizational characteristics presented above strongly support and shape a culture of high performance, care, and support for each other. A good example is that SHB encourages its employees to build personal networks and to engage in formal and informal meetings in order to enable discussions on performance. Furthermore, SHB's profit sharing scheme and clear boundaries seem to prevent its employees from competing with each other. They create a situation where everyone in the bank profits from cooperative behavior. Thus, **SHB regards the maintenance of its unique organizational culture as the most important feature to control the organization** (Daum and Francke 2005).

Within SHB's control approach, hierarchical control also comes into play, but within a completely different interpersonal relationship. Branches and regions usually seek the support and the know-how of their managers and experts when they face issues and find themselves at the end of the league table. The role of the managers is therefore quite different. Instead of controlling or even micro-managing their employees, SHB leaders are asked for help and find employees who are fully open to discuss their issues with their superior. Of course, managers also monitor their branches continuously in order to bring in some ideas or to act whenever a branch drifts away. But these interactions are based on dialog and not on blaming each other and they are perceived as adding value (Cäker and Siverbo 2014).

To sum it up, SHB doesn't reject control and hierarchical control is still in place. But the bank puts more emphasis on social control which seems to make hierarchical and self-control much more efficient.

14.4.8 Actions control

SHB states that radical decentralization can only be successful on the basis of a **fast, open, and transparent information system**. The management information system at SHB is fully developed and enables auditors and experts to identify any deviations to procedural rules immediately (Lindsay and Libby 2007). However, the distinct compliance and regulation at SHB is not perceived as demanding external control and SHB employees do not perceive themselves as "rule-controlled". This is an important difference to most other banks. Compliance experts and auditors are perceived as a real support factor by most employees. Again, the strong SHB culture as part of its social control makes the difference: Even though most loans are approved at the branch level, every credit decision is reviewed at the regional level. Auditors reply quickly to branch employees when they find deviations. But this downstream review process is part of a learning experience and it is seen as something that enhances the knowledge within the branch. It provides branch employees with a good opportunity to perfect their knowledge in order to make the best possible decision and finally bring about the best possible overall result for the branch team as a whole. Moreover, whenever a credit decision turns out to be very demanding, employees usually ask compliance experts for help on a voluntary basis before they make their decision (Cäker and Siverbo 2014). This behavior is not mandatory, but it seems reasonable as branch employees are held fully responsible for their work results and especially for their credit losses. And as all credit losses are visible at SHB, several losses might be a disgrace for the employee and the team that is accountable for these losses. Moreover, the employee who has been responsible for the approval of a loan is also responsible for its handling when there is any problem with that loan (e. g. insolvency of debtor). Help is always offered but there is no specific workout unit. This is important as this process gives employees a chance to learn what credit losses mean to the organization and it also gives the opportunity to learn from mistakes (Kroner 2011). Thus, hierarchical control or intervention regarding actions control is only relevant or necessary in very exceptional cases (Cäker and Siverbo 2014).

The interplay of the different types of control (self, social and hierarchical control) thus puts much more emphasis on self and social control for the purpose of actions control within SHB. As presented in the results control chapter, this shift of control seems beneficial for SHB, as employees are more open to learn and discuss procedural rules. It also enables a dialog regarding mistakes, learnings, and possible adjustments. Moreover, employees are also more open to ask experts and managers for help and support whenever they face a problem (e. g. complicated credit decisions).

14.5 Conclusion

The initial objective of this article was to analyze and present a MCS approach that might be able to overcome the dilemma of control vs. innovative environment. The presented case study on SHB reveals that banks can shift control patterns in order to allow more employee initiative and ultimately provide a good framework for innovation. Fig. 14.1 illustrates this interplay of the different control types at SHB. On this basis there is a lot of space to act and make decisions within clear boundaries and a system of responsibility and accountability. This broad self-control enables fast decisions in the best interest of customers and SHB's rules. It also encourages the full entrepreneurial potential of SHB as an organization.

All results achieved within this system of self-control become visible (e. g. as league tables) to everyone within SHB. This visibility enables fast support and corrections within the scope of social control. It also enables dialog regarding organizational issues and potential solutions. Most of the pressure regarding results and compliance comes from the group. Moreover, SHB's unique culture and its organizational structures and functions support a culture where everyone cares about everyone and everything within the organization. In such a climate, learning, high performance, and compliance become a matter of the group as a whole instead of the next hierarchical layer.

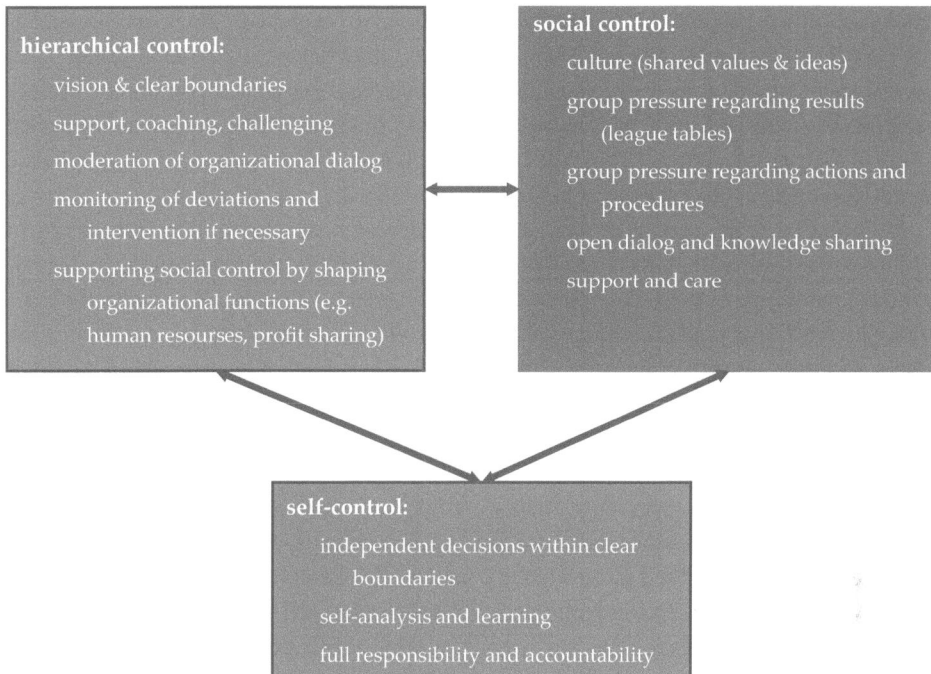

Fig. 14.1 Interplay of different types of control

As the pressure for results and compliance with SHB's rules comes from the group, hierarchical control has a very different scope. Managers support and challenge their employees in order to achieve the best possible results. Employees might be much more open to this coaching as they don't need to fear hierarchical pressure but endeavor to maintain their own standing within the group. Managers can thus concentrate on monitoring greater deviations and intervene whenever necessary. However, their emphasis is much more on moderating organizational dialogue regarding values, ideas, and strategy, creating visions and defining clear rules and boundaries. They also ensure that social control is supported by organizational structures, functions, and procedures.

Overall, SHB's MCS seems to be more efficient than that of its competitors. It is much cheaper and leaner, and it achieves better results (in terms of ROCE, CI and customer satisfaction) than its peers. The bank has continuously outperformed its competitors since it developed its unique MCS in the early 1970s. And even though the bank has continuously adjusted and improved its MCS since that time, the basic model and principles have remained consistent and stable (Olesen 2013, p. 9 f.).

With regard to SHB's remarkable results, it is interesting to ask why other banks have not developed similar approaches. Moreover, there is not even any real interest in SHB's approach within the financial sector (Bogsnes 2009, p. 61). This reluctant attitude is especially remarkable as SHB is not only more profitable than its peers but also absolutely risk-averse and more compliant with governmental regulations. For example, SHB's own organizational rules regarding liquidity and funding balances are much stricter than governmental regulations (e. g. Basel III) . The recent governmental regulation therefore supports the SHB approach, as it forces other banks to be more risk-averse and renounce some of their profit streams. Thus, the current banking environment would support banks in developing an approach similar to SHB (Kroner 2011).

It appears that the presented MCS approach does not simply combine the ability to ensure compliance with current regulations and the ability to provide an innovative environment but fulfills both of these purposes more accurately. After having analyzed SHB's alternative MCS approach, it seems it would be at least interesting for banks to think about adaptions towards a more decentralized MCS. This kind of change within the MCS might be of particular interest for German cooperative banks and saving banks as they already have a decentralized structure but usually rely on centralized command and control management. Moreover, as these organizations do not have to satisfy the ever-increasing requirements of shareholders, they might be more independent in shaping their MCS according to the requirements of the organization and its clients. However, it seems that for most banks, giving up fixed performance contracts (budgets) may be a tough challenge. Shifting control patterns from hierarchical control to more self-control and social control might be particularly challenging for banks as current MCS do not provide an adequate organizational culture. Moreover, the classical MCS in banks might also have attracted employees with an extrinsic motivation. It will therefore require a considerable amount of time and support to convince large parts of the organization to act within a new framework. Overall, we think that banks need to consider their MCS approach and fundamentally redesign their culture. This might not only be necessary in terms of innovation but also in terms of competitive strength in the age of digitalization.

References

Amabile, T. M. (1998). How to kill creativity. *Harvard Business Review*, 76(5), 77–87.
Bisbe, J., & Otley, D. (2004). The effects of the interactive use of management control systems on product innovation. *Accounting, Organizations and Society*, 29(8), 709–737.
Bjørnenak, T. (2013). Management accounting tools in banks: are banks without budgets more profitable? In Kaarbøe, K., Gooderham, P.N., Nørreklit, H. and (Keine Angabe) (Ed.), *Managing in dynamic business environments: between control and autonomy* (pp. 51–68). Cheltenham: Edward Elgar Publishing.
Bogsnes, B. (2009). *Implementing beyond budgeting: unlocking the performance potential*. Hoboken: John Wiley & Sons.
Bogsnes, B. (2013). "Taking reality seriously – towards a more self-regulated management model at Statoil". In K. Kaarbøe, P. N. Gooderham, H. Nørreklit & K. Angabe) (Eds.), *Managing in dynamic business environments: between control and autonomy* (pp. 11–33). Cheltenham: Edward Elgar Publishing.

Bourmistrov, A., & Kaarbøe, K. (2013). From comfort to stretch zones: a field study of two multinational companies applying "beyond budgeting" ideas. *Management accounting research*, *24*(3), 196–211.

Cabrera, Á., Collins, W. C., & Salgado, J. F. (2006). Determinants of individual engagement in knowledge sharing. *The International Journal of Human Resource Management*, *17*(2), 245–264.

Cäker, M., & Siverbo, S. (2014). Strategic alignment in decentralized organizations – The case of Svenska Handelsbanken. *Scandinavian Journal of Management*, *30*(2), 149–162.

Daum, J. H., & Francke, L. (2005). Ohne Budgets Managen bei Svenska Handelsbanken – Ein Interview mit Lennart Francke, CFO Svenska Handelsbanken, Stockholm. In J. H. Daum (Ed.), *Beyond Budgeting: Impulse zur grundlegenden Neugestaltung der Unternehmensführung und -steuerung* (pp. 127–138). München: Meidenbauer.

Daum, J. H., & Hope, J. (2004). *The Origins of Beyond Budgeting and of the Beyond Budgeting Round Table (BBRT) – An Interview with Jeremy Hope, co-founder and research director of the BBRT*.

Dunk, A. S. (2011). Product innovation, budgetary control, and the financial performance of firms. *The British Accounting Review*, *43*(2), 102–111.

Gooderham, P. N., Sandvik, A. M., Terjesen, S., & Nordhaug, O. (2013). The autonomy-creativity orientation of elite business school students in US and Norway". In K. Kaarbøe, P. N. Gooderham, H. Nørreklit & K. Angabe) (Eds.), *Managing in dynamic business environments: between control and autonomy*. Cheltenham: Edward Elgar Publishing.

Handelsbanken (2015). *Annual Report 2015*. Stockholm: Handelsbanken.

Hope, J., & Fraser, R. (1998). *BBRT Company Report # 2: Svenska Handelsbanken*

Hope, J., Bunce, P., & Röösli, F. (2011). *The Leaders's dilemma: how to build an empowered and adaptive oragnization without losing control*. Chichester: Jossey-Bass.

Kaplan, R. S., & Norton, D. P. (1996). strategic learning & the balanced scorecard. *Strategy & Leadership*, *24*(5), 18–24.

Kroner, N. (2011). *A blueprint for better banking: Svenska Handelsbanken and a proven model for more stable and profitable banking*. Petersfield, Hampshire: Harriman House.

Libby, T., & Lindsay, R. M. (2010). Beyond budgeting or budgeting reconsidered? A survey of North-American budgeting practice. *Management accounting research*, *21*(1), 56–75.

Lindsay, R. M., & Libby, T. (2007). Svenska Handelsbanken: controlling a radically decentralized organization without budgets. *Issues in Accounting Education*, *22*(4), 625–640.

Marginson, D., & Ogden, S. (2005). Budgeting and innovation. *Financial Management*, *34*(14719185), 29–31.

Martin, R. L. (2010). The execution trap. *Harvard Business Review*, *88*(7/8), 64–71.

McGregor, D. (1960). *The human side of enterprise*. New York: McGraw-Hill.

Merchant, K. A., & Van der Stede, W. A. (2012). *Management control systems: performance measurement, evaluation and incentives* (3rd edn.). Harlow: Pearson Education.

Neilson, G. L., Martin, K. L., & Powers, E. (2008). The Secrets to Successful STRATEGY EXECUTION. *Harvard Business Review*, *86*(6), 60–70.

Olesen, A. (2013). *Handelsbanken: consistency at its best*

Pfläging, N. (2006). *Führen mit flexiblen Zielen: Beyond Budgeting in der Praxis*. Frankfurt: Campus.

Rocksness, H. O., & Shields, M. D. (1988). An empirical of the expenditure budget in research and development. *Contemporary Accounting Research*, *4*(2), 568–581.

Schein, E. H. (1990). Organizational culture. *American Psychologist*, *45*(2), 109–119.

Svenska Handelsbanken (2016). The Shareholders. https://www.handelsbanken.se/shb/INeT/IStartSv.nsf/FrameSet?OpenView&id=HandelsbankenSEEnglish&navid=Z3_Corporate&sa=/shb/Inet/ICentSv.nsf/Default/q5168599A3B405A07C125734800350089?opendocument&iddef=corporate. Accessed 18 Apr 2016.

Wallander, J. (1999). Budgeting – an unnecessary evil. *Scandinavian Journal of Management*, *15*(4), 405–421.

Sven Olaf Schmitz is PhD candidate at Universidad Católica San Antonio de Murcia (UCAM), PhD thesis: 15 years of Beyond Budgeting - Chances and limitations of a Beyond Budgeting application in the cooperative banking group Volksbanken Raiffeisenbanken. After studying business administration at Hochschule Fresenius - University of applied science, Cologne, he worked as a Productmanager cards at WGZ bank. He was responsible for the development of new card programs and digitization of product features (e.g. statement). Focused on entering the premium card segment (i.e. PLATINUM solutions). Since then he is responsible for the creation and management of loyalty programs within the cooperative banking group Volksbanken Raiffeisenbanken (payment service division). High emphasis on stakeholder centered, self-financing and digital solutions. Including the identification and management of partners and controlling of costs and revenues.

Prof. Dr. Thomas Heupel is a Professor of Business Studies and Management Accounting and Vice-Rector for Research at the FOM University in Essen, Germany. His research fields are Environmental Management Accounting, Management Impact of demographic Change, Management of SME, and Supply Chains in the Automotive Industry.

Teil V
Methoden

Definition von Bankprodukten mithilfe von Product-Lifecycle-Managementsystemen

15

Markus Hesse und Maher Hamid

15.1 Idee der Untersuchung

Produktlebenszyklusmanagement ist seit mehr als zwei Jahrzehnten ein bedeutendes Konzept, um aktuelle Fragestellungen der Fertigungsindustrie zu beantworten. Die Funktionalität von Produkten wie z. B. Automobile ist aufgrund der Kundenwünsche immer umfangreicher und spezieller geworden. Fahrerassistenzsysteme, Abgasreinigung und Systeme zur Effizienzsteigerung wurden neben den rein mechanischen Funktionen integriert. Gleichzeitig galt es, Automobile trotz erhöhter Komplexität und Umfang in immer kürzeren Lebenszyklen auf den Markt zu bringen (Riefler 2009). Der Entwicklungsaufwand und die damit verbundenen Kosten stiegen nicht in dem Maße bzw. wurden sogar reduziert.

Zur Unterstützung des Konzeptes haben sich kundenspezifisch anpassbare Softwaresysteme (PLM-Systeme) am Markt etabliert, die heutzutage ein fester und unverzichtbarer Bestandteil in der Fertigungsindustrie sind (Schnabel 2014).

Die Bankenwelt steht heute vor ähnlichen Herausforderungen wie die Automobilindustrie in der Vergangenheit. Technologische Innovation im Dialog zwischen Bank und Kunde, veränderte und spezifischere Kundenbedürfnisse und die lang anhaltende Niedrigzinsphase sind nur einige Herausforderungen (Fohrer 2015).

M. Hesse (✉)
Remshalden, Deutschland
E-Mail: hesse@rightsourcing-gmbh.com

M. Hamid
Stuttgart, Deutschland
E-Mail: mh@hhksolutions.de

Ziel des vorliegenden Beitrags ist es deshalb, folgende Fragestellungen zu beantworten:

- Sind die heute auf dem Markt existierenden PLM-Systeme auch in der Bankenwelt anwendbar?
- Können PLM-Systeme einen mit der Fertigungsindustrie vergleichbaren Nutzen in der Bankwelt erzielen?

15.2 Produktlebenszyklusmanagement

15.2.1 Definition

Produktlebenszyklusmanagement (PLM) wird nach Cimdata als ein strategisches Business-Konzept verstanden, welches die Zusammenarbeit der Beteiligten in den Bereichen Produktentwicklung und -entstehung in Form der Bereitstellung aller für den Prozess notwendigen Informationen unterstützt (vgl. CIMdata 2015). Eingeschlossen ist dabei auch die Weiternutzung der Produkt- und Produktionsinformation in nachfolgenden Prozessen. Die Unterstützung erfolgt von der frühen Phase der Anforderungsdefinition eines beliebig komplexen Produktes bis hin zur Entsorgung (Eigner und Stelzer 2013). Unter Zusammenarbeit der beteiligten Personengruppen wird das Zurverfügungstellen von Informationen für beteiligte Personen beim Produkthersteller, den Zulieferern und letztendlich den Kunden verstanden (Cimdata 2015). PLM ist dabei nicht als ein Stück Technologie oder Software zu betrachten, sondern als eine Definition für die Art und Weise, wie Business gemacht wird. Eine besondere Bedeutung kommt dabei den implementierten Prozessen zu. Häufig werden jedoch PLM und die dazugehörenden Softwaresysteme im selben Zusammenhang genannt. Deshalb verwenden wir in diesem Beitrag die Begriffe synonym als PLM-System(e) (Sendler 2009).

15.2.2 Entstehung und Inhalte

Historisch gesehen waren die Vorgänger von PLM-Systemen in den 1980er Jahren Produktdatenmanagementsysteme, die technische Dokumente in Verbindung mit CAD verwalteten. In den 1990er Jahren wurden, basierend auf den Anforderungen der Produkthaftung und der ISO, Dokumente mit den Stamm- und Strukturdaten verknüpft und einfache Änderungsabläufe abgebildet. Das war die Geburtsstunde von PLM-Systemen (Eigner und Eiden 2016). Zu dieser Zeit verstand man unter PLM vor allem die Verwaltung mechanischer Elemente, die für die Produktdefinition notwendig waren. Die Produkte enthielten jedoch im Lauf der Zeit selbst immer mehr Software und Elektronikkomponenten. Das führte dazu, dass auch diese notwendige Information in PLM-Systemen dokumentiert wurde. Die Expansion wurde fortgesetzt, indem der Begriff „Produktdefinition" erweitert wurde. PLM umfasst heute die Verwaltung aller produktbezogenen Informationen von der frühen Phase des Produktlebenszyklus bis hin zur Entsorgung. Diese Informationen reichen von Marktanforderungen, Produktspezifikationen und Testanweisungen und -daten bis hin zu den erhaltenen Konfigurationsdaten aus dem Feld (Eigner und Stelzer 2013). Eine PLM-Lösung verbindet heute Informationen aus vielen verschiedenen Autoren-Softwaretools und anderen operativen Systemen, die z. B. in der Produktion oder in der Kundenbetreuung eingesetzt werden. PLM-Lösungen helfen dabei, wichtige produktbezogene Geschäftsprozesse zu definieren, auszuführen, zu messen und zu verwalten. Fertigungs- und Betriebsprozesse werden nun auch als Bestandteil von PLM betrachtet (Sendler 2009). Prozesse und die Workflow-Engines, die sie steuern, sorgen für eine vollständige digitale Rückmeldung für die Benutzer und auch andere Systeme während jeder Lebenszyklusstufe (Cimdata 2015).

15.2.3 Bestandteile

PLM-Systeme beinhalten heute drei wesentliche Bestandteile:

- Universeller, kontrollierter und sicherer Zugriff auf alle Informationen, die ein Produkt oder eine Fabrik definieren
- Sicherstellen der Vollständigkeit von Information zur Definition eines Produktes oder Fabrik über den kompletten Lebenszyklus hinweg
- Management der operativen Aufgaben, die zur Erstellung, Verteilung und Benutzung von Information notwendig sind. Unter Information werden Daten sowohl von der digitalen als auch der physischen Repräsentation des Produktes verstanden (Cimdata 2017).

Es gibt unterschiedliche Ansätze, die genannten Bestandteile in einem PLM-System abzubilden. Durchgesetzt haben sich modulare und auf die Kundenbedürfnisse anpassbare Standard-Software-Systeme. CimData sieht nachfolgend aufgelistete Funktionalitäten und Charakteristika als zwingend für derartige Systeme an (Cimdata 2017):

Verwalten und Auffinden von Daten
Das Verwalten und Auffinden von Daten gilt als grundlegende Funktionalität jedes PLM-Systems. Frei definierbare Verknüpfungen (Assoziativität) zwischen Komponenten eines Produktes oder über ein einzelnes Produkt hinaus sind Basisfunktionalität (Cimdata 2017). Zu den Grundfunktionalitäten zählen auch IP-Management, Datensicherheit, Langlebigkeit und Zuverlässigkeit. Das System muss umfassende Suchfunktionen beinhalten (Zillmann 2012).

Konfigurationsmanagement und Nachvollziehbarkeit
Unter Konfigurationsmanagement wird die Fähigkeit verstanden, Produktkonfigurationen von der frühen Konzeptphase über den gesamten Lebenszyklus mit Überprüfung

auf Anforderungen und bidirektionale Rückverfolgbarkeit zu ermöglichen. Die Rückverfolgbarkeit beginnt mit den Anforderungen und durchläuft unterschiedliche Sichten der Produktkonfiguration, welche sich über den Lebenszyklus ändern. Die Rückverfolgbarkeit ist dabei von unschätzbarem Wert für die Ursachen von Fehlern bei Garantie- und Haftungsansprüchen (Cimdata 2017).

Prozess- und Wissensmanagement
Unter Prozess- und Wissensmanagement versteht man die genaue Darstellung von Geschäftsprozessen und die Erfassung ihrer Inputs und Outputs über den gesamten Lebenszyklus, einschließlich der Sicherung aller Daten. Die Daten repräsentieren das Wissen eines Unternehmens über seine Produkte, Prozesse, Systeme und geistiges Eigentum. Dabei wird auch Wissen durch das Vergleichen und Analysieren von Daten generiert (Cimdata 2017).

Updatefähigkeit des PLM-Systems
Die Installation von Updates mit minimaler Unterbrechung der operativen Nutzung des Systems ist ebenfalls eine Basisfunktionalität einer derartigen umfangreichen IT-Lösung (Cimdata 2017).

Die Updatefähigkeit ist ein Maß dafür, wie leicht das System oder jede Anwendungsschicht neue Releases mit zusätzlicher Funktionalität aufnehmen kann. Die Architektur eines PLM-Systems erlaubt auch eine Rekonfiguration, Anpassung und Erweiterung ohne grundlegende Veränderung des Codes (Cimdata 2017).

Enterprise-Infrastruktur-Nutzung
Moderne PLM-Systeme besitzen die Fähigkeit, vorhandene und zukünftige IT-Infrastruktur zu nutzen, um die Skalierbarkeit ohne zusätzliche Ressourcen oder Kosten zu gewährleisten. Die Benutzerfreundlichkeit muss dabei maximiert werden, um ein breites Spektrum von unterschiedlichen Benutzerrollen zu unterstützen (Cimdata 2017).

Verfügbarkeit und Stabilität
Die Verfügbarkeit und Stabilität eines PLM-Systems muss gewährleistet sein. Darunter versteht man die Bereitstellung aller Informationen und Dienste zu jeder Zeit (Cimdata 2017).

15.2.4 Nutzen

Der Nutzen derartiger Systeme ist umfangreich und vielfältig. Die bei immer komplexer werdenden Produkten reduzierten Entwicklungszeiten, reduzierte Compliance und Rückrufkosten und die Reduzierung von Produktionsfehlern sind nur eine Auswahl der mit dem Einsatz solcher Plattformen einhergehenden Vorteile. Aus Sicht der Autoren ermöglichen derartige Plattformen ein immer effektiveres und ein mehr und mehr paralleles Zusammenarbeiten von allen Prozessbeteiligten. Die Zusammenarbeit erfolgt dabei synchron oder asynchron und an beliebigen Standorten der Welt. Die Systeme machen die Beherrschung der Komplexität derart umfangreicher Prozesse erst möglich und sind heute in der Fertigungsindustrie nicht mehr wegzudenken (Dury et al. 2009).

15.2.5 Anwendung in der Fertigungsindustrie

Die zu entwickelnden und zu produzierenden Produkte werden in geeigneter Form in PLM-Systemen abgebildet. Es herrscht derzeit eine hohe Dominanz vor, die Produkte und Prozesse in hierarchischen Strukturen abzubilden. Die Strukturen und die damit einhergehenden Prozesse sind je nach Industrie sehr unterschiedlich. Im Fahrzeugbau existieren Produktklassifizierungen, die allerdings auf keinem Standard oder keiner Norm basieren. Je nach Hersteller gibt es unterschiedliche Strukturen, deren Details hoch vertraulich gehandhabt werden. Manche Hersteller verwenden zweistellige Modulnummern, die dabei einer Hauptproduktgruppe eines Fahrzeuges entsprechen, welche wiederum in mehrere Unterproduktgruppen geteilt ist. In einer thematischen Gruppe der Integrationsthemen werden Bauteile und Baugruppen anderer Bereiche zusammengefasst, sofern sie thematisch betroffen sind. Diese Klassifizierung spiegelt sich auch in den Materialnummern der einzelnen Bauteile wider, die aus einem vorderen – klassifizierenden – Teil sowie einer Identifizierungsnummer bestehen. Zwischen der Klassifizierung und den wirklichen Einzelteilen und ihren Nummern gibt es noch eine Strukturstufe, welche die Varianten der jeweiligen Struktur abbildet und über welche Klassifizierung und Einzelteil miteinander verknüpft sind. Diese Struktur wird „upper structure" genannt und stellt die logische Produktgliederung (generische Produktstruktur) dar. Durch die Verwendung einer solchen Struktur ergibt sich für Kunden bei der Zusammenstellung eines Fahrzeuges eine Vielzahl von Kombinationsmöglichkeiten der einzelnen Module. Diese werden in Baukästen zusammengestellt und zur Konfiguration eines Fahrzeuges genutzt. Dabei ist zu beachten, dass aufgrund der Wahl einer bestimmten Variante in einem Modul die restliche Auswahl eingeschränkt wird, da nicht jede Variante eines Moduls mit allen Varianten der anderen Module kombinierbar ist. Für den Autokäufer ist diesen Konzept bei der Konfiguration eines Neufahrzeuges dahingehend ersichtlich, dass nicht alle angebotenen Fahrzeugoptionen beliebig mit einander kombiniert werden können (Eigner und Eiden 2016).

15.3 Herausforderungen und Potenziale der Bankenwelt

Im Vergleich zu anderen europäischen Banken haben die deutschen Banken die Subprime[1]-Krise 2007 bis 2009 einigermaßen gut überstanden. Gründe hierfür sind zum einen

---

[1] „Suprime" steht für Hypothekenkredite für Menschen mit geringer Bonität. Schlussendlich führte diese zu starken Zahlungsausfälle und zu dem Kollaps des US-Immobilienmarktes.

die sehr vielfältige Bankenlandschaft in Deutschland und zum anderen die starke Regulierung der BaFin, durch die die Eigenkapitalquote der Banken kontinuierlich gesteigert wurde. Heute stehen die Banken durch den immer schneller werdenden Wandel des Marktes erneut großen Herausforderungen gegenüber (Schnabel 2014).

Es lassen sich vier wesentliche Herausforderungen zusammenfassen, die für die europäische und vor allem für deutsche Bankenlandschaft eine Chance oder ein großes existenzielles Risiko darstellen:

1. Rückgang der Einnahmen bedingt durch das Niedrigzinsumfeld:
   Trotz aller Schlagzeilen über die Rentabilität der Banken erwirtschaften die Banken/Finanzinstitute immer noch keine ausreichende Kapitalrendite oder Return on Investment, die zur Sicherung des mittelfristen Bestehens benötigt wird (Zillmann 2012).
2. Änderung des Kundenverhaltens:
   In gesättigten B2C-Märkten liegt der Fokus auf einer Customer Experience. Das positive Kundenerlebnis oder die Kundenerfahrung werden von den traditionellen Finanzinstituten nicht im geforderten Maße erbracht bzw. ist teilweise gar nicht existent (Zillmann 2012).
3. Steigende Konkurrenz durch FinTech-Unternehmen:
   Die zunehmende Beliebtheit der FinTech-Unternehmen führt zur starken Veränderung in der Art und Weise, wie traditionelles Banking gelebt und umgesetzt wird. Dies schafft eine große Herausforderung für traditionelle Banken, weil sie sich nicht schnell an Veränderungen anpassen können; nicht nur in der Technologie (Digitalisierung), sondern auch in Produktoperationen, Corporate Culture und anderen Facetten der Branche (Zillmann 2012).
4. Großer Druck von den Behörden zur Umsetzung von Regularien:
   Durch die ansteigenden Regulierungsanforderungen sind Banken gezwungen, einen großen Teil ihrer Einnahmen für deren Umsetzung zu verwenden. Ein Großteil der Kosten fällt für die Modifizierung der vorhandenen Systeme und Prozesse an, um dem Regelwerk der BaFin gerecht zu werden (Zillmann 2012).

Eine unabhängige Marktanalyse der Lünendonk GmbH zu den Herausforderungen der Bankenwelt 2020 verdeutlicht, dass neben der Veränderungsfähigkeit und der Technologieführerschaft individualisierte und innovative Finanzprodukte in der Zukunft bedeutender werden und zu den wichtigen Bestandteilen der Vermarktung von Bankprodukten gehören (Tab. 15.1).

Im Vergleich zum Zeitpunkt der Studie im Jahr 2012 sind die größten Veränderungen bei den Faktoren Veränderungs- und Anpassungsfähigkeit (25 %), Technologieführerschaft (25 %) und innovative Produkte (20 %) zu erkennen. In der Studie wurde weiter ermittelt, dass in den Geschäftsbereichen IT-Unterstützung und Kundenmanagement die größten zukünftigen Optimierungspotenziale liegen, um den genannten Herausforderungen des Marktes zu beggnen (Tab. 15.2) (Zillmann 2012).

Tab. 15.1 Differenzierungsmerkmale von Banken (modifiziert). (Quelle: Zillmann 2012)

	2012	2020
Veränderungs- und Anpassungsfähigkeit	2,8	3,5
Innovationsfähigkeit/Entwicklung innovativer Produkte	2,6	3,1
Technologieführerschaft	2,4	3,0

Skala von „1 = gar keine Bedeutung" bis „5 = sehr hohe Bedeutung"

Die Realisierung der Potenziale des Kundenmanagements ist bei Banken und auch deren Kunden überwiegend in Form des Begriffs Digitalisierung angekommen. Grundvoraussetzung für den Erfolg der Digitalisierung ist jedoch, dass neben attraktiven und individualisierten Produkten die gesamte Information zum Produkt selbst und den damit verbundenen Prozessen zur Verfügung steht. Diese dafür notwendigen Informationen werden jedoch nicht zu dem Zeitpunkt generiert, zu dem sie in der Interaktion mit Kunden benötigt werden, sondern sie entstehen größtenteils bei der Produktdefinition. Eine von den Produktanforderungen (also der Stufe vor der Definition) über den Vertrieb bis hin zur Rückzahlung des Produkts durchgängiger digitaler Prozess findet bisher in der Bankenwelt nur sehr vereinzelt bzw. in Teilen Anwendung. Es existieren vorwiegend nicht vernetzte Insellösungen, die durch eigenentwickelte Softwarewarelösungen unterstützt werden. Der Einsatz von standardisierten PLM-Plattformen ist nicht bekannt (Zillmann 2012). Laut Herstellerangaben ermöglichen die stark auf Kunden- und Industriebedürfnisse anpassbaren PLM-Systeme eine Unterstützung der Geschäftsprozesse (Prozess selbst und Workflows) von der Produktdefinition über den Vertrieb bis hin zur Entsorgung eines Produktes. Dadurch ergeben sich Möglichkeiten zur Kosteneinsparung, da unzählige Prozesse automatisiert und effizienter gestaltet werden können. Durch die IT-Unterstützung der Geschäftsprozesse lässt sich eine erhebliche Personalkostenreduktion erreichen. Ein weiteres Einsparpotenzial bietet die Virtualisierung beim Einsatz solcher Plattformen. Diese Art der Digitalisierung bedeutet für die Banken, dass deren Dienstleistungen in der Zukunft nicht mehr am gleichen Ort produziert und abgesetzt werden müssen, sondern die vollständige Lieferkette komplett standortunabhängig realisiert werden kann. Die genannten Hebel ermöglichen neben einer Kostensenkung auch eine Differenzierung des Angebotes durch den Einsatz frei gewordener Kapazitäten (Schnabel 2014).

Tab. 15.2 Optimierungspotenziale von Geschäftsbereichen bei Banken. (Modifiziert; Quelle: Zillmann 2012)

	2020
IT-Unterstützung der Geschäftsprozesse	3,2
Produktentwicklung	2,6
Wertpapiergeschäft	2,9
Kundenmanagement, Vertrieb	3,0

Skala von „1 = gar keine Bedeutung" bis „5 = sehr hohe Bedeutung"

Deshalb wollen wir uns im vorliegenden Beitrag auf die Produktentstehung in der Bankenwelt in Verbindung mit den damit verbundenen Prozessen und deren Implementierbarkeit unter Verwendung von handelsüblichen und kundenspezifisch anpassbaren PLM-Systemen konzentrieren (Schnabel 2014).

15.4 Bankprodukte

Zur Unterstützung der Geschäftsprozesse bei Banken mithilfe von PLM-Systemen ist ein tiefes Verständnis über die derzeit aktuelle Entstehung von Bankprodukten notwendig. Dazu werden die unterschiedlichen Arten und Typen von Bankprodukten untersucht und eingegrenzt. Zu Bankprodukten zählen nicht nur die klassischen Produkte wie Girokonten oder Sparbücher, sondern auch Zertifikate, Anleihen, Optionen und zahlreiche andere Investmentprodukte. FinTechs konzentrieren sich derzeit bei ihrem Geschäftsmodell auf klassische Produkte und bieten diese durch Standardisierung und Digitalisierung zu Minimalgebühren an. Die Entstehung dieser Produkte hat niedrige Komplexität und bietet für den PLM-Ansatz geringes Optimierungspotenzial. Produkte, die sich nach Kundenbedürfnissen konfigurieren lassen, die über eine Laufzeit variable Erträge erwirtschaften und die durch Provisionen oder andere Kickback-Mechanismen beim Verkauf feste Einnahmen generieren, haben umfangreiche Entstehungsprozesse. Zudem sind mehrere Personen und Institutionen an deren Entstehung beteiligt (Brealey et al. 2017).

Derartige Finanzprodukte bestehen aus unterschiedlichen Kernelementen. Diese sind Zins, Gewinn und Ertrag. Es kommen spezifische Elemente wie Laufzeit und Währung hinzu. Diese Kernelemente werden nach individuellen Anforderungen bestimmt und zu einem Finanzprodukt zusammengefügt, die zu einem spezifischen Leistungsmerkmal führen. In unterschiedlichem Maße besitzen Finanzprodukte finanzwirtschaftliche Funktionen wie die Liquiditätssicherung, Vermögensbildung und Risikoabsicherung. Als Finanzprodukte kommen sämtliche Anlageformen bei Kreditinstituten, Versicherungen, Bausparkassen, Kreditkartenunternehmen, Kapitalanlagegesellschaften, Leasing- oder Factoring-Gesellschaften in Frage. Konsumenten dieser Finanzprodukte sind Verbraucher, Unternehmen, institutionelle Anleger, juristische Personen des öffentlichen Rechts oder Kreditinstitute selbst. Zudem umfasst ein Finanzprodukt als rechtlich bindendes Zahlungsversprechen neben der Spezifikation von Zahlungen über einen gewissen Zeitraum zusätzliche Rechte und Pflichten zur Sicherung dieser Zahlungen. Vertragsgegenstand ist der Transfer gegenwärtiger oder zukünftiger Liquidität. Finanzprodukte sind ein Nominalgut, das Verbraucher, Unternehmen oder juristische Personen des öffentlichen Rechts von Banken oder anderen Finanzintermediären erwerben (Brealey et al. 2017).

Wir konzentrieren uns auf die Zertifikate und Anleihen, weil sie von ihren Emittenten frei gestaltet werden können und weil es sie für eine große Bandbreite von Risikoklassen und Portfolien geben kann. Die Verkaufsprovisionen und Kickback-Mechanismen sind nahezu so vielfältig wie die Produkte selbst. An der Entstehung sind zahlreiche Personen und Institutionen beteiligt. Daher sind sie für uns als Untersuchungsgegenstand bestens geeignet. Ausgewählt zur Untersuchung haben wir das HVB-Express-Plus-Zertifikat (ISIN DE000HW3V832) (UniCredit Bank AG 2017b) und die HVB-CAP-Anleihe (ISIN DE000HW3U982) mit 95 % Mindestrückzahlung bezogen auf den Euro Stoxx 50 (UniCredit Bank AG 2017a, 2017b; Tab. 15.3).

Das HVB-Express-Plus-Zertifikat auf die Aktie der Deutschen Lufthansa ist in der Basis ein Zertifikat, das mit zusätzlichen spezifischen Komponenten kombiniert wurde. Ein Zertifikat ist im Grunde eine Art Schuldverschreibung, die über keine klassische Verzinsung verfügt. Sie verfügt über einen Zinssatz, der sich an der Wertentwicklung eines anderen Finanzproduktes orientiert. In unserem Fall hängt die Verzinsung von der Wertentwicklung der Deutschen-Lufthansa-Aktie ab. Das führt dazu, dass ein Zertifikat ganz unterschiedliche Ertragschancen und Verlustrisiken beinhaltet. Der Unterschied zwischen einem einfachen Zertifikat und dem Express-Plus-Zertifikat von der HVB Bank ist, dass man bei einer Seitwärtsbewegung der Aktie (Deutsche Lufthansa) dennoch hohe Renditen erwirtschaften kann. Dadurch haben die Investoren die Chance, am Ende der Betrachtungsperiode, z. B. nach einem Jahr, das eingesetzte Kapital zuzüglich eines Er-

Tab. 15.3 Grundlegende Information. (Quelle: UniCredit Bank AG 2017a, 2017b)

	HVB-Express-Plus-Zertifikat auf die Aktie der Deutschen Lufthansa	HVB-Cap-Anleihe mit 95 % Mindestrückzahlung bezogen auf den EURO STOXX 50
Grundlegende Information		
Zugrunde liegender Basiswert	Deutsche-Lufthansa-AG-Aktie	EURO STOCK 50 (Preis) Index
Finanzprodukttyp und Struktur	Express-Plus-Zertifikat	Cap-Anleihe
Ausstattungsmerkmale		
Währung	Euro	Euro
Maßgebliche Börse	Frankfurter Wertpapierbörse (Xetra)	Frankfurter Wertpapierbörse (Xetra)
Basiswert/Bezugswert	Deutsche Lufthansa AG Aktie	EURO STOXX 50 (Preis) Index
Emissionstag	23.08.2017	30.08.2017
Bewertungstag(e)	16.08.2018 (1), 16.08.2019 (2), 17.08.2020 (3), 16.08.2021	23.05.2024
Vorzeitige Rückzahlungstermine	23.08.2018 (1), 23.08.2019 (2), 24.08.2020 (3)	./.
(Letzter) Rückzahlungstermin	23.08.2021	30.05.2024
Emissionspreis	1012,50	101,50 % des Nennbetrags
Briefkurs/aktueller Verkaufspreis	1036,62 (Stand 03.10.2017, 18:33 Uhr)	Zurzeit nicht verfügbar
Nennbetrag	./.	1000

Tab. 15.3 (Fortsetzung)

	HVB-Express-Plus-Zertifikat auf die Aktie der Deutschen Lufthansa	HVB-Cap-Anleihe mit 95 % Mindestrückzahlung bezogen auf den EURO STOXX 50
Referenzpreis	Offizieller Schlusskurs des Basiswertes an der maßgeblichen Börse	3421,03 Indexpunkte Bewertungstag
Basispreis	20,86	3249,9785 Indexpunkte
Rückzahlungslevel an den Bewertungstagen (1,2,3)	19.817	./.
Ertrags-Barriere	11,473	./.
Aktueller Kurs des Basiswertes	24,26 (Stand 02.10.2017, 18:30 Uhr)	3663,47 Indexpunkte (Stand 30.10.2017, 15:20 Uhr)
Bezugsverhältnis	47,938639 Aktien (Nennbetrag geteilt durch Basispreis. Der Aktienbruchteil von 0,938639 multipliziert mit dem Referenzpreis am letzten Bewertungstag wird ausgezahlt.)	./.
Zahlung am vorzeitigen Rückzahlungstermin	1055,00 (1), 1110,00 (2), 1165,00 (3)	./.
Börsennotierung	Seit 23.08.2017	30.08.2017
Letzter Börsenhandelstag	Voraussichtlich am 16.08.2021	Voraussichtlich am 23.05.2024
CAP	./.	4789,442 Indexpunkte
Mindestrückzahlungsbetrag	./.	950,00
Maximaler Rückzahlungsbetrag	./.	1400

trags vor dem Fälligkeitstag ausgezahlt zu bekommen. Damit es zu einem Ertrag kommt, muss die zugrunde liegende Aktie zu einem spezifischen Zeitpunkt über oder auf dem ursprünglichen Ausgangswert sein und zusätzlich keine der zuvor bestimmten Barrieren unterschritten oder überschritten haben (Ertrags- oder Verlustbarrieren). Wenn diese Bedingung in der ersten Periode der Laufzeit des Express Zertifikats nicht erfüllt wird, hat der Investor auch in der Zukunft die Chance auf vorzeitige Rückzahlung behalten. Der Rückzahlungsbetrag erhöht sich dabei nach jeder Periode bis zum Laufzeitende. Bei dieser Zertifikatsvariante gibt es einen sogenannten Risikopuffer, der am Ende der Laufzeit vor bestimmten Kursrückgängen schützt. Falls die zugrunde liegende Aktie über die Laufzeit hinweg eine negative Wertentwicklung vollzogen hat, führt dies dazu, dass es keine vorzeitigen Rückzahlungen gibt. Zudem besteht – je nach Spezifikation des Zertifikats – beim Laufzeitende ein teilweiser oder voller Kapitalschutz (Brealey et al. 2017; Abb. 15.1).

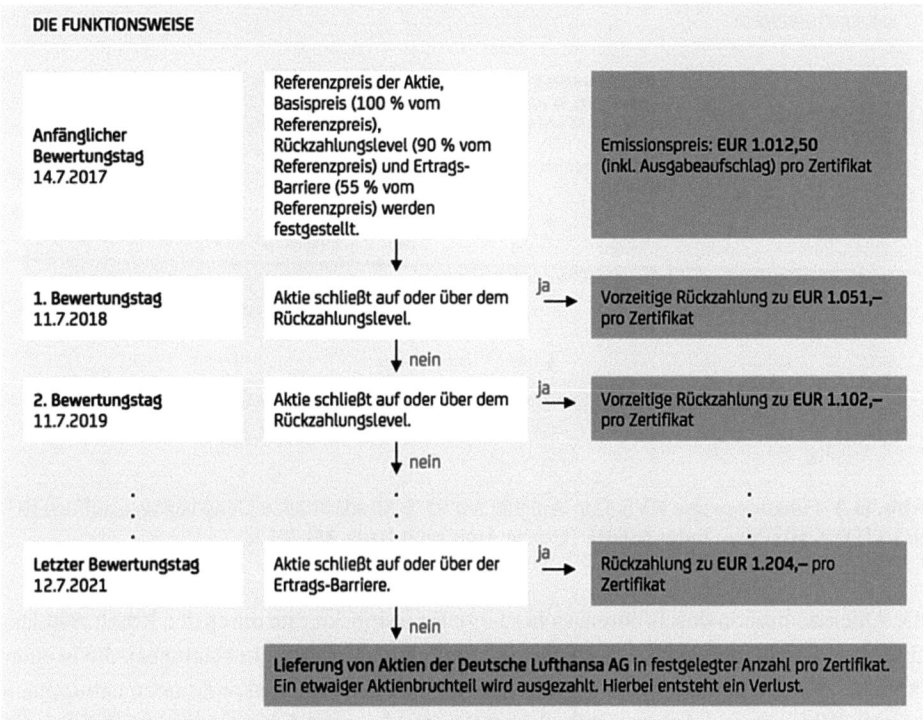

Abb. 15.1 Funktionsweise des HVB-Express-Plus-Zertifikat auf die Aktie der Deutschen Lufthansa. (Quelle: UniCredit Bank AG 2017b)

Die HVB-Cap-Anleihe mit 95 % Mindestrückzahlung ist in der Basis eine einfache Anleihe. Der Begriff Anleihe ist eine Bezeichnung für Schuldverschreibungen, die festverzinslich und auf eine längere Zeit angelegt wurden. Schuldverschreibungen dieser Art werden nicht nur von öffentlicher Hand, sondern auch von privaten Unternehmen am Markt platziert. Durch die Platzierung von über den Finanzmarkt handelbaren Anleihen kann ein Unternehmen oder ein Staat bei guter Bonität im Vergleich zu einer Kreditfinanzierung eine erheblich günstigere Verzinsung erzielen. Durch die Emission, also die Ausgabe von Wertpapieren (Anleihen gehören zur Wertpapierkategorie) und deren Platzierung an einem organisierten Kapital- und Geldmarkt (Börsen/Private Placement) können Unternehmen und öffentliche Institutionen Fremdkapital über Effektenbörsen beziehen, weshalb die Finanzierung durch Anleihen große Ähnlichkeiten mit einer klassischen Kreditfinanzierung besitzt. Die Fremdkapitalfinanzierung durch Anleihen ist durch ein sehr hohes Emissionsvolumen charakterisiert, da das zu akquirierende Kapital (spezifischer Betrag) in Teilschuldverschreibungen gestückelt wird. Dadurch wird die Handelbarkeit an den Börsen gewährleistet. Um Anleihen herausgeben zu können, muss der Staat oder das Unternehmen aus Anlegerschutzgründen hohe Bonitätsanforderungen erfüllen, was von der Börsenzulassungsstelle überprüft wird. Die Banken, die gemeinsam mit den Emittenten

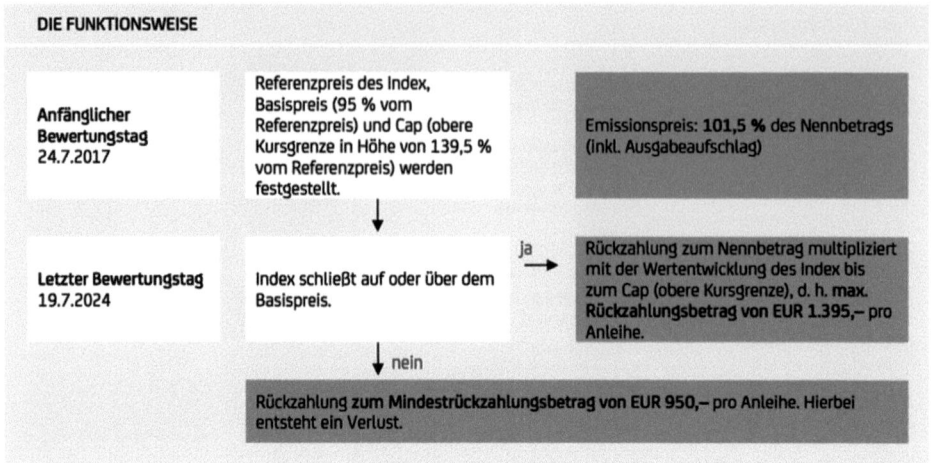

Abb. 15.2 Funktionsweise HVB-Cap-Anleihe mit 95 % Mindestrückzahlung bezogen auf den EURO STOXX 50 (Price) Index (EUR). (Quelle: UniCredit Bank AG 2017a)

die Anleiheemission durchführen, sichern ihre Emissionskredite durch den Erhalt erstklassiger Kreditsicherheiten ab. Die Rechte der Obligationäre (Anleihegläubiger), die in einer Anleihedokumentation aufgelistet sind, können aus den Anleihekonditionen entnommen werden. Obligationäre haben das Recht auf Rückzahlung des festgelegten Anleihebetrages sowie eine entsprechenden Verzinsung. Die Laufzeitdauer von Schuldverschreibungen mit Endfälligkeit schwankt wegen der unterschiedlichen Bedürfnisse der Emittenten und der aktuellen Kapitalmarktlage zwischen fünf und 30 Jahren (Brealey et al. 2017; Abb. 15.2).

15.5 Entwicklungsprozess von Bankprodukten

Die Entstehung des HVB-Express-Plus-Zertifikats (ISIN DE000HW3V832) und der HVB-CAP-Anleihe (ISIN DE000HW3U982) erfolgte in einem mehrstufigen Prozess, an dem zahlreiche Personen unterschiedlicher Institutionen beteiligt waren. Bei genauer Betrachtung, welche im Rahmen von Interviews durch Experten bestätigt wurde, kann man einen sechsstufigen Prozess analog dem klassischen Wasserfallmodell, welches vergleichbar auch bei der industriellen Produktentwicklung angewandt wird, finden (UniCredit Bank AG 2017a, 2017b).

Schritt 1 und 2 beschäftigen sich mit der Produktidee und deren Validierung, Schritt 3 und 4 mit der Umsetzung des Produktes und der Prüfung auf gesetzliche Konformität. Schritt 5 beinhaltet die Umsetzung der Produktdefinition in den beteiligten Systemen. In Schritt 6 erfolgt die Dokumentation nach gesetzlichen und internen Kriterien (Abb. 15.3).

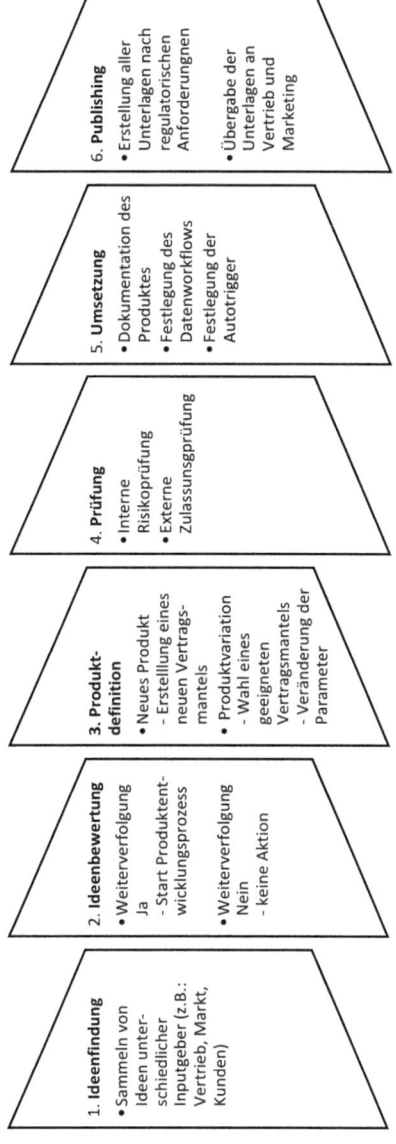

Abb. 15.3 Typischer Entwicklungsprozess eines Finanzproduktes

15.5.1 Ideenfindung

Die Entwicklung jeglichen Produktes und somit auch einer Aktienanleihe beginnt mit der Initialidee, die aus einem Markt- oder Kundenbedürfnis herrührt. Kommuniziert wird diese Idee z. B. von der internen Vertriebs- oder Marketingabteilung oder von externen Vertriebsorganen wie Vertriebspartner und Vermögensverwalter. Zusätzlich werden über unterschiedliche Kontaktpunkte zum Markt Anforderungen an ein Produkt aufgenommen, welche auch zu einer Produktidee führen können.

Das HVB-Express-Plus-Zertifikat und die CAP-Anleihe wurden aus einer Idee entwickelt, um Erträge zwischen vier und sechs Prozent mit vertretbarem Risiko trotz momentan vorhandener Seitwärtsbewegung in den Wertpapiermärkten und Zinsen auf niedrigen Niveau zu erwirtschaften.

15.5.2 Ideenbewertung

Zur Ideenbewertung werden Wirtschaftlichkeitsanalyse, Risikoanalysen und Kosten-Nutzen-Vergleiche durchgeführt. Die damit einhergehende Bewertungssystematik ist je nach Bank unterschiedlich. Sie lässt sich jedoch in der Regel ohne größere Aufwände in IT-Systemen abbilden. Einer der wesentlichen Faktoren zur Ermittlung der Wirtschaftlichkeit ist die Frage, ob bei der Umsetzung der Produktidee auf ein bereits bestehendes (vergleichbares) Produkt zurückgegriffen werden kann oder ob ein Prozess zur Definition eines komplett neuen Produktes durchlaufen werden muss (Abele 2013).

Weicht die Produktidee nur in einzelnen Parametern wie z. B. Laufzeit oder Mindestrückzahlung von einem bereits existierenden Produkt ab, wird man die Produktidee auf Basis des vorhandenen Produktes (Standardprodukt) umsetzen (Brealey et al. 2017).

15.5.3 Produktdefinition

Zu jedem Standardprodukt gibt es ein Standardvertragskonstrukt, mit dem sich innerhalb einer gewissen Bandbreite Variationen gestalten lassen. Dieses Standardvertragskonstrukt wird als Vertragsmantel oder englisch Wrapper bezeichnet. Unterschiedliche Vertragsmäntel gibt es in der Regel für Anleihen, Zertifikate, Strukturierte Wertpapiere und Derivate. Sie werden derart definiert, dass sie zu einer Vielzahl an Variationen konfiguriert werden können, um eine große Bandbreite von Produktideen abdecken zu können. Im Gegensatz zu einem einzelnen Produkt wird bei der internen Prüfung und Freigabe durch den Regulator ein ganzes Spektrum genehmigt.

Für die Produktidee des HVB-Express-Plus-Zertifikats und der CAP-Anleihe bestanden bereits Vertragsmäntel des Typs Zertifikat und Anleihe. Die Vertragsmäntel bieten die Möglichkeit, die Basisstruktur und von der Basisstruktur abhängige Ausstattungsmerkmale zu definieren (Tab. 15.4). Die Auswahl der Basisstruktur legt fest, ob ein Index-,

Tab. 15.4 Vertragsmantel. (Quelle: Brealey et al. 2017)

	Vertragsmantel Zertifikat	Vertragsmantel Anleihe
Basisstruktur	Index-Zertifikate Basket-Zertifikate Bonus-Zertifikate Discount-Zertifikate Sprint-Zertifikate Knock-out-Zertifikate Garantie-Zertifikate	Plain-Vanilla-Anleihen Schuldverschreibungen Reserve-Anleihen Floater-Anleihen Cap-Anleihen Floor-Anleihen Festverzinsliche Anleihen
Ausstattungsmerkmale	Zugrunde liegende Wertpapiere Währung Maßgebliche Börse Basiswert/Bezugswert Emissionstag Bewertungstag Vorzeiteitiger Rückzahlungstermin Referenzpreis Basispreis Rückzahlungslevel (Bewertungstagen) Bezugsverhältnis Laufzeit (erster und letzter Handels-/Börsentag) …	Zugrunde liegende Wertpapiere Währung Maßgebliche Börse Basiswert/Bezugswert Emissionstag Bewertungstag Referenzpreis Basispreis Laufzeit Zinszahlungen Tilgung Art der Verzinsung …

Basket-, Bonus- etc. Zertifikat als Basis verwendet werden soll. Je nach Auswahl werden dann die Ausstattungsmerkmale wie der zugrunde liegende Basiswert, die Währung, der Börsenplatz etc. ausgewählt.

Unsere ausgewählten Beispiele sind jetzt nach Festlegung der beschriebenen Parameter in Ihrer Grundstruktur definiert. Im nächsten Schritt erfolgt eine Risikobewertung. Zur Risikobewertung müssen alle zu betrachtenden Risiken und die damit verbundenen Eingangsgrößen bekannt sein oder durch stochastische Methoden berechnet werden. In Tab. 15.5 ist ein breites Spektrum der Risiken in Bezug auf unsere ausgewählten Finanzprodukte dargestellt. Dabei ist zu beachten, dass jedes Finanzprodukt spezifische Risiken besitzt. Zusätzliche Risiken können entstehen, wenn ein Finanzprodukt eine spezielle Konfiguration besitzt. Solch eine Konfiguration kann z. B. bei einem Rohstoff-Zertifikat individuelle Risiken wie z. B. politische Instabilität und Wechselkursschwankungen mit sich bringen. Diese Risiken müssen vor der Emission und während des Handels des Finanzproduktes laufend berechnet und mit Sicherheiten unterlegt werden (Hull 2015).

Zur Berechnung der Risikokennzahlen bzw. Faktoren müssen externe Informationsquellen, z. B. Bloomberg oder Reuters, herangezogen werden. Diese versorgen die Risikobewertungsalgorithmen mit Parametern wie Kurs zu einem bestimmten Stichtag, Laufzeit, Emissionstag und auch stochastische Parameter wie Standardabweichung und Sharp Ratio.

Tab. 15.5 Spezifische Risiken von den Finanzprodukten Zertifikat und Anleihe

Risiken des Zertifikats	Risiken der Anleihe
Emittentenrisiko	Emittentenrisiko (Ursachen für Bonitätsveränderungen, Rolle von Rating-Agenturen)
Kursänderungsrisiko	Zinsänderungsrisiko (Duration, Abschreibungsrisiko)
Einfluss von Hedge-Geschäften	Kündigungs- und Auslosungsrisiko
Risiko des Wertverfalls	Inflationsrisiko
Korrelationsrisiko	
Lieferung des Basiswerts als Risiko	
Währungsrisiken	
Liquiditätsrisiko	
Komplexität der Produkte	

In unserem Beispiel des HVB-Express-Plus-Zertifikats ist der Kurs der Lufthansa-Aktie ein derartiger externer Parameter. Der Kurs muss zum Anfang der Laufzeit, am 1. und 2. Bewertungstag und zum letzten Bewertungstag abgefragt werden.

Jedes Finanzprodukt hat individuelle Risiken, die in einem internen Risikomanagement-Report dokumentiert werden und die dem Investor in den Bedingungen und Prospekten dargestellt werden müssen. In Tab. 15.5 sind die Risiken eines Zertifikats und einer Anleihe dargestellt.

Unsere beiden Beispiele haben die bankinterne Risikobewertung erfolgreich durchlaufen und liegen somit innerhalb des Risikorahmens der Bank und der vorgegebenen regulatorischen Anforderungen. Zudem haben sie die Wirtschaftlichkeitsanalyse, bei der verschiedene Szenarien betrachtet werden (Best, Average und Worst Case), erfolgreich durchlaufen. Somit ist gewährleistet, dass sie unter Betrachtung der unterschiedlichen Szenarien profitabel für den Emittenten sind. Bei Finanzprodukten ist besonders zu beachten, dass die Wirtschaftlichkeitsbetrachtung und Risikobewertung stark voneinander abhängen. Wird nur ein Risikofaktor nicht berücksichtigt, kann der zu erwartende Gewinn komplett entfallen oder stark verringert werden (Blohm et al. 2013; Hull 2015). Zertifikate bergen besondere Risiken bei Zertifikaten aufgrund ihres Charakters als Schuldverschreibungen (Tab. 15.5).

15.5.4 Prüfung

Bevor ein Produkt auf den Markt kommt und an den Finanzmärkten gehandelt oder an Kunden verkauft werden kann, muss es durch den Regulator freigegeben werden. Die wichtigste Zulassungsvoraussetzung ist die Veröffentlichung eines Prospekts, das differenzierten Anforderungen des Emittenten und des Wertpapiers selbst genügen muss. Die Genehmigung des jeweiligen Prospekts liegt in Deutschland in der Hand der BaFin. Sie prüft das Prospekt auf Vollständigkeit und Verständlichkeit. Über die Zulassung zum Handel eines Wertpapiers an einer Börse entscheidet final der zuständige Bereich der jeweiligen Börse (Buck-Heeb 2017). Die zur Erstellung notwendigen Informationen sind alle in dem zuvor beschriebenen Prozessschritt Produktdefinition vorhanden. Die Erstellung des Prospektes erfolgt sehr systematisch, wodurch eine systemische IT-Unterstützung ermöglicht wird (Buck-Heeb 2017).

In unseren Beispielen wurden das HVB-Express-Plus-Zertifikat und die CAP-Anleihe auf Basis bestehender Vertragsmäntel definiert. Dadurch ist die externe Prüfung und Genehmigung sehr viel einfacher und schneller. Es wird prinzipiell nur geprüft, ob die Parameter des zu prüfenden Produktes innerhalb des Spektrums liegen, die der bereits freigegebene Vertragsmantel vorgibt.

15.5.5 Umsetzung

Im nächsten Schritt erfolgt sowohl intern als auch extern eine Umsetzung des genehmigten Produktes auf Basis des bestehenden Vertragsmantels. Intern werden nun die freigegebenen Produkteigenschaften in den dafür vorgesehenen Systemen dokumentiert bzw. aus der Phase der Produktdefinition übernommen. Bei diesem Prozess kommunizieren unterschiedliche Systeme, z. B. das System zu Dokumentation des Produktes mit dem System des Risikomanagements. Das Risikomanagementsystem selbst greift auf externe Daten zur Berechnung zu.

Zur Umsetzung des Vertrages in Richtung des Kunden (extern) werden die Parameter zur Durchführung eines einmaligen oder regelmäßigen Cashflows festgelegt. Im nächsten Schritt werden unterschiedliche Autotrigger festgelegt, die den Workflow der Daten regeln und beispielsweise auch eine Auszahlung an den Kunden veranlassen. Die definierten Trigger, der Workflow der Daten und der Zugriff auf externe Quellen mit sich verändernden Daten (z. B. Aktienwerte) stellen den Monitoring-Prozess eines Finanzproduktes während der Laufzeit dar.

15.5.6 Publishing

Nach erfolgreicher Prüfung, Freigabe und interner Umsetzung eines Finanzproduktes erfolgt die Markteinführung. Diese ist in vielen Bereichen konzeptionell mit der Markteinführung von komplexen Industrieprodukten vergleichbar. Bankprodukte sind in Bezug auf Dokumentations- und der Informationspflicht gegenüber dem Kunden in einzelnen Bereichen mit Produkten der Pharmaindustrie vergleichbar. Dort müssen „Nichtexperten" wie Patienten auf Einnahmevorschriften und Nebenwirkungen hingewiesen werden. Potenziellen Investoren muss die Funktionsweise eines Bankproduktes mit den damit einhergehenden Risiken ebenfalls verständlich dargestellt werden. Diese von der BaFin definierten regulatorischen Anforderungen werden im Jahr 2018 noch zusätzlich durch MIFID 2 verschärft. Die notwendigen Informationen, um der vollständigen Dokumentations- und Informationspflicht nachzukommen, werden in dem Schritt Produktdefinition festgelegt und können bei einer durchgängigen IT-Unterstützung weitgehend automatisch erstellt werden. In unseren Beispielen sind diese Information in dem Verkaufsprospekt des HVB-Express-Plus-Zertifikats und der CAP-Anleihe unter den jeweiligen WKN auf der Website onemarkets.de zu finden (UniCredit Bank AG 2017a, 2017b).

15.6 Produktentstehungsprozess des HVB-Express-Plus-Zertifikats in einem PLM-System

Die Analyse und Beschreibung des Entstehungsprozesses des HVB-Zertifikats und der CAP-Anleihe weisen keinen signifikanten Unterschiede auf. Deshalb wird im Folgenden nur die Abbildung des HVB-Zertifikats weiter betrachtet (Abb. 15.4). Die Abbildung des beschriebenen Entstehungsprozesses wird in zwei wesentliche Teile zerlegt: die Abbildung eines Vertragsmantels und die finale Definition des Bankproduktes. Die Gestaltung des Vertragsmantels stellt dabei den weitaus umfangreicheren Teil dar und lässt sich als Definition einer wiederverwendbaren Vorlage (Template) beschreiben. Der Vertragsmantel muss so definiert werden, dass eine möglichst große Bandbreite von Endprodukten abgebildet werden kann. Dazu sind Elemente mit vergleichbaren Eigenschaften in einem Bankprodukt zu identifizieren und in geeigneten Objekten in der PLM-Software zu definieren (Abb. 15.4) (Novobilski und Cox 1991).

In unserem Beispiel des Zertifikats ist das Objekt Kernelement vom Typ Aktie festzulegen. Dort werden die Attribute Währung, maßgebliche Börse, Basiswert/Bezugswert, Emissionstag, Bewertungstag, Referenzpreis, Basispreis, Laufzeit, Zinszahlungen, Tilgung und Art der Verzinsung festgelegt (Novobilski und Cox 1991). Falls die Ausprägung nicht vom Typ Aktie ist, können andere Attribute festgelegt werden. Vergleichbar ist dieser Vorgang mit der Definition der Produktstruktur für eine Baugruppe (z. B. Leuchteinheit) eines Automobils in einem PLM-System. Nun sollen die später festgelegten Werte der Attribute als Eingangsgrößen für unterschiedliche Prüfungen dienen. Dazu wird das Objekt Risikomanagement definiert, indem die Verbindung zu den Eingangsgrößen festgelegt wird. Dieselbe Vorgehensweise wird zur Speicherung der Ergebnisgrößen und zum Ablegen kompletter Prüfreports angewandt. Das Objekt wird so definiert, dass bei einem noch zu definierenden auftretenden Trigger-Event die eigentliche Applikation der Risikoprüfung gestartet wird (Aalst und Hee 2004). Die Applikation holt sich somit zu Beginn die notwendigen Werte aus den definierten Attributen und legt die Ergebnisse nach erfolgreichem Durchlaufen an dem definierten Ort wieder ab. Das Einbinden beliebiger Applikationen ist eine Standardfunktionalität von PLM-Systemen und lässt vom Funktionsumfang nahezu keine Wünsche offen, sodass die Umsetzung der hier formulierten Anforderung keine Hürde darstellen wird. In der Fertigungsindustrie werden beispielsweise beim Starten einer Crashsimulation eines Fahrzeuges weitaus komplexere Szenarien abgebildet.

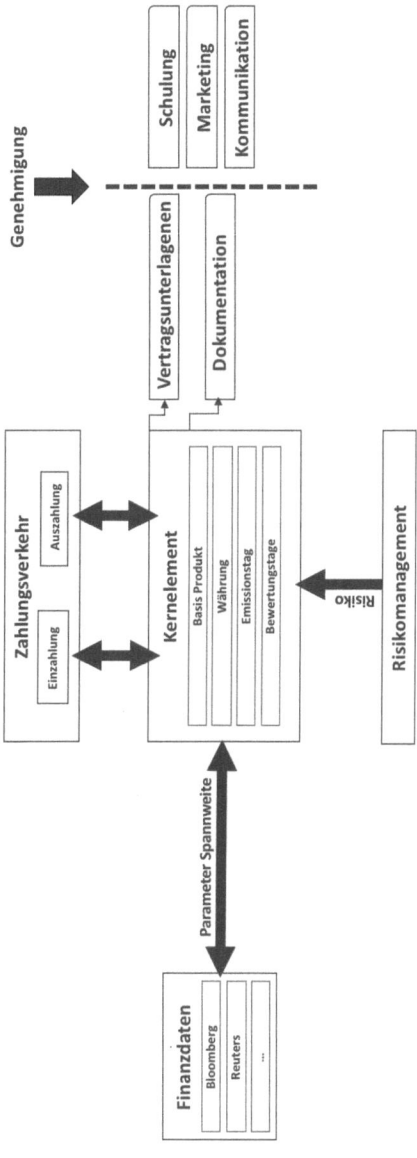

Abb. 15.4 Schematische Darstellung eines Vertragsmantels

Im nächsten Schritt soll die Ein- und Auszahlung unseres Zertifikats abgebildet werden. Dazu wird das Objekt Zahlungsverkehr definiert, und in der Ausprägung (Child Objekt) wird unterschieden, ob es sich um eine Ein- oder Auszahlung handelt. Die Vorgehensweise zur weiteren Definition erfolgt analog einer Anbindung einer Applikation. Je nach Bankprodukt können unterschiedliche Ein- und Auszahlungsprozesse abgebildet werden. Weitere strukturelle Unterschiede können in zusätzlichen Ausprägungen innerhalb beliebiger Child-Objekte abgebildet werden (Novobilski und Cox 1991).

In unserem Beispiel des HVB-Zertifikats gilt es, den Aktienkurs der Lufthansa-Aktie zu vordefinierten Zeitpunkten abzufragen, da davon die Anfangs- und Endbewertung und eine optionale vorzeitige Rückzahlung abhängen. Das Abfragen eines Aktienkurses ist softwaretechnisch vergleichbar mit dem Starten einer Applikation, die unter Verwendung vordefinierter Parameter in einem kurzen Zeitraum ein Ergebnis liefert. Diese Anforderung lässt sich in PLM-Systemen in einem Konstrukt namens Methode oder Funktion abbilden. Eine Methode benötigt immer ein Objekt, zu dem es gehört. Die Methode wird in unserem Beispiel des Zertifikates innerhalb des Objektes Kernelement abgebildet.

Nun gilt es, je nach Eingaben bzw. sich veränderten Paramatern vordefinierte Aktionen auszulösen. Dazu ist es zuvor notwendig, die definierten Objekte analog der schematischen Struktur (Abb. 15.4) in Zusammenhang zu bringen. Das geschieht in der Regel in einem grafischen Editor (Abb. 15.5). Wenn dies erfolgt ist, kann die Definition von Aktionen auf definierten Parametern erfolgen. In unserem Beispiel des Zertifikats auf die Lufthansa-Aktie soll am anfänglichen Bewertungstag (14.07.2017) der aktuelle Aktienkurs abgefragt werden. Im Anschluss daran soll der Geldfluss für die Einzahlung der Käufer realisiert werden. Am ersten Bewertungstag soll der Aktienkurs abgefragt und gegebenenfalls eine vorzeitige Rückzahlung eingeleitet werden. Falls keine Rückzahlung eingeleitet wird, soll die Bewertung am zweiten Bewertungstag abgefragt werden. Auch hier wird gegebenenfalls eine Rückzahlung eingeleitet oder eine Bewertung am Laufzeitende vorgenommen. Je nach Höhe des Aktienkurses erfolgt die Rückzahlung in einer berechneten Anzahl von Aktien oder in Form der Rückzahlung des eingesetzten Kapitals zuzüglich Zinsen. Ein derartiger Workflow lässt sich in PLM-Systemen mit der integrierten Workflow-Engine abbilden. Diese bringt zuvor definierte Objekte, Methoden und das Starten von definierten externen Applikationen in Abhängigkeiten. Meist bieten PLM-Systeme dazu grafische Editoren (Abb. 15.6).

Im nächsten Schritt gilt es festzulegen, wer welche Aktionen in einem PLM-System ausführen darf. Es wird mit Sicherheit unterschiedliche Benutzergruppen geben, die Vertragsmäntel definieren und andere Benutzer die Vertragsmäntel nutzen und die Merkmale des Bankproduktes final festlegen. Eine weitere Gruppe von Benutzern wird die zur Verfügung gestellte Information nur in nachfolgenden Prozessen oder Systemen weiternutzen. Zusätzlich zu dieser horizontalen Definition von Rollen wird es notwendig sein, hierarchische Kompetenzen abzubilden. Die dazu notwendigen Festlegungen sind bankspezifisch und teilweise durch die externe Regulatorik festgeschrieben und sollen hier nicht weiter untersucht werden (Buck-Heeb 2017). Basis dieser Festlegungen ist die dahinterliegende Organisationsstruktur, welche bei Unternehmen auf einem hohen Abstraktionslevel ver-

15 Definition von Bankprodukten mithilfe von Product-Lifecycle-Managementsystemen 289

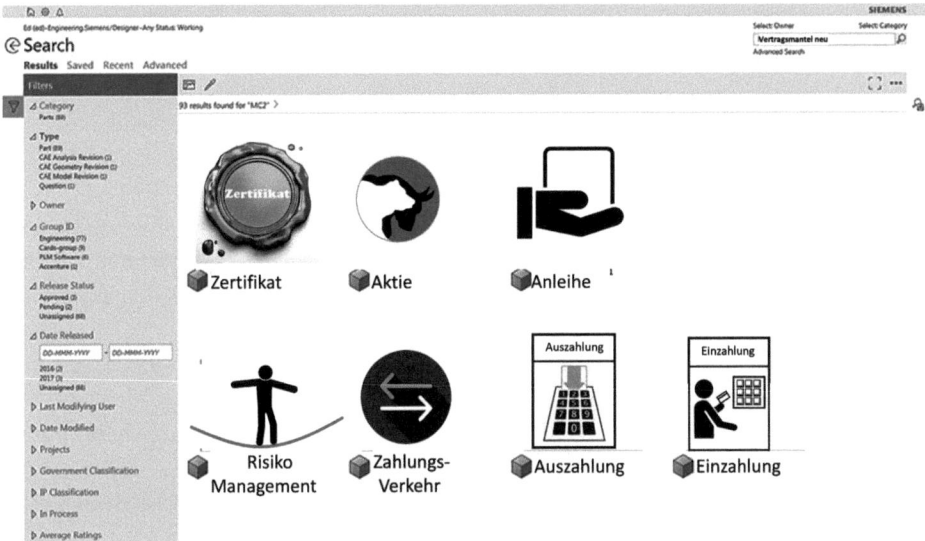

Abb. 15.5 Definition eines Vertragsmantels in einem PLM-System

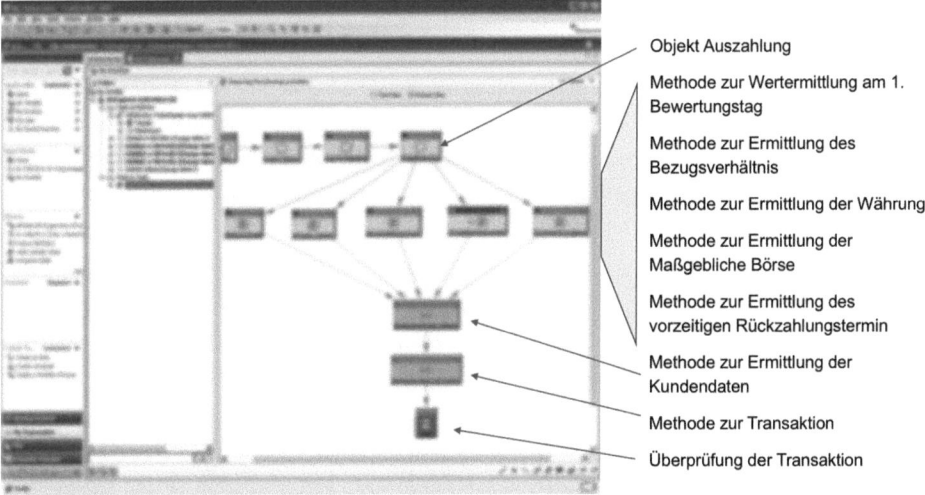

Abb. 15.6 Festlegung der Workflows zur vorzeitigen Rückzahlung eines Zertifikats in einem PLM-System

gleichbar ist (Porter 2008). Da PLM-Systeme mit Nutzerzahlen im mittleren fünfstelligen Bereich heute produktiv bei DAX-Unternehmen im Einsatz sind, ist auch hierbei von einer Implementierbarkeit bei Banken ohne größere Hürden auszugehen.

Zur besseren Verständigung aller Prozessbeteiligten werden je nach Prozessschritt Reifegrade für das zu entstehende Produkt festgelegt. Je reifer ein Produkt ist, desto mehr Prozessschritte sind durchlaufen und desto näher ist es dem Verkaufsstart. Je nach Reife werden auch unterschiedliche Benutzergruppen für den nächsten Prozessschritt ausgewählt. Diese Eigenschaften zur Festlegung der Reife eines Produktes werden schon im Vertragsmantel und dort im Objekt Kernelement festgelegt. PLM-Systeme stellen hierzu umfangreiche Definitionsmöglichkeiten zur Verfügung, sodass auch hier davon auszugehen ist, dass die notwendigen Funktionalitäten zu einer geeigneten Definition vorhanden sind.

Im letzten Schritt müssen die zur Genehmigung eines Produktes notwendigen Unterlagen erstellt werden. Heutige PLM-Systeme verfügen über sehr mächtige Report-Generator-Funktionalitäten. Die für die Genehmigung konformen Reports und Dokumente gilt es, ebenfalls schon im Vertragsmantel festzulegen.

Zur finalen Definition eines Produktes gilt es nun, den gerade definierten Vertragsmantel auszuwählen und die finalen Eigenschaften des Produktes festzulegen. Dann werden die zuvor festgelegten Attribute, die das Finanzprodukt definieren, mit Werten befüllt, z. B. 23.08.2017 bei dem Attribut Emissionstag für unser gewähltes Beispiel des HVB-Zertifikats (Abb. 15.7). Nach Eingabe aller erforderlichen Werte kann eine Risikobewertung durchgeführt werden. Das Ergebnis der Risikobewertung eines einzelnen Bankproduktes wird an weitere Risikosysteme übergeben, die weiterführende Kalkulationen über ein komplettes Bankportfolio durchführen. Danach werden die Ergebnisse vom PLM-System automatisch den verantwortlichen Personen zur Bewertung der Ergebnisse zur Verfügung gestellt. Wer welche Information erhält, wurde zuvor genauso wie alle zuvor beschriebenen Prozesse in der Workflow Engine des PLM-Systems bei der Definition des Vertragsmantels festgelegt. Der verantwortliche Personenkreis kann nun die Ergebnisse der Kalkulationen interpretieren und die benötigten Sicherheiten (z. B. Kapitalunterlegungen) hinterlegen, um das Finanzprodukt in seiner finalen Konfiguration am Markt nach regulatorischen Vorschriften anbieten zu können. Falls das Produkt mit der eingegebenen

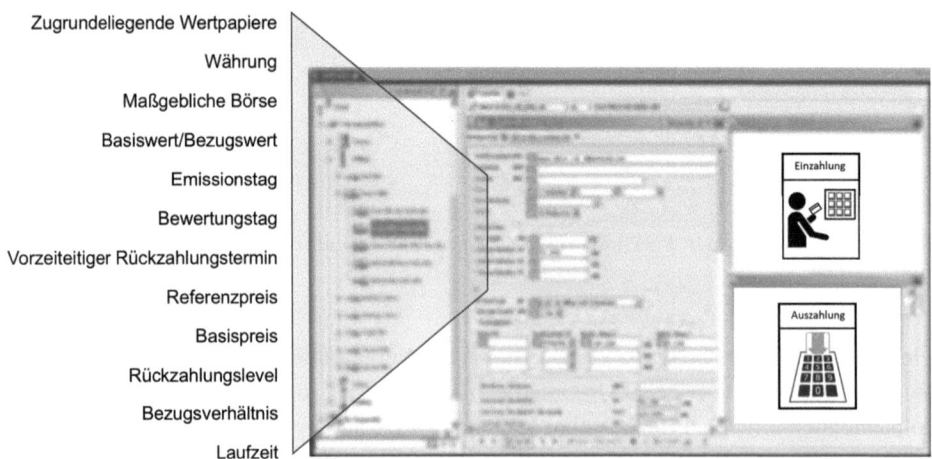

Abb. 15.7 Festlegung der finalen Produkteigenschaften in einem PLM-System

Konfiguration nicht darstellbar ist, können direkt im PLM-System Werte verändert und eine neue Risikobewertung durchgeführt werden. Nach dem erfolgreichen Abschluss werden die finalen Parameter des Finanzproduktes bestätigt. Die Bestätigung (Trigger-Event) löst eine Freigabe aus, welche zahlreiche weitere Prozesse innerhalb und außerhalb des PLM-Systems startet. Nach der Freigabe können die für eine finale externe Genehmigung erforderlichen Unterlagen (Dokumentation und Kennzahlen) automatisch bereitgestellt werden. Der beispielsweise von der BaFin erstellte Prüfbericht wird nach erfolgreichem Durchlaufen in der Regel elektronisch zurückgesandt und im PLM-System zu Dokumentationszwecken abgelegt. Daraufhin wird das Finanzprodukt am Markt platziert (Börse, interner Vertrieb der Bank). Dies geschieht durch den Versand der Daten und der dazugehörigen Dokumentation an den gewählten Vertriebskanal (Frankfurter Börse, NYSE ...). Auch dieser Vorgang ist in mehreren, zum Teil parallel ablaufenden Prozessen im PLM-System abgebildet.

15.7 Zusammenfassung, Ergebnis und Ausblick

In dem vorliegenden Beitrag wurden nach einer kurzen Einleitung die Grundstruktur und die Funktionsweise von handelsüblichen Product-Lifecycle-Managementsystemen (PLM-Systeme) beschrieben. Zur Erläuterung der Funktionsweise wurden die Anpassung und die Anwendung solcher Softwaresysteme am Beispiel der Automobilindustrie beschrieben. Eine der wesentlichen Zielsetzungen des Beitrags war es herauszufinden, ob derartige PLM-Systeme nutzbringend in der Bankenwelt eingesetzt werden können. Dazu wurden die dort existierenden Herausforderungen erörtert und Lösungsansätze abgeleitet. IT-Unterstützung der Geschäftsprozesse, effektive Produktentwicklung und den Erwartungen der Kunden genügendes Kundenmanagement waren nach einer Studie von Lünendonck die wesentlichen Hebel zur Begegnung der Herausforderungen. Zur Erarbeitung eines Ansatzes, wie eine verbesserte IT-Unterstützung in der Produktdefinition in der Bankenwelt aussehen kann, wurde der heute dort vorherrschende Prozess anhand von zwei exemplarisch ausgewählten Bankprodukten analysiert. Eine mögliche Abbildung dieses Prozesses in einem PLM-System wurde beschrieben. Dazu wurden die wesentlichen Funktionselemente in einem Demonstrator dargestellt. Nach derzeitigem Erkenntnisstand wurden keine konzeptionellen Hürden gefunden, den Entstehungsprozess eines Bankproduktes in einem handelsüblichen PLM-System abzubilden. Ein PLM-System kann die Produktdefinition durch die gemeinsam und früher verfügbare Datenbasis erheblich verkürzen und einen bedeutenden Fortschritt in der Vernetzung mit den zuständigen Regulatoren herbeiführen. Durch die so reduzierten Aufwände kann eine signifikante Kostenreduktion erzielt werden, die die notwendigen Investitionen in ein PLM-System und dessen Implementierung bei Weitem übersteigen wird. Es ist zu erwarten, dass vergleichbare Business-Case-Betrachtungen wie in der Fertigungsindustrie erreicht werden können. Die angestellten Überlegung und der Demonstrator sollten in einem nächsten Schritt in Form eines realen Prototyps verifiziert werden.

Literatur

Aalst, W., & Hee, K. (2004). *Workflow management*. Cambridge: MIT Press.
Abele, T. (2013). *Suchfeldbestimmung und Ideenbewertung* (1. Aufl.). Berlin, Heidelberg: Springer.
Blohm, H., Lüder, K., & Schaefer, C. (2013). *Investition*. München: Vahlen.
Brealey, R., Myers, S., & Allen, F. (2017). *Principles of corporate finance*. New York: McGraw-Hill.
Buck-Heeb, P. (2017). *Kapitalmarktrecht*. Heidelberg: VHüthig Jehle Rehm.
CIMdata (2015). Cimdata.com. https://www.cimdata.com/zh/resources/about-plm. Zugegriffen: 1. Jan. 2017.
CIMdata (2017). *Product innovation platforms: definition, their role in the enterprise, and their long-term viability*. CIMdata Position Papaer..
Dury, J., Peterman, L., & Sobelman, N. (2009). *Improving time-to-market with PLM. PDDNET.com*
Eigner, M., & Eiden, A. (2016). Branchenorientierte Produktstrukturen für PLM – Teil 1 – PLM IT Business ONLINE. https://www.plm-it-business.de/plm/branchenorientierte--produktstrukturen----fuer----plm.htm. Zugegriffen: 12. Okt. 2017.
Eigner, M., & Stelzer, R. (2013). *Product-lifecycle-management* (2. Aufl.). Berlin: Springer.
Fohrer, H. (2015). Aktuelle Herausforderungen im bankbetrieblichen Umfeld aus genossenschaftlicher Bankensicht. *Handbuch Bankvertrieb* (S. 57–74).
Hull, J. (2015). *Risk management and financial institutions* (4. Aufl.). John Wiley & Sons, Inc., Hoboken, New Jersey.
Novobilski, A., & Cox, B. (1991). *Object oriented programming: an evolutionary approach* (1. Aufl.). Reading: Addison-Wesley.
Porter, M. (2008). *Competitive advantage*. Riverside: Free Press.
Riefler, B. (2009). *Standardisierung von Produktdaten in der Automobilbranche* (1. Aufl.). Lohmar: Eul.
Schnabel, I. (2014). Das europäische Bankensystem: Bestandsaufnahme und Herausforderungen. *Wirtschaftsdienst, 94*(S1), 6–10.
Sendler, U. (2009). *Das PLM-Kompendium*. Dordrecht: Springer.
UniCredit Bank, A. G. (2017a). HVB Cap Anleihe mit 95 % Mindestrückzahlung bezogen auf den EURO STOXX 50® (Price) Index (EUR) – HypoVereinsbank onemarkets. https://www.onemarkets.de/de/productpage.html/DE000HW3U982. Zugegriffen: 15. Aug. 2017.
UniCredit Bank, A. G. (2017b). HVB Express Plus Zertifikat auf die Aktie der Deutsche Lufthansa AG – HypoVereinsbank onemarkets. https://www.onemarkets.de/de/productpage.html/DE000HW3V832. Zugegriffen: 15. Aug. 2017.
Zillmann, M. (2012). *Zukunft der Banken 2020. Lünendonk®-Trendstudie*. Kaufbeuren: Lünendonk.

Prof. Dr. Markus Hesse sammelte umfangreiche internationale Erfahrung in den Bereichen Unternehmens- und Geschäftsbereichsführung, Vertrieb, Produktmarketing und technische Implementierung von Enterprisesoftware in der Fertigungs- und Prozessindustrie. Zurzeit ist er Geschäftsführer der Rightsourcing GmbH, eines Business-Strategy-Consulting-Unternehmens im Bereich Corporate Directions, Mergers & Acquisitions und Corporate-IT-Strategie. Seit 2017 ist er Professor an der FOM Hochschule für Oekonomie und Management in Stuttgart für Strategische Unternehmensführung, Strategisches Management und Customer-Relationship-Management.

Maher Hamid, B.A., ist Geschäftsführer der Agentur HHK SOLUTIONS. Die Agentur ist multinational aufgestellt und bietet ein breites Portfolio in den Bereichen Webdevelopment, Online Marketing und IT-Consulting an. Dabei setzt seine Agentur im Marketing Methoden aus der Welt der Mathematik und Stochastik ein, um hoch effektive Marketing-Strategien für Ihre Kunden zu entwickeln. Herr Hamid absolvierte seinen Bachelor of Arts in International Management an der FOM Hochschule für Oekonomie. Seine Bachelor-Thesis beschäftigte sich mit Extreme-Events in der Finanzbranche und ihren Auswirkungen auf das Risiko Management. Aktuell absolvierte er nebenberuflich den Master of Science an der gleichnamigen Hochschule im Bereich Risk Management and Treasury mit dem Schwerpunkt IT-Risiken.

Die Theorie des Gewinnvorbehalts als theoretische Grundlage für die Anlageberatung

16

Marius Mönig und Karl-Heinz Prieß

1952 veröffentlichte Harry Markowitz einen bahnbrechenden Aufsatz, der das Wertpapiergeschäft nachhaltig prägen sollte. Seither haben die Ergebnisse der Finanzmarktforschung die Art und Weise, wie Wertpapieranlagen beurteilt und Anlageentscheidungen getroffen werden, fundamental verändert. Die moderne Portfoliotheorie kann daher als eine erfolgreiche ökonomische Theorie angesehen werden. Aber selbst solch ein ausgeklügeltes und komplex es Modell kann das Verhalten der Finanzmärkte nicht adäquat erfassen. Der Praxistest fällt daher – obwohl zigfach Grundlage in der Anlageberatung deutscher Banken – oft unbefriedigend aus: Die Portfoliotheorie bezieht ihre Reputation eher aus der mathematischen Formulierung als aus ihrer empirischen Validität. Die Verfasser dieses Beitrags schlagen die Theorie des Gewinnvorbehalts von Prof. Dr. H. Koch vor, ursprünglich entwickelt für die Unternehmenstheorie, und übertragen dieses Modell auf den Anlageberatungsprozess.

Trotz niedriger Zinsen nutzen die deutschen Sparer die Möglichkeiten des Kapitalmarktes zu wenig, sie gelten bei der Vermögensanlage als ängstlich und pessimistisch. Dabei ist die Erwirtschaftung einer auskömmlichen Rendite in der Vermögensanlage und im Vermögensaufbau insbesondere in Anbetracht des demografischen Wandels und der Beeinträchtigungen der sozialen Sicherungssysteme von großer Bedeutung (vgl. Schöning und Nolte 2013, S. 259 f.).

Die Anlageberatungen basieren in Deutschland meist auf der Portfoliotheorie nach Markowitz (vgl. May 2012, S. 1): Anlageberater empfehlen einen Mix verschiedener Anlagemöglichkeiten, um durch Diversifikation das ideale Risiko-Nutzen-Verhältnis des Vermögens zu erzielen (vgl. Markowitz 1952, S. 79). Die Kernaussage dieser Theorie ist,

M. Mönig
Dortmund, Deutschland

K.-H. Prieß (✉)
Münster, Deutschland
E-Mail: karl-heinz.priess@fom.de

dass das Risiko durch Diversifikation in einem Portfolio geringer ist als die Summe der gewichteten Einzelrisiken. Nach Markowitz (1952, S. 77 f.; 1991, S. 5 f.) ist die Rendite immer im Zusammenhang mit dem Risiko zu sehen (vgl. auch Albrecht und Maurer 2008, S. 258 f.). Fraglich ist, ob die Beratungen zu Recht auf diesem Modell beruhen oder ob es ggf. so fehleranfällig ist, dass die Ängste der Anleger in Deutschland berechtigt sind bzw. gar dadurch verstärkt werden. Die mangelnde praktische Umsetzbarkeit ist aufgrund der vielen Prämissen und Annahmen ebenfalls ein Indikator dafür, dass Anlageberatungen aufgrund der Portfoliotheorie kritisch zu hinterfragen sind (vgl. Albrecht und Maurer 2008, S. 270; Brealey et al. 2011, S. 198).

Eine Möglichkeit zur Überarbeitung des Anlageberatungsprozesses bietet der wissenschaftliche Ansatz von Koch. Seine Theorie des Gewinnvorbehalts veranschaulicht konstruktiv die Problematik des Modells von Bernoulli – auf das Markowitz zurückgreift – und trifft Aussagen über das unternehmerische Handeln (vgl. Koch 1996, S. 10 f.). Seine ungewissheitstheoretische Konzeption nimmt dabei explizit Bezug auf das Sicherheitsbedürfnis einerseits und auf das Gewinnstreben des Unternehmers andererseits (vgl. Fischer 1986, S. 125 ff.; Koch 1977, S. 311 f., 1996, S. 10 ff.). Dieser Ansatz unterscheidet sich von der Portfoliotheorie u. a. bei der Betrachtung der beiden Aspekte Gewinn und Risikobegrenzung. Während Markowitz Rendite und Risiko anhand des μ-σ-Prinzips von Bernoulli als gleichgeordnete Teilziele definiert, sieht Koch (1977, S. 307 f.; 1996, S. 10 ff.) das Sicherheitsniveau als durchführbarkeitsadäquate Nebenbedingung des Gewinnstrebens. Diese unternehmensspezifische Theorie kann auf die Anlagetheorien übertragen werden und bietet Optimierungsmöglichkeiten.

16.1 Definition von Risiko und Rendite

Da im deutschen Sprachgebrauch mit dem Begriff Risiko etwas Negatives verbunden wird, sollte das Risiko in der Anlageberatung nicht als symmetrischer Begriff für Abweichungen nach unten oder oben genutzt werden. Die Chance, eine bessere Rendite zu erzielen als angenommen, sollte als zusätzlicher Begriff neben dem Risikobegriff verwendet werden, so wie es Gräfer et al. (2014, S. 18 f.) in ihren unternehmerischen Entscheidungstheorien beschreiben. Es ist zu beachten, dass Unsicherheit und Risiko keine gleichgeordneten Begriffe sind. Das Risiko ist eine Folge mehrwertiger und ungenauer Zukunftsvorstellungen und dementsprechend ein Resultat der Unsicherheit. In der Anlageberatung sollte unter dem Begriff Risiko verstanden werden, dass aus der Anlageentscheidung Verluste entstehen können und das Risiko ein Resultat der Unsicherheit bei dieser Entscheidung ist. Die Chance hingegen beschreibt positive Abweichungen. Bei der Rendite ist herauszustellen, dass eine Betrachtung immer in Relation zum eingesetzten Kapital und zum Risiko erfolgen muss. Das Ertrag-Risiko-Profil ist für die Anlageberatung eine wichtige Bezugsgröße. Auch beinhaltet eine niedrigere Rendite nicht automatisch eine hohe Sicherheit (vgl. Gräfer et al. 2014, S. 18 f.; Hull 2014, S. 20; Prieß 1988, S. 129).

16.2 Portfoliotheorie nach Markowitz als Grundlage für Anlageberatungen

In einem Artikel des Journal of Finance beschreibt Markowitz seine empirische Beobachtung, nach der Anleger ihr Vermögen auf unterschiedliche Anlagetitel aufteilen. So soll das Risiko durch Diversifikation in einem Portfolio minimiert werden. Dabei spielt die Korrelation der Renditen der einzelnen Anlagetitel im Portfolio eine wichtige Rolle (vgl. Albrecht und Maurer 2008, S. 258 f.; Markowitz 1952, S. 77 f., 1991, S. 5). Markowitz erhielt hierfür 1990 den Nobelpreis. Die Portfoliotheorie widmet sich der Fragestellung, wie ein Portfolio effizient gestaltet werden kann. Dabei sind zur Berechnung der Effizienz vor allem die erwartete Rendite sowie die Volatilität als Kennziffern von essentieller Bedeutung (vgl. Berk und DeMarzo 2011, S. 386). Nach Markowitz definiert sich ein gutes Portfolio durch eine ausgewogene Allokation verschiedener Wertpapiere. Die Kernaussage der Portfoliotheorie ist, dass das Risiko durch Diversifikation in einem Portfolio geringer ist als die Summe der gewichteten Einzelrisiken. Die Rendite wird nach Markowitz (1952, S. 77 f.; 1991, S. 5 f.) als Erwartungswert μ, das Risiko als Standardabweichung σ definiert (vgl. auch Albrecht und Maurer 2008, S. 258 f.; Breuer et al. 2010, S. 137 f.).

In der praktischen Anlageberatung muss berücksichtigt werden, dass die Portfoliotheorie nur ein mathematisches Modell ist. Eine ideale Gewichtung der Asset-Klassen und Anlagealternativen ist praktisch nicht möglich. Das liegt vor allem daran, dass die modellbasierten Annahmen in der Praxis nicht vorkommen:

- Die Investoren beurteilen Portfolios einzig anhand deren erwarteter Rendite und Standardabweichung über eine Periode.
- Bei zwei ansonsten identischen Portfolios wählen Investoren immer das mit der höheren erwarteten Rendite.
- Investoren sind risikoavers: Bei zwei ansonsten identischen Portfolios wählen sie das mit der niedrigeren Standardabweichung.
- Wertpapiere können zu beliebigen Bruchteilen ge- und verkauft werden.
- Es existiert ein risikofreier Zinssatz, zu dem sowohl Geld aufgenommen als auch angelegt werden kann.
- Steuern und Transaktionskosten sind irrelevant.

Zudem müssen Daten wie die erwarteten Renditen, die Volatilitäten und die Korrelationskoeffizienten bestimmt werden. Grundsätzlich ist eine Diversifikation auch in der Praxis umsetzbar und in einer guten Anlageberatung unabdingbar. Aber die konsequente Umsetzung in ein optimal diversifiziertes Portfolio ist nicht möglich (vgl. Gräfer et al. 2014, S. 260 f.). Die Datengrundlage gehört zu den Hauptkritikpunkten an dem Modell. Die Umsetzung der optimalen Portfolioselektion hängt stark von der Datensicherheit ab. Der Zwiespalt besteht darin, dass die zugrunde liegenden Daten historisch sind und der Anleger ein zukünftig effizientes Portfolio anstrebt. Leichte Veränderungen der Modellparameter, z. B. der Kovarianzen, bedeuten eine starke Anpassung des Portfolios. Weicht die Datengrundlage von den tatsächlich eintreffenden Renditen und Volatilitäten ab, ist das gewählte Portfolio sehr schnell ineffizient (vgl. Gräfer et al. 2014, S. 260 f.; Steiner und Bruns 2012, S. 14).

Im Anlageprozess der Banken wird oft mit standardisierten Musterportfolien gearbeitet. Mit der Auswahl weniger Musterportfolien lässt sich nur sehr ungenau die tatsächliche Risikobereitschaft der Kunden in ein entsprechendes Risiko-Nutzen-Verhältnis bringen; innerhalb der einzelnen Asset-Klasse wird oft keinerlei Hinweis auf eine Diversifikation gegeben. Die Risikoreduzierung, die durch die Diversifikation in der Portfoliotheorie erreicht werden soll, wird also im Beratungsprozess ausschließlich durch eine entsprechende, nicht gleichlaufende Korrelation der einzelnen Asset-Klassen erreicht (vgl. Markowitz 1952, S. 89; Steiner und Bruns 2012, S. 14). Die Korrelation innerhalb der einzelnen Asset-Klasse bleibt völlig unberücksichtigt; es obliegt ausschließlich dem Berater, hierauf hinzuweisen. Es ist also deutlich erkennbar, dass ein optimales Portfolio nicht nur aufgrund der Datenproblematik, sondern bei dieser Vorgehensweise auch durch den Prozess an sich unmöglich zu erreichen ist (vgl. Schneider 2011, S. 42 ff.).

16.3 Theorie des Gewinnvorbehalts nach Koch als Grundlage für Anlageberatungen

Die Theorie des Gewinnvorbehalts von Koch geht auf seinen Artikel im Jahr 1977 in der Zeitschrift für die gesamte Staatswissenschaft/Journal of Institutional zurück. Hier erläutert Koch seine ungewissheitstheoretische Konzeption. Koch (1977, S. 305 ff.; 1996, S. 10 ff.) veranschaulicht konstruktiv die Problematik des Modells von Bernoulli und trifft Aussagen über das unternehmerische Handeln. Dabei nimmt er Bezug auf das Sicherheitsbedürfnis des Unternehmers sowie auf dessen Gewinnstreben. Im Jahr 1996 subsumiert Koch in seiner Monografie alle Erkenntnisse seiner Theorie und untersucht sie auf ihre Möglichkeiten und Grenzen in der unternehmerischen Anwendung (vgl. auch Fischer 1986, S. 125 ff.)

Nach dem Grundgedanken des Modells von Koch strebt die Unternehmensleitung danach, Geld zu verdienen und gleichzeitig die Verdienstquelle zu sichern. Die Theorie setzt an der Problematik der Entscheidungen unter Ungewissheit an. Hierbei gehen viele Ansätze auf die normative Nutzentheorie von Bernoulli zurück, welche jedoch wegen folgender Aspekte umstritten ist: Zunächst wird in Frage gestellt, ob mit ihr Risikopräferenzen von Entscheidungsträgern überhaupt adäquat erfasst werden können. Des Weiteren wird hinterfragt, ob diese Theorie auch auf nicht beliebig oft wiederholbare Entscheidungen angewandt werden kann (vgl. Baetge 1989, S. 63; Koch 1977, S. 311, 1996, S. 19). Insbesondere die Kompensationsmöglichkeit von Gewinn und Risiko, die aus der notwendigen Voraussetzung des Stetigkeitsaxioms erfolgt, wird als problematisch erachtet (vgl. Koch 1977, S. 308, 1996, S. 3 ff.). Da sich hohe Risiken aufgrund unerwarteter Krisen nicht durch entsprechend höhere Gewinnchancen ausgleichen lassen, ist das Sicherheitsbedürfnis dem Gewinnstreben des Unternehmers nicht gleichzusetzen. Hier setzt Koch die beiden Elemente Risikogrenze und Gewinnkriterium an. Er sieht das Sicherheitsniveau als durchführbarkeitsadäquate Nebenbedingung des Gewinnstrebens an. Dies ist der elementare Unterschied zur Portfoliotheorie, die Rendite und Risiko als gleichgeordnete Teilziele definiert. Mit der Theorie des Gewinnvorbehalts lässt sich eine Vielzahl von Risikopräferenzen des Entscheidungsträgers erfassen, und der Gewinn wird als alleinige Zielgröße betrachtet, sodass ein bestimmtes Sicherheitsniveau einen Handlungsvorbehalt darstellt (vgl. Fischer 1986, S. 127 ff.; Koch 1977, S. 307 f., 1996, S. 10 ff.).

16.4 Ausgangslage und Rahmenbedingung für Anlageentscheidung eruieren

Diese unternehmerische Entscheidungstheorie kann auf den Anlageberatungsprozess übertragen werden und bietet einen Ansatz für die transparente und konsequente Risikoaufklärung gemäß WpHG. Hierbei sind die herausgestellten Definitionen von Risiko und Rendite von enormer Bedeutung. Hierüber ist der Anleger im ersten Schritt aufzuklären. Die definierten Elemente Risikogrenze und Gewinnkriterium münden in dem Ergebnis, dass das Sicherheitsbedürfnis die durchführbarkeitsadäquate Nebenbedingung des Gewinnstrebens ist. Damit sich gemäß der Grundkonzeption der Mindestgewinnvorbehalt in der Anlageberatung bestimmen lässt, ist der Anleger über denkbare Umweltszenarien aufzuklären (vgl. Fischer 1986, S. 127 ff.; Koch 1977, S. 311 f., 1996, S. 10 ff.). Letztlich sollte er in die Lage versetzt werden, die Wahrscheinlichkeiten der einzelnen Szenarien realistisch einzuschätzen, sodass seine persönliche Meinung in der Gewichtung Berücksichtigung findet. Ebenfalls sollte der Berater dem Anleger verdeutlichen, dass auch vermeintlich sichere Anlagen (Rest-)Risiken beinhalten. Die Wahrscheinlichkeit des Eintreffens solcher Risiken gilt es, im Dialog zu definieren. So soll der Anleger gemäß den regulatorischen Anforderungen in die Lage versetzt werden, selbstständig geeignete und angemessene Anlageentscheidungen zu treffen (vgl. Jakob und Nickel 2013, S. 27). Dieser Austausch ist elementar und komplex zugleich, da die zukünftigen Entwicklungen und Umweltszenarien ungewiss sind. Es gibt keine objektiv realistischen Einschätzungen für das Eintreffen der zukünftigen Konstellationen. Dies muss auch dem Kunden bewusst gemacht werden, sodass sein Risikobewusstsein geschärft wird. Es soll dennoch ein möglichst realistisches Bild aus subjektiver Sicht erreicht werden, um Entscheidungen treffen zu können. Hierbei werden Perspektiven anhand aktueller Kapitalmarktinformationen aufgestellt, und auch die historischen Erfahrungen und Daten spielen mit ein.

Die beschriebene Vorgehensweise lässt sich im Drei-Phasen-Modell nach Rehkugler et al. in der ersten Phase unterbringen (Rehkugler et al. 1992, S. 316 ff.). Lediglich die Aufnahme der persönlichen Kundendaten, die Erfassung der Gesamtsituation des Kunden sowie seiner Wünsche und Ziele sind diesem Schritt im Beratungsprozess vorgeschaltet. Dieser angepasste Prozess lässt sich in Abb. 16.1 festhalten.

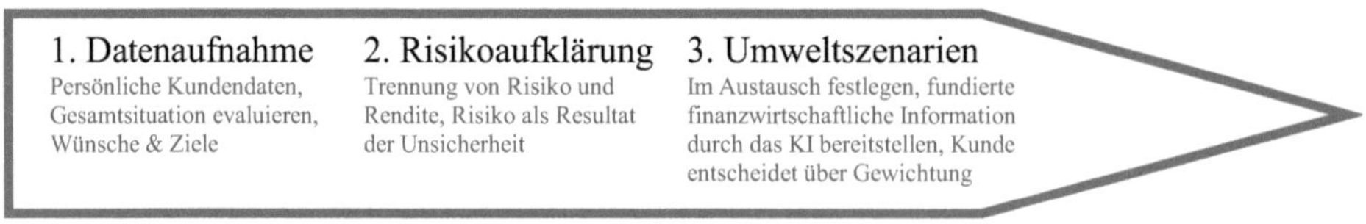

1. Datenaufnahme	2. Risikoaufklärung	3. Umweltszenarien
Persönliche Kundendaten, Gesamtsituation evaluieren, Wünsche & Ziele	Trennung von Risiko und Rendite, Risiko als Resultat der Unsicherheit	Im Austausch festlegen, fundierte finanzwirtschaftliche Information durch das KI bereitstellen, Kunde entscheidet über Gewichtung

Abb. 16.1 Erste Phase des optimierten Anlageberatungsprozess

16.5 Strategische und taktische Depotaufstellung

Hierauf folgt durch den Anleger die erste Definition des Mindestgewinnvorbehalts. Dieser lässt sich in zwei Komponenten aufteilen. So ist in der Anlageberatung zunächst eine langfristige strategische Depotaufstellung mithilfe des Gewinnvorbehalts und in einem weiteren Schritt eine taktische Anlageentscheidung für den Einzelfall möglich. In Bezug auf die regulatorischen Anforderungen der Anlageberatung wird hier auch die Anlegermentalität bestimmt (Jakob und Nickel 2013, S. 46; § 6 Abs. 1 WpDVerOV). Der Berater muss den Anleger darüber aufklären, dass es durchaus Markt- bzw. Umweltsituationen geben kann, die subjektiv nicht in Betracht gezogen werden können, und dass es immer (Rest-)Risiken gibt. Anhand der Risikobereitschaft und des grundsätzlichen Anlagehorizontes ist dann dieser Mindestgewinn für jedes subjektiv vorstellbare Umweltszenario zu bestimmen. Mithilfe einer Sicherheitsmatrix nach Koch (1977, S. 311; 1996, S. 10 ff.) lassen sich die einzelnen Asset-Klassen auf die durchführbarkeitsadäquate Nebenbedingung des Gewinnstrebens hin überprüfen. Dabei lassen Aufteilungen auf verschiedene Asset-Klassen verschiedene Portfolienausrichtungen und dementsprechend unterschiedliche erwartete Gewinne in den einzelnen Umweltsituationen zu. Hierzu ist ggf. auch eine Optimierungsmatrix nach Koch (1977, S. 320 f.; 1996, S. 25 f.) aufzustellen. Dieser Schritt ist in einem Erstgespräch mit dem Kunden elementar. Alle weiteren Anlageentscheidungen und Folgegespräche können auf dieser strategischen Ausrichtung aufbauen. Sie gilt es, nur bei geänderter Ausgangssituation zu überprüfen. Dies ist der Fall, wenn sich die Anlegermentalität oder die Wünsche und Ziele des Kunden ändern. Es ist denkbar, dass sich Markt- und Umweltbedingungen so gravierend ändern, dass sie vorher subjektiv nicht in Betracht gezogen wurden (vgl. Fischer 1986, S. 156 ff.; Koch 1977, S. 311 ff., 1996, S. 10 ff.). Abb. 16.2 komprimiert dieses Vorgehen.

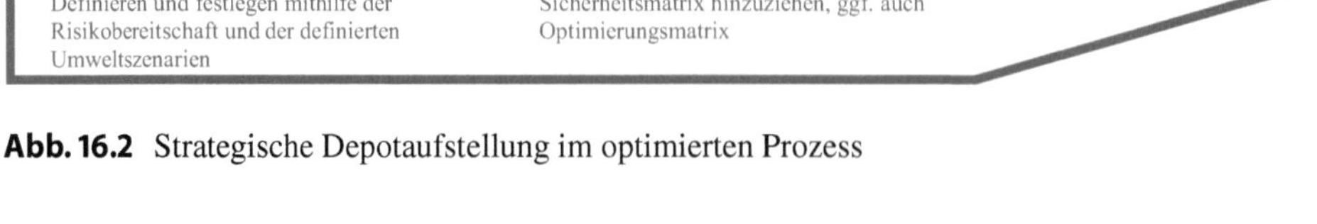

1. Strategische Mindestgewinnbedingung	2. Strategische Depotaufstellung
Definieren und festlegen mithilfe der Risikobereitschaft und der definierten Umweltszenarien	Sicherheitsmatrix hinzuziehen, ggf. auch Optimierungsmatrix

Abb. 16.2 Strategische Depotaufstellung im optimierten Prozess

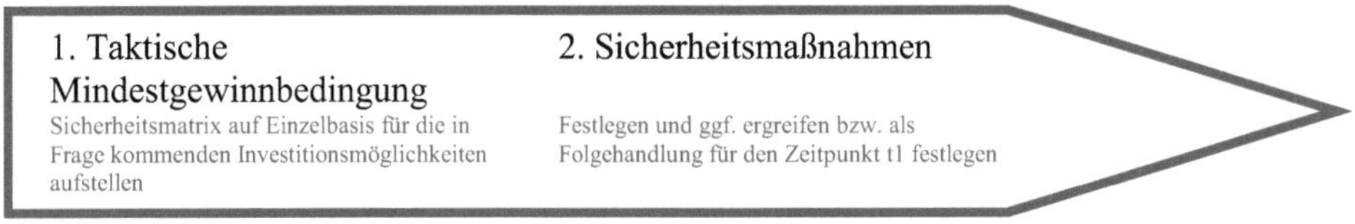

1. Taktische Mindestgewinnbedingung	2. Sicherheitsmaßnahmen
Sicherheitsmatrix auf Einzelbasis für die in Frage kommenden Investitionsmöglichkeiten aufstellen	Festlegen und ggf. ergreifen bzw. als Folgehandlung für den Zeitpunkt t1 festlegen

Abb. 16.3 Taktische Entscheidungsfindung im optimierten Prozess

Hierauf folgt die taktische Definition der Mindestgewinnbedingung. Nach dieser wird die Sicherheitsmatrix nach Koch (1977, S. 320, 1996, S. 29) auf Einzelbasis für die infrage kommenden Investitionsmöglichkeiten aufgestellt. Wenn anhand der strategischen Depotaufstellung ggf. mehrere Asset-Klassen berücksichtigt wurden, muss dieser Schritt der taktischen Allokation für jede Asset-Klasse einzeln erfolgen. Nun werden auch Sicherungsmaßnahmen bestimmt und möglicherweise ergriffen. Diese Maßnahmen haben nach der Theorie des Gewinnvorbehalts dafür Sorge zu tragen, dass auch bei Eintreten ungünstiger Marktentwicklungen der vorab festgelegte Mindestgewinn nicht unterschritten wird. Beispielhaft seien Sicherungsmaßnahmen mithilfe von Optionen genannt, bei denen sich Portfolien gegen unerwartet hohe Verluste absichern lassen (Hedging) (vgl. Steiner und Bruns 2012, S. 546 f.). Die Realisation solcher Maßnahmen bewirkt, dass der Gewinn bei Eintritt eines ungünstigen Umweltszenarios weniger stark absinkt. Hierbei entstehen Sicherungskosten, die den im Ausgangsplan erwarteten Gewinn mindern (vgl. Koch 1996, S. 119). Abb. 16.3 hält dieses Vorgehen fest.

16.6 Anlageentscheidung, Folgehandlung, Monitoring und Gesamtprozess

Nun lässt sich mithilfe der Optimierungsmatrix nach Koch (1977, S. 321, 1996, S. 35) die taktische Anlageentscheidung für eine Asset-Klasse treffen. Die zum Zeitpunkt t_1 möglicherweise zu ergreifenden Sicherungsmaßnahmen wurden bereits in der Ausgangshandlung t_0 bestimmt und hängen von der dann einwertigen Umweltvorstellung ab. Es erfolgt also möglicherweise eine Folgehandlung zur ersten Ausgangshandlung. Zusätzlich sollte ein laufendes Monitoring erfolgen, das die zuvor beschriebene Ausgangssituation regelmäßig in Hinblick auf eine möglicherweise erforderliche Änderung der strategischen Depotaufstellung überprüft (vgl. Jakob und Nickel 2013, S. 52 f.). Die zuvor beschriebenen Vorgehensweisen lassen sich mit diesem letzten Schritt in einen optimierten Anlageberatungsprozess strukturieren und wie in Abb. 16.4 interpretieren.

Die Aufteilung der zweiten Phase in die Phasen 2a und 2b unterstreicht die Wichtigkeit des erarbeiteten zweistufigen Verfahrens in die strategische und die taktische Komponente. Hiernach können Folgegespräche mit Kunden, die bereits den gesamten Prozess einmal durchlaufen haben und bei denen kein Erfordernis eingetreten ist, welches eine strategische Depotumstellung erfordert, direkt in der Phase 2b beginnen. Eine Anpassung

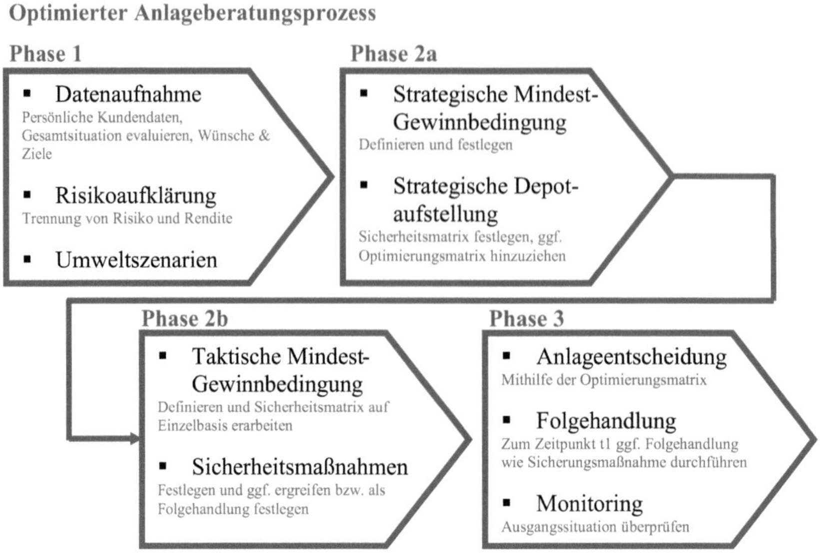

Optimierter Anlageberatungsprozess

Phase 1
- Datenaufnahme
  Persönliche Kundendaten, Gesamtsituation evaluieren, Wünsche & Ziele
- Risikoaufklärung
  Trennung von Risiko und Rendite
- Umweltszenarien

Phase 2a
- Strategische Mindest-Gewinnbedingung
  Definieren und festlegen
- Strategische Depotaufstellung
  Sicherheitsmatrix festlegen, ggf. Optimierungsmatrix hinzuziehen

Phase 2b
- Taktische Mindest-Gewinnbedingung
  Definieren und Sicherheitsmatrix auf Einzelbasis erarbeiten
- Sicherheitsmaßnahmen
  Festlegen und ggf. ergreifen bzw. als Folgehandlung festlegen

Phase 3
- Anlageentscheidung
  Mithilfe der Optimierungsmatrix
- Folgehandlung
  Zum Zeitpunkt t1 ggf. Folgehandlung wie Sicherungsmaßnahme durchführen
- Monitoring
  Ausgangssituation überprüfen

Abb. 16.4 Optimierter Anlageberatungsprozess

des Anlageberatungsprozesses auf dieses überarbeitete Drei-Phasen-Modell trägt zu einer Optimierung bei und ist dementsprechend empfehlenswert. Die Theorie des Gewinnvorbehalts ist für den Aufbau dieses Prozesses die richtige Grundlage. Dass Diversifikation des Vermögens zur Erzielung einer auskömmlichen Rendite und auch einer Reduzierung des Risikos dienen kann, ist unumstritten, was Markowitz (1952, S. 77, 1991, S. 5) anhand seiner empirischen Beobachtung dargelegt hat. Diese Erkenntnis findet durch die strategische Depotaufstellung im optimierten Anlageberatungsprozess ebenfalls Berücksichtigung. Diversifikation allein führt aber nicht automatisch zu dem gewünschten Resultat einer Vermögensanlage in Anbetracht des systematischen Risikos. Vor allem kann die Portfoliotheorie nicht als Leitlinie für ein strukturiertes Vorgehen in der Anlageberatung dienen. Anhand der beschriebenen Vorgehensweise unter Berücksichtigung der Theorie des Gewinnvorbehalts genießt die Bedeutung der Risikoaufklärung und der persönlichen Einschätzung einen entscheidenden Stellenwert. Hierdurch werden der vom Gesetz geforderte Aufklärungsgedanke sowie die Optimierung des langfristigen Vermögensaufbaus privater Haushalte fokussiert.

16.7 Fazit und Ausblick

Die Unzulänglichkeit der praktischen Umsetzung der Portfoliotheorie resultiert aus dem auf zu hohen Prämissen basierenden Modell. Die Theorie des Gewinnvorbehalts beruht auf weniger restriktiven Annahmen und wird nun auch für die Anlageberatung fruchtbar gemacht. Eine Übertragung auf Anlageentscheidungen ist sinnvoll und für die geforderte

Optimierung und Professionalisierung der Anlageberatung zielführend. Die Kreditinstitute können dem mit der Überarbeitung des Anlageberatungsprozesses gerecht werden. Hierdurch können Kunden gewonnen und gebunden, Erträge aus Provisionsgeschäften generiert werden. Mithilfe eines optimierten Anlageberatungsprozesses kann den Beratern somit das richtige Instrument an die Hand gegeben werden.

Ebenso ist es möglich, in Anbetracht der fortschreitenden Digitalisierung, dieses Modell auf Robo-Advisors zu übertragen. Bei Robo-Advisors ist bereits heute die Befragung des Kunden zu seiner persönlichen Situation, seinem Risikoprofil und seinen Anlageschwerpunkten ein wichtiger Aspekt. Die Auswahl eines Portfolios kann durch die Kombination des Robo-Advisors mit der hier vorgestellten Vorgehensweise weiter optimiert werden: Im Gegensatz zur Portfoliotheorie lässt sich die hier dargestellte strukturierte Vorgehensweise problemlos in die Entscheidungsfindung durch einen Robo-Advisor technisch synchronisieren.

Literatur

Albrecht, P., & Maurer, R. (2008). *Investment- und Risikomanagement – Modelle, Methoden, Anwendungen* (3. Aufl.). Stuttgart.

Baetge, J. (1989). Die Ergebnisse der empirischen Bilanzforschung als Grundlage für die Entwicklung eines kennzahlenorientierten Controlling-Konzeptes. In W. Delfmann (Hrsg.), *Der Integrationsgedanke in der Betriebswirtschaftslehre* (S. 51–71). Wiesbaden.

Berk, J., & DeMarzo, P. (2011). *Grundlagen der Finanzwirtschaft – Analyse, Entscheidung und Umsetzung*. München.

Brealey, R. A., Myers, S. C., & Allen, F. (2011). *Principles of corporate finance – global edition* (10. Aufl.). New York.

Breuer, W., Gürtler, M., & Schuhmacher, F. (2010). *Portfoliomanagement I – Grundlagen* (3. Aufl.). Wiesbaden.

Fischer, T. R. (1986). Entscheidungskriterien für Gläubiger. Diss. Wiesbaden.

Gräfer, H., Schiller, B., & Rösner, S. (2014). *Finanzierung – Grundlagen, Institutionen, Instrumente und Kapitalmarkttheorie* (8. Aufl.). Berlin.

Hull, J. C. (2014). *Risikomanagement – Banken, Versicherungen und andere Finanzinstitutionen* (3. Aufl.). Hallbergmoos.

Jakob, R., & Nickel, H. (2013). Anlageberatung im Privatkundengeschäft von Kreditinstituten. In R. Tilmes, R. Jakob & H. Nickel (Hrsg.), *Praxis der modernen Anlageberatung* (S. 19–67). Köln.

Koch, H. (1977). Die Theorie des Gewinn-Vorbehalts als ungewißheitstheoretischer Ansatz. *Zeitschrift für die gesamte Staatswissenschaft/Journal of Institutional and Theoretical Economics, 133*(2), 305–321.

Koch, H. (1996). *Theorie des Gewinnvorbehalts: Unternehmenssicherung durch Vorsorge für unerwartete Krisen*. Wiesbaden.

Markowitz, H. M. (1952). Portfolio selection. *The Journal of Finance, 7*(1), 77–91.

Markowitz, H. M. (1991). *Portfolio Selection – efficient diversification of investments* (2. Aufl.). Cambridge, Oxford.

May, S. (2012). Portfoliotheoretische Grundlagen der Wertpapierberatung. *Arbeitsberichte – Working Papers, 22/2012*, 1–27.

Prieß, K.-H. (1988). Devisentermingeschäfte und Jahresabschlußzwecke – dargestellt am Beispiel von Aktienbanken. In *Europäische Hochschulschriften*. Reihe V, Volks- und Betriebswirtschaft, Bd. 882. Frankfurt am Main, Bern, New York, Paris.

Rehkugler, H., Voigt, M., Kraus, B., & Otterbach, A. (1992). Die Qualität der Anlageberater. *Die Bank, 6*(1), 316–322.

Schneider, S. (2011). Anlagestrategie – Diversifikation allein reicht nicht. *Bankmagazin, 2011*(1), 42–44.

Schöning, S., & Nolte, B. (2013). Demografischer Wandel: Beschäftigung älterer Mitarbeiter (wieder) im Fokus von Kreditinstituten. In M. Göke & T. Heupel (Hrsg.), *Wirtschaftliche Implikationen des demografischen Wandels – Herausforderungen und Lösungsansätze* (S. 253–268). Wiesbaden.

Steiner, M., & Bruns, C. (2012). *Wertpapiermanagement – Professionelle Wertpapieranalyse und Portfoliostrukturierung* (10. Aufl.). Stuttgart.

Marius Mönig ist hauptberuflich Leiter eines Beratungs-Centers der Sparkasse Dortmund. Er hat einen Bachelor of Arts in Business Administration und einen Master of Science in Finance & Accounting. Nach Abschluss seiner Bankausbildung studierte Marius Mönig berufsbegleitend an der FOM Dortmund und übte währenddessen überwiegend den Beruf des Vermögensberaters für Firmenkunden aus.

Prof. Dr. Karl-Heinz Prieß ist hauptberuflich Lehrender an der FOM Hochschule in Münster. Er hat eine Professur für Allgemeine Betriebswirtschaftslehre, insbes. Financial Management und Rechnungswesen. Nach Abschluss seiner Bankausbildung studierte Karl-Heinz Prieß Betriebswirtschaftslehre an der Westfälischen Wilhelms-Universität Münster. Er promovierte berufsbegleitend und war langjährig in leitender Position im Kreditmanagement beschäftigt. Parallel zu seiner Tätigkeit als Professor arbeitet er leitend im Bereich Facility-Management.

Unternehmensbewertung bei KMU

Eine empirische Analyse der Anlässe und Verfahren

Thomas Sulzer und Alexander Bönner

17.1 Einleitung

> Der Preis ist das Wertmaß der Dinge, und ihr Wert ist das Maß ihrer Nützlichkeit.
> (David Ricardo zitiert nach Wollny 2010, S. XIV)

Die Unternehmensbewertungstheorie befasst sich hauptsächlich mit der Bewertung großer kapitalmarktnaher Unternehmen. Dabei sind die spezifischen Merkmale kleiner und mittlerer Unternehmen und die Auswirkungen auf den Unternehmenswert wenig erforscht. Doch gerade in Deutschland haben die KMU eine besondere Bedeutung (Hackspiel und Fries 2010, S. 131). Laut dem Institut für Mittelstandsforschung (IfM) waren 99,5 % der Unternehmen in Deutschland im Jahr 2014 KMU und 53,0 % der sozialversicherungspflichtigen Beschäftigten bei KMU tätig (IfM Bonn 2015). Die Bedeutung der Unternehmensbewertungen von KMU wird in Zukunft insbesondere aufgrund der erwarteten Zunahme der anstehenden Nachfolgeregelungen weiter ansteigen (IfM Bonn 2013).

Ziel dieses Beitrags ist es, einen Überblick über die aktuelle Bewertungspraxis in Deutschland bzgl. kleiner und mittlerer Unternehmen (KMU) zu geben. Hierzu wurde ein Fragebogen konzipiert, der unterschiedlichen Gruppen[1] zur Beantwortung vorgelegt wurde, um im Kern die Fragestellungen bei unterschiedlichen Unternehmensgrößen zu beantworten, welche Bewertungsverfahren verwendet werden und welche Unternehmens-

---

[1] An Teilnehmer folgender Gruppen wurde der Fragebogen versendet: Kreditinstitute, Spezialkreditinstitute wie bspw. öffentliche Förderbanken, Eigenkapitalgeber, Steuerberatung/Wirtschaftsprüfung und Sonstige wie bspw. Mergers & Acquisitions-Berater (M&A) und die Industrie- und Handelskammer (IHK).

T. Sulzer
Eisingen, Deutschland

A. Bönner (✉)
Mülheim, Deutschland

bewertungsanlässe vorherrschen. Die Ergebnisse werden abschließend mit vorangegangenen Studien mit ähnlich gelagertem Fokus verglichen und ein Fazit gezogen.

17.2 Vorgehensweise der empirischen Analyse

Bei einer empirischen Untersuchung besteht grundsätzlich die Wahl zwischen qualitativen und quantitativen Methoden. Zur qualitativen Methode zählt bspw. das Experteninterview, wohingegen eine schriftliche Befragung mittels Fragebogen als quantitative Methode angesehen werden kann (Hug und Poscheschnik 2010, S. 104 ff.). Das methodische Vorgehen dieser empirischen Analyse basiert auf einer Stichprobe mittels eines schriftlichen Fragebogens, welcher per E-Mail versendet wurde. Die Wahl fiel auf diese Methode, da bei der quantitativen Forschung eine größere Stichprobe untersucht werden kann (Hug und Poscheschnik 2010, S. 86). Durch diese Analyse kann trotz verhältnismäßig geringer Teilnehmerzahl ein relativ umfassender Einblick in die Bewertungspraxis von KMU gewonnen werden.

Die Vorteile der Erhebung mittels Fragebogen liegen in der Anonymität, der Möglichkeit der Vervielfältigung sowie der Tatsache, dass der Befragte den Fragebogen selbstständig ausfüllen kann und nicht persönlich anwesend sein muss. Außerdem kann der Fragebogen hinsichtlich des Grades der Freiheit beim Beantworten eingeschränkt werden. Dabei werden gewisse Antwortmöglichkeiten vorgegeben, wodurch anschließend ein genaueres Ergebnis erzielt werden kann. Hingegen liegt der Nachteil des Fragebogens darin, dass der Antwortprozess nicht kontrolliert werden kann und somit nicht gewährleistet ist, dass der Befragte den Fragebogen tatsächlich selbstständig und gewissenhaft ausfüllt (Hug und Poscheschnik 2010, S. 123). In dieser empirischen Analyse wird nach Abwägung der Vor- und Nachteile festgestellt, dass sich eine Stichprobe mittels Fragebogen zur Beantwortung der Forschungsfrage am besten eignet.

Der Fragebogen der vorliegenden empirischen Analyse besteht aus drei Fragen sowie den Annahmen der Größenklassen der Unternehmen gemäß EU-Kommission, welche vom Befragten ergänzt werden können. Zunächst wird der Befragte bezüglich seiner Branchenzugehörigkeit befragt. Durch diese Frage wird eine spätere Analyse der verwendeten Unternehmensbewertungsanlässe bzw. -verfahren je Branche ermöglicht. Auswählbar sind folgende Branchen: Kreditinstitute, Spezialkreditinstitute wie bspw. öffentliche Förderbanken, Eigenkapitalgeber, Steuerberatung/Wirtschaftsprüfung und Sonstige wie bspw. Mergers & Acquisitions-Berater (M&A) und die Industrie- und Handelskammer (IHK). Hierbei handelt es sich um eine halboffene Frage, bei welcher die Befragten in der Kategorie Sonstige die Antwort verbalisieren können, sofern die genannten Branchen nicht zutreffen. Außerdem ist lediglich die Auswahl einer Antwortmöglichkeit zugelassen (Mayer 2009, S. 92 f.). Die nächste Frage zielt darauf ab, die Unternehmensbewertungsanlässe gemäß IDW S 1 je Größenklasse der Unternehmen zu ermitteln. Hierbei sind folgende Anlässe auszuwählen: Freiwillige Unternehmensbewertungen im Rahmen unternehmerischer Initiativen, Unternehmensbewertungen für Zwecke externer Rechnungslegung sowie Unternehmensbewertungen aufgrund gesetzlicher Vorschriften bzw. vertraglicher Grundlagen. Diese Frage stellt eine geschlossene Frage dar, d. h., die Frage kann nur durch die Auswahl der vorgegebenen Antwortmöglichkeiten beantwortet werden. Außerdem ist bei dieser Frage lediglich die Auswahl einer Antwortmöglichkeit je Größenklasse möglich. Die zu unterscheidenden Größenklassen sind Kleinst-, Klein-, Mittlere- und Sonstige Unternehmen (EU-Kommission 2003). Zu beachten ist hierbei, dass bei Frage eins und zwei die Auswahl einer Mehrfachantwort durch die Aufbereitung und Einstellungen des Fragebogens ausgeschlossen ist. Die letzte Frage dient der Ermittlung der angewendeten Unternehmensbewertungsverfahren in den jeweiligen Größenklassen. Bei dieser Frage handelt es sich um eine halboffene Frage, bei welcher Mehrfachantworten möglich sind. Auswählbar sind das Ertragswertverfahren, das Discounted Cashflow (DCF)-Verfahren, das Multiplikatorverfahren sowie sonstige Verfahren, die durch den Befragten konkretisiert werden können. Bei allen Fragen wird ein Nominalskalenniveau angenommen, da die Unterschiede zwischen den Ausprägungen rein nominell sind und die Ausprägungen keine unterschiedlichen Wertigkeiten besitzen (Schumann 2011, S. 25).

Mit einer Gesamtlänge von drei Seiten ist der Fragebogen so kurz wie möglich gehalten und mit einem Zeitaufwand von maximal fünf Minuten zu bearbeiten. Die Befragung wurde vom 07.09. bis 07.10.2016 durchgeführt. Der Fragebogen wurde an Kunden, Mitarbeiter und Geschäftspartner einer regionalen Volksbank versendet, und zwar wurde er an 16 Einzelpersonen sowie an vier verschiede E-Mail-Verteiler der regionalen Volksbank mit der Bitte um Weiterleitung versendet. Die E-Mail-Verteiler umfassten jeweils zwischen zwei und 20 Personen. Diese sind folgenden Bankgeschäftsbereichen zuzuordnen: Marktfolge Aktiv, Leitung Marktfolge Aktiv, Firmenkunden und Leitung Firmenkunden. Aufgrund der Weiterleitungsoption kann keine konkrete Rücklaufquote ermittelt werden. Die Resonanz liegt bei 33 ausgefüllten Fragebögen, wobei zwei Fragebögen falsch ausgefüllt wurden und daher nicht in die Analyse mit einbezogen wurden.

Nach Ablauf der Bearbeitungszeit wurden die Fragebögen in einer Excel-Tabelle erfasst und ausgewertet. Die Auswertung erfolgte dabei sowohl nach den einzelnen Branchen als auch über die gesamten Branchen hinweg, um eine Gesamtergebnisanalyse zu erhalten. Als Auswertungsmethode wurde aufgrund der Nominalskalierung die Häufigkeitsanalyse gewählt.

17.3 Gesamtergebnisanalyse

Auf Basis der 31 korrekt ausgefüllten Fragebögen ergibt sich die Verteilung der Teilnehmergruppen nach Abb. 17.1. Dabei wird deutlich, dass die größte Teilnehmerzahl aus Kreditinstituten[2] (45 %) und die geringste Teilnehmerzahl aus Spezialkreditinstituten (drei Prozent) stammt. Die Steuerberater und Wirtschaftsprüfer stellen den zweitgrößten Anteil der Teilnehmer (26 %) dar.

---

[2] Basierend auf den Gruppen regionale Volksbanken und Großbanken.

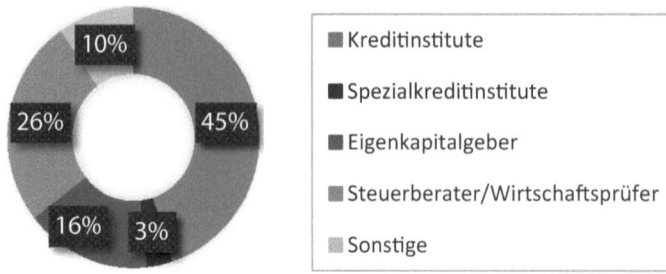

Abb. 17.1 Anteil der Teilnehmergruppen

Durch die Analyse wird festgestellt, dass die Unternehmensbewertungen zu 78 % freiwillig im Rahmen unternehmerischer Initiativen erfolgen. 18 % der Unternehmensbewertungen erfolgen aufgrund gesetzlicher Vorschriften oder vertraglicher Grundlagen. Lediglich vier Prozent der Unternehmensbewertungen werden hingegen für Zwecke externer Rechnungslegung erstellt.

Des Weiteren zeigt Abb. 17.2, dass die freiwillige Unternehmensbewertung auch in den jeweiligen Größenklassen der Unternehmen den häufigsten Bewertungsanlass darstellt. Hierbei ist auch auffällig, dass eine Unternehmensbewertung für Zwecke externer Rechnungslegung nur in den Größenklassen mittlere Unternehmen (zehn Prozent) und Sonstige (25 %) von Bedeutung ist. Dies kann darin begründet sein, dass Unternehmensbewertungen für Zwecke externer Rechnungslegung (z. B. Impairment-Test) erst bei tendenziell größeren Unternehmen relevant werden. Unter der Kategorie sonstige Größenklassen werden nicht-repräsentative Einzelangaben, vom Freiberufler bis hin zum internationalen Großunternehmen, gemacht.

Durch die Analyse wird ersichtlich, dass das Ertragswertverfahren mit 35 % das am häufigsten verwendete Bewertungsverfahren darstellt (siehe Abb. 17.3). Das zweithäu-

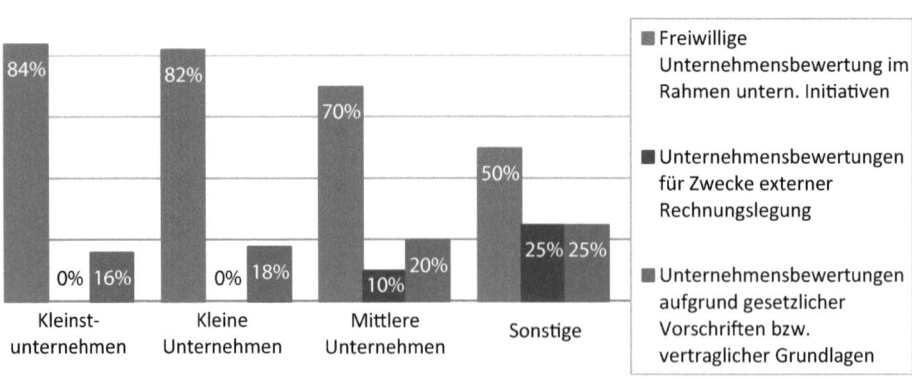

Abb. 17.2 Bewertungsanlässe in den jeweiligen Größenklassen

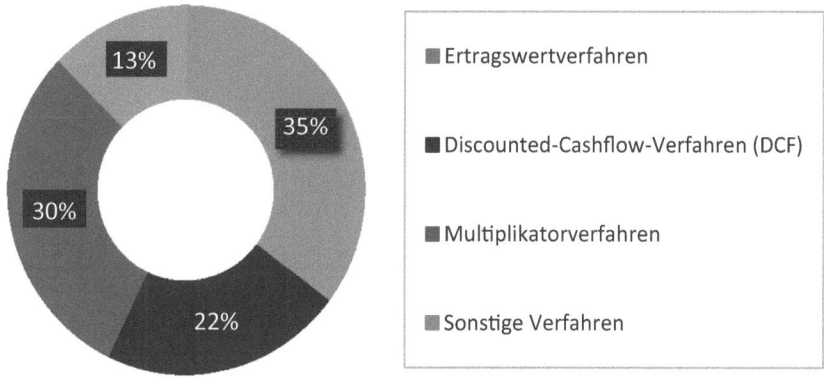

Abb. 17.3 Anteil der Bewertungsverfahren

figste Verfahren ist das Multiplikatorverfahren (30 %), vor dem DCF-Verfahren (22 %) und sonstigen Verfahren (13 %). Die Teilnehmer geben bei sonstigen Verfahren am häufigsten das Substanzwertverfahren, gefolgt von einem Mischverfahren aus Ertrags- und Substanzwert an. Außerdem ist angegeben, dass das Stuttgarter Verfahren, die Venture-Capital-Methode sowie die sog. Ärztekammermethode (eine Art Ertragswertverfahren) Anwendung finden. Es kann festgehalten werden, dass die Verfahren in der Gruppe der sonstigen Verfahren sehr variieren und je nach bewertetem Unternehmen unterschiedlich sind.

Das Ergebnis dieser Analyse lässt sich zunächst durch die verhältnismäßig hohe Teilnehmeranzahl der Steuerberater bzw. Wirtschaftsprüfer und deren Bezug zum Ertragswertverfahren gemäß IDW S 1 erklären. Denn gerade bei KMU ist der Steuerberater bzw. Wirtschaftsprüfer meist der erste Ansprechpartner, wenn es betriebswirtschaftliche oder rechtliche Fragen zu klären gibt. Der dem Ertragswertverfahren zugrunde liegende Gewinn ist außerdem aufgrund der Begriffsklarheit im Vergleich zu den verschiedenen Cashflow-Arten leichter zu ermitteln. Der relativ hohe Anteil des Multiplikatormodells (30 %) ist darin begründet, dass dieses Verfahren häufig zur Plausibilisierung der Ergebnisse der Unternehmensbewertung eingesetzt wird (Löhnert und Böckmann 2012, S. 684). Außerdem bieten die Ergebnisse des Multiplikatormodells oftmals noch einen genaueren Blick auf die aktuelle Marktsituation als die der komplexeren Bewertungsmodelle (Knackstedt 2009, S. 85).

Abb. 17.4 zeigt die Bewertungsverfahren in den jeweiligen Größenklassen. Hierdurch wird ersichtlich, dass das Ertragswertverfahren in den Kategorien Kleinstunternehmen (42 %) und kleine Unternehmen (42 %) und das DCF-Verfahren in den Kategorien mittlere Unternehmen (41 %) und Sonstige (43 %) die am häufigsten verwendeten Verfahren darstellen. Das Multiplikatorverfahren ist das am zweithäufigsten angewandte Verfahren über alle Größenklassen hinweg. Die sonstigen Verfahren finden hauptsächlich bei den Kleinstunternehmen (19 %) Anwendung, da hierbei spezielle Verfahren aufgrund der Unternehmensgröße nachgefragt sind (z. B. Ärztekammermethode).

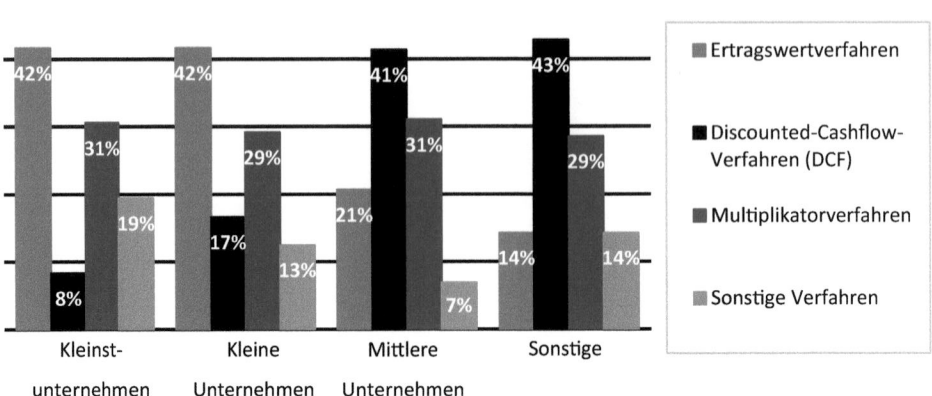

Abb. 17.4 Bewertungsverfahren in den jeweiligen Größenklassen

Das DCF-Verfahren wird besonders bei größeren Unternehmen relevant. Das eher im internationalen Bereich angewendete Verfahren ist unabhängiger von bilanzpolitischen Maßnahmen und Rechnungslegungsvorschriften, da die Zahlungsströme bzw. Cashflows nicht beeinflussbar sind (Knackstedt 2009, S. 85). Der Fokus liegt bei größeren Unternehmen u. a. auf dem Cashflow, da dieser die Basis ist, um Eigen- und Fremdkapitalgeber zu befriedigen. Der hohe Anteil des Ertragswertverfahrens bei den Kleinst- und kleinen Unternehmen kann durch die stärkere Fokussierung auf den Gewinn bei KMU erklärt werden, da sich der geschäftsführende Gesellschafter die Gewinne entnehmen bzw. ausschütten kann (Knackstedt 2009, S. 85).

17.4 Ergebnisanalyse einzelner Teilnehmergruppen

Nachfolgend werden die größten Teilnehmergruppen nach ihrem Antwortverhalten analysiert. Dabei sind besonders die Kreditinstitute, die Steuerberater bzw. Wirtschaftsprüfer sowie die Eigenkapitalgeber von Interesse.

In der Teilnehmergruppe der Kreditinstitute ist die freiwillige Unternehmensbewertung im Rahmen unternehmerischer Initiativen, analog der Gesamtanalyse, der häufigste Bewertungsanlass (81 %), gefolgt von der Unternehmensbewertung aufgrund gesetzlicher Vorschriften bzw. vertraglicher Grundlagen mit 15 % und der Unternehmensbewertung zum Zwecke externer Rechnungslegung (vier Prozent). Der hohe Anteil der freiwilligen Unternehmensbewertung in der Teilnehmergruppe der Kreditinstitute kann damit begründet werden, dass bei Käufen oder Verkäufen von Unternehmen die Kreditinstitute das Fremdkapital zur Finanzierung der Transaktion bereitstellen und das Unternehmen dadurch die Eigenkapitalrentabilität steigern kann (Leverage-Effekt). In der Größenklasse der sonstigen Unternehmen, welches in der Teilnehmergruppe der Kreditinstitute gemäß

Angaben Unternehmen mit einem Jahresumsatz > 500 Mio. € bis 5 Mrd. € sind, ist lediglich die freiwillige Unternehmensbewertung von Relevanz (100 %). In der Kategorie der mittleren Unternehmen wird festgestellt, dass 50 % der Unternehmensbewertungen freiwillig sind, 33 % aufgrund gesetzlicher oder vertraglicher Gepflogenheiten und 17 % für Zwecke externer Rechnungslegung erstellt werden. Da die befragten Kreditinstitute lediglich sechs Stimmen bei den Bewertungsanlässen von mittleren Unternehmen abgeben (insgesamt 27 Stimmen über die Teilnehmergruppe hinweg), erscheint der Anteil der Unternehmensbewertungen für Zwecke externer Rechnungslegung unter den Kreditinstituten (17 %) im Vergleich zur Gesamtergebnisanalyse (zehn Prozent) relativ groß. Ein ähnliches Bild zeigt sich bei den freiwilligen Unternehmensbewertungen im Bereich der sonstigen Unternehmen, hierbei entspricht eine Stimme 100 % bei der Analyse der Kreditinstitute, im Vergleich zu zwei Stimmen in der Gesamtergebnisanalyse (50 %). Bei der Interpretation insbesondere dieser Werte ist folglich die jeweils sehr kleine Stichprobe zu berücksichtigen. Eine verallgemeinernde Aussage soll hiermit nicht getroffen werden.

Auch unter den Kreditinstituten ist das Ertragswertverfahren das am häufigsten angewendete Verfahren (48 %). Platz zwei belegt mit 23 % das Multiplikatorverfahren, gefolgt vom DCF-Verfahren mit 18 % und sonstigen Verfahren mit elf Prozent. Unter den sonstigen Verfahren werden das Substanzwertverfahren sowie das Stuttgarter Verfahren angegeben. Die Analyse der Bewertungsverfahren in den Größenklassen zeigt ein ähnliches Bild wie in der Gesamtanalyse. Auch hier sind das Ertragswertverfahren in den Kategorien Kleinstunternehmen (64 %) sowie kleine Unternehmen (57 %) und das DCF-Verfahren in den Kategorien mittlere Unternehmen (44 %) die am häufigsten verwendeten Verfahren. Diese Erkenntnisse decken sich weitestgehend mit den Erkenntnissen der Gesamtergebnisanalyse.

Bei der Analyse der Teilnehmergruppe der Steuerberater bzw. Wirtschaftsprüfer wird festgestellt, dass die Verteilung der Bewertungsanlässe sich von der Gesamtergebnisanalyse und der Analyse der Kreditinstitute unterscheidet. Auch unter den Steuerberatern bzw. Wirtschaftsprüfern ist die freiwillige Unternehmensbewertung mit 59 % zwar der häufigste Bewertungsanlass, jedoch nimmt hier die Unternehmensbewertung aufgrund gesetzlicher Vorschriften oder vertraglicher Grundlagen mit 36 % einen starken zweiten Platz ein. Ein Grund kann darin liegen, dass Steuerberater bzw. Wirtschaftsprüfer häufiger in Kontakt mit Ein- und Austritten von Gesellschaftern einer Personengesellschaft stehen oder mit Erbauseinandersetzungen konfrontiert sind als die anderen Teilnehmergruppen. Die Unternehmensbewertungen für Zwecke externer Rechnungslegung nehmen auch hier einen eher geringen Anteil (fünf Prozent) in Anspruch. Auch die Verteilung der Bewertungsanlässe in den jeweiligen Größenklassen unterscheidet sich von den vorherigen Analysen.

In Abb. 17.5 zeigt sich, dass in dieser Teilnehmergruppe auch innerhalb der unterschiedlichen Größenklassen die freiwillige Unternehmensbewertung grundsätzlich der häufigste Bewertungsanlass ist. Jedoch wird die Unternehmensbewertung aufgrund gesetzlicher oder vertraglicher Gepflogenheiten in dieser Teilnehmergruppe häufiger ausgewählt und kommt auf Werte zwischen 17 und 100 %. Dies sind im Vergleich zu den

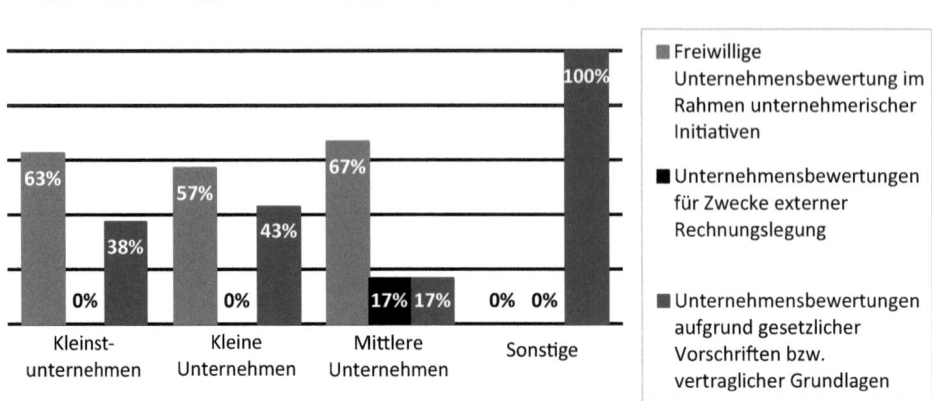

Abb. 17.5 Bewertungsanlässe in den jeweiligen Größenklassen der Steuerberater bzw. Wirtschaftsprüfer

vorherigen Analysen relativ hohe Werte. Es ist allerdings zu beachten, dass in der Größenklasse der sonstigen Unternehmen die Stichprobe nur aus einer Rückantwort besteht und somit nur geringe Repräsentativität gegeben ist. Die Werte insbesondere bei Kleinst- und kleinen Unternehmen sind aber signifikant höher als bei den anderen Gruppen.

In dieser Teilnehmergruppe ist die Verteilung der Bewertungsverfahren auffällig. Hierbei sind die sonstigen Verfahren und die DCF-Verfahren mit 19 % die am zweithäufigsten verwendeten Verfahren. Die Teilnehmer haben unter sonstigen Verfahren folgende Angaben gegeben: Substanzwertverfahren, die Ärztekammermethode sowie ein Mischverfahren aus Ertrags- und Substanzwert. Lediglich das Ertragswertverfahren (44 %) wird häufiger angewendet. Dieses Ergebnis wird auch in der Analyse der Bewertungsverfahren in den einzelnen Größenklassen ersichtlich. Bei den mittleren Unternehmen ist besonders das DCF-Verfahren (44 %) relevant. Dies ist kann u. a. damit begründet werden, dass das DCF-Verfahren durch den IDW seit 2000 als Unternehmensbewertungsverfahren anerkannt ist und somit durch die Wirtschaftsprüfer bzw. Steuerberater Anwendung findet (Baetge et al. 2012, S. 353).

Bei der Analyse der Eigenkapitalgeber[3] wird deutlich, dass freiwillige Unternehmensbewertungen mit 93 % den häufigsten Bewertungsanlass darstellen. Da die meisten Befragten in dieser Kategorie einer im Mittelstand tätigen Beteiligungsgesellschaft angehören und diese gerade bei Käufen und Verkäufen im Rahmen von Nachfolgeregelungen als Eigenkapitalgeber auftreten, ist die Anzahl der freiwilligen Unternehmensbewertungen hoch. Unter den Eigenkapitalgebern ist auffällig, dass das Multiplikatorverfahren bei den Kleinst-, kleinen und mittleren Unternehmen einen hohen Stellenwert einnimmt (56 bis 80 %). Dieser hohe Anteil kann darin begründet sein, dass die Eigenkapitalgeber das Multiplikatorverfahren zur Plausibilisierung einer vom zu bewertenden Unternehmen

---

[3] Darunter Tochterunternehmen von Kreditinstituten.

eingereichten Unternehmensbewertung anwenden und daraus abgeleitet den Kauf- bzw. Verkaufspreis plausibilisieren (Löhnert und Böckmann 2012, S. 684).

17.5 Vergleich der empirischen Analyse mit vorangegangenen Analysen der Literatur

In einer Studie von Peemöller/Dömelburg/Denkmann im Jahr 1993 wurden insgesamt 109 Wirtschaftsprüfungsgesellschaften, Investmentbanken, Unternehmensberatungen, M&A-Beratungen, Industrieunternehmen, die im Bereich Unternehmensbewertung aktiv sind, sowie Beteiligungsgesellschaften bezüglich der Verbreitung der Verfahren in der Unternehmensbewertung befragt. Dabei wurde festgestellt, dass in Deutschland hauptsächlich das Ertragswert- (39 %) und das DCF-Verfahren (33 %) angewendet werden (Peemöller und Kunowski 2012, S. 278). Diese Erkenntnisse unterscheiden sich von denen der selbst durchgeführten Analyse. Hierbei sind das Ertragswertverfahren (35 %) sowie das Multiplikatorverfahren (30 %) die am häufigsten angewendeten Verfahren. In der Studie von Peemöller/Dömelburg/Denkmann spielt das Multiplikatorverfahren hingegen eine untergeordnete Rolle. Bei dieser Studie ist jedoch anzumerken, dass die Befragten eher für Großunternehmen tätig sind und somit die Aussagefähigkeit der Studie für KMU eingeschränkt ist.

Die Studie von Peemöller/Beckmann/Kronmüller aus dem Jahr 2002 zeigt, dass das DCF-Verfahren bei größeren Unternehmen, hier DAX-Unternehmen, von großer Bedeutung und das am häufigsten angewendete Verfahren ist (Peemöller et al. 2002, S. 561 f.). Dieses Ergebnis wird auch in der selbst durchgeführten Analyse ersichtlich. Tab. 17.1 zeigt, dass das DCF-Verfahren an Bedeutung gewinnt, je größer das zu bewertende Unternehmen ist.

Im Jahr 2009 wurde von Fischer-Winkelmann/Busch außerdem eine Studie zur Anwendung der Unternehmensbewertungsverfahren bei KMU im steuerberatenden Berufsstand durchgeführt (Fischer-Winkelmann und Busch 2009a, S. 636). Hierbei wird ersichtlich, dass das Ertragswertverfahren in der Praxis am häufigsten angewendet wird. Platz zwei belegt das Stuttgarter Verfahren vor dem Multiplikatorverfahren und dem DCF-Verfahren (Fischer-Winkelmann und Busch 2009b, S. 716). Anzumerken ist, dass das Stuttgarter Verfahren in der selbst durchgeführten Studie nicht zur Auswahl stand, da dieses seit Abschaffung der Vermögenssteuer als Bewertungsverfahren zur Steuerbemessung von untergeordneter Bedeutung ist (Eickmann 2008, S. 72 f.). Wird dieses Verfahren somit außer

Tab. 17.1 Anteil DCF-Verfahren in den jeweiligen Größenklassen

Größenklassen	Anteil DCF-Verfahren
Kleinstunternehmen	8 %
Kleine Unternehmen	17 %
Mittlere Unternehmen	41 %
Sonstige	43 %

Betracht gelassen, decken sich die Ergebnisse der Studie von Fischer-Winkelmann/Busch mit den Gesamtergebnissen der selbst durchgeführten Analyse. Wird hingegen nur die Teilnehmergruppe der Steuerberater bzw. Wirtschaftsprüfer betrachtet, so unterscheiden sich die Ergebnisse von den Ergebnissen von Fischer-Winkelmann/Busch. Das Ertragswertverfahren nimmt bei beiden Analysen den ersten Platz ein, jedoch unterscheiden sich die nachfolgenden Plätze wesentlich. Der Grund hierfür kann in der unterschiedlichen Anzahl der Befragten liegen. Bei der Studie von Fischer-Winkelmann/Busch wurden 80 Personen aus dem steuerberatenden Berufsstand befragt, wohingegen in die selbst durchgeführte Analyse lediglich die Antworten von acht Personen aus dem steuerberatenden Berufsstand einbezogen wurden. Außerdem unterscheidet sich die regionale Zusammensetzung der Befragten. So wurden in der Studie von Fischer-Winkelmann/Busch die Befragten per Zufallsauswahl innerhalb Deutschlands ausgewählt (Fischer-Winkelmann und Busch 2009a, S. 635 f.). Bei der selbst durchgeführten Studie liegt der geografische Fokus jedoch auf Baden-Württemberg.

Über die diversen Studien hinweg kann festgehalten werden, dass das Ertragswertverfahren das häufigste Verfahren der Unternehmensbewertung darstellt und insbesondere bei der Bewertung von KMU Anwendung findet.

17.6 Zusammenfassung

Die durchgeführte empirische Analyse sowie die verschiedenen vorangegangenen Analysen haben aufgezeigt, dass das Ertragswertverfahren das am häufigsten angewendete Verfahren bei der Bewertung von KMU in Deutschland darstellt. Das DCF-Verfahren gewinnt hingegen erst bei den mittleren sowie sonstigen und hier insbesondere großen Unternehmen an Bedeutung. Das Multiplikatorverfahren ist das am zweithäufigsten angewendete Verfahren laut der selbst durchgeführten Analyse.

Darüber hinaus wurde die Praxisrelevanz der jeweiligen Bewertungsanlässe für KMU durch die empirische Analyse aufgezeigt. Dabei wurde festgestellt, dass die meisten Unternehmensbewertungen freiwillige Unternehmensbewertungen im Rahmen unternehmerischer Initiativen sind. Dies sind bei KMU zumeist Käufe oder Verkäufe, welche auch durch Unternehmensnachfolgen bedingt sind.

Es ist zu beachten, dass die diversen Bewertungsverfahren die Besonderheiten von KMU – ungeachtet der sowohl qualitativen als auch quantitativen Bedeutung dieser Unternehmensgruppe in Deutschland – zumeist nicht berücksichtigen und daher für die Bewertung von KMU aus theoretischer Sicht ungeeignet erscheinen (Kaefer 2007, S. 70 f.).

Auch wenn eine objektive Ermittlung des Unternehmenswertes wünschenswert ist, so ist die Unternehmensbewertung aufgrund der Individualität und Singularität eines Unternehmens sowie aufgrund der unterschiedlichen Erwartungen der involvierten Parteien meist subjektiv. Über die Ermittlung des Entscheidungs- und des Schiedswertes hinaus ist insbesondere der Argumentationswert bei der Unternehmensbewertung relevant. Der Argumentationswert ist stets subjektiv, und das Verhandlungsergebnis wird dadurch oft zum

Vorteil einer Partei beeinflusst. Der Verkäufer kann den Argumentationswert bspw. durch die Aufklärung über Ausgabeersparnisse durch Übernahme gegenüber einer Neugründung, Mitwirkung des Alteigners für eine bestimmte Zeit oder durch die Vereinbarung einer Earn-out-Klausel Überzeugungskraft verleihen und den Verkaufspreis zu seinen Gunsten steigern (Knackstedt 2009, S. 210 ff.).

Durch die steigende Zahl an Nachfolgeregelungen wird die Notwendigkeit an Bewertungsverfahren für KMU weiter ansteigen. Deshalb sollten Bewertungsmethoden entwickelt werden, die zum einen unabhängig von den individuellen Einschätzungen sind und zum anderen die bewertungsrelevanten Besonderheiten von KMU berücksichtigen (Kaefer 2007, S. 71). Bis diese Bewertungsmethoden entwickelt sind und in der Praxis Anwendung finden, gilt:

> Werte schätzt man, Preise bestimmt der Markt.
> (Knackstedt 2009, S. 231)

Literatur

Baetge, J., Niemeyer, K., Kümmel, J., & Schulz, R. (2012). Darstellung der Discounted-Cashflow-Verfahren (DCF-Verfahren) mit Beispiel. In V. Peemöller (Hrsg.), *Praxishandbuch der Unternehmensbewertung* (S. 349–498). Herne: NWB.

Eickmann, R. (2008). *Unternehmensbewertungen von KMUs*. Saarbrücken: VDM Verlag Dr. Müller.

EU-Kommission (2003). Empfehlung der Kommission vom 6. Mai 2003 betreffend die Definition der Kleinstunternehmen sowie der kleinen und mittleren Unternehmen, Anhang, Titel 1, Artikel 2. http://eur-lex.europa.eu/legal-content/DE/TXT/PDF/?uri=CELEX:32003H0361&from=EN. Zugegriffen: 9. Sept. 2017.

Fischer-Winkelmann, W., & Busch, K. (2009a). Die praktische Anwendung der verschiedenen Unternehmensbewertungsverfahren. *Finanz Betrieb*, *11/2009*, 635–656.

Fischer-Winkelmann, W., & Busch, K. (2009b). Die praktische Anwendung der verschiedenen Unternehmensbewertungsverfahren – Empirische Untersuchung im steuerberatenden Berufsstand. *Finanz Betrieb*, *12/2009*, 715–726.

Hackspiel, T., & Fries, W. (2010). Unternehmensbewertung von KMU – Prozessuale und quantitative Besonderheiten. *M&A Review*, *03/2010*, 131–138.

Hug, T., & Poscheschnik, G. (2010). *Empirisch Forschen*. Konstanz: UVK.

IfM Bonn (2013). Unternehmensnachfolgen in Deutschland 2014 bis 2018. http://www.ifm-bonn.org//uploads/tx_ifmstudies/Daten-und-Fakten-11.pdf. Zugegriffen: 9. Sept. 2017.

IfM Bonn (2015). KMU in Deutschland gemäß der KMU-Definition der EU-Kommission. http://www.ifm-bonn.org/fileadmin/data/redaktion/statistik/unternehmensbestand/dokumente/KMU-D_2010-2014_EU-Def.pdf. Zugegriffen: 9. Sept. 2017.

Kaefer, L. (2007). *Unternehmensbewertung in kleinen und mittleren Unternehmen*. Saarbrücken: VDM Verlag Dr. Müller.

Knackstedt, H. (2009). *Klein- und Mittelunternehmen (KMU) richtig bewerten*. München: AVM.

Löhnert, P. G., & Böckmann, U. J. (2012). Multiplikatorverfahren in der Unternehmensbewertung. In V. Peemöller (Hrsg.), *Praxishandbuch der Unternehmensbewertung* (S. 679–700). Herne: NWB Verlag.

Mayer, H. (2009). *Interview und schriftliche Befragung* (5. Aufl.). München, Wien: Oldenbourg.

Peemöller, V., & Kunowski, S. (2012). Ertragswertverfahren nach IDW. In V. Peemöller (Hrsg.), *Praxishandbuch der Unternehmensbewertung* (S. 275–347). Herne: NWB.

Peemöller, V., Beckmann, C., & Kronmüller, A. (2002). Empirische Erhebung zum aktuellen Stand der praktischen Anwendung des Realoptionsansatzes. *Finanz Betrieb, 10/2002*, 561–565.

Schumann, S. (2011). *Repräsentative Umfrage* (5. Aufl.). München: Oldenbourg.

Wollny, C. (2010). *Der objektivierte Unternehmenswert* (2. Aufl.). Herne: NWB.

Thomas Sulzer arbeitete nach seiner Ausbildung zum Finanzassistenten im Firmenkundenbereich einer regionalen Volksbank und absolvierte währenddessen sein nebenberufliches Bachelorstudium in Business Administration an der FOM Hochschule für Oekonomie & Management in Stuttgart. In seiner Bachelor-Thesis beschäftigte er sich mit dem Thema „Unternehmensbewertung bei kleinen und mittleren Unternehmen". Aktuell ist er in der betriebswirtschaftlichen, finanzwirtschaftlichen und steuerlichen Beratung in einer Steuerberatungskanzlei in Pforzheim tätig. Außerdem strebt er den Abschluss zum Master of Laws in Taxation an der FOM an.

Prof. Dr. Alexander Bönner lehrt an der Hochschule Ruhr West im Bereich ABWL insbesondere Investition & Finanzierung. Zudem berät er Unternehmen im Bereich M&A und Unternehmensnachfolge. Der gelernte Bankkaufmann studierte an der Universität St.Gallen sowie an der University of Western Ontario (Kanada) und promovierte zum Thema „Forecasting Models for the German Office Market". Während dieser Zeit arbeitete er am Schweizerischen Institut für Banken und Finanzen (Universität St.Gallen). Anschließend war er mehrere Jahre als Unternehmensberater mit Fokus auf Executive Compensation und Corporate Finance tätig, bevor er zunächst einem Ruf an die FOM Hochschule für Oekonomie & Management folgte.

Hier studiere ich.

Das Bachelor- oder Master-Hochschulstudium neben dem Beruf.

Alle Studiengänge, alle Infos unter: **fom.de**

0800 1959 95 95 | studienberatung@fom.de | fom.de

MIX
Papier aus verantwortungsvollen Quellen
Paper from responsible sources
FSC® C105338

If you have any concerns about our products,
you can contact us on
ProductSafety@springernature.com

In case Publisher is established outside the EU,
the EU authorized representative is:
**Springer Nature Customer Service Center GmbH
Europaplatz 3, 69115 Heidelberg, Germany**

Printed by Libri Plureos GmbH
in Hamburg, Germany